認認真真講歷史

天涯社区人气佳作

中唐风波

卷一

全三卷

孙峰 孙艺真·著

中国文史出版社

图书在版编目（CIP）数据

中唐风波. 第一卷 / 孙峰, 孙艺真著. -- 北京：中国文史出版社, 2017.12

（认认真真讲历史）

ISBN 978-7-5034-9545-8

Ⅰ. ①中… Ⅱ. ①孙… ②孙… Ⅲ. ①中国历史－唐代－通俗读物 Ⅳ. ①K240.9

中国版本图书馆CIP数据核字(2017)第229750号

责任编辑：刘　夏
封面设计：陈欣欣

出版发行：中国文史出版社
网　　址：www.wenshipress.com
社　　址：北京市西城区太平桥大街 23 号　　**邮编：**100811
电　　话：010-66173572 66168268 66192736（发行部）
传　　真：010-66192703
印　　装：北京温林源印刷有限公司
经　　销：全国新华书店
开　　本：1/16
印　　张：23　　**字　数：**386 千字
版　　次：2018 年 10 月北京第 1 版
印　　次：2018 年 10 月第 1 次印刷
定　　价：57.50 元

目 录

四〇一 百废待兴（一）

史朝义虽然死了，但自安史之乱以来集聚在唐朝朝廷内外的各种矛盾并没有消除。

首先就是朝廷与地方节度使之间的矛盾。如前所述，唐肃宗建立起来的灵武政权，其实是在郭子仪和李光弼的朔方军的保护之下才得以生存下来的，它本身十分虚弱，因此，从灵武政权建立之初，唐肃宗父子力图避免出现朔方军将领拥兵要挟朝廷的情况。一开始，唐肃宗重用文臣李泌、房琯以威服郭、李二人，《邺侯家传》就记载了这样一件事：当初，唐肃宗召见郭、李二人，命二人率军尽快收复长安，但二人认为时机不成熟。唐肃宗闻言大怒，板起脸来痛斥二人，二人吓得倒在地上，匆匆退下。唐肃宗对李泌说：“此二将出身偏将裨将，因天下大乱，朕又即位在此，不出一年，都已位列三公、将相，我看这二位已有骄傲之色。方图收复而主将已骄，朕十分担忧。朕今日将军国之事都交给先生，府中商议时要示以威令，让其知道畏惧。”李泌献计称：“我先邀二位到我处饮酒，二人还未见过元帅（广平王李俶），一定想拜谒大王，大王未来之前，我先下酒令，约定等大王到来之后，都不许起身拜谒。酒散以后，我再令其二人去给广平王施礼，这样一来，元帅以皇子之尊尚且遵我酒令，二人乃知陛下宠信臣，以后才会听话。”唐肃宗点头同意，李泌遂依计而行。与郭子仪、李光弼饮酒之际，广平王李俶到后，李泌说：“刚才我下有命令，不让二位相公起身。”李俶说道：“寡人不敢违反。”遂就座饮酒，郭子仪、李光弼见状相顾失色。席散，李光弼看出其中的端倪，对郭子仪说：“刚才李泌的酒令，都是出自陛下的意思，为的是让我等服从朝廷命令而已。”然而，房琯担任主帅在陈涛斜之战中惨败，而且唐肃宗又很快发现了房琯拉帮结派的情况，遂将其废黜，而李泌又是闲散之人，不愿过深地卷入朝廷内的斗争中，唐肃宗不得不走马灯似的调换朝廷重臣和地方节度使，以避免尾大不掉的情况，郭子仪、李光弼等人也是被换来换去。

对其他节度使也是如此。安史之乱猝然爆发，唐朝内部兵力空虚，唐玄宗允许各地节度使自行招募军队、调运粮食、任命官吏，这一放权举措在一定时期起到了积极的作用，但是随着战事的持续，掌握了大权之后的各地军阀已不再听话，朝廷的威信逐渐丧失，像杜甫就宁可流落荆湘当一名四处乞食的寓公，也不愿回到危机四伏的朝廷任职。各地节度使也是这样，他们逐渐将自己的控制区当成了自家的菜园，不愿丢掉兵权、财权，再回朝廷。对于不听话的节度使，唐肃宗往往采取缩小辖区、调回京师、明升暗降、异地安置、布兵偷袭等办法予以剪除，但是效果不佳，甚至说不仅没有效果，反而造成了更大的混乱，上元元年年底到二年年初发生的刘展之乱祸及江淮就是一个明显的例子。但是，唐肃宗并没有从中吸取教训，次年，上元三年（宝应元年）唐肃宗在驾崩之前又曾征召山南东道节度使来瑱赴京，但来瑱也不愿回京，就指使自己的部下上书挽留自己，行至邓州，唐肃宗又下诏让其官复原职。当时，荆南节度使吕諲和淮西节度使王仲升以及奉命前往襄阳传旨的宦官们均称："来瑱收买人心，恐怕难以控制。"唐肃宗遂将商州、金州、均州、房州从山南东道划出来，另外设置了观察使，让来瑱只管辖六个州，就此来瑱与王仲升结下了梁子，等史朝义叛军谢钦部把王仲升包围于申州时，来瑱拥兵不救，坐视王仲升城破被俘。由于觉察到了朝廷对来瑱的不信任，山南东道行军司马裴茙想取而代之，就暗中向唐肃宗献上了袭杀来瑱之计，唐肃宗竟然又答应下来了。还是用了与对付刘展一样的套路，提拔来瑱为淮西、河南等十六州节度使，而暗中却命令裴茙接替来瑱为襄州、邓州等七州防御使。来瑱得知自己被调任淮西之后，与刘展的反应一样，均大惊失色，上书称："淮西无粮，请求等秋收以后再动身。"也就是在这当儿，唐玄宗、唐肃宗相继驾崩，朝廷内部一团乱麻，新即位的唐代宗不愿再生枝节，就又同意来瑱留任了。然而，接到唐肃宗密诏的裴茙不知个中原委，他接到密诏后即从穀城（今湖北省谷城县）率领两千人马沿汉水东下，直扑襄阳。来瑱领兵迎战，问裴茙为何而来，裴茙回答："因尚书不接受朝命，所以才来，如果你接受命令，让我取代你，那也就算了。"来瑱说道："我已蒙恩，让我继续留在此地，你来接管什么！"遂将印信、诏书拿出让裴茙看，裴茙一见大惊，弄得丈二和尚摸不着头脑。来瑱与副使薛南阳纵兵夹击，大破裴茙，将其生擒送往京师；为了安抚来瑱，裴茙也被唐代宗赐死了。八月，来瑱入朝谢罪，此时，唐代宗正部署对史朝义的总攻，因此，对他很是优待，九月，又晋升他为兵部尚书、同平章事、知山南东道节度使。当时，尚书左仆射裴冕为山陵使（给唐玄宗和唐肃宗修建陵墓），与新贵、宦官程元振言语不和，被唐代宗贬为施州刺史，遂以来瑱接替了裴冕的山陵使一职。到次年史朝义被平定后，被俘的原淮西节度使王仲升回到了长安，王仲升与程元振私交很好，而来瑱在襄阳时，程元振曾求他办事，来瑱不办，等来瑱当上宰相后，又与程元振发生言语冲突，二人关系紧张，于是，王仲升、程元振就上奏称来瑱与叛军勾结，致使王仲升落入敌手。唐代宗原本就对来瑱非常不满，一直隐忍未发，至此发怒，于宝应二年（也就是后来的广德元年，公元763年）一月，也就是前线各路唐军正乘胜追击史朝义之时，下令免去来瑱一切职务，流放播州，并在路上赐死。

来瑱事件在当时影响很大，不仅令正在与叛军作战的各节度使感到寒心，而且让后来降唐的河北四帅提心吊胆，后来的中兴名将李光弼也不敢来朝，甚至于仆固怀恩保留河北四帅，也都多多少少与之有着千丝万缕的联系。史称“藩镇皆切齿于元振”，其实，与其说痛恨程元振，倒不如说是对唐代宗寒心，更加与朝廷离心离德了。然而，仔细考察来瑱的作为，其人几次抗命，拒不入朝，企图在襄阳形成一股割据势力，正如王夫之说的那样：“唐藩镇之抗不受代、图不轨者，盖自瑱始。”唐廷经过几次较量，来瑱才勉强入朝，并在入朝之前分兵把守各地要挟朝廷，唐代宗诛杀他表明了加强对藩镇控制的决心，具有某种象征意味，只是在当时的条件下，诛杀来瑱更给了各地藩镇与朝廷疏远的一个貌似合理借口罢了。

来瑱死后，襄阳大乱。行军司马庞充原本率领两千人马奔赴前线，行至汝州，听说来瑱已死，遂领兵南返偷袭襄阳；左兵马使李昭发兵抵御，庞充折往房州。右兵马使梁崇义原率部驻守邓州，也领兵返回了襄阳，与李昭和副使薛南阳三人假意谦让，相互推举为首，数日不定，最后，还是下级军官们一致推举了梁崇义为帅。不久，梁崇义就诛杀了李昭和薛南阳，并上报唐代宗，唐代宗无力发兵讨伐，只得于这一年三月任命梁崇义为襄州刺史、山南东道节度留后。

唐代宗面临的第二个矛盾就是皇权与宦官及宰相之间的矛盾。为了有效地控制各地平叛军队，唐肃宗、代宗父子就培植了另外一股力量来予以平衡，即宦官。宦官集团在唐玄宗时期就已经得以加强，也源于唐玄宗得位时曾利用了高力士等人，还因为服务其六万宫女这一庞大的后宫的客观需要，使得宦官队伍水涨船高，到安史之乱后，宦官的权力更是得到了空前的加强，他们不仅掌管禁军，还主导军国事务（李辅国），担任将帅（鱼朝恩），联络各地，更多的是被派往各个平叛军中担任监军使，负责“监视刑赏，奏察违谬”，充当皇帝的耳目。在宦官和节度使之间，皇帝往往更加信任宦官而不是节度使，宦官已俨然皇帝的代言人，在来瑱被杀后不久，程元振又在唐代宗面前说了同华节度使李怀让的坏话，李怀让吓得只好自杀。然而，当宦官拥有巨大的权力之后，又会与皇权发生冲突，唐代宗除掉李辅国就是一个例子。不过，如今在唐代宗看来，程元振还算听话，因此，这一矛盾还没有爆发。

唐代宗第三个忧心的还是河北问题。仆固怀恩建议保留河北四帅，从内心深处来讲，唐代宗是一万个不愿意，然而，就在唐朝大军一半深入河北追杀史朝义；一半南下平定袁晁之时，吐蕃军队已夺取了整个河西、陇右之地，逼近了长安。眼瞅着长安危急，郭子仪连连上书称：“吐蕃、党项不可忽视啊，应该早做准备。”唐代宗不得不接受现实，勉强同意了仆固怀恩的请求。由此可见，唐朝之所以草草结束安史之乱，爽快地接受了仆固怀恩的请求，并非唐代宗愚蠢到看不出留下安史降将会带来的隐患，而确实是关中严峻的局势所不允许，对唐代宗而言自有难言的苦衷，也是情非得已。对此，唐代宗自然心有不甘，到宝应二年四月李光弼上报已平定江南叛乱之后，唐代宗遂采取缩小河北四帅辖区的办法，以期削弱他们的实力，于次月下令重新划分河北各州：幽州节度使管理幽州（今北京市）、莫州（今河北省任丘市北）、妫州（今河北省怀来县）、檀州（今北京市密云区）、平州（今河北省卢龙县）、蓟州（今天津市蓟州区）；成德军管理恒州（今河北省正定县）、定州（今河北省定州市）、赵州（今河北省赵县）、深州（今河北省深州市）、易州（今河北省易县）；相州节度使管辖相州（今河南省安阳市）、贝州（今河北省清河县）、邢州（今河北省邢台市）、洺州（今河北省邯郸市永年区）；魏州节度使管辖魏州（今河北省大名县）、博州（今山东省聊城市）、德州（今山东省陵县）；将原本属于河北的沧州（今河北省沧州市东）、棣州（今山东省惠民县）、冀州（今河北省衡水市冀州区）、瀛州（今河北省河间市）划归青淄节度使管辖；怀州（今河南省沁阳市）、卫州（今河南省卫辉市）、河阳（今河南省孟州市）划归泽潞节度使管辖。这一措施当然是冲着河北四帅来的：第一是幽州，当时，平卢已经沦陷于契丹、奚人之手，所以，唐代宗改范阳、平卢节度使为幽州节度使兼卢龙节度使，从此遂为定制。由于幽州肩负着抵御契丹、奚人南下的重任，故唐代宗并未对其进行削弱，这也使得在后来朝廷不再担忧契丹和奚人的入侵，也是幽州效忠皇室的节度使较魏博、成德为多的原因。第二是李宝臣（李忠志）的成德军。因李宝臣最先投降，给其他叛将起到了示范作用，故唐代宗将其辖区予以保留，仍然令其统领原来的恒州、赵州、深州、定州、易州五州，保留幽州、成德似乎还有分化瓦解河北四帅的意图。第三是薛嵩的相州。相州原管辖相州、卫州、邢州、洺州、贝州和磁州六州，唐代宗将其中的卫州给了忠于朝廷的郑陈泽潞节度使李抱玉，废置磁州。第四是魏博都防御使田承嗣。田承嗣是叛军悍将，又是个能人，《方镇编年》记载，田承嗣批阅文件如流水，下属们都啧啧称奇，说道："世间难见有如此旋风笔！"因此，唐代宗对其打压最重，魏博原有魏州、博州、德州、沧州、瀛州五州，如今，唐代宗只给其保留了魏州、博州和德州三州，而将沧州和瀛州给了青淄节度使侯希逸。第五是在这次重新分配中，青淄节度使侯希逸得利最多，他不仅拥有山东旧地，还得到了魏博的沧、瀛二州，甚至于河北腹地的冀州也划给了他。由此可见，也许唐代宗的指导思路是以河东的辛云京为西部依托，拉拢成德的李忠臣，以郑陈泽潞的李抱玉为西南依托，将触角延伸至卫州，监视相州南门，以汴宋节度使田神功为南面主力，控制河北四帅南下，以青淄节度使侯希逸为东部主力，将触角深入河北腹地，在成德、幽州、魏博之间嵌入一颗钉子，以看住河北四帅。

四〇二 百废待兴（二）

为了安抚田承嗣，唐代宗又正式任命他为魏博节度使。

然而，田承嗣也不是傻子，在这一番措置中，明眼人都能看出伤得最狠的就是他田承嗣了，虽说他与薛嵩都被夺去了两个州，但一则薛嵩本来就是六个州，只是夺去了三分之一，况且其中的磁州是撤销，而他田承嗣原本才五个州，一下子就丢掉两个，占了五分之二，且这两个州都送给了侯希逸。显然，朝廷是把矛头对准了自己，不过，如今的田承嗣还不敢明着与朝廷干架，为了自保，他只能深入挖潜，将现有辖区的壮丁全部征召入伍，只留下老弱耕田，数年之内，就组织起一支十万人马的军队；他又从中挑选一万名猛士，组成贴身卫队，号称“牙兵”。由于税赋全都用于自己的军队，自然也就不再向朝廷进贡了。

虽然田承嗣也在暗地里使劲，但要想以三州之力与朝廷抗衡，那就是以卵击石。因此，如果一切平稳的话，按照唐代宗的部署，再过若干年，只需一纸文书或者一场不大不小的战争，即可解决田承嗣，届时，也许真的会天下大定。

踌躇满志的唐代宗分别于宝应二年三月十八日、二十七日安葬了祖父李隆基和父皇李亨，李隆基的庙号为玄宗，李亨的庙号为肃宗，所以历史上就称李隆基为唐玄宗或者唐明皇，称李亨为唐肃宗。此后，群臣纷纷建议唐代宗册立太子，唐代宗下诏说等到秋后再说，到了六月一日，礼部侍郎杨琯上书认为：“古代选拔人才一定要选拔有德行有才能的人，而近代以来却只注重文章，隋炀帝创设了进士科，只出一个题目让考生议论而已，到唐高宗时，考功员外郎刘思立才建议进士科考试加上杂文，明经科则加考填空题，从此以后逐渐出现弊端。公卿们以此对待士人，家人也以此教育孩子，明经考生则背诵考题大全之类的以图侥幸。另外，还允许士人自荐，如此一来，想让人们返璞归真，崇尚礼让，又怎么做得到！希望陛下下令让县令负责考察孝廉，挑选品行、学识闻名当地的，推荐到州里，州里考试通过以后，再推荐到朝廷。由考生各自挑选一部经书，由朝廷聘请饱学之士担任考官，出二十道题，其中三道时政题，头等的即授予官职，中等的给予做官的资格，下等的放回。道教科也于治国没有益处，请求与明经科和进士科一起废掉。”唐代宗命令各部门商议，给事中李栖筠、尚书左丞贾至、京兆尹严武的意见与杨琯一致。贾至认为：“现在考试明经的，觉得自己能考好填空题就算是博学，参加进士科的，认为能写一篇声韵流畅的文章就是有学问，这种弊端应该改正。然而，由于从东晋以来，本地百姓大多流亡四方，留在当地的不足百分之一二，因此，请求在各地设置学校，在家的由本乡举荐，在外的就由学校举荐。”唐代宗就命令礼部拟定具体的实施办法。杨琯又建议设置五经秀才科。

宝应二年（公元763年）七月一日，群臣给三十八岁的唐代宗上尊号为宝应元圣文武孝皇帝。十一日，唐代宗宣布大赦天下，改元为广德元年。平叛有功众将都一一进行了封赏，比如，李光弼就“进封临淮王，赐铁券，图形凌烟阁”；仆固怀恩“册勋拜太保，仍与一子三品、一子四品官并阶，仍加实封五百户。仆固瑒一子五品官，加实封一百户。仍赐铁券，以名藏太庙，画像于凌烟阁”，等等。又册封回纥登里可汗为元首成功可敬英义建功智慧可汗，可敦为怜爱光亲华丽可敦；其左杀、右杀（左右贤王）也都一一得到封赏。同月二十七日，杨琯上奏科举考试实施细则，秀才答二十道经义题，五道论文题；国子监举人由博士推荐给国子祭酒，经国子祭酒考试，通过的送交中央，与地方上送来的一起参加考试。法律科由司法部主持考试。

一切似乎都在向好的方向发展，然而，一场突如其来的变故打乱了唐代宗的计划，这场变故就是他一直担心的另一个问题——吐蕃问题。

大唐自建立以来，开疆拓土，从关中西到陇右，再到河西，一直延展至西域，沿途都设置都督府、州、县，开元中，又在其地设置了朔方节度使、陇右节度使、河西节度使、安西节度使、北庭节度使，每年都要调派关东壮丁前去戍边，征调布帛作为军费，就地屯田，供应军粮，建立牧场，饲养牛马，东西虽然有万里之遥，但沿途构筑的军镇、堡垒也是连绵不绝。等到安禄山造反后，边防军中的精锐全部调往内地平叛，被称为行营，比如河西军就成为河西行营等，而留下的老弱之兵无力抗敌，这些边镇逐渐被吐蕃、党项、叛羌等蚕食。数年之间，西北数十州的兰州（今甘肃省兰州市）、廓州（今青海省化隆县）、河州（今甘肃省临夏市）、鄯州（今青海省海东市乐都区）、洮州（今甘肃省临潭县）、岷州（今甘肃省岷县）、秦州（今甘肃省天水市）、成州（今甘肃省成县）、渭州（今甘肃省陇西县）全部沦陷，从凤翔（今陕西省凤翔县）以西、邠州（今陕西省彬县）以北都已不再是唐朝的地盘了。唐朝剑南西山也与吐蕃、氐族、羌族相邻，乾元以后也落入吐蕃之手。唐肃宗即位之初，吐蕃派人前来请和，双方盟誓，至唐代宗宝应元年（公元762年）六月，吐蕃又派使者入朝进贡，但仅仅过去一年，当唐代宗刚刚平定了史朝义，还未从战争中喘息过来，吐蕃即采取先发制人的策略，撕毁合约，向唐朝发起了突然进攻。

郭子仪早已觉察出吐蕃的动向，曾多次提醒唐代宗对吐蕃和党项做好戒备，然而，唐军刚刚平定河北，百废待兴，根本无力西顾。在这种情况下，唐代宗只好派遣左散骑常侍兼御史大夫李之芳、左庶子兼御史中丞崔伦等人出使吐蕃，希望维系双方的合约，以延缓吐蕃的进攻，但吐蕃人已经打定了向唐朝总攻的主意，遂将唐朝使团全部扣留，直到次年才予以放回。

广德元年（公元763年）七月，战事爆发。吐蕃军队攻克大震关（今陕西省陇县境内），突入关中。当吐蕃入侵的消息上报之后，主持朝政的骠骑大将军兼内侍监程元振并没有及时上报唐代宗，而在这当中，唐代宗还在为仆固怀恩的事纠结着。

平定史朝义之后，唐代宗命仆固怀恩陪同回纥登里可汗出塞，回纥一行途经太原时，河东节度使辛云京也是闭门不与他们相见，这让仆固怀恩很没面子，遂上书禀报，但唐代宗不置可否，未予理会。送走回纥之后，仆固怀恩率领朔方数万人马驻扎在汾州（今山西省汾阳市），命其儿子御史大夫仆固瑒率领一万余人驻扎在榆次（今山西省晋中市榆次区），裨将李光逸等驻扎在祁县（今山西省祁县），李怀光等将驻扎在晋州（今山西省临汾市），张维岳等驻扎在沁州（今山西省沁源县）。

宦官骆奉先来到太原，辛云京千方百计巴结他，对他说仆固怀恩与回纥人勾结，证据充分。骆奉先南返时，路过仆固怀恩驻扎的汾州，仆固怀恩对其也十分敬重，请他在自己母亲面前喝酒。谁知，其母毕竟是个妇道人家，说话口无遮拦，席间屡屡责备骆奉先说："你既然已经与我的孩子结为异姓兄弟，如今又与辛云京亲近，你怎能这样耍两面派呢？"仆固怀恩当然看出气氛不佳，为了活跃气氛，他主动起身给骆奉先献上一舞，舞罢，根据惯例，骆奉先赠给仆固怀恩绸缎作为缠头。仆固怀恩自己起舞原本是表达对骆奉先的敬重，活跃酒宴气氛，而骆奉先又送来缠头，无端又让人家破费了，这让仆固怀恩很是不安，遂打算还给骆奉先这个人情，不放骆奉先走。仆固怀恩挽留道："明天是端午节，请留下来好好喝一天再走。"但骆奉先起程日期已定，不愿耽搁，坚决要走，仆固怀恩坚决不让其走，双方僵持不下，仆固怀恩命人把骆奉先的坐骑藏匿了起来。骆奉先只好留下，却已吓得魂不附体，对随从们说："早上其母责备于我，如今又把我们的马匹藏起来，不让我们回京，这是想要杀了我呀！"当晚，骆奉先翻墙逃命。得知骆奉先竟然翻墙而逃，反倒让仆固怀恩吓了一跳，赶忙派人追上骆奉先一行，把马匹奉还。八月十三日，一路狂奔的骆奉先回到了长安，上奏仆固怀恩谋反；仆固怀恩也上书细数其中缘由，请求诛杀骆奉先和辛云京二人。双方各执一词，唐代宗都未责备，下诏用温和的口吻安抚他们。

四〇三 蒙尘陕州（一）

自平叛以来，仆固怀恩一家战死了四十六人，女儿远嫁回纥，仆固怀恩奉劝回纥，收复东京，平定河北，诛灭史朝义，立下了不世之功，却受人诬陷，这让仆固怀恩越想越气。虽然接到了唐代宗的诏书，但他没完没了，始终无法释怀，遂牢骚满腹，上书唐代宗细数自家功劳，奏表中称："臣本番夷，世代居住边地，自我祖父就蒙受朝廷厚恩，臣未成年即受太上皇驱使，出生入死，效力疆场，被授予特进。安禄山叛乱后，臣担任裨将，决心靖难，不久，史思明又起，臣蒙先帝委任，授予兵权，誓雪国仇。一门忠烈，攻城野战，身先士卒，全家亲戚战死沙场，十不存一，侥幸活下来的，也都伤痕累累。先帝活着时，我就被李辅国等人陷害，几乎受到灭门之灾，被夺去兵权，担任宿卫，幸而陛下登基，知臣忠心，又重新委任臣以朔方节度使。去年秋末，回纥南下，百姓不知实情，都很害怕。陛下因臣与回纥是姻亲，命臣前去太原迎接，委臣全权处理一切事宜，臣遂与回纥可汗商议，分道进兵，收复洛阳，平定河北，唯独留下神策军驻守陈留。回纥可汗在洛阳时，就受到鱼朝恩的猜疑，散布流言，令回纥失望。臣平定叛军回来后，陛下又命臣护送回纥归国，臣拿出全部家财，替国家周旋，让回纥人动身。行至太原，被骆奉先、辛云京怀疑，关闭城门不予相见，还偷偷派人盗窃回纥财物。回纥人非常生气，早想寻仇，是臣从中斡旋，才最终出了国界。臣返回时，再经太原，说起来，臣身为国家大臣，而骆奉先和辛云京却不懂礼数，还是闭门不见。臣回到汾州后，休养兵马，数日以来，也不派一人问候。他们自己知道输理，恐怕臣先上奏，遂散布流言，另外，臣从泽潞经过时，见李抱玉奉迎回纥，十分操心，又送给臣马匹银器，臣从回纥那里得到一些绢，就拿出两千匹回赠给了李抱玉。如今李抱玉也把这种回馈作为臣结党营私的证据，臣实在上不欺天，下不欺地，夜深思量，臣有六大罪过：一是，往年同罗背叛，臣不顾老母，去灵武投军，讨平叛乱；二是，臣的儿子仆固玢曾被同罗俘虏，随即逃回，臣将其斩杀示众，臣不爱骨肉之亲而为国，这是臣的第二条大罪；第三，臣的女儿为国和亲而远嫁外国，联络回纥讨平叛军；第四，臣和儿子仆固瑒出生入死，报效国家；第五，陛下授予臣副元帅之职，命臣平定河北，河北新归附的节度使们都手握强兵，臣予以安抚，令其安定，上贡税赋；第六，臣和好回纥，令其归国，永为盟邦，二圣安葬完毕，陛下忠孝两全，臣却身负这六条重罪。陛下如以此六罪杀臣，臣与冤死的伍子胥、大夫种又有何异！只能含恨九泉，又能向谁哭诉！前不久来瑱被杀，不知是奸臣弄权还是陛下决断。臣担心入朝之后，也身遭大祸，因此生疑，这并非臣一人有此恐惧，各道节度使都是如此。近来，我听说陛下征召数名节度使入朝，大家都不奉诏，实在是担心宦官们的谗言，不是为臣不忠，只因奸臣在陛下身边。况且，臣指斥骆奉先的话都是实情，陛下竟然不予惩处，反而更加宠信他，以后谁还敢再说！如今西有西戎叛乱，东有吴越不安，均州、房州盗贼纵横，鄜州、坊州稽胡骚扰，陛下不专心外侮，却猜忌功臣，将如何平定天下？臣还听说，陛下在接见外臣时，总说要与骠骑（程元振）商量，从不问问宰相们的意见。有时候事情会耽误数月，臣朔方将士功劳最大，陛下不曾格外加赏，反而倍加猜忌，先是郭子仪被猜忌，如今臣又受到陷害。臣驻军汾水，收马放羊，不设戒备，分兵数郡，为免输送兵粮之累，劝课农桑，安定百姓，又有什么把柄让人说三道四呢！陛下如果不采纳臣的忠言，臣实在难以保全臣家，但陛下岂能安定国家！如今臣已安排妥当，如果公然入京，担心将士们挽留，臣打算假托去晋州、绛州等地巡视，暂住那里，才命张休藏携带此书呈上，希望陛下看到此书后，不要与近臣商议，待臣如初，派一名特派使者来到绛州，臣即与其同行返朝。”

广德元年九月二十二日，唐代宗派同平章事裴遵庆来到绛州，向仆固怀恩传达旨意，并实地观察仆固怀恩的真心。裴遵庆来到后，仆固怀恩抱着他的双腿哭泣诉冤。裴遵庆称皇恩浩荡，暗示他还是入朝的好，仆固怀恩满口答应。副将范志诚认为不行：“大人受到谗言陷害，有功高不赏之惧，已经产生了隔阂，为何要入朝呢？你没见来瑱和李光弼的下场吗？如果听信了他的甜言蜜语，一旦回到朝廷，就是第二个来瑱，再也回不来了！”（《旧唐书》中的原话是：“公不见来瑱、李光弼之事乎！功成而不见容，二臣以走诛。”按：李光弼死于广德二年，此时李光弼并没有死，也许是传言，也许是史籍编造了李光弼此后病死的这一事实。《新唐书》中的原话是：“嫌隙成矣，奈何入不测之朝，独不见来瑱、李光弼乎？二臣功高不赏，瑱已及诛。”根据现有史料，《新唐书》中的这一说法更准确）第二天，仆固怀恩就变卦了，他见到裴遵庆后，以担心被处死为由，不敢入朝，但又提出让一个儿子入朝为人质。可是，这一提议又遭到了范志诚的强烈反对，裴遵庆只好无功而返。御史大夫王翊出使回纥归国，途经仆固怀恩防区，仆固怀恩此前的确与回纥可汗有来往，已违背了臣子不得擅自与外国交往的规矩，仆固怀恩担心王翊向朝廷说出此事，更令唐代宗生疑，遂擅自将其扣留下来。说到李光弼，在仆固怀恩平定史朝义之后，关中局势日渐危急，唐代宗也曾经下令让李光弼入朝，但是，由于相州惨败、邙山惨败都与鱼朝恩有直接的关系，他羞于自己的错误决策，遂对李光弼恨之入骨，如今掌权的程元振更是莫名其妙地对李光弼嫉恨有加，总想陷害李光弼。等到来瑱被程元振陷害致死后，李光弼更为恐惧。所以，当吐蕃即将进攻关中时，唐代宗命李光弼率部勤王，李光弼一改往日忠义面目，迟迟不肯动身。

仆固怀恩之事还没个眉目，吐蕃军队就已经攻进关中了。在吐蕃人进攻之初，边将告急文书如雪片一般送入长安，但主政的程元振私自把文书压下来，不予上呈，唐代宗也不知情。一直到十月，唐军都毫无动作，吐蕃军队又向泾州（今甘肃省泾川县）发起进攻，刺史高晖在外无援兵的情况下，举城投降，并充当吐蕃向导，直扑关中。当吐蕃前锋抵达邠州时，唐代宗这才得知实情。很快，吐蕃军队已进抵长安附近的奉天（今陕西省乾县）、武功（今陕西省武功县），长安军民一片惊恐。唐代宗无计可施，这才慌忙任命雍王李适为关内元帅，起用一直靠边站的老将郭子仪为副元帅，出京镇守咸阳。

郭子仪自从数年前相州惨败之后，就由李光弼代掌朔方军权，此后虽然短暂在外任职，但其又于去年八月被召入朝，部曲早已离散。接到任命后，郭子仪身边仅有二十名骑兵，强行劫掠百姓牲畜随行。行至咸阳，吐蕃人纠集吐谷浑、党项、氐族、羌族等二十万余众，铺天盖地杀来，方圆数十里内都是敌军，从司竹园（今陕西省周至县东）渡过渭河，一路东来。郭子仪命判官中书舍人王延昌回京禀报，请求给自己增加兵力，但王延昌回到长安后，被程元振阻挡，没有见到唐代宗。

十月四日，渭北行营兵马使吕日将（一记作吕月将）率领两千精锐唐军与吐蕃人在盩厔（今陕西省周至县）激战，双方从上午一直打到傍晚，杀死数千敌军，但唐军也损失大半。六日，敌人乘胜再次进攻盩厔，吕日将据守苦战，部下全部战死，最后，城破，吕日将被俘。

唐代宗正在宫中忙着调兵遣将，筹措军需，前方传来吐蕃已越过便桥（今陕西省咸阳市西南）的消息，顿时无计可施，七日，唐代宗匆匆逃出长安，逃往陕州（今河南省陕县）。皇帝一走，整个长安顿陷于一片混乱，官吏纷纷外逃，六军也一哄而散。郭子仪听说后，赶忙从咸阳赶回长安，等他回到城内时，唐代宗已经离去。唐代宗刚出了皇家园林大门，渡过浐水，随行护驾的射生将领王献忠（一作王怀忠）就关闭大门，截留四百余名骑兵哗变，折返长安，胁迫丰王李珙（唐肃宗第二十六弟、曾被太上皇入蜀时任命为河西陇右等道节度大使、唐代宗叔父）等十名王爷奉迎吐蕃人。行至城西开远门内，正遇上郭子仪。郭子仪大声呵斥王献忠等人，王献忠下马，对郭子仪说："主上东去，社稷无主，百姓惊恐，失去了主心骨。如今在下奉诸王等西奔，以慰天下之心。令公身为元帅，废立全在您一句话，何不行册立之事？"还未等郭子仪说话，李珙抢先追问道："令公做什么决断，为何不说话？"行军司马王延昌斥责道："主上虽然蒙尘于外，但圣德英明，大王身为藩王，为何说出如此狂妄悖逆之言？臣当向皇上禀报！"郭子仪又发言责备，命士兵们押送着他们一起追上唐代宗。八日，唐代宗来到华州，当地官吏已四散逃去，无人供应食物，随驾将士又冻又饿。正巧观军容使鱼朝恩率领神策军从陕州赶来护驾，唐代宗当天即入住鱼朝恩军营。李珙于潼关追上唐代宗，唐代宗没有责备他，退下后，李珙又说些怪话，群臣担心其趁机作乱，遂请求唐代宗除掉他，唐代宗下令将其赐死。

四〇四 蒙尘陕州（二）

广德元年十月九日，吐蕃进入长安，这是长安第二次沦陷。

降将高晖与吐蕃大将马重英等人拥立前邠王李守礼（唐玄宗的堂兄）的孙子、广武王李承宏为皇帝，改元，设置百官，以前翰林学士于可封等人为宰相。吐蕃人劫掠长安仓库、集市，焚烧房屋，长安城内一片萧条。当时，前宰相苗晋卿卧病在家，吐蕃人派人用轿将他抬入宫中，强迫他任职，苗晋卿闭口不言，吐蕃人也无可奈何。当时，逃散的军人趁机四处劫掠，长安百姓纷纷躲入山谷中避难。十月十二日，唐代宗逃至陕州，百官知道皇帝下落后，逐渐赶来。

郭子仪命人护送丰王等人东去之后，即率领三千骑兵（本传称三千骑兵，《资治通鉴》称三十名骑兵）从长安西南的御宿川沿着南山向东而行，途中，他对王延昌说："逃跑的六军将士大多逃到了商州（今陕西省商洛市商州区），我们赶忙前去招抚，而后调派武关的守军，数日之内，从蓝田北进，吐蕃人一定会撤去的。"经过蓝田时，又遇到元帅都虞候臧希让、凤翔节度使高升率领的近千人。郭子仪与王延昌商议道："逃兵们一旦到了商州，当地官吏一定会藏匿起来，形势就不妙了。"遂命令王延昌抄小路赶往商州安抚。六军众将正要放兵劫掠，听说郭子仪到了，均大喜过望，俯首听命。郭子仪担心吐蕃人会马不停蹄地追赶唐代宗，遂将部队驻扎在蓝田附近的七盘山，停留三天之后才继续东行。行至商州，一路上收容逃兵，再加上武关守军，凑集了四千余众。郭子仪遂哭着鼓励将士们效忠朝廷，洗刷国耻，夺回长安，众人都深受感动，纷纷表示愿意听命。郭子仪遂请太子宾客第五琦担任粮料使，负责供应军粮。唐代宗担心吐蕃东出潼关，遂给郭子仪下诏，命其赶赴陕州。郭子仪上书称："臣如果收复不了长安，无颜再见陛下，如果我出兵蓝田，吐蕃一定不敢远离长安，东出潼关。"唐代宗遂接受了郭子仪的意见。鄜坊（今陕西省黄陵县）节度判官段秀实建议节度使白孝德率军勤王，白孝德当天即率部南下，与蒲州、陕州（鱼朝恩部将皇甫温部）、商州（郭子仪部）、华州（鱼朝恩部将周智光部）等各路唐军配合，伺机收复长安。

吐蕃人并没有打算长期占领长安，他们在拥立了广武王李承宏之后，即打算掳掠城内的知识分子、妇女和手工业者，然后归国。郭子仪命令左羽林大将军长孙全绪率领两百骑兵出蓝田，侦察敌情，命第五琦代理京兆尹随军前往，又命六军兵马使张知节、乌崇福将率领一万人为前锋。长孙全绪等将在韩公堆（今陕西省蓝田县以北）安营扎寨，白天插遍军旗，擂动战鼓，声震山谷，夜里则点燃了很多篝火，以迷惑吐蕃人。前光禄卿殷仲卿招募了近千人，保卫蓝田，与长孙全绪等军互为表里，又率领两百多骑兵渡过浐水。吐蕃人不明就里，十分害怕，长安百姓又吓唬他们说："郭令公从商州率领大军赶来，人数多得数不胜数啊！"吐蕃人信以为真，逐渐从长安西撤。长孙全绪又命令射生将王甫偷偷进城，暗中联络数百少年，趁夜在朱雀街上击鼓大叫，吐蕃人吓得六神无主，遂于二十一日，即占领长安十二天之后，全部撤去。降将高晖听说后，率领三百骑兵向东逃窜，行至潼关，被守将李日越生擒杀掉。二十三日，唐代宗下诏任命元载为元帅行军司马，以第五琦为京兆尹，次日，又任命郭子仪为西京留守。二十五日，郭子仪从商州出发。三十日，唐代宗又任命鱼朝恩部将皇甫温为陕州刺史，周智光为华州刺史。

程元振不愿看到郭子仪再立新功，阻扰唐代宗再回长安，劝说暂时留在东都，唐代宗也答应了。郭子仪听说后，上奏反对，他指出：长安优越的地理位置非洛阳所能比拟，况且洛阳长期遭遇兵灾，十室九空，既无粮草，又缺人力，人烟断绝，千里萧条，他建议唐代宗"躬俭节用，苟能黜素餐之吏，去冗食之官，抑竖刁、易牙之权，任蘧瑗、史鳍之直，薄征驰力，恤隐追鳏，委诸相以简贤任能，付老臣以练兵御侮，则黎元自理，寇盗自平，中兴之功，旬月可冀，卜年之期，永永无极矣"。唐代宗看后，感动得流下眼泪，说道："子仪用心，真是社稷之臣啊！可从速回京。"

这时，唐代宗已经下了惩处骠骑大将军、判元帅行军司马程元振的决心。程元振上台后，专权恣肆，人们惧怕他甚至超过了李辅国，众将立下大功，他总是非常妒忌，设法加害。吐蕃入侵，正是由于他没有及时上奏，才导致唐代宗仓皇出逃。来到陕州后，唐代宗下诏征召各道节度使率军前来勤王，李光弼等人就是担心程元振在皇帝身边，不敢也不愿率军前来，以致各道节度使竟然没有一个赶来陕州，人人对程元振都是切齿痛恨，又不敢说话。时至今日，惹恼了太常博士柳伉，他上书唐代宗直斥程元振的罪恶："吐蕃军队度过陇山，兵不血刃就拿下了京师，焚烧皇陵，劫掠宫女，武士无一人死战，原因是将帅们都与陛下离心离德啊！陛下疏远功臣，亲近近臣，日积月累，以致今日大祸，朝廷之上的重臣无一人敢于犯颜直谏，这是群臣都背叛了陛下啊！陛下刚一离开京城，百姓就涌上街头，劫掠仓库，相互杀戮，这是京畿百姓都背叛了陛下啊！从今年十月一日下诏征召各道勤王，至今已四十天过去了，竟然没有一辆战车入关勤王，这是各地都背叛了陛下啊！内外都已离心离德，陛下，你说今日帝国的局势是安定还是危险？如果以为危险，又怎能高枕无忧，不为天下诛灭有罪之人呢？良医治病，要对症下药，吃的药不对症，再多也无益。陛下考虑今天帝国的病因又在哪里？如果陛下要保全江山社稷，就必须砍下程元振的脑袋，布告天下，把宦官们担任的官职全部交给地方，将神策军交给大臣统领，然后，撤下数月前的尊号，下罪己诏，称：'天下如果允许朕改过自新，就当立即招募壮士赶往关中；如果认为朕的罪过很大，那么，朕怎敢继续坐在这个皇位上，妨碍贤人，请天下之人另请高明。'如此一来，如果勤王之兵不来，万民不深受感动，天下不口服心服，臣请求全家碎尸万段以向陛下谢罪！"唐代宗念及程元振也曾立下功劳，十一月二日，下诏仅仅免去他的官爵，将其放归乡里。不久程元振又身穿女人衣服偷偷进京，想面见唐代宗希望重新得到任用，却被京兆府逮捕；唐代宗下诏以其偷偷入京，图谋不轨，将其流放到溱州，后念及其功，改为江陵安置。

先期潜入京城的王甫（又记作王抚）聚众两千，自称京兆尹，自行安排官吏，在长安城内为非作歹。十一月三日，当郭子仪率军来到长安城外时，王甫又不出迎。有人对郭子仪说不可贸然入城。郭子仪不从，只带着三十名骑兵缓缓朝城内而来，命人召王甫来见。王甫无计可施，只好狼狈来见，跪在路旁迎接，郭子仪命人当即将其斩杀，其部众也都四散而去。鄜坊节度使白孝德和邠宁节度使张蕴琦领兵驻扎在长安四郊，郭子仪命令他们率部入城维持治安，京城这才安定下来。

吐蕃人撤至凤翔，节度使孙志直闭城固守，吐蕃军队将城池围困了数日。镇西节度使马璘听说唐代宗蒙尘陕州，即率领一千精锐骑兵从河西勤王，一路上边走边打，此时正走到凤翔。按：马璘，扶风人。祖父马正会，官至右威卫将军；

其父马晟为右司御率府兵曹参军。马璘很小父亲就去世了，整天游手好闲，二十多岁时，偶然读到《后汉书·马援传》至“大丈夫当死于边野，以马革裹尸而归”时，不禁喟然叹息说：“我怎能让我祖父的功业后继无人啊！”开元末年，他仗剑从戎，自愿远赴安西从军，后因功被晋升为左金吾卫将军同正。唐肃宗即位后，马璘亲率三千甲士从遥远的西域赶回平叛，在讨伐叛军中，马璘所部屡立战功，在李光弼进攻东都时，史朝义亲自统领精锐部队，战旗蔽天，铠甲耀日，唐军众将无人敢前，只有马璘率领本部人马杀入敌阵，杀进杀出了四次，副元帅李光弼叹息道：“我用兵三十年，从未见过以少敌众，雄壮如马将军的！”

此时，马璘正遇上吐蕃围城，当即命将士们拉满弓弦，突入城内，入城之后，没有歇上一口气，就又出城迎敌，他身先士卒，一马当先，冲在队伍的最前面，杀死一千多名敌军。第二天，敌人再次接近城池，马璘打开内外两层城门，严阵以待。敌人吓得不敢再战，说道：“这个将军不怕死，我们还是躲开此人吧。”遂西撤而去，驻扎在原州（今宁夏回族自治区固原市）、会州（今甘肃省会宁县）、成州（今甘肃省成县）、渭州（今甘肃省陇西县）一带。战后，马璘因功被晋升为兼御史中丞。

十二月十九日，唐代宗从陕州出发回京。尚书左丞颜真卿请求皇帝先拜谒皇陵、九庙之后再还宫。宰相元载说：“你说的虽好，却不合时宜啊。”颜真卿顿时发怒，说道：“采纳不采纳全在相公你，说话的人又有什么罪过？况且朝廷之事，怎还经得起相公再来破坏！”元载听后，对颜真卿恨之入骨。二十六日，唐代宗来到长安，郭子仪率领城内文武百官和驻军赶往浐水东岸迎接，拜伏于地，请求皇帝恕罪。唐代宗说道：“朕未能早些重用你，才落到今日这步田地！”《杜阳杂编》记载，范阳节度使李怀仙给唐代宗进贡一匹叫九花虬的骏马，此马前额高九寸，马毛蜷曲如同龙鳞，每一嘶鸣，群马都竖起耳朵，马行如飞。唐代宗入长安后，特意将此马和紫玉马鞭赏赐给了郭子仪。

话虽这么说，唐代宗还是信任身边的宦官，他以鱼朝恩为天下观军容宣慰处置使，统领禁卫军，在鄠县（今陕西省西安市鄠邑区）和中渭桥筑城，屯兵防御吐蕃；又任命骆奉先为鄠县筑城使，等城池建成后，就让其统领筑城之兵，驻扎在那里。二十七日，唐代宗罢免了宰相苗晋卿和裴遵庆，改任二人为太保和太子少傅，而以宗正卿李岘为黄门侍郎、同平章事。裴遵庆被罢相后，元载权势更大。他买通宦官董秀，让主书卓英倩充当联络员，唐代宗的一举一动，元载都能知道，他也由此能揣摩出唐代宗的心思，因此，他说的每一句话都让唐代宗很是满意，唐代宗也越来越宠信元载了。

吐蕃军队西撤之后，唐代宗并没有诛杀广武王李承宏，只将其流放到了华州。吐蕃在入京的同时，还在南线发动了攻势，相继攻陷松州（今四川省松潘县）、维州（今四川省理县）和保州（今四川省理县西北）以及云山（今四川省理县北）唐军新修筑的两座城堡。剑南西川节度使高适不能救，自此，剑南西山（指西川西部山区）各州都落入了吐蕃之手。史称，高适是内战行而外战不行，唐代宗遂将剑南东西两川合为一道，以黄门侍郎严武第三次充任剑南节度使。

四〇五 怀恩之变（一）

回到长安以后，唐代宗又想起了仆固怀恩。

唐代宗在陕州时，时任尚书左丞的颜真卿就曾请求征召仆固怀恩带兵前来勤王，也许是唐代宗担心仆固怀恩会来添乱，因此没有同意，如今，唐代宗又想让刚刚担任检校刑部尚书的颜真卿前去召仆固怀恩入朝。颜真卿说道：“陛下在陕州时，臣前去的话，以忠义勉励他，让他率兵勤王，他还有可能前来。如今，陛下已经还宫，人家来了也没有勤王之功，退一步想又不愿丢下兵权，现在召他入朝，岂肯前来！况且，说仆固怀恩谋反的只有辛云京、骆奉先、李抱玉和鱼朝恩四人，其余群臣都说人家是冤枉的。陛下不如以郭子仪代替仆固怀恩，用不着战争即可令朔方将士服从朝廷。”泽潞节度使李抱玉的堂弟李抱真时任汾州别驾，觉察到仆固怀恩怀有异心，遂从汾州逃回京师。唐代宗召见他询问应对之策，李抱真回答：“不用担忧。朔方将士思念郭子仪，如同子弟思念父兄一样，仆固怀恩欺骗朔方将士们说：‘郭子仪为被鱼朝恩所杀。’大家信以为真，所以才为其所用。陛下如果真能以郭子仪统领朔方军，将士们自然不召自至。”唐代宗觉得有理。

如果说过去仆固怀恩可能还没有谋反之心，那么随着形势的发展，如今的他的确产生了反叛之心，他打算拉拢河东都将李竭诚袭占眼皮底下的太原，杀掉仇人辛云京。谁知辛云京却发现了李竭诚的阴谋，果断杀掉李竭诚，率众戒备。仆固怀恩命其子仆固瑒领军进攻太原，辛云京出城迎战，将仆固瑒杀得大败而还，仆固瑒转而包围了榆次。据《旧唐书·马燧传》记载，回纥北返时，曾在河阳留下数千雇佣军看管那些劫掠的难以搬运的大件物资。此时，仆固怀恩把这批财物都送给了相州节度使薛嵩，想让薛嵩从相州给这支部队供应粮食，好让他们继续驻扎在河阳，以切断洛阳与山西之间的联系，陈郑泽潞节度使李抱玉命马燧前往相州，以大义说服了薛嵩，薛嵩这才与仆固怀恩断绝来往。

唐代宗对郭子仪说："仆固怀恩父子实在是太对不起朕了，朕听说朔方将士思念你，如同大旱盼望甘霖一般，你为朕镇抚河东，汾州之军就一定不会跟着仆固怀恩背叛了。"

广德二年（公元764年）一月二十日，唐代宗任命郭子仪为关内、河东副元帅、河中节度等使，朔方将士们听说后，都说："我们要是再跟着仆固怀恩干不义之事，还有什么脸面再见汾阳王呢！"二十九日，唐代宗又加任郭子仪为朔方节度大使。二月，郭子仪来到河中（今山西省永济市）。驻扎在这里的是一万余名云南籍的军人，军纪败坏，将领贪婪，士兵横暴，在当地为非作歹，郭子仪来到后，斩杀了十四人，杖打三十人，河中才恢复秩序。

仆固瑒包围榆次十余天毫无进展，连忙派人调发祁县的军队，祁县驻军将领李光逸将部队全部交出。当时将士们还没吃饭，饿着肚子行军迟缓，十将（低于知兵马使、都将的领兵官）白玉、焦晖用响箭朝落后的士兵射去，士兵们说："将军为什么要射我们！"白玉说："今日跟着人谋反，也难免一死，反正是死，射你们又有何妨？"行至榆次，仆固瑒埋怨祁县军队来晚了，军中的胡人说："我们骑马，是汉兵走得太慢。"仆固瑒遂下令杖打汉兵，汉兵们都非常恼火，说道："节度使与胡人一心。"当晚，白玉和焦晖发动哗变，二人率领汉兵突袭仆固瑒，将其斩杀，接管了军队。仆固怀恩听到这一消息，告诉其母，其母说："我叫你不要谋反，朝廷待你不薄，如今众心已变，大祸临头，肯定会牵连到我，这该如何是好！"仆固怀恩无言以对，叩头退出。其母抓起一把大刀，追出屋外，说道："我要替国家杀了你这个叛贼，挖了你的心向三军谢罪！"仆固怀恩拔腿就跑，与部下三百骑兵西渡黄河，向朔方逃去。

当时，朔方节度留后浑释之驻守在灵州（今宁夏回族自治区灵武市）。仆固怀恩的公文先到，称："大军返回本镇。"浑释之判断："肯定不是这样，一定是战败回来了。"打算闭城不纳。浑释之的外甥张韶却说："此人也许已幡然醒悟，率众返回，为什么不接纳呢？"浑释之迟疑未决。仆固怀恩快马加鞭，在使者复命之前就已经赶到了灵武城下，浑释之只好将他们接进城内。仆固怀恩入城后，张韶将内情告诉了他，仆固怀恩又利用张韶，把浑释之给杀了。浑释之死后，仆固怀恩让张韶统领浑释之的旧部，不久，他又盘算："浑释之可是此人的舅舅啊，对自己的亲舅舅尚且如此，他岂能对我尽忠呢！"过了几天，他随便找了个借口，命人将张韶小腿打断而死。

仆固怀恩逃归灵武后，驻扎在沁州（今山西省沁源县）的都虞候张维岳火速赶到汾州，安抚仆固怀恩的手下将士，但他为了贪功又杀死了白玉和焦晖。郭子仪命牙官卢谅赶赴汾州了解情况，张维岳送给卢谅很多钱，卢谅遂隐瞒真相，向郭子仪禀报是张维岳杀了仆固瑒。郭子仪遂向唐代宗汇报，将仆固瑒的人头送到了京师。群臣入贺，唐代宗面露愁容，说道："朕不能取信于人，致使功臣外逃，深感羞愧，还有什么值得道贺的呢！"命令将仆固怀恩的母亲接到长安，妥善安置，一个月之后，其母去世。

二月十日，郭子仪来到汾州。驻扎在汾州的数万仆固怀恩旧部都欢欣鼓舞，激动得涕泗横流，觉得他来得太晚了。郭子仪了解到仆固瑒是白玉、焦晖所杀的实情后，遂下令将卢谅杖打而死。唐代宗认为李抱真报的信属实，晋升其为殿中少监。

仆固怀恩被逼造反，唐代宗又想起了迟迟不至的李光弼。李光弼的母亲住在河中，唐代宗担心出现第二个仆固怀恩，就经常派人到河中去探望李光弼之母；吐蕃军队退出长安后，代宗又任命李光弼为东都留守，以试探他的态度，但李光弼还是借口军中无粮，需要回到江淮就食，领兵返回了徐州。唐代宗见状，暗中指令郭子仪将李光弼之母从河中接到了长安，又令李光弼之弟李光进掌握禁军，好让李光弼心安。李光弼为人严厉，治军严整，众将在他面前经常吓得不敢仰视；常谋定而后动，以少敌众，曾经立下了汗马之功，然而，自从吐蕃入京以来，代宗接连征召他勤王，他因为种种原因拒不入朝，威信大减，原属于他统领的节度使像田神功等人也开始对他不再敬畏，不听他的将令了。李光弼又羞又愧，一病不起，遂于七月十四日去世，终年五十七岁。临死前，部下问他有什么遗言，李光弼说："我滞留在军中，有母不能养，身为不孝子，我还有什么可说的！"八月一日，唐代宗任命宰相王缙接替李光弼生前的职位，担任都统河南、淮西、山南东道各个行营。王缙是著名诗人王维的弟弟，字夏卿，年少好学，从小就与哥哥王维齐名。进士及第，历任侍御史、武部员外郎。安禄山叛乱后，王缙被提拔为太原少尹，辅佐李光弼镇守太原，因功被加授宪部侍郎，后晋升为兵部侍郎。史朝义被平定后，被晋升为黄门侍郎、同中书门下平章事。李光弼去世后，唐代宗任命王缙为侍中、持节都统河南、淮西、山南东道诸节度行营事。王缙坚决推辞侍中，唐代宗改任其为上柱国，兼东都留守。一年后，又晋升他为河南副元帅，请其减少四十万军费用来重修东都的宫殿。

仆固怀恩夺占灵武之后，召集余众，军势复振。唐代宗意欲安抚他，对其家眷仍很照顾，下诏称赞他：功劳彪炳于皇室，传颂于天下，是小人引起隔阂，原本并无异志，我们君臣之间依然如初。只是由于河北已经平定，朔方军已有主帅，应当解除河北副元帅、朔方节度使等职，保留太保、中书令、大宁郡王如故。希望尽快入朝，别再有什么狐疑。但仆固怀恩不从。

此年秋天，郭子仪奉诏入朝，八月，仆固怀恩纠集回纥、吐蕃军队共计十万余人大举南下，长安军民一片惊恐。唐代宗下诏命令郭子仪率领众将镇守奉天（今陕西省乾县）。唐代宗询问郭子仪应敌之策，郭子仪满怀信心地说道："仆固怀恩不会有什么作为的！"唐代宗问道："为什么呢？"郭子仪回答："仆固怀恩虽然勇敢，但对士卒不爱惜，士兵们和他并不亲近，之所以跟着他南下，是大家思念家乡而已。此人原本只是臣的一员偏将，其部下也都曾经是臣的属下，见到臣肯定不忍心与臣兵戈相向，因此臣知其不会有什么作为。"八月十六日，郭子仪从长安出发，奔赴奉天。九月十七日，唐代宗又任命郭子仪为北道与吐蕃和解使，以李抱玉为南道与吐蕃和解使。郭子仪听说吐蕃军队逼近邠州，二十日，即派遣其子、朔方兵马使郭晞率领一万人前去救援，又以右兵马使李国臣率军作为郭晞的后援。同月二十五日，南线剑南节度使严武击破吐蕃七万大军，攻克了当狗城、盐川城（在今四川省理县一带）。

仆固怀恩的前锋进抵宜禄（今陕西省长武县），邠宁节度使白孝德率领唐军击败其吐蕃军队，十月，仆固怀恩率领大军进抵邠州（今陕西省彬县）城下，白孝德、郭晞闭城固守，敌人遂不作停留，继续南下，直逼奉天，京师戒严。

众将纷纷请战，郭子仪不同意。郭子仪对仆固怀恩这个老部下还是十分了解的，仆固怀恩作战勇猛，善于冲锋陷阵，擅长打突袭战、闪击战。一战取胜之后，会穷打猛追，在其平定河北之战中就体现了他这一连续作战的作风，因此，郭子仪决心以从容对其迅猛，采取后发制人的策略对付仆固怀恩，他对大家说："敌人深入我地，速战速决对他们最为有利，我们则应当坚壁清野，固守不战。这样一来，敌人就会以为我们胆怯，必定会放松警惕，就可以击破他们了。如果我们如今立即迎敌，一旦失利，军心就乱了。再敢言战者，杀无赦！"十月七日夜，郭子仪率领大军在乾陵以南构筑阵地，次日拂晓，吐蕃、回纥联军蜂拥而至。仆固怀恩原本打算越过邠州，打唐军一个措手不及，谁知竟然发现唐军大部队早在此地严阵以待了，不禁大吃一惊，遂不战而退。郭子仪命令部将李怀光等人率领五千精锐骑兵跟踪追击，一直追到麻亭（今陕西省彬县南）才返回。敌人北撤到邠州，于十三日开始攻城，没有攻克，遂于二十一日渡过泾水而去。《旧唐书·吐蕃传》记载："郭晞于邠州西三十里，令精骑两百五十人、步卒五十人斫怀恩营，破五千众，斩首千余级，生擒八十五人，降其大将四人，马五百匹。"

四〇六 怀恩之变（二）

仆固怀恩匆匆北撤，一方面是唐军早有戒备，但更重要的是其后方出现了问题。

得知仆固怀恩南下的消息后，河西（今甘肃省武威市）节度使杨志烈命令监军柏文达率领五千精锐东进，直扑朔方军的老巢灵武。临行前，他叮嘱柏文达说："我河西的精兵全在这里了，你率领着他们东去进攻灵武，仆固怀恩得知后，一定会有后顾之忧，这是围魏救赵、解救京师的一条奇计。"柏文达领命后，即率军长途奔袭，沿途接连攻克摧沙堡（今宁夏回族自治区灵武市西北）、灵武县（今宁夏回族自治区灵武市西北），接着向灵武城（今宁夏回族自治区灵武市）发起进攻。正是后方告急，才促使仆固怀恩匆匆北撤，北返之后，他命令蕃、浑部落两千骑兵趁夜突袭河西军，河西唐军猝不及防，被打得大败，死伤大半。柏文达率领残兵败将撤回凉州，大哭着回到城内。杨志烈在迎接时安慰柏文达说："此行有安定长安之功，士兵们死了有什么可悲伤的？"这话说得十分不妥，让全体士兵听了都非常寒心。由于河西军队威胁到吐蕃、仆固怀恩和回纥人的后方，不久，吐蕃人就发兵包围了凉州，士兵们都不再听命，凉州很快陷落。杨志烈向西逃往甘州（今甘肃省张掖市），途中为居住在河西走廊一带的沙陀人所杀。沙陀人姓朱耶，为西突厥的处月部，因世代居住在沙陀碛（今新疆维吾尔自治区巴里坤湖以东一带，一说在古尔班通古特沙漠南缘），部落遂以此为名。《旧五代史·武皇纪》称：后唐开国皇帝李克用是沙陀人，祖上居住在陇右金城（今甘肃省兰州市）。始祖叫拔野（应为拔野古之误），在唐太宗时，随从唐太宗讨伐高句丽、薛延陀，因功被晋升为金方道副都护，遂居住在瓜州（今甘肃省酒泉市瓜州县一带）。唐太宗平定薛延陀各部后，设置了安西和北庭都护府，分同罗、仆骨之人设置沙陀都督府。《新唐书·沙陀传》记载："沙陀，西突厥别部处月种也……处月居金娑山之阳，蒲类之东，有大碛，名沙陀，故号沙陀突厥云……永徽初，贺鲁反，而朱邪孤注亦杀招慰使连和，引兵据牢山……明年，弓月道总管梁建方、契苾何力引兵斩孤注，俘九千人。又明年，废瑶池都督府，即处月地置金满、沙陀二州，皆领都督。贺鲁亡……而处月来归，乃置昆陵都护府……龙朔初，以处月酋沙陀金山从武卫将军薛仁贵讨铁勒，授墨离军讨击使……金山死，子辅国嗣。先天初避吐蕃，徙部北庭，率其下入朝……子骨咄支嗣。天宝初，回纥内附，以骨咄支兼回纥副都护。从肃宗平安禄山，拜特进、骁卫上将军。死，子尽忠嗣，累迁金吾卫大将军、酒泉县公。至德、宝应间，中国多故，北庭、西州闭不通，朝奏使皆道出回纥，而虏多渔撷，尤苦之，虽沙陀之倚北庭者，亦困其暴敛。”此后，沙陀人一度归顺了吐蕃，吐蕃作战时常以沙陀人先锋，后沙陀人降唐，在晚唐和五代时期扮演了十分重要的角色。五代时期的李克用建立的后唐、刘知远建立的后汉都是沙陀人建立的政权，也有人认为后晋的建立者石敬瑭也是沙陀人。

十一月十四日，郭子仪返回长安。郭晞在邠州放纵士兵肆意妄为，邠州节度使白孝德虽然苦恼，但看在郭子仪的面子上，又不便作声。泾州刺史段秀实得知后，自告奋勇担任军中都虞候，上任一个月后，郭晞手下的十七名士兵去邠州市场上买酒，言语不和，将卖酒翁用刀刺伤，打烂酿酒器具。段秀实下令将他们全部逮捕，斩首，将人头高悬在枪尖上示众。郭晞军中闻讯，群情激愤，全部穿上铠甲，要讨个说法。白孝德非常担心，把段秀实召来问道：“这该如何是好？”段秀实平静地说：“没事，我去解释。”白孝德让他带上几十人同行，段秀实一个不要，另找一位老人给自己牵马就去了。来到郭晞营门外，段秀实边笑边走，说道：“要杀我这一个老兵，何必穿上铠甲？我带着我的人头来了！”围在段秀实身边的士兵们顿时目瞪口呆。段秀实接着对他们说：“是尚书（指郭晞）对不起你们吗？还是副元帅（指出郭子仪）做了对不起你们的事？为何要干出让郭家灭门的事呢？”郭晞出来后，段秀实又责备他说：“副元帅功盖天地，要有始有终。如今尚书放纵士兵扰乱一方，行将兵变，一旦发生兵变，将连累到副元帅，虽然是尚书你引起的，但你们郭家的英名还能剩下多少？”话音未落，郭晞就叩头拜谢道：“大人以大道教育我郭晞，恩重如山，敢不从命！”当即回头呵斥左右：“全部解甲，散回各营，胆敢吵闹者死！”当晚，段秀实就留宿在郭晞营中。郭晞通宵不敢脱衣，命巡逻卫士严密保护着段秀实。次日一早，二人返回邠州，郭晞向白孝德谢罪，从此以后，邠州治安又恢复正常了。

十二月二日，唐代宗又加授郭子仪为尚书令。郭子仪认为：“自从太宗皇帝担任此官之后，历代先帝都不再设置，近期一度让皇太子担任，这不是卑微之臣该当的。”坚决推辞，遂返回河中驻地。

次年（公元765年）一月一日，唐代宗下诏改元为永泰元年，大赦天下。三月十九日，吐蕃派人来求和，唐代宗下诏命令宰相元载、杜鸿渐与之在兴唐寺缔结盟约。事后，唐代宗征询郭子仪对此事的看法，郭子仪说：“吐蕃人求和，就是为了麻痹我们，让我们放松警惕，一旦我们真的放松了警惕，国家就守不住了。”遂相继派遣河中军队进驻奉天，又派兵去泾原一带侦察敌情。五月，唐代宗将自己的女儿、十二岁的升平公主嫁给郭子仪的儿子郭暧为妻。升平公主是唐代宗的嫡长女（第四女），系其原配、广平王妃崔氏所生，与代宗次子、郑王李邈系同父同母兄妹。郭子仪有郭曜、郭旰、郭晞、郭昢、郭晤、郭暧、郭曙、郭映八个儿子，郭暧是郭子仪的第六子，与升平公主年龄相当。升平公主和郭暧婚后生下四子二女，其中次女嫁给后来的唐宪宗李纯（唐代宗重孙）（表姑嫁表侄）；郭氏生下儿子李恒，唐宪宗去世后，李恒即位，是为唐穆宗，尊母亲郭氏为皇太后；唐穆宗去世后，三个儿子相继继位，分别为唐敬宗李湛、唐文宗李昂、唐武宗李炎，郭氏被尊称为太皇太后，三个孙子皇帝对这个祖母都非常敬重；唐武宗李炎去世后，他的叔父，也就是其父唐穆宗的弟弟李忱继位，是为唐宣宗。虽然郭氏不是唐宣宗的生母，但唐宣宗对他这个嫡母依然非常敬重，恩礼有加。史称：“后历位七朝（顺宗、宪宗、穆宗、敬宗、文宗、武宗、宣宗），五居太母之尊，人君行子孙之礼，福寿隆贵，四十余年，虽汉之马、邓，无以加焉。识者以为汾阳（指郭子仪）社稷之功未泯，复钟庆于懿安（郭氏）焉。”这是后话，暂且不提。

唐代宗尊崇佛教，九月一日，他下令在长安的资圣寺和西明寺内设置高达一百尺的讲台，由高僧宣讲《仁王经》；从宫中送出两车佛经，由人装扮成菩萨和鬼神模样，组成游行队伍，朝廷百官在大明宫西门光顺门外奉迎，一直送至两个寺内。正当长安城内一片诵佛之声时，在吐蕃军队拿下河西、解除了仆固怀恩的后顾之忧之后，仆固怀恩又纠集了回纥、吐蕃、党项、吐谷浑、奴剌等数十万人马一齐朝关中杀来，大军兵分三路：北路，吐蕃大将尚结悉赞磨、尚息东赞、尚野息、马重英等人率领号称二十万大军朝奉天杀来；东路，党项将领任敷、郑庭、郝德等人率部朝同州（今陕西省大荔县）杀来；西路，吐谷浑、奴剌等部落之兵直扑盩厔。回纥和仆固怀恩的朔方军则紧随吐蕃之后从北路而来。

得知敌人将至，郭子仪立即派行军司马赵复入京建议："敌人全是骑兵，往来如飞，不可小视。请求陛下立即命令各道节度使凤翔李抱玉（此时由于关中吃紧，陈郑泽潞节度使李抱玉又被加授凤翔陇右节度使，率军留驻凤翔，其从弟殿中监李抱真则被任命为泽潞节度副使，留守潞州）、滑濮节度使李光庭（一记作李光进，即李光弼之弟）、邠宁节度使白孝德、镇西节度使马璘、河南节度使郝廷玉（原李光弼部将）、淮西节度使李忠臣（董秦）各自出兵扼守险要。"唐代宗同意了。接到勤王命令，有些节度使心存观望，淮西节度使李忠臣正与众将踢球，接到诏书后，当即命令整顿军队，准备出发。众将和监军都说："出师一定要挑个好日子！"李忠臣大怒道："父母有难，难道说还需要选个日子再去救吗？"当天即率军上路了。《尚书故实》记载，李抱真在泽潞时，军粮缺乏，当地有个老僧为百姓所信服，李抱真心生一计就找到老僧，建议老僧替军队筹措资金，老僧满口答应。李抱真就说出一个办法，让老僧在球场组织法事，声称要自焚，提前在球场下面挖了一条地道，好让老僧放心。当天，李抱真带领全体将士在法座下面叩拜，听老僧讲经，当地百姓也都来观看，施舍了很多金钱。七天之后，老僧按照约定上演假自焚，谁知李抱真早已提前命人堵住了地道，结果老僧真被大火烧死，百姓施舍的金钱全都落入李抱真之手，送入军需仓库。

四〇七 怀恩之变（三）

这次仆固怀恩纠集各路大军南下，来势汹汹，然而，让人啼笑皆非的是，还没踏上关中的土地，仆固怀恩却在途中得了急病，于九月八日在鸣沙（今宁夏回族自治区中卫市）死了！

仆固怀恩一死，其大将张韶代领其众。张韶[①]统领朔方军不久，就为别将徐璜玉所杀，继而范志诚又杀了徐璜玉，接管了军队。

吐蕃军队推进到邠州，邠宁节度使白孝德无力抵御，只能闭城固守，京城戒严，而这时，唐代宗还命朝廷文武百官于同月十五日去西明寺上香祈福。也就是在当天，吐蕃军队故技重演，置邠州于不顾，以十万之众直扑奉天。奉天守将是浑释之之子、朔方兵马使浑瑊、讨击使白元光、孙守亮等将，吐蕃人刚刚列下营垒，猛将浑瑊即率领两百精锐骑兵杀入敌阵，他一马当先，左冲右突，所向无敌，敌人大惊失色，无不应弦而倒。浑瑊于马上生擒一名吐蕃将领，返回军中，其两百骑兵无一人中箭，全部安全归营，城内唐军见状士气大振。次日，吐蕃军队向奉天发起猛攻，浑瑊命令唐军用投石车、弓弩朝城下敌军还击，杀伤大量敌军。激战数日后，吐蕃人丝毫没有捞到便宜，只好收兵回营。浑瑊又趁夜率军出城偷营，杀死一千敌兵，缴获大量物资。浑瑊率部前前后后与敌人打了两百余回合，击破吐蕃一万余众，共计斩杀敌人五千余级，生擒一百六十人，缴获战马一千两百四十二匹，骆驼一百一十五峰，器械、幡旗共三万余件。

当前线正在激战之际，长安城内两座寺庙里的百尺高坐讲经还在持续，见情况危急，唐代宗这才于十七日下令终止法会，慌忙下诏命令郭子仪率领河中驻军火速赶赴泾阳（今陕西省泾阳县），扼守各个险要。二十日，他又命令淮西节

① 这个张韶可能与前面说的那个浑释之的外甥不是同一人，因前面已经说过那人已被仆固怀恩处死了，但也有可能是不同史料记载差误。——笔者注

度使李忠臣驻扎在东渭桥（今陕西省西安市高陵区南）；李光进（当为李光弼之弟，时任太子太保）驻扎在云阳（今陕西省淳化县东南）；镇西节度使马璘、河南节度使郝廷玉驻扎在便桥（今陕西省咸阳市西南）；宦官骆奉先、将军李日越驻扎在盩厔（今陕西省周至县），凤翔等节度使李抱玉驻扎在凤翔（今陕西省凤翔县），同华节度使周智光屯同州（今陕西省大荔县），鄜坊节度使杜冕驻扎在坊州（今陕西省黄陵县），唐代宗亲自率领禁军六军驻扎在皇家园林。郝廷玉骁勇善战，是李光弼手下爱将。观军容使鱼朝恩命郝廷玉的军队操练，其军部伍严整，开合如一，鱼朝恩叹息道："我在军中十余年，第一次看到郝将军如此严整的军队！如此治军，阵前岂有对手？"郝廷玉听后，凄然回答："这并非末将所擅长的，只是临淮王（指李光弼）遗留下来的啊。太尉善于治军，赏罚严明。每当操练之日，军士稍有失误，一定要拉出来斩首，因此，人人奋勇争先。太尉去世以来，再无比赛操练之事了，这不足以让大人叹赏。"

九月二十一日，唐代宗下诏亲征。次日，鱼朝恩建议搜罗长安百姓的马匹充军，又令城内男子均身穿黑色衣服，组成民兵，将一半城门堵塞。此令一下，长安百姓顿时惊慌失措，翻城墙的翻城墙，挖洞的挖洞，纷纷逃离长安，就连官吏也制止不了。鱼朝恩见长安局势混乱，打算让唐代宗逃离长安前往河中避难，但他又担心群臣意见不一，遂想强行压服众人。一天上朝，群臣等了好久也不见唐代宗出来，突然鱼朝恩带了十余名禁军士兵手持长刀，出现在大家面前，高声说道："吐蕃屡屡进犯京畿，皇上打算临幸河中，你们看如何？"仓促之间，群臣听了都是张口结舌，无言以对。这时，从朝班中站出一名姓刘的给事，高声喝道："敕使（唐朝对宦官的敬称），你是想要造反吗？如今驻军如云，你不齐心协力去抵御敌人，反倒想胁迫皇帝丢下宗庙社稷逃跑，这不是造反是什么！"鱼朝恩闻言，吓得不敢出声而退，此事遂不再提了——从当时的情况来看，鱼朝恩所言大概是唐代宗的意思，因这一次吐蕃、回纥入侵，声势浩大，想必唐代宗早已吓尿了。

好在，从九月十七日到二十五日，关中地区一直下着倾盆大雨，迟滞了敌人的进攻，镇西节度使马璘在武功东原发现一支四百余人的吐蕃游击队，派出五十名壮士，一举将其歼灭。于是，吐蕃人转攻醴泉（今陕西省礼泉县），党项人任敷则率领五千人劫掠白水（今陕西省白水县）、蒲津（今山西省永济市西）。二十八日，吐蕃人掳掠数万关中百姓北撤，所过之处焚烧房屋，并将庄稼破坏殆尽。周智光率军追击，在澄城（今陕西省澄城县）以北击破敌人，并乘胜追杀到鄜州（今陕西省富县）。周智光素来与鄜坊节度使杜冕有仇，遂趁机杀掉了鄜州刺史张麟，将杜冕一家八十一口活埋，焚烧坊州三千余家百姓房屋。

吐蕃军队刚撤，十月一日，唐代宗就又下令恢复了资圣寺的讲经，然而，吐蕃军队退到邠州时，又遇上了随后赶来的回纥人，双方合兵一处，再次南下，并于十月三日再次进抵奉天。五日，在同州一带活动的党项人焚烧了同州撤去。

十月八日，回纥、吐蕃联军包围了泾阳，郭子仪命令众将严阵以待，固守不战。当时郭子仪率领的唐军仅有一万余人，被敌人包围得里三层外三层。郭子仪命令李国臣、高升在东面抵御，魏楚玉部署在南面，陈回光在西面，朱元琮在北面，郭子仪本人则率领两千骑兵往来四方。傍晚，敌军退守北面高地安营。次日，又来到城下。敌人问："这是谁呀？"唐军回答："郭令公。"回纥人又问："郭令公还活着吗？仆固怀恩说天可汗已经驾崩，令公也去世了，我们才来。"当时，回纥人和吐蕃人都已经听说了仆固怀恩已死的消息，双方没了主帅，争当老大，弄得很不愉快，相互提防，分开扎营。

回纥人驻扎在泾阳城西，郭子仪看出其中的端倪后，即派遣牙将李光瓒等人前去接洽，说服其一起进攻吐蕃。回纥人问："令公还活着，那天可汗呢？"回答："皇帝万寿无疆。"回纥人说："仆固怀恩骗了我们。"但回纥人还不确信，说："郭大人真的就在此地吗？你不是骗我的吧。如果郭令公真的在此，我们能见见吗？"李光瓒回城复命。郭子仪说："如今众寡不敌，难以争锋，昔日我们与回纥交情很深[①]，不如前去说服他们，可不战而胜。"众将请求挑选五百铁骑作为随从，郭子仪制止道："这样一来反而会惹出麻烦。"郭晞挡在父亲的马前劝谏说："他们都是些豺狼之人，大人您是国家的元帅，为何如此轻易把自己交给敌人呢？"时年已六十八岁的郭子仪早已将生死置之度外，他慷慨说道："今日与敌决战，则父子都要战死，国家也将陷于危险之中；我只身前去，以至诚之言说服他们，如果被我说动，则是四海之福啊！一旦不行，我虽身死而全家能够保全。"说完，他手持马鞭拍打郭晞的手，说道："放开！"遂打开城门，身边仅带几名骑兵出城。

回纥人的确已产生了很大矛盾，他们在与吐蕃的交往中发现吐蕃人太蛮横无

① 郭子仪过去曾与回纥人一起平定河曲同罗叛乱；回纥帮助收复两京时，郭子仪又对他们十分厚待。

礼。李光瓒走后，回纥人思来想去，临时改变主意，决定联合唐军袭击吐蕃人。其首领罗达干等人随即率领两千骑兵来到泾阳城下，郭子仪率领数千人马出城与其见面（《资治通鉴》中称郭子仪只带几名骑兵，但《两唐书》中均没有这种记载，真实情况当是：郭子仪最后与回纥人见面时身边就几个侍卫，出城时当有数千人）。郭子仪命人对回纥人说道："令公来了！"回纥人大吃一惊。

回纥人通过翻译传话："我们来此没有恶意，就是要见见郭令公。"郭子仪说："我就是。"回纥人说："请你卸掉头盔。"郭子仪遂解下头盔，策马上前。回纥酋长们仔细端详，说道："真是郭令公啊！"当时，太子太保李光进和兼御史大夫路嗣恭二人全副武装跨马分别护卫在郭子仪两侧，郭子仪对回纥人说："这位是渭北节度使李太保，这一位是朔方军粮使路大夫。"回纥人听后，纷纷下马叩拜，说："真是我父啊！"叩拜之际，回纥两翼各数百人逐渐朝前靠拢看热闹，郭子仪身后的唐军见状，也纷纷策马上前，郭子仪挥手让唐军后退。郭子仪命人拿来美酒给众酋长喝，又赠给他们三千匹缠头绸缎作为见面礼。

这时，回纥统帅是登里可汗的弟弟合胡禄都督药葛罗，他一直驻马阵前，弯弓搭箭，警惕地注视着前方的一举一动。郭子仪脱去头盔、解下铠甲、丢掉长枪，翻身下马，径直走到药葛罗的面前，拉住他的双手，责备他说："我们国家知道你们回纥于我立有大功，给予你们丰厚的回报，你们为何违背盟约，侵犯我京畿？我肯定要与你们死战，岂能来降？况且，仆固怀恩背叛君主，丢下老母，这种背恩忘义之人对你们国家又有什么益处！我只身来到你们军中，任凭你处置，可是，我麾下的将士们还是要与你们死战的。"药葛罗命翻译回答："仆固怀恩忘恩负义，欺骗可汗说，大唐天子已经逃到江淮一带了，令公大人也不再统率军队，中国无主，我这才敢前来。如今已经知道天可汗还在京师，郭令公您就在此统兵，仆固怀恩又为上天所杀，我们怎可能与令公交战呢？"郭子仪趁机劝说道："吐蕃无道，趁我国有乱，不顾舅甥之亲，蚕食我边疆，焚烧我京畿，劫掠我无数财物，马牛杂畜，漫山遍野，绵延数百里，这些财物都是上天赏赐给你们的啊。保全自己的军队，又延续两国的友好关系，还能击破敌人夺取财物，再没有比这更好的事了，机不可失！"药葛罗说："我受仆固怀恩的欺骗，实在是太对不起您了，今日希望替令公出力，进攻吐蕃以谢罪。然而，仆固怀恩的儿子是可敦的兄弟，希望大人饶他一命。"郭子仪点头答应。

于是，药葛罗与宰相磨咄莫贺达干、宰相暾莫贺达干、宰相护都毗伽将军、宰相揭拉裴罗达干、宰相梅录大将军罗达干、平章事海盈阙达干等齐集在郭子仪面前，郭子仪取酒与他们共饮。饮酒前，郭子仪先拿起酒杯，药葛罗请郭子仪赌咒发誓，郭子仪以酒洒地赌咒道："大唐天子万万岁！回纥可汗亦万岁！两国将相亦万岁！若起负心违背盟约者，身死阵前，家口屠戮！"药葛罗等人听了郭子仪发下的毒咒，都相顾失色，但等到他们拿来酒杯，也表示同意，说道："如令公盟约。"盟誓后，回纥各位酋长都非常高兴，说道："我们刚出发时，两个巫师说：'此行大安稳，然不与唐家兵马斗，见一大人即归。'今日领兵见到令公，令公不生疑心，脱去衣甲，单骑相见，谁人有此心胆！真的是不战斗而见一大人，巫师说的话真的应验了！"欢呼了很久。郭子仪一一抚摸酋长们的脊背，予以安抚，众酋长将郭子仪赠送的缠头彩又分出一些赏给巫师，郭子仪与回纥人定约而还。当晚，吐蕃人听说后，即率军撤去。第二天，回纥人派首领古野那（又记作石野那）等六人入京朝见唐代宗。

药葛罗即率领回纥大军北上追击吐蕃，郭子仪也派遣朔方先锋兵马使白元光（其先祖为突厥人）率领精锐骑兵与回纥人一起北进。十五日，回纥、唐联军在灵台（今甘肃省灵台县）以西五十里的赤山岭追上了吐蕃军队。当晚月亮很亮，白元光想让天气阴暗一些，回纥人就请巫师作法，天气突然变冷，刮风下起雪来。第二天清晨，当联军即将发起攻击时，吐蕃人全都冻得瑟瑟发抖，弓箭失去作用，身披毛毯缓缓行进，联军遂发起进攻，击破吐蕃十余万人，斩杀五万余级，生擒一万余人，缴获骆驼、牛、羊、马数不胜数，夺回被掳掠的唐朝人五千多。《资治通鉴》称，杀吐蕃上万人，夺回被掳掠的唐人四千。十八日，联军又在泾州以东再次击破吐蕃。十九日，仆固怀恩部将张休藏等人率部投降。二十三日，唐代宗取消亲征，长安解除戒严。

郭子仪认为仆固怀恩的侄儿仆固名臣、李建忠都是朔方猛将，担心他们逃到外国，遂请求唐代宗赦免其罪，予以招抚。唐代宗下诏赦免了他们的罪过，命回纥人将其送还。十月二十四日，仆固名臣率领一千骑兵归降。郭子仪又命开府仪同三司慕容休贞写信招诱党项头领郑庭、郝德等人，这些人也都前往凤翔请降了。二十七日，回纥胡禄部落都督等两百余人来到长安拜见唐代宗，唐朝赏赐给他们十万匹布帛，唐朝国库因此空虚，只好停发百官的俸禄。

四〇八 朝中政治

泾阳退敌是郭子仪一生中最为闪光的事迹。郭子仪生性宽厚仁爱，他对待部下如此，对待回纥等外族亦是如此，因此很得人心。过去正是因此他受到了皇帝的猜忌，如今，也正是因为这成就了大功，让帝国转危为安。

永泰元年吐蕃、回纥入侵，唐朝再一次面临灭顶之灾，如果没有郭子仪，长安势必再次沦陷，朝廷威信再度削弱，唐朝是否还能继续存在下去，还是一个未知数。郭子仪泾阳退敌，让风雨飘摇中的大唐帝国终于稍稍得以喘息，起码起到如下几个作用：一是化解了吐蕃、回纥的这次入侵。郭子仪抓住回纥人贪财的心理，将祸水引向了满载而归的吐蕃人，促使回纥与唐军联合，共同打击吐蕃人，以四两拨千斤之力轻松化解了这次危机。二是转败为胜。此次吐蕃和回纥联手入侵，势在必得，然而，由于郭子仪这一折腾，让吐蕃人先胜后败，得不偿失，而唐朝则乘机收复了灵武。到永泰元年闰十月，郭子仪入朝，以刚刚收复灵武，百姓凋敝，少数民族不安，请求任命朔方军粮使路嗣恭前去镇守，按：路嗣恭，原名路剑客，三原人，担任神乌令，业绩为天下第一，被赐名路嗣恭；河西节度使杨志烈刚死，郭子仪又请求派遣使者赶赴河西进行安抚，并设置凉州、甘州、肃州、瓜州、沙州等长史，唐代宗都听从了。路嗣恭担任朔方节度使后，披荆斩棘，威令大行。三是加深了吐蕃和回纥人之间的矛盾。郭子仪充分利用回纥和吐蕃原有矛盾，机智地瓦解了双方的联合，并把回纥人拉到唐朝一边，从而令吐蕃与回纥反目成仇，让唐朝的战略态势有了很大的改观，其战略意义远远大过战役胜利。四是无形中消除唐朝的一个敌人。由于仆固怀恩的原因，让原本和睦的回纥、唐朝关系陷入危机，仆固怀恩一死，经郭子仪劝说，回纥人又站在了唐朝一边，让唐朝在此后相当长的一段时间内没有了北顾之忧。唐代宗后期，回纥登里可汗打算再起兵南下掠夺，曾在泾阳与郭子仪盟誓的登里可汗的堂兄暾莫贺达干坚决反对，最后，暾莫贺达干杀死登里可汗继位，此后直到回纥瓦解，历任可汗都与唐朝保持着友好关系，这都与郭子仪泾阳盟誓有很大关系。

自从广德元年年初唐军平定史朝义之后，到下半年吐蕃人就攻进了长安，唐代宗东幸陕州，年底郭子仪收复长安，唐代宗又回到长安。与此同时，仆固怀恩与朝廷之间的矛盾加剧，吐蕃人还没走远，广德二年年初，仆固怀恩就发动叛乱，逃回灵武，并于下半年引诱回纥、吐蕃第一次南下，永泰元年再次纠集吐蕃、回纥、吐谷浑、党项、奴剌等联合南下。雪上加霜的是，广德二年秋天关中又发生严重的蝗灾，大雨连绵不断，永泰元年又一春不下雨，物价飞涨，这短短三年里，唐朝朝廷可谓是处于风雨飘摇之中，唐代宗起初平定史朝义的喜悦也已荡然无存，大喜大忧之后，唐代宗原本的自信和中兴帝业的雄心大打折扣，唐朝的威信也从最高跌入低谷。

除了唐代宗即位这四年来发生的大事，我们再对照《唐将相大臣年表》回顾一下朝廷上又有什么变化。

宝应元年四月，唐代宗即位，十月收复东都。

太尉李光弼，司徒郭子仪，司空兼中书令李辅国（三月拜，十月被刺杀），侍中苗晋卿，同平章事萧华（三月免为礼部尚书）、裴遵庆、元载（三月因李辅国而被晋升），天下兵马元帅郭子仪（三月改为朔方河中北庭泽潞行营副元帅，驻守河中），天下兵马元帅鲁王李适（四月拜），天下兵马副元帅李光弼，朔方河北副元帅仆固怀恩（十一月拜），朔方等各道行营都统李国贞（二月兵变被杀），户部侍郎兼京兆尹兼度支租庸盐铁转运铸钱等使刘晏，神策军使鱼朝恩。

广德元年，一月，史朝义被杀，七月，吐蕃攻陷陇右，八月，仆固怀恩反，十月，吐蕃攻陷长安，唐代宗逃往陕州，十一月，唐代宗返回。

太尉李光弼，司徒郭子仪，司空李抱玉（六月加授），侍中苗晋卿（十二月罢免为太子太保），中书令鲁王李适（七月兼任），同平章事裴遵庆（十二月罢免为太子少傅）、元载（十月判元帅府行军司马）、刘晏（一月晋升、兼任吏部尚书）、李岘（十二月任命），天下兵马元帅鲁王李适（十月改为关内兵马元帅），副元帅郭子仪（十月改为关内兵马副元帅）、李光弼、仆固怀恩，度支租庸盐铁转运铸钱等使刘晏（一月入相后仍兼任），神策军使鱼朝恩。

广德二年，十月吐蕃入邠州，十一月吐蕃撤离。

太尉李光弼（七月去世），司徒郭子仪（九月晋升太尉、十二月晋升尚书令均不拜），司空李抱玉（九月晋升司徒），太保仆固怀恩（四月加授），中书令鲁王李适（一月立为皇太子），同平章事元载、刘晏（一月免为太子宾客）、李岘（一月免为太子詹事）、王缙（一月任命黄门侍郎，八月，取代李光弼担任都统河南、淮西、山南东道行营）、杜鸿渐（一月任命为兵部侍郎），天下兵马元帅鲁王李适（十月改为关内兵马元帅），副元帅郭子仪（十月改为关内兵马副元帅），度支租庸盐铁转运铸钱等使刘晏（一月罢相后，不久又被任命为兼御史中丞、东都河南淮南江南租庸盐铁转运等使），度支盐铁转运等使第五琦（户部侍郎一月兼任），神策军使鱼朝恩。

永泰元年，九月吐蕃、党项等众大举进攻，十月郭子仪智退敌兵。

司空李抱玉（三月让司徒），太保仆固怀恩（九月死），同平章事元载、杜鸿渐，天下兵马副元帅郭子仪、河南副元帅王缙（八月任命），东都河南淮南江南租庸盐铁转运等使刘晏，度支盐铁转运等使第五琦，神策军使鱼朝恩。

刘晏，字士安，七岁时以神童被举荐，后历任秘书省正字、夏县令、殿中侍御史、度支郎中、河南尹、户部侍郎。

自从唐肃宗即位以来，为了解决财政困难，朝廷靠着几条措施来渡过难关：一是“率贷”。所谓的率贷，就是向地方尤其是江南的富户大户借钱，要求他们把家财的十分之二借给朝廷。二是加税。各道向往来商人征税。三是给空名告身换钱。当时宰相裴冕等人建议，各道可以给授予官爵换钱，给钱百千，可以给一个进士资格。四是度僧尼道士。交给朝廷一定钱财，允许出家，两京平定后，仅在关中地区就剃度了上万僧尼。五是收取百官俸禄（收奉钱）。在局势最为紧张的时候，又停发百官的俸禄。六是增加税赋。到唐代宗时期，未到秋收，小麦还是青苗时，就征收税赋，称为青苗钱；又征收地头钱。青苗钱每亩十五钱，地头钱每亩二十钱。七是定赃物。每逮捕一人，先没收此人的家财，提前核定一个赃物数量，若家财不足，就摊到邻居乡里的头上，向朝廷上交一定数量的钱。八是盐铁专卖。史称，仅此一项，初岁每年收入六十万贯，三年后收入即增加了十倍，而民间负担也未明显加重。

刘晏与第五琦一样都是理财的好手，刘晏就是漕运和盐铁专卖的大力推手。大乱以来，汴水堵塞，江南的运粮船只好从长江、汉水逆流而上，运抵梁州（今陕西省汉中市）、洋州（今陕西省洋县），再由陆路运到长安，沿途道路艰险，浪费了大量人力，所运粮食数量也很有限。唐代宗即位后，关中饥荒，每斗米卖到一千钱，百姓还不等麦熟，就用手揉出麦粒，供应给禁军，宫中也是吃了上顿没下顿，没有一点储备。刘晏到任后，上书疏浚汴水，又专门就此向宰相元载写信，全面论述疏浚汴水的好处，归结起来主要有四点：一是如果疏浚好汴水，每年运到长安二三十万石江南的粮食，就可以减轻关中百姓的税赋，稳定关中人心；二是东都长期遭遇兵灾，非常残破，村落百不存一，漕运一通，就可以解决当地百姓的吃喝，并吸引更多的人来到这里；三是江南粮食运至京师，对于那些割据的藩镇来说起到一个示范作用；四是漕运恢复之后，舟车往来，可以再现贞观、永徽之治的盛况。但是，在大乱之后要搞这样大的一个工程，困难非常大，需要当权者下很大的决心，主要困难是：一是缺乏人力。正如刘晏说的那样，从陕州一直到洛阳方圆五百里内，只剩下一千多户人家，残存的这些百姓又是赤贫，上无片瓦，千里不见炊烟，“萧条凄惨，兽游鬼哭”。二是工程量大。汴水在往年也是经常阻塞，每年都需要当地朝廷组织人力疏浚，大乱以来，长期堵塞，工程量很大。三是渑池一带土匪很多，治安不好。四是从江阴至蒲州，沿途军镇林立，往往会截留运粮船只。在刘晏的大力倡导下，朝廷同意了他的请求，疏通了汴水，从此以后，每年从江南运至长安的粮食有数十万石，在漕运方面刘晏也被唐朝人视为功劳第一。

刘晏原本已被晋升为宰相，但广德元年程元振事件也波及了他，因其被视为程元振一党，所以在广德二年被罢相；程元振获罪后，宦官集团受到重大打击，作为宦官集团对立面的李岘受到宦官集团的反击，唐代宗为了安抚宦官集团，遂将李岘和刘晏同时罢相，而将王缙和杜鸿渐提拔为宰相。

王缙很快就接替李光弼出任河南等道副元帅，王缙以宰相之尊出任河南等道副元帅，就是为了稳定中原各节度使，监视河北各镇，保障漕运畅通，史称，王缙到任后，“太原旧将王无纵、张奉璋等恃功，且以缙儒者易之，每事多违约束。缙一朝悉召斩之，将校股栗”。

王缙外任后，朝中宰相就剩下元载和杜鸿渐二人。元载以李辅国之故而被提拔为宰相，并兼管财政，元载见财政工作事务繁重，还出力不讨好，遂推荐了刘晏。元载善于察言观色，李辅国被杀后，元载没有受到任何影响。唐代宗逃至陕州时，元载和另一个宰相裴遵庆随驾前往，唐代宗回京后，裴遵庆罢相，而元载不仅没有受到影响，反而更加受到代宗的信任。如前所述，杜鸿渐原为朔方节度留后、支度副使，是迎立唐肃宗灵武即位的朔方系功臣，唐军收复两京之后，杜鸿渐被晋升为荆州大都督府长史、荆南节度使。康楚元叛乱后，杜鸿渐弃城而逃，一年后，他被调回京师，担任尚书右丞、吏部侍郎、太常卿，充礼仪使。广德二年，被拜为兵部侍郎、同中书门下平章事，不久又调任中书侍郎。

元载、王缙、杜鸿渐三位宰相都笃信佛教，王维、王缙兄弟晚年更甚，不吃荤腥，与杜鸿渐二人不停修建佛寺。王缙的妻子去世后，王缙就把自己在道政里的宅院舍为寺院，号宝应寺，地方节度使入朝，王缙请人家来宝应寺，暗示人家捐钱修寺。一次唐代宗问元载等人："佛言报应，真有因果报应这回事吗？"元载等人回答："我朝国运长远，如果不是先祖福德，怎能如此？福德已定，就算偶遇小灾小难，也不能为害，所以，安禄山和史思明如日中天之际，都为自己的亲生儿子所杀；仆固怀恩举兵南下，出门就得病而死；回纥、吐蕃大举深入，不战而退，这都不是人力所能做到的，岂能说不是因果报应？"在他们三人的影响下，原本不太看重佛教、经常祭祀道教神祇的唐代宗也开始笃信佛教起来，经常让一百多名僧人在宫内诵经，号称内道场；像吐蕃、回纥南下时，唐代宗还命僧人们讲《仁王经》消灾，敌人退去后，就赏赐给僧人们大量金钱。每年七月十五日，唐代宗还在内道场花费百万造盂兰盆，举行盛大的盂兰盆节，为先祖祈福。一个叫不空的外国和尚，官至部长一级，爵位国公，出入皇宫，结交公卿，京城附近的良田多数都被寺院占去。唐代宗还下令禁止全国百姓鞭打僧尼。又在五台山建造了金阁寺，房瓦都是涂金黄铜浇铸而成，花费上亿金钱，王缙给数十名五台山的和尚颁发由中书省盖章的正式公文，使他们到全国各地化缘。元载等人陪在唐代宗身边时，谈论最多的就是佛教而非政务。上有好之，下必甚焉。正因如此，全国百姓也都潜移默化，纷纷信佛，国家政治也逐渐混乱起来。

四〇九 崔旰之变

代宗君臣佞佛的结果就是重迷信而轻人事，据《新唐书·食货志》记载："诸镇擅地，结为表里，日治兵缮垒，天子不能绳以法，颛留意祠祷、焚币玉、写浮屠书，度支禀赐僧巫，岁以巨万计。然帝性俭约，身所御衣，必浣染至再三，欲以先天下。然生日、端午，四方贡献至数千万者，加以恩泽，而诸道尚侈丽以自媚。朝多留事，经岁不能遣，置客省以居，上封事不足采者、番夷贡献未报及失职未叙者，食度支数千百人。德宗即位，用宰相崔祐甫，拘客省者出之，食度支者遣之，岁省费万计。"这也是导致河北藩镇割据的一个原因。

除此之外，还有三个重要的客观原因，一是朝廷内斗不止，无暇外顾。据《新唐书·食货志》记载："河、湟六镇既陷，岁发防秋兵三万戍京西，资粮百五十余万缗，而中官鱼朝恩方恃恩擅权，代宗与宰相元载日夜图之。及朝恩诛，帝复与载贰，君臣猜间不协，边计兵食，置而不议者几十年。"二是吐蕃威胁持续不断，据《新唐书·李怀仙传》："属怀恩反，边羌挐战不解，朝廷方勤西师，故怀仙与田承嗣、薛嵩、张忠志等得招还散亡，治城邑甲兵，自署文武将吏，私贡赋，天子不能制。"三是河北藩镇相互联合。平卢节度使侯希逸刚刚镇守青淄时，励精图治，史朝义被平定后，他也曾被画于凌烟阁之上，但是后来就逐渐放纵起来，怠于政事，一心佞佛，还喜欢打猎，让军民十分不满。永泰元年，侯希逸又与巫师留宿在城外，城内守军关闭城门不让他们入城，拥立兵马使李怀玉为节度使。侯希逸只好逃奔滑州，上书谢罪，唐代宗下诏将其召回京师，同年七月，以郑王李邈为平卢淄青节度大使，以李怀玉为留后，赐名李正己。据《谭宾录》称，李正己（李怀玉）本是侯希逸的舅家表弟，雄健有力，唐军与回纥军一起讨伐史朝义时，回纥人非常骄横，李正己看不过，遂与回纥人角逐以定胜负，约定落后的要被扇脸，结果，回纥人输了，李正己把回纥人打得屎尿失禁。唐军将士欢呼雀跃，从此回纥人收敛了许多。《酉阳杂俎》记载，李正己受人诬陷被表哥侯希逸下狱，在狱中，李正己用石头垒成佛像祈祷。睡去后，觉得有人在头上说道："李怀玉，你富贵的时候到了。"又说："你看到墙上有青鸟子叫的时候，就是了。"天亮后，突然有几十只像麻雀一样的鸟飞到墙上，不一会儿就听到外面一片嘈杂，三军将士就把侯希逸赶跑了，从狱中请出李正己，立为留后。《清异录》也有类似的记载，并称至今山东一带的李姓都称雀鸟为喜青。这也许就是喜鹊这一叫法的由来吧。当时，成德节度使李宝臣、魏博节度使田承嗣、相卫节度使薛嵩、卢龙节度使李怀仙四人都是安史旧臣，各自拥兵数万，不向朝廷进贡，整顿军队，修缮城防，擅自任命官吏，由于山南东道节度使梁崇义和平卢青淄节度使李正己都是得位不正，他们与河北四帅相互勾结，缔结婚姻，互为支援，朝廷方面已无能为力，虽然他们名义上是唐朝蕃臣，但如同过去的羁縻州一样，各自是个独立王国。四是各道叛乱此起彼伏，这都给了河北各镇以喘息的时机。安史之乱平定之前，肃宗时期荆襄的康楚元、江淮的刘展、益州的段子璋等叛乱，代宗时期又有河东兵变、绛州兵变、益州徐知道之乱、荆襄来瑱裴茙相斗、宦官广州市舶使吕太一造反等，可谓是摁下葫芦起来瓢，一团乱麻，也让朝廷没有精力对河北藩镇组织大规模的平定战争。一些将官、士兵飞扬跋扈，就在前不久，华州节度使周智光就擅自杀死鄜州刺史张麟，活埋杜冕全家，等到周智光回京献捷，住了两天才回到本镇。唐代宗本欲惩处其专杀之罪，等到周智光离京后，才后悔起来。

刚刚瓦解了吐蕃和回纥的进攻，剑南方面又出事了。当初剑南节度使严武以部将崔旰为利州（今四川省广元市）刺史。崔旰是卫州人，虽然是儒生，却喜欢纵横之术。卫州刺史茹璋授予崔旰符离令，罢免后一直没有入仕的机会，遂流落到剑南，在鲜于仲通的军队里当了一名普通士兵。后又随李宓讨伐云南，战败后，崔旰回到了成都。行军司马崔论见崔旰相貌不俗，遂推荐其当上了一名衙将。后侍奉过历任节度使崔圆、裴冕。当时，蜀地刚刚经过大乱，土匪成灾，崔旰一一将其讨平，由此知名。等到严武再次镇守剑南，利州改属山南西道管辖，严武送给时任山南西道节度使的张献诚（前幽州节度使张守珪之子）很多财物，要崔旰。张献诚就让崔旰谎称得病辞职，崔旰又回到了严武身边，严武任命崔旰为汉州（今四川省广汉市）刺史。吐蕃和羌族曾攻陷西山的柘州和静州等州，朝廷命令严武率军收复，严武遂命令崔旰率军进攻西山的吐蕃军队。崔旰爱护士兵，士兵们都愿意替他效力。敌人城堡四周都是石头砌成的城墙，唐军又没有攻城器具，崔旰发现只有城堡东南角有一丈大的土地，遂命令部队在此处挖了一条地道，很快就攻入城内，并乘胜攻克吐蕃数座城池，开拓数百里土地。吐蕃人都惊呼崔旰所率唐军乃神兵也。严武大喜，以七宝装饰的豪华车子将崔旰迎入成都城内，对其更加宠爱。

永泰元年四月严武去世，行军司马杜济知军府事。都知兵马使郭英干是开元名将郭知运的儿子，郭知运几个儿子子承父业，都是行伍出身，其子左卫将军郭英杰在开元二十一年与契丹在都山之战中，率领六千精锐与数倍敌人苦战被杀，全军战死，无一人投降。郭英干的三哥郭英乂，官至陇右节度使、兼御史中丞，收复两京后，被朝廷任命为羽林军大将军，加特进，掌握禁军，后又任神策军使。代宗继位后，仍然担任神策军使，收复东都后，郭英乂放纵神策军，与朔方军和回纥军一起大肆劫掠东都、郑州、汝州等地，给当地经济和人民生活造成巨大破坏。广德元年，唐代宗将其征召入朝，担任尚书右仆射，封定襄王。郭英乂自恃富贵，对人傲慢，在京城建起豪华的宅院，过起奢靡的生活，对宰相元载极尽巴结之能事。

严武死后，郭英干与都虞候郭嘉琳一起公推郭英乂当剑南节度使，而时任西山都知兵马使的崔旰则推荐大将王崇俊为节度使，结果朝廷任命郭英乂为节度使。郭英乂到任后，对王崇俊和崔旰非常猜忌，到成都数日就诬陷王崇俊，把王崇俊给杀了，又下令要召崔旰回成都。崔旰十分害怕，借口要防备吐蕃，拒不应命。郭英乂大怒，断绝了西山守军的军粮，崔旰的家眷留在汉州，郭英乂命人把崔旰的家属迁到成都，又霸占了崔旰的妻妾，崔旰遂率部转入深山。郭英乂对外宣称协助崔旰防守吐蕃，亲自率军尾随崔旰进入西山。当时正值天降暴雪，山谷雪深数尺，郭英乂率领的唐军冻死了数百人，士气低落。崔旰领兵出击，郭英乂大败，仅仅率领剩余的千把人狼狈退回了成都。

郭英乂在成都肆意妄为，无所顾忌。唐玄宗离开蜀地后，成都行宫被辟为道观，里面安置着唐玄宗的塑像和侍卫像，以前的节度使到任后，总是先到观中叩拜以后才上任，郭英乂来后，一看这里风景秀丽，遂毁坏塑像，自己住了进去，人们都是敢怒而不敢言；他为政严酷，奢靡，经常组织一群女人骑着毛驴打马球，所佩戴的各种装饰都非常华美，每天要浪费数万钱。又从来不处理民间纠纷，不论下属还是百姓都对其颇有怨言。

崔旰很得民心，遂向部下宣称郭英乂造反了，不然的话，他为何胆敢挪去唐玄宗的真容，而自己住在行宫！于是，他率领所部五千余人返回成都，永泰元年闰十月二十三日，双方在成都西郊激战，郭英乂以邛州（今四川省邛崃市）牙将柏茂琳为前锋，以弟弟郭英干为左翼，以郭嘉琳为右翼，结果大败，郭英乂单人匹马逃往简州（四川省简阳市）。普州（今四川省安岳县）刺史韩澄杀掉郭英乂，把人头送给了崔旰。崔旰进入成都之后，将郭英乂全家杀死。

成都这一乱，邛州（今四川省邛崃市）牙将柏茂琳、泸州（今四川省泸州市）牙将杨子琳、剑州（今四川省剑阁县）牙将李昌夔纷纷举兵向成都杀来，讨伐崔旰，蜀中大乱。

消息传来，唐代宗于次年（大历元年，公元766年）二月二十六日，任命宰相（黄门侍郎平章事）杜鸿渐为成都尹兼山南西道、剑南东川、剑南西川副元帅、剑南西川节度使，以稳定蜀地局势。次日，又任命山南西道节度使张献诚兼任剑南东川节度使，邛州刺史柏茂琳为邛南防御使，又以崔旰为茂州刺史，充西山防御使。过去张献诚就对崔旰很是猜忌，此时趁机发兵讨伐崔旰，三月二十八日，双方在梓州（今四川省三台县）交手，张献诚被打得大败，军旗符节全部落入崔旰之手。

杜鸿渐行至骆谷，有人给他出主意："大人暂且停留在阆州，给崔旰写信称郭英乂的过失，夸赞崔旰有能力；崔旰的心腹将校代理各地刺史的，全都上奏朝廷给他们转正，以安抚崔旰及其手下，然后，再与张献诚等人商议，一起进攻崔旰。各路夹击，不出一年，崔旰就走投无路了，一定会归顺朝廷。"杜鸿渐不愿生事，狐疑不决。正巧，崔旰派人赶到，送来数千匹锦缎，低声下气表示听命，杜鸿渐大喜，遂进入成都。杜鸿渐进入成都后，见崔旰雄武，遂不敢斥责他擅自诛杀节度使，违法乱纪，反而和颜悦色地安抚崔旰，把政务全部交给崔旰处理，自己则整日与下属饮酒聚会，又屡屡上奏推荐崔旰接替自己担任剑南节度使，以柏茂琳、杨子琳和李昌夔为本州刺史。唐代宗不得已，遂于八月十九日任命崔旰为成都尹、西川节度行军司马。蜀中之乱暂时平定下来，但对立双方的矛盾并没有消除。大历二年（公元767年），杜鸿渐请求入朝，以崔旰为西川留后。六月，他来到长安，拿出巨额财物四处打点，说崔旰能力强，堪当大任，唐代宗也想姑息，就留下了杜鸿渐，并于七月任命崔旰为西川节度使，以杜济为东川节度使。崔旰又送给宰相元载很多财物，元载遂提拔崔旰的弟弟崔宽为御史中丞，崔宽的哥哥崔审为给事中。杜鸿渐安全离开险恶的蜀地，更加相信佛的神力，摆设盛大的素宴，招待了一千名僧人。

四一〇 诛杀智光

唐代宗先是除掉了李辅国，继而又废掉了程元振，然而，宦官问题并没有得到有效解决，取而代之的是鱼朝恩的崛起。

神策军前任两位主帅分别是韦伯玉和郭英乂，鱼朝恩是观军容使，韦、郭二人离任后，神策军就纳于观军容使鱼朝恩手下。吐蕃入长安后，代宗驾临陕州，鱼朝恩以陕州军队和神策军迎驾，统称为神策军。等到郭子仪收复长安之后，神策军逐渐成为天子禁军，鱼朝恩则以天下观军容宣慰处置使兼知神策军兵马使，权力开始大了起来。

安史之乱后，国子监房屋毁坏，士兵们借住在那里。永泰元年（公元765年），国子祭酒萧昕上书称："国家不可废止学校教育。"唐代宗采纳了他的建议，整修了国子监，并于次年一月，下令恢复招收国子监学生。二月一日，唐代宗主持了国子监开学典礼，命令宰相率领文武百官、鱼朝恩率领六军众将前往听讲，百官子弟都身穿五品以上官服充当学生。鱼朝恩尊贵之后，也喜欢舞文弄墨，讲经写文，但仅能粗通文墨而已，就自以为文武双全，无人能及了。国子监于永泰二年（公元766年，该年后改为大历元年）二月重修，至八月整修完毕。八月四日，举行祭奠先贤典礼。鱼朝恩手持《易经》，登上高座，为众人宣讲"鼎覆餗"，以嘲讽当朝宰相"智小而谋大，力薄而任重"。王缙大怒，而元载听后却不动声色，面含微笑。鱼朝恩对别人说："发火是人之常情，开口微笑的人才是居心叵测啊。"此时的鱼朝恩在长安城内可谓炙手可热：京兆尹黎干、户部侍郎第五琦都是其亲信。长安城外也有他的外援：东面，同华节度使李怀让被鱼朝恩诬陷致死后，就被其亲信周智光把持；西面则有鱼朝恩的养子、神策军将领尚可孤驻扎在武功（今陕西省武功县）等地，而鱼朝恩本人则掌管着神策军，而宰相元载掌握的南衙卫军根本不是鱼朝恩的神策军的对手，这也是鱼朝恩敢于当面嘲弄宰相们的原因。八月二十一日，唐代宗任命鱼朝恩为行内侍监，判国子监事。中书舍人常衮劝阻道：“国子监应当以当代大儒为校长，不宜用宦官担任。”但唐代宗不从。唐代宗此举也许是想教化宦官和禁军。二十四日，唐代宗命宰相以下百官送鱼朝恩前去国子监上任。

十月十三日，唐代宗生日，各道节度使上贡金帛、珍玩、骏马、器物祝寿，共计价值二十四万。常衮上书称：“节度使自己不会男耕女织，这些东西都是取之于民。聚敛财物，制造民怨，求媚于上，此风不可长。请全部予以退回。”节度使搜刮来的财物就算退回了，也不可能返还民间，而且，这些财物也不全是临时搜刮的，史称唐代宗本人还是相当节俭的。因此，把这些财物从节度使那里拿来以解京师之急，也未尝不可，所以，唐代宗自然不会听从常衮之言。

十一月十二日，唐代宗下诏大赦天下，将本年改为大历元年，废止了什一税法。去年五月，关中粮食丰收，京兆尹第五琦建议加重农业税收，采用什一税法，即十亩收一亩的税，称这是古代的做法。但这一税法实行一年来，百姓纷纷逃亡，至此废止。

进入大历初年，当杜鸿渐来到蜀地安抚崔旰之时，同华节度使周智光也变得越来越不像话了。周智光回到华州之后，更加骄横，唐代宗命人征召他入朝，但他置之不理。为了避免杜冕人身受到威胁，唐代宗只好让杜冕入川，去山南西道节度使张献诚那里躲避，可是，周智光不依不饶，当他得知这一消息后，又派兵赶往商山阻截，但没有截住杜冕。（按：从唐代宗保护杜冕这一点来看，周智光追杀杜冕远非个人恩怨那么简单，也许周智光是受了鱼朝恩的指使，借诛杀杜冕来给唐代宗施加压力。）

周智光自知罪孽深重，就招兵买马，把一些亡命之徒和地痞无赖都招入军中，组织起一支数万人马的军队，放纵他们四处劫掠，还擅自截留运往京师的漕米两万斛；各地节度使进贡的财物，在经过他的防区时，周智光往往派兵截杀使者，劫下贡品；朝廷群臣举荐的各地举子，都害怕周智光残暴，从同州偷偷溜走。周智光闻讯更是恼羞成怒，派兵追上，在乾坑谷杀死了很多人；淮南节度使崔圆入朝，进贡百万财物，周智光强行留下一半。

周智光虽然与陕州刺史皇甫温同属鱼朝恩的部下，但二人素来不和。陕州监军张志斌入京汇报工作，途经华州，周智光将他安排在馆驿内，张志斌责备他的部下军纪败坏，周智光一听大怒，说道：“仆固怀恩本来不会造反，正是你们这群人给逼的！我也不会造反，今天就是因为你，老子也反了！”当即下令将张志斌杀死，把他剁成肉酱，让将士们吃掉。张志斌被杀后，唐代宗为了安抚周智光，不但没有予以追究，反而于大历元年十二月二十七日，给他加官晋爵，晋封他为检校尚书左仆射。当宦官余元仙携带委任状见到周智光后，狂妄无比的他竟然谩骂道：“我周智光立下大功，不给我个平章事当当，却只给了个仆射！同州华州地盘狭小，不足以让我施展才华，如果再把陕州、虢州、商州、鄜州和坊州五个州划给我，这还差不多。”又历数朝廷重臣的过失，并说：“这里距离长安一百八十里，我老周晚上睡觉都不敢伸伸脚，恐怕踏平了长安城；我老周几个儿子，都能力挽两百斤的强弓，完全有资格出将入相，要说到挟天子以令诸侯的话，只有我老周能够做到！”余元仙听着，吓得是目瞪口呆，大气也不敢出。

自作孽不可活。

投鼠忌器，很长时间，唐代宗都碍于鱼朝恩而没有对周智光下手，然而，周智光的嚣张气焰太盛，忍无可忍之下，唐代宗终于下了讨伐周智光的决心。大历二年（公元767年）一月六日，唐代宗密诏郭子仪讨伐周智光。当时，同州和华州切断了朝廷与河中的联系，唐代宗把密诏用蜡丸封好，交给郭子仪的女婿、工部侍郎赵纵，再由赵纵派遣家童从小路辗转送到了郭子仪手中。正巧淮西节度使李忠臣（董秦）领兵入朝，唐代宗遂命其与神策军将领李大清一起进剿。郭子仪命令大将浑瑊、李怀光驻扎在渭河之上，以防周智光渡河进攻长安。周智光的部下听说后，军心瓦解。八日，周智光的大将李汉惠在同州率领本部人马向郭子仪投降。十一日，唐代宗下诏将周智光贬为澧州刺史，允许他带领一百人随同赴任，所部将士一律不予追究，并任命兵部侍郎张仲光为华州刺史、兼御史大夫、潼关防御使；又以大理卿敬括为同州刺史、兼御史大夫、长春宫等使，可以说唐代宗将同华节度使撤销了，把长安的东大门又送到了外廷朝臣手中。十三日，华州牙将姚怀、李延俊刺杀了周智光，生擒周智光的两个儿子周元耀、周元干，将二人与周智光的人头一并献给朝廷。唐代宗下令在皇城南街将周智光的人头示众，又将其儿子腰斩；周智光的同党判官监察御史邵贲、都虞候蒋罗汉也一并被杀。淮西节度使李忠臣（董秦）入朝途中，借口讨伐周智光，率军大肆劫掠，从潼关到赤水（在今陕西省华县西）两百里内扫地无余，有的官吏衣服被剥光，只好以纸张蔽体，有的官员几天都吃不上一口饭。十八日，唐代宗下令在潼关设置守关部队，人数两千。

二月六日，郭子仪入朝。唐代宗命令元载、王缙、鱼朝恩等朝廷重臣轮流设宴款待郭子仪，每次宴会都要花掉十万钱。唐代宗对郭子仪非常敬重，经常只称呼他为大臣，而不直呼其名。有一次，郭暧和升平公主这小两口拌嘴，郭暧说："你别依仗着你爸爸是皇帝，我爸爸还不屑于当这个皇帝呢！"升平公主大怒，当即回宫向唐代宗告状。唐代宗说道："这你就不懂了。他爸爸可真是这样，假如他想当这个天子，天下岂是咱李家的呢？"说完流下了眼泪，遂让升平公主回去。郭子仪听说后，把郭暧关了起来，入宫请罪。唐代宗说道："俗话说：'不痴不聋，不做家翁。'儿女子闺房里的话，又何必当真呢！"郭子仪回家后，把郭暧杖打了数十棍。这个故事后来被搬上舞台，名字唤作《醉打金枝》。

周智光是鱼朝恩的部下，又是鱼朝恩屡次举荐的，如今出了这种大事，不会对鱼朝恩没影响。为了保全自己，鱼朝恩想到修建寺庙，为唐代宗亡母吴氏祈福。吴氏死于开元二十四年，唐代宗即位后，被追赠为章敬太后。七月二十日，鱼朝恩上书情愿拿出自己在长安城外的庄园建为章敬寺，于是，唐代宗下令拆除长安东南曲江一带的寺庙和华清池附近的宫殿，将建材用于修建章敬寺，建成后的章敬寺富丽堂皇，非常壮观，花费了万亿金钱。卫州进士高郢上书劝谏："太后的圣德，无须因修建一座寺庙而增辉；治国之道，本要以百姓为本。不顾百姓死活而去修建寺庙，又有什么福德？没有寺庙，国家照样存在，没了百姓，还能存续下去吗？陛下应当效仿大禹，住在简陋的宫室之内，而您却像梁武帝那样浪费民力修建寺庙！"又上书称："古代的圣王都是靠积善得福，不是靠花钱求福的；是靠着修德来消除灾祸，不是靠浪费民力消灾的。如今，工期紧张，昼夜不停，监工随意鞭打，哀哭之声闻于道路，靠这来求福，恐怕是不可能的。陛下内心不再遵循正道，借重外在的些许帮助，听信左右错误建议，伤害治国的大道，臣真的替陛下惋惜啊！"但唐代宗置之不理。

四一一 大历初年（一）

唐代宗在位共计十八年，用过宝应、广德、永泰、大历四个年号，大历这个年号用得最长，共用十四年。

唐代宗即位之初，可以说是经历了大起大落，先是清除了李辅国，继而又平定了史朝义，上了尊号，接着就发生了吐蕃入侵，东幸陕州，几乎亡国。而后又是仆固怀恩之乱，崔旰、周智光叛乱，经过这一番惊吓，唐代宗也清醒地认识到要想真正实现中兴大业，朝廷还需进一步积蓄力量，要走的路还很长，不可能急于求成。唐代宗在即位之初，就曾经屡次颁发诏书，称自己的施政纲领要贯彻“大中之道”，要言之，大中之道强调的是中庸、平和、均衡，当唐代宗认识到如今还不具备足够的条件消灭河北四帅、把社会秩序恢复到盛唐状态时，他选择了退让，在政治上强调平稳、因循，正如《刘晏传》说的那样：“当大历时，事贵因循。”在这一指导思想下，对于地方节度使，只要你做得不是太过分，唐代宗都能容忍；对于朝廷群臣，同样也是如此，只要没有威胁到皇权，唐代宗也往往选择隐忍；对于异族仍然是这样，为了不再起兵戈，唐代宗主动向吐蕃派使者求和，对回纥人的张扬跋扈，也是一忍再忍。

如果要把大历年间划分阶段的话，可以划分为三个阶段：第一个阶段，从大历元年（公元766年）到大历五年（公元770年），唐代宗除掉鱼朝恩；第二个阶段，从大历六年（公元771年）到大历十二年（公元777年）唐代宗除掉元载；第三个阶段，从大历十三年（公元778年）到大历十四年（公元779年）唐代宗去世。

唐代宗深谙平衡之道，严防朝臣一支独大，威胁到皇权。在大历初年，当神策军出身的周智光一再违法乱纪时，唐代宗一直隐忍不发，除了不想在京城旁边再度引发大的动荡之外，很大因素就是唐代宗想以神策军一系牵制郭子仪的朔方军，因此，当郭子仪多次请求讨伐周智光时，唐代宗并没有答应，他考虑的当是除掉周智光后可能会便宜了郭子仪。一直到周智光利令智昏，闹得太不像话之后，唐代宗才下了除掉他的决心。果然，在大历二年除掉周智光后，郭子仪的威名更盛，势力也更大了，这当然不是唐代宗乐意看到的。因此，在郭子仪入朝后，唐代宗不惜花大本钱，让宰相元载、王缙和鱼朝恩等人轮番宴请他，代宗本人对郭子仪也表现得尊崇有加，不再直呼其名，这种过分的尊崇看似好事，其实不然。而恰恰就在这时，郭暧与升平公主又发生了矛盾，郭暧口出狂言，称其父并非不能当皇帝，而是嫌弃皇帝之位不愿意当而已！《醉打金枝》唱出唐代宗的"宽厚"，但实际上唐代宗之所以如此，也是出于无奈，虽然唐代宗宽慰郭子仪，但说实在的，郭暧说出此忤逆之言，郭子仪理当将郭暧送到朝堂问罪，即便是唐代宗予以赦免也行，但郭子仪仅仅杖打郭暧而已，以私刑代替国法，当时的军阀目无尊上之风由此可见一斑。郭暧之言肯定深深刺痛了唐代宗的心，所以他才流下了眼泪，此后郭子仪对郭暧轻描淡写的处理，说明他并没有谢罪的足够诚意，怎能不令唐代宗感到失望！

于是，仅仅数月之后，到了大历二年十二月四日，就发生了一件奇怪的事情——郭子仪父亲的坟墓被人扒了！史称，此案发生后，有关部门组织人力四处搜捕，却查无所获。社会上就散布一种流言，称鱼朝恩素来与郭子仪不和，怀疑是鱼朝恩派人挖掘的。郭子仪从奉天返回长安，朝廷上下都担心会出现变故，一时之间，京师风声鹤唳。郭子仪面见唐代宗时，唐代宗主动提及此事，郭子仪流着眼泪说道："臣长期带兵，不能节制士兵，士兵们经常挖掘他人坟墓，发生今日之事，实在是上天的惩罚，不是人为的。"听了郭子仪这番话，朝廷上下这才放下心来。

鱼朝恩会不会是幕后主谋呢？年初鱼朝恩的部将周智光刚刚被唐代宗拿下，鱼朝恩正夹着尾巴做人，而郭子仪统领大军在外，鱼朝恩怎能无端开罪于他？况且，既然大家都知道二人有过节，鱼朝恩更该避嫌，怎敢贸然行事？那么，今天看来，谁最有可能盗掘郭子仪父亲的坟墓呢？这就看坏了郭子仪父亲的坟墓对谁最为有利了。根据中国传统观念，祖先的坟墓对于后人是有荫庇的，阴宅风水决定了后人的气运，信奉旁门左道、阴阳术数的唐代宗对此不会不知。对于唐代宗来说，最好的处理办法是，既让郭子仪继续替朝廷效力，又不能让他改朝换代，派人盗掘郭子仪父亲的坟墓就成了迷信的唐代宗的一种选择。鱼朝恩统领的神策军和郭子仪统领的朔方军是唐代宗赖以依靠的两大军事力量，如果神策军和朔方军联合起来，势必架空唐代宗和朝廷文官系统。因此，事发之后，唐代宗又指使他人栽赃于鱼朝恩，让鱼朝恩和郭子仪二人产生隔阂，自己正好可以分而治之；甚至可以说，此时的唐代宗也许已经有了最好让郭子仪趁机率领朔方军除掉鱼朝恩的打算，因为，唐代宗也不是傻子，对比鱼朝恩和郭子仪二人，他觉得宽和的郭子仪比狂妄的鱼朝恩更容易接受，所以说，此事幕后最大的黑手极有可能就是唐代宗本人！耐人寻味的是，当唐代宗在郭子仪面前主动提及此事时，郭子仪也许已觉察出了什么，他当然不愿拿自己家族和朔方军的命运给唐代宗当枪使，与鱼朝恩死磕，只是把这场家族灾难归结于天谴，巧妙地让自己脱身于鱼朝恩与元载以及唐代宗复杂的矛盾之外。

据《唐将相大臣年表》记载，大历初年太唐朝廷重臣分别如下。

大历元年：十二月同华节度使周智光反。

同中书门下平章事元载、杜鸿渐（二月出为副元帅，入蜀平定崔旰之乱），天下兵马大元帅郑王李邈（十二月拜），副元帅郭子仪、王缙（上年拜、接替李光弼统领河南江淮一带唐军）、杜鸿渐，二转运使刘晏、第五琦，神策军使鱼朝恩。

大历二年：一月周智光被杀；九月吐蕃入侵灵州、邠州，京师戒严。

同中书门下平章事元载、杜鸿渐（六月还朝），副元帅郭子仪、王缙、杜鸿渐，二转运使刘晏、第五琦，神策军使鱼朝恩。

大历三年：六月，幽州兵马使朱希彩杀节度使李怀仙，自称留后；八月、九月吐蕃入侵灵州、邠州，京师戒严。

司徒郭子仪（六月拜），司空田承嗣（六月加拜），同中书门下平章事元载、杜鸿渐，副元帅郭子仪、王缙（闰六月兼幽州节度使、八月兼河东节度使）、杜鸿渐，二转运使刘晏、第五琦，神策军使鱼朝恩。

大历四年：九月，吐蕃进攻灵州；十月进攻鸣沙。

司徒郭子仪，司空田承嗣，侍中元载，同中书门下平章事元载、杜鸿渐（十一月罢，去世）、裴冕（十一月任命，十二月死），副元帅郭子仪、王缙（六月罢）、杜鸿渐（二月罢），二转运使刘晏、第五琦，神策军使鱼朝恩。

大历五年：湖南兵马使藏玠杀观察使崔瓘。九月，吐蕃骚扰永寿。

司徒郭子仪，司空田承嗣，同中书门下平章事元载、王缙（四月还朝），副元帅郭子仪、李抱玉（一月拜河西陇右山南西道副元帅），二转运使刘晏、第五琦，神策军使鱼朝恩（三月赐死）、刘希暹（赐死）、王驾鹤（代刘希暹）。

借用《论语》中有子说的话："知和而和，不以礼节之，亦不可行也。"来描述代宗大历政治，把大历政治说成是一团和气。从表面上看，唐代宗因循无为，不敢触及深层次的社会问题，似乎有些道理，然而，仔细分析下来，唐代宗也有诸多难言之隐，可以说是心有余而力不足。

唐代宗即位以后，最深层次的社会问题是什么呢？第一，当然要数重振朝纲，恢复朝廷的权威。史朝义被消灭之后，朝廷权威得到空前的加强，唐代宗也乘机加了尊号，然而，由于仆固怀恩心怀叵测，保留了河北四帅，为将来的藩镇割据埋下了隐患，紧接着，吐蕃、回纥相继入侵，长安失守，唐代宗和朝廷刚刚建立起来的威信瞬间扫地，颜面尽失。武功不行，唐代宗退而求其次，转而试图以文治来增强朝廷的向心力，恢复科举，重修国子监就是在的这方面作出的努力，史称：大历二年十月"上御紫宸殿。策试茂才异行、安贫乐道、孝悌力田、高蹈不仕等四科举人"。第二，地方节度使逐渐成为独立王国的问题。在长期的战争中，各地节度使们不仅拥有自己的军队，这些军队从某种程度上已经成为他们的私人武装，还拥有各自的地盘，他们在自己的地盘上征兵、征税，俨然一个个独立王国。这一现象不仅存在于河北四帅，而且广泛存在于全国各地。有人把唐朝中后期产生的藩镇划分为四类：一是河北四帅。他们不向朝廷进贡，虽然唐朝朝廷的个别政令可以在他们的统治区得以贯彻，但绝大多数时候形同独立王国。二是中原藩镇。起到保护漕运的作用。三是江淮江南藩镇。给朝廷供应物资。四是边地藩镇。岭南、剑南、陇上边镇，主要防御外族入侵。虽然大致有这四种分类，但是，即便听命于朝廷的节度使也存在上述问题。早在广德二年郭子仪当上朔方节度大使后，就认为如今天下已经平定，各道节度使手握强兵，骚扰百姓，上书请求撤销河中节度使和耀德军。次年，左拾遗独孤及也上书唐代宗，称："如今已经兴兵十年了，掌握兵权的人豪华宅院比比皆是，婢女们连肉都吃腻了，而贫苦百姓却饥寒交迫，还得去服役。长安城内大白天里公然抢劫，官吏不敢追究，将领懈怠，士兵残暴，百姓不敢向官府告状，官员也不敢让陛下知道。如今，只有朔方、陇西有吐蕃、仆固怀恩之忧，邠州、泾州、凤翔之兵足以抵御，除此之外，天下已无大患，而仍然保留着庞大的军队，用全天下的资财、粮食去供应毫无用处之军，臣实在不理解。"他同样提出了解散内地节度使军队，然而，这事说起来容易做起来难，朝廷没有实力，一切都是空话。就连原本听命于朝廷的李光弼等人连入朝勤王都不愿意，要是朝廷下令全国撤销节度使职务、解散内地节度使的军队，河北四帅会听命吗？不听命，要么朝廷威信扫地，要么撕破脸皮，引发战争，可是吐蕃在西线的进攻，朝廷方面应付起来就已经捉襟见肘了，哪还应付得了两线作战？这不是自找没趣吗？如果河北四帅不听命，要单独裁撤应对河北四帅的军队吗？这不是自剪羽翼吗？因此，这些建议根本就是书生之见，这个问题也是无可奈何的事，只能是从长计议了。第三，就是外族入侵问题。

四一二 大历初年（二）

安史之乱让处于鼎盛中的大唐元气大伤。

长期以来，在与唐朝的较量当中，吐蕃一直处于劣势，回纥更是友好邻邦，如今他们却兵临长安。郭子仪在泾阳瓦解吐蕃回纥联军之后，唐朝顺利收复了灵州，击败了吐蕃，然而，吐蕃人贼心不死，依然觊觎关中。唐代宗即位之后，就一再向吐蕃派去使者，到大历元年二月，唐代宗又派遣大理少卿杨济出使吐蕃求和，次年（《旧唐书》记作大历元年）四月，吐蕃派遣大臣论泣藏等百余人随杨济来到长安。四月，唐代宗命宰相、鱼朝恩与吐蕃人在兴唐寺订立盟约。然而，唐朝收复灵州之后，一直让吐蕃人耿耿于怀，这是因为，如果吐蕃再次发兵关中的话，灵武的朔方军就会从北面抄它的后路，因此，吐蕃人势必拔掉灵武这颗钉子。所以，到了同年九月，吐蕃人就撕毁了盟约，组织数万军队向灵武发起了进攻，与此同时，吐蕃的侦察部队则一直前突到潘原（今甘肃省平凉市东）、宜禄（今陕西省长武县）一带，侦察关中唐军的动向。郭子仪奉命率领三万甲士从河中镇守泾阳，京师戒严。九月十七日，郭子仪率部进驻奉天（今陕西省乾县）。十月一日，朔方节度使路嗣恭在灵州城下击破吐蕃两万人马，斩杀两千级，生擒五百人，缴获战马一千五百匹。吐蕃人无功而返。十一月，和蕃使、检校户部尚书、兼御史大夫薛景仙从吐蕃回来，吐蕃大臣论泣陵随薛景仙来到长安。薛景仙上奏称："吐蕃赞普请求以凤林关（今甘肃省临夏市西北）为界。"不久，吐蕃又派遣使者路悉等十五人来到长安。

但是，到了次年，即大历三年（公元768年）八月，吐蕃又发兵十万进攻灵武，同时，吐蕃大将尚赞摩率领两万人进攻邠州，京师再次戒严。邠宁节度使马璘率军将敌人击破。九月，唐代宗命令郭子仪率领五万大军驻扎在奉天，防御吐蕃。同月二十一日，朔方骑将白元光击破吐蕃军队，不久，又在灵武击破吐蕃两万军队，缴获了数千牲畜。凤翔节度使李抱玉命令右军都将李晟率领五千人马去抄吐蕃人的后路。李晟，字良器，陇右临洮人。父祖均为陇右偏将。李晟几岁父亲就去世了，他十八岁从军，身高六尺，雄武绝伦，擅长骑射。曾随河西节度使王忠嗣与吐蕃作战，敌人中有一员猛将在城头上杀死很多唐军，王忠嗣命人找一名神射手射杀此人，众人推荐李晟。李晟弯弓搭箭，只一箭就将敌将射杀，三军顿时欢声雷动。王忠嗣抚摸着李晟的背夸奖道："你真是堪敌万人的猛将啊！"后来，李晟受到凤翔节度使高升赏识，被提拔为列将，曾随唐军屡屡击败叛羌，因功被晋升为特进、试太常卿。李抱玉镇守凤翔后，李晟又被提拔为右军都将。李晟后来成长为一代名将，李晟一生共有十五个儿子，其中有几个儿子很出名，我们熟悉的《李愬雪夜入蔡州》中的名将李愬就是李晟的第十一子。

当李抱玉这样给李晟布置任务时，李晟却说："用五千人马去与敌人死斗则兵力太少，如果智取的话，又太多了。"遂只率领一千人出了大震关（今甘肃省清水县东），昼夜兼行，一路向西疾驰而去。李晟率领这支游击部队长途奔袭，直插吐蕃人的后方基地临洮（今甘肃省临潭县），攻克了吐蕃人的定秦堡，生擒敌将慕容谷种，焚烧了吐蕃人囤聚在那里的辎重，然后凯旋。在灵州前线的吐蕃人听说后方有变，赶忙撤了灵武之围，匆匆而返。李晟因此功而被拜为开府仪同三司，不久又晋升为兼左金吾卫大将军、泾原四镇北庭都知兵马使，统领全部游击部队。

当时，马璘担任四镇、北庭行营节度及邠宁节度使、兼御史大夫，统领的老班底还是安西、北庭的军队，驻扎在邠州，吐蕃人退去后，宰相元载认为，吐蕃连年入侵，马璘所部在陇山以东，吐蕃很容易就可以越过陇山，进入关中平原，唐军整个战线处于被动挨打的态势。因此，他认为，应当把唐军的最前沿前突至陇山以西地区的泾川（今甘肃省泾川县）一线，这样一来，唐军就可以更好地利用陇山险要屏护关中地区，使得关中北线态势处于有利地位。然而，单凭马璘区区四镇兵力显然难以完成前突泾川、驻守陇山关隘等任务，同时，设置泾原镇又可以与灵武遥相呼应，而郭子仪率领的朔方军大本营在河中（今山西省永济市）腹地，根本起不到应有的作用，于是，元载与众将一起商议，最后决定成立泾原镇，以马璘为泾原节度使，将马璘的军队部署到泾州（今甘肃省泾川县），而以郭子仪的朔方军进驻邠州（今陕西省彬县）。《邠志》对此有过生动的记载：吐蕃军队退去后，郭子仪等人入朝，元载暗中指使众将（估计是马璘）责备自己道："如今京师周边堡垒密布，内外不安，大人身为宰相多年，安危大计没提出过一条，该如何是好？"元载回答："我管不了啊。"过了几天，此人又提及此事，并说："这难道不是渎职吗？"元载回答："国家安危在于朝廷重臣，不单单是宰相身上。先王创设军队，置于四境，就是为了抵御敌人。如今内地太平，可是朔方军驻扎在河中，泽潞军驻扎在盩厔，侦察部队探察敌人也离开京师不远，一定要纠正的话，必须从这一点入手，所以说我是管不了的。"话说到这个份儿上，郭子仪和李抱玉只好表态："我们听宰相你的。"元载说："如果把四镇（马璘部）迁至泾川，朔方（郭子仪部）迁至邠州，泽潞（李抱玉部）迁至岐，三边都照顾到了，三位大人意下如何？"大家只好同意。

从客观上来说，这一部署有一定的合理性。朔方镇在唐玄宗时期管辖的范围非常大，到开元二十二年，朔方节度大使又兼任关内道采访使，其范围涵盖了今内蒙古自治区、宁夏回族自治区河套一带、甘肃省东部、陕西省大部地区，但随着安史之乱的爆发，唐廷将长安近畿一再划分出新的军镇，至大历初年，这些京畿附近的军镇主要有：凤翔镇（泽潞节度使李怀玉移镇、今陕西省周至县）、邠宁镇（邠宁节度使马璘、今陕西省彬县）、同华镇（原为鱼朝恩亲信周智光，后收归朝廷）、鄜坊镇（杜冕被周智光所逼后，唐代宗以李光弼的弟弟李光进担任节度使、今陕西省富县）、朔方镇（郭子仪、驻扎在河中，今山西省永济市，治所在今宁夏回族自治区灵武市）等。在防御吐蕃方面，由于南线凤翔镇道路崎岖，不利于吐蕃骑兵行进，吐蕃军队大多从邠宁镇辖区沿着泾水谷地由西北而东南，进入关中，因此，邠宁镇在防御吐蕃军队方面起到至关重要的作用。

然而，仅仅依靠马璘四镇之兵前突到泾川根本无济于事，于是，朝廷又决定把邠宁辖区的邠州（今陕西省彬县）、宁州（今甘肃省宁县）和庆州（今甘肃省庆阳市）划归朔方军，三地如同铁三角一样支撑着马璘的泾川，构成一道稳固的防御阵线。当然，移镇京畿军镇也许还有其他方面的考虑：这些军镇大多属于朔方军一系，与鱼朝恩的神策军存在着利益冲突，双方挤在狭窄的关中地区，极易发生冲突，也许杜冕和周智光的过节就源于此。同时，在朔方系军镇外移之后，唐代宗和元载就可以利用空下来的地盘，辗转腾挪，用于拉拢、麻痹，并最终除掉鱼朝恩了。

然而，移镇一事遇到的最大阻力还是来自中下级军官。安土重迁，人之常情，这些军人长期驻在一地，家眷都在这里，突然要迁到另外一个陌生的环境，心存怨恨在所难免。但是，对于朝廷来说，只要抓住主将，满足主将的诉求，也就管不了许多了。元载代表唐代宗向众将承诺："如果你们认为边地粮食、军费不足的话，朝廷将以内地租税支援，并从国库中拨出金帛供应。"作为对马璘和郭子仪的补偿，唐代宗下令以河中的租税补偿给郭子仪军，以原属于李怀玉的颍州（今安徽省阜阳市）、郑州（今河南省郑州市）两州的租税补偿给了马璘。

马璘没有多少心计，史称：他"虽生于士族，少无学术，忠而能勇，武干绝伦，艰难之中，颇立忠节，中兴之猛将也"。并且，唐代宗赏赐给他大量金钱，"前后赐予无算，积聚家财，不知纪极。在京师治第舍，尤为宏侈"。安抚住了这样的主帅，下面就好办了，而对于郭子仪而言，去年父亲坟墓被挖已经令他感到朝廷的险恶，正如《邠志》记载的那样，在对待移镇问题上，郭子仪也是无奈地说道："我曹即为所册，得无行乎？"

不过即便如此，当四镇之兵即将迁往泾川时，还是差一点发生了兵变。四镇、北庭之兵历尽艰辛，远赴国难，他们久在异乡，屡屡迁徙，四镇兵曾经从汴州迁到虢州，又驻防凤翔，北庭兵从怀州、绛州，再到鄜州，又到邠州，总在抗敌的第一线，已非常疲敝，等到听说又要迁往泾川后，全军上下都非常不满。马璘接到命令后，自己先去泾川安排，留下三使（四镇、北庭、邠宁）段秀实作为邠州的留后，刀斧兵马使王童之阴谋作乱，定于十二月二十一日凌晨鸣鼓发动。头一天晚上，有人向段秀实告密，段秀实听后，不动声色，召来打更士兵，佯装大怒，称其报时不准，命其每更报时之前必须向自己禀报。这样一来，段秀实每更都故意拖延几刻时间，结果，报到四更时天已大亮了，王童之的计划落空。段秀实本打算第二天就捉拿王童之等人，但苦于没有真凭实据，恐怕军中将士不服，就隐忍不发，到了晚上，线人又向他禀报说："今天晚上王童之等人决定焚烧马厩的干草，趁军士救火阴谋作乱。"果然，到了半夜，马厩起火，段秀实命令军中凡是跑动的，立即站住；坐着的不准站起来，继续站着坐着，相互监视，各部门清查人数，整顿部伍，严守要害。王童之进来请求派人救火，但段秀实不答应。等到天明，段秀实下令逮捕王童之及其同党八人，全部斩首，而后下令："最后出发的灭族，散布流言的处刑！"于是，三军这才顺利迁往泾川。史称，在泾川，马璘"分建营堡，缮完战守之具，频破吐蕃……令宽而肃，人皆乐为之用。镇守凡八年，虽无拓境之功，而城堡获全，虏不敢犯"。《旧唐书·马燧传》称："抱玉移镇凤翔，以汧阳被边，署奏陇州刺史、兼御史中丞。州西有通道，广二百余步，上连峻山，山与吐蕃相直，虏每入寇，皆出于此。燧乃按行险易，立石种树以塞之，下置二门，设篱橹，八日而功毕。”

四一三 大历初年（三）

这次移镇很快就起到了作用。

次年，即大历四年（公元769年）九月，当吐蕃人再次像前几年那样进攻灵州时，已移镇邠州的郭子仪派遣兵马使浑瑊率领五千精锐部队北上救援，郭子仪则亲率大军推进到庆州。郭子仪的大军已由过去的从河中镇守奉天一线，前突至庆州一线，在应对吐蕃入侵时，朔方军已由在内线被动防御转变为外线主动出击，唐军整个战略态势已大为改观。吐蕃军队被朔方留后常谦光击破后，又组织大军进攻鸣沙，前后绵延四十里，但当他们听说郭子仪带兵前来后，就不战而撤了。

如前所述，这次移镇不仅适应了对敌斗争的需要，也为唐代宗、元载除掉鱼朝恩创造了条件。

认真研读史书，我们会隐约地觉得，早在大历元年前后，唐代宗琢磨着除掉周智光时，就已经不动声色地开始策划清除鱼朝恩了。吕思勉认为，“肃宗昏愚，代宗则颇阴鸷”，在驾驭全局这方面，唐代宗的确有一些过人之处，就拿清除鱼朝恩的羽翼周智光来说吧。当郭子仪屡屡请求讨伐周智光时，唐代宗拒不答应，一方面为了继续麻痹鱼朝恩；另一方面又起到了离间鱼朝恩与郭子仪的关系的作用。然后，到了大历二年（公元767年）一月六日，当所有的人都还沉浸在新年的喜悦中时，唐代宗突然秘密指使郭子仪发兵讨伐周智光，郭子仪以迅雷不及掩耳之势出兵渭河之上，很快就促使同华军内部瓦解，未经作战，周智光就已经被杀。此事唐代宗做得干净利落，出手稳、准、狠，鱼朝恩来不及动作，只好承认既成事实。

除掉周智光只是清除鱼朝恩的开始。

要想清除鱼朝恩并不简单，唐代宗只能依靠元载和郭子仪二人，元载是代宗的大工具，郭子仪则是小工具。在大历元年，唐代宗就破天荒地任命鱼朝恩主持国子监工作，极大地满足他的虚荣心，史称："上优遇之，加判国子监事，光禄、鸿胪、礼宾、内飞龙、闲厩等使。赴国子监视事，特诏宰臣、百僚、六军将军送上，京兆府造食，教坊赐乐。大臣群官两百余人，皆以本官备章服充附学生，列于监之廊下，侍诏给钱万贯充食本，以供学生厨料。朝恩恣横，求取无厌，凡有奏请，以先允为度，幸臣未有其比。"代宗对鱼朝恩的这种"优遇"，当然不仅仅是为消灭周智光，他深谙"欲取之，先予之"的道理，这样可以最大限度地加深鱼朝恩与传统士大夫们的矛盾。

与此同时，他选中了元载这个大工具，鱼朝恩得意忘形，与元载有权力之争，且元载善于察言观色，很有能力，是代宗除掉鱼朝恩最合适的工具。然而，元载贪权好利，代宗当然也是明知的，但是，对于代宗而言，每个时期都有一个重点，如今，他的核心任务就是想尽一切办法除掉鱼朝恩，那就得极力拉拢元载。所以，就出现一系列让我们深感困惑的情况，给我们造成代宗很愚蠢的错觉：永泰元年，华原县令顾繇上书指斥元载的儿子元伯和等人以权谋私，贪污受贿等，代宗一味偏袒元载，将顾繇流放锦州；大历元年二月，元载上书请求："以后百官奏事，要先向上级禀报，上级禀报宰相，再上奏皇帝。"代宗当然知道元载的用意，但还是顺着他的意思，放权给宰相，称："近来百官奏事繁多，所言大多是谗间毁谤之言，应先禀报长官、宰相定夺后再奏。"刑部尚书颜真卿不明代宗的真实心态，以理上书直言认为："郎官、御史是陛下的耳目，如今让奏事者先禀报宰相，这是自掩耳目啊。陛下如果觉得群臣之言涉嫌诽谤，何不查明所言是否属实？如果不实即可诛杀，属实就该升赏。不如此，就会令天下百姓觉得陛下倦于听政，借此堵塞谏诤之路，臣真替陛下惋惜！太宗皇帝颁布的《门司式》规定：'没有皇宫通行证的人如果有紧急事务需要入宫禀报，守门卫士也可带其立即入见。'这就是为了防止被臣下欺骗。天宝以后，李林甫当宰相，痛恨上书言事的人，以致人们不敢开口说话，上情不能下达，下情不能上达，最终导致安史之乱的发生。就算陛下大开征求意见之门，群臣还有不敢畅所欲言的，何况陛下让宰相大臣们予以压制呢？如此一来，陛下只能听到身边三四个人的话，天下之人从此闭口，陛下也误以为太平无事了，这是出现李林甫第二了！昔日李林甫虽然专权，群臣不经宰相上奏的，李林甫也只是暗中中伤而已，尚且不敢明令百官先禀报宰相，再向皇帝上奏。陛下如果不及早觉悟，逐渐会成了孤家寡人，以后虽然后悔也来不及了！”元载听后，怀恨在心，不久，就借故称颜真卿诽谤，唐代宗将其贬为峡州别驾。以代宗的智商，当然知道这些，但此时为了拉拢元载，避免群臣横生枝节，也只能牺牲颜真卿了。

在最大限度地扩大元载的权力的同时，唐代宗又在悄无声息地缩小鱼朝恩的权力。至迟在大历元年出现了一个叫作枢密的官，这个官是负责向门下首长传达皇帝旨意的，是唐代宗与元载之间联系的纽带，是宋代以后枢密使的前身，位置非常重要。唐代宗让一个叫董秀的宦官担任，据《旧唐书·陈少游传》记载，原陈郑二州刺史陈少游，善于敛财，结交权贵，因此一路高升，后被选任为桂管观察使。陈少游觉得这地方过于偏远，不愿赴任，想通过关系选个稍微近的地方，他就盯住了董秀。他提前在董秀所住的“里”里住下，等傍晚偷偷前去拜谒，问董秀：“七郎，你家几口人？每月要花费多少？”董秀回答：“担任近臣，家庭负担很重，再加上物价上涨，每月要花掉一千多贯钱。”陈少游说：“这样算下来，你的俸禄几天就花光了，下余的经常需要向其他人借，如果现在有人尽心帮助，您只需提携人家一下，只是举手之劳。我陈少游不才，情愿包下七郎一家的用度，每年奉上五万贯。这里我带了三万贯，敬请笑纳，下余的等我到任之后再送上，以解贵人燃眉之急，你看如何？”董秀一听，喜出望外。陈少游说完又流下泪来，说道：“南方瘴疠之地，只恐我不能活着回来再见到您了啊！”董秀立马明白了，赶忙说道：“你暂且停留数日，我再从中斡旋。”当时，陈少游也已经给元载的儿子元仲武送钱了，元载和董秀二人一唱一和，数日，唐代宗就改任陈少游为宣州刺史、宣歙池都团练观察使了。提拔董秀只是唐代宗削弱鱼朝恩势力的举措之一，第二个举措就是在大历二年除掉周智光之后，换掉了鱼朝恩的另外一个亲信——京兆尹黎干。黎干也是位能臣，但是对鱼朝恩极尽巴结之能事，“写心候事，动必求媚，每朝恩入监，倾府人吏具数百人之饩以待之”。（《李勉传》）史称：“黎干者，戎州人。始以善星纬数术进，待诏翰林，累官至谏议大夫。寻迁京兆尹，以严肃为理，人颇便之，而因缘附会，与时上下。大历二年，改刑部侍郎。”《王缙传》则称，（黎干）数论事，载甚病之，而力不能去也。干尝白事于缙，缙曰：“尹，南方君子也，安知朝礼！”其慢而侮人，率如此类。唐代宗换下黎干后，就任命入朝述职的江西观察使、宗室李勉担任京兆尹。李勉担任京兆尹后，就与鱼朝恩发生了直接冲突，以往鱼朝恩来国子监之前，黎干总要准备数百人的食物招待，李勉却说：“军容使兼管国子监，我去太学，军容使应该尽主人之礼招待我，假如军容使到我京兆尹做客，我怎敢不招待呢？”当然，唐代宗让李勉当京兆尹只是要换下鱼朝恩的人，绝不是要与鱼朝恩发生正面冲突，因此，到大历三年，又把李勉换下，改任了崔昭。

唐代宗这些举措都是在清除周智光前后，鱼朝恩似乎有所警觉，遂于大历二年七月主动把自己的庄园拿出来给代宗亡母祈福，但紧接着到该年年底就发生了郭子仪父亲的坟墓被人挖掉的大事。不过，此事因郭子仪在鱼朝恩和元载、唐代宗之间保持中立而没有激化。

四一四 大历初年（四）

大历三年，唐代宗又打算重用李泌了。

唐代宗即位后，就派人前往衡山，把隐居的李泌召回，任命为翰林学士。命人在蓬莱殿旁修了一座书院，让李泌居住，代宗时常身穿便服，脚蹬拖鞋前去探望，凡是给事中、中书舍人以上以及各地节度使、刺史的任免等军国大事，都与李泌商议定夺。唐代宗又让鱼朝恩在白花屯给李泌修了一座外宅，方便李泌与外面的亲朋故交联系。

此时，外廷宰相是元载和杜鸿渐，已被元载牢牢把持，也许唐代宗也想掣肘一下元载，遂打算让李泌出山，担任门下侍郎、同平章事。但是，朝局纷繁复杂，宛如一团乱麻，李泌坚决推辞。唐代宗想想，也觉得有理，就说道："外廷事务繁重，你我不能朝夕相见，真不如现在我们住得这么近好，何必非要正式任命才算是宰相呢！"五月初五端午节，王公大臣，公主嫔妃都向代宗进献礼物，代宗问李泌："先生为何什么都没进献？"李泌回答："臣住在皇宫之内，从头巾到鞋袜都是陛下所赐，就剩下这个身子了，怎么进献？"代宗说道："朕就是要你这身子呢。"李泌说："臣的身子不属于陛下所有，还能属于谁所有呢？"代宗趁机说道："先帝曾想委屈爱卿当宰相，爱卿不答应，爱卿既然今天献上了身子，那么就该任凭朕的指使，不再属于爱卿所有了。"李泌问："陛下打算让臣干什么？"代宗回答："朕要命爱卿开始吃肉喝酒，娶妻生子，接受官爵，当个俗人。"李泌哭泣道："臣已经吃素二十年了，陛下何苦要让臣前功尽弃！"代宗回答："你光哭又有什么用？你住在深宫大内，又能怎么样呢？"遂命人安葬了李泌的双亲，给李泌娶了卢氏之女为妻，在光福坊赏赐给他一座宅院，命他隔三岔五地住在蓬莱院，或住在家中。

唐代宗打算任命李泌为宰相，可以看作在外廷掺沙子，说明其觉察到了元载集团已经坐大，不过，此时鱼朝恩还未清除，代宗还需要继续依靠元载。所以，在李泌的劝说下，代宗才打消了原意，暂时不再惊动元载。

转眼到了大历四年（公元769年）一月，郭子仪入朝。上年年底，在唐代宗和元载的操纵下，定下了移镇之议。马璘在接到命令之后，已率先作出表率，先期赶赴泾川安排，郭子仪虽然心中不快，但在开疆拓土这一冠冕堂皇的理由面前又说不出什么来，再加上朝廷已经作出种种承诺、马璘又已积极赴任，郭子仪更是不得不行动。

正是看出了郭子仪的心思，当郭子仪入京之后，鱼朝恩主动邀请他一起出城到章敬寺见面游玩。长期以来，朔方军一直是唐肃宗、唐代宗父子平叛的主导力量，像如今京畿附近的节度使马璘、李抱玉、郭子仪等人都是朔方军一系，又由于朔方军的地理位置，其高层将领又与回纥高层有着千丝万缕的关系，这也是肃宗、代宗对朔方军一直心存芥蒂的原因。而由宦官鱼朝恩统领的神策军往往被视为一支与朔方军相互制衡的力量，昔日，鱼朝恩等人就与郭子仪有着隔阂，当代宗命令郭子仪清除周智光之后，周智光原有部属李汉惠既非到京师回归神策军，也非归顺朝廷，而是找到了新主子郭子仪。显然在当时人们的心目中，朔方军和神策军是两个对立的军事集团，此事之后，鱼朝恩与郭子仪之间的隔阂自然会加深而不是减弱。但此后，代宗和元载打出了一系列的迷踪拳，让人如坠云雾之中，郭子仪父亲的坟墓被挖，代宗、元载欲嫁祸鱼朝恩不成，让鱼朝恩不得不对郭子仪的度量感到佩服。如今，元载又要将郭子仪移镇邠州，这让鱼朝恩似乎看出了一点机会，打算探探郭子仪的底线，也许会有联合起来共同对付元载的可能。

鱼朝恩邀请郭子仪在城外单独见面，并且这件事就发生在刚刚决定移镇、各军将士一片怨言、郭子仪尚未从河中迁往邠州这一敏感时期，让唐代宗和元载非常紧张。元载担心二人真的联手，就暗中指使郭子仪军中的将校“善意”地提醒郭子仪道：“鱼朝恩将要对大人不利！”郭子仪不听。这位将校又告诉郭子仪手下的其他将领，大家都请求郭子仪带上三百名内穿铠甲的卫士同行。郭子仪说：“我是国家的大臣，他如果没有皇上的命令，又岂敢加害于我！假如他是奉命行事，你们又想干什么！”郭子仪很清楚，在这时，唐代宗和鱼朝恩都没有杀掉自己的理由和条件，如今害怕的不该是他郭子仪，而是唐代宗、鱼朝恩和元载他们。于是，他仅仅带了几个家童就动身了。鱼朝恩出来迎接，见郭子仪身边只带了这几个人，不禁大吃一惊。郭子仪就把临行前听到的话告诉了鱼朝恩，又加了一句："也是恐怕大人您动手时麻烦啊。"鱼朝恩闻言，顿时非常感动，他捶着胸脯，紧握郭子仪的双手，流下眼泪，说道："要是大人您不是一位忠厚长者，听了这样的谗言，岂能不生疑心啊！"

郭子仪和鱼朝恩之间的密谈详情已不得而知，但很显然，郭子仪并没有站在鱼朝恩一方，与鱼朝恩见面十天后，他就返回了河中，拖到同年六月，他才率领河中之军移镇邠州。郭子仪把精兵全部带在自己身边，将剩余之兵分别留镇河中、灵武两个基地。河中将士也都不愿迁往邠州，经常从邠州逃回河中，行军司马严郢在河中留守，将逃兵全部逮捕斩杀，这才稳定了局面。严郢，字叔敖，华州人。其父严正诲，官至江南西道采访使。严郢进士及第，任太常协律郎，负责管理东都太庙，安史之乱中，严郢携带太庙神主藏在家中，唐军收复东都后，严郢因此功而被晋升为大理司直，代宗初年，被晋升为监察御史，郭子仪担任关内、河东副元帅时，举荐严郢担任副元帅府判官，后晋升为行军司马。

顺利完成移镇任务之后，唐代宗和元载就开始部署清除鱼朝恩了。几年来，代宗辗转腾挪，就连鱼朝恩也猜不透代宗的心思，他依然故我，不知收敛，每次向代宗提什么要求，一定要代宗答应才罢手；朝廷大事如果没有与他商量，事后等他知道后，总会发怒道："天下事哪有不经过我的道理！"鱼朝恩还喜欢在大庭广众之下高谈阔论，凌辱宰相，虽然元载口齿伶俐，在气焰嚣张的鱼朝恩面前也不得不三缄其口。神策军的两位高层将领都虞候刘希暹、都知兵马使王驾鹤都是鱼朝恩的亲信，深得鱼朝恩的宠信。刘希暹建议鱼朝恩在北军中设立军事法庭，纠集地痞无赖诬告长安城内的富人，把这些富人打入大牢，抄没其家财充军；有些应试举子来到长安，身上带的钱财稍稍多一些，就会被这些人瞄上，往往在客栈里被人杀死，劫去钱财，长安百姓称之为"入地牢"。一个名叫贾明观的捕贼吏依附刘希暹，更是凶狠，屡兴大狱，积累了万贯家财，弄得民怨沸腾。

鱼朝恩的养子鱼令徽年龄很小，已当上了内给使，身穿六七品绿色官服，一次，鱼令徽与同僚争吵，回家向养父哭诉。第二天，鱼朝恩带着鱼令徽见到唐代宗说："臣的儿子官位太低，被同僚欺负，请皇上让他穿上三品大员的紫色官服。"还没等唐代宗张嘴，鱼朝恩身边的侍从已经拿出紫色官服站在代宗跟前了。唐代宗非常尴尬，但也不好再说什么，就让鱼令徽穿上，鱼令徽拜谢后，代宗勉强笑了笑，说道："儿穿紫，真合适。"但内心非常恼火。

元载看出了唐代宗的心思，于是建议除掉鱼朝恩，代宗遂指令元载制订详细的计划。元载的计划分为四步：第一步，以重金拉拢鱼朝恩的亲信，培植内鬼。鱼朝恩每次入宫，经常以射生将周皓率领一百人担任警卫，元载利用关系将周皓拉了过来；鱼朝恩又以陕州节度使皇甫温作为自己的外援，元载则以自己的亲信崔昭继李勉之后担任京兆尹，崔昭一方面组织人力，秘密监视鱼朝恩的动向；另一方面不惜重金，结好皇甫温。史称，在鱼朝恩被杀后，“元载复受明观奸谋，潜容之”，也说明贾明观恐怕也被元载拉拢了，自此，鱼朝恩的一举一动、一言一行都在代宗和元载的监视之下。第二步，进一步麻痹鱼朝恩。元载建议将李抱玉从凤翔迁往汉中，而以皇甫温担任凤翔节度使，表面上看是加强了神策军的权力，但殊不知此时皇甫温已经暗中倒戈。这次移镇也有冠冕堂皇的理由，不易令人生疑：皇甫温部调往凤翔，与郭子仪从河中调往邠州同理，都是从无用之地调到前线，而李抱玉从凤翔调往汉中也有合适的理由，这就是：在大历二年唐代宗承认崔旰之后，次年被正式任命为剑南西川节度使的崔旰入朝谢恩，留下弟弟崔宽担任留后，结果，泸州刺史杨子琳却趁机率领数千精锐骑兵偷袭了成都，益州变乱再起。朝廷听说后，遂加授崔旰为检校工部尚书，赐名崔宁，命其返回。崔宽在与杨子琳的交手中屡战屡败，七月，崔宁的妾任氏拿出数十万家财招募了数千人，才把杨子琳赶跑。杨子琳败归泸州后，又召集残部，得数千人，沿长江东进，声称将要入朝；涪州守捉使王守仙在奉节附近的黄草峡埋下伏兵，却被杨子琳全部生擒，杨子琳又进攻忠州，王守仙仅仅逃出一命；杨子琳又杀掉了夔州别驾张忠，占据夔州。荆南节度使韦伯玉不敢得罪杨子琳，遂替杨子琳向朝廷求情，唐代宗为了息事宁人，大历四年二月，就任命杨子琳为峡州团练使。在正统观念看来，像崔宁和杨子琳都属于朝廷不得已任命的官员，他们并不可靠，以位高权重且一向忠勇的李抱玉主持剑南事务，也在情理之中。但是，要想让李抱玉顺顺当当地迁往已经驻守多年的凤翔也需要出大价钱：代宗晋升李抱玉为同中书门下平章事，又兼山南西道节度使、河西陇右山南西道副元帅、判梁州事。而且，代宗原计划是让李抱玉南下汉中，但李抱玉只是从凤翔移镇到了盩厔，并且，士兵们在临行之时，大肆劫掠凤翔集市泄愤。

四一五　大历初年（五）

李抱玉腾出了凤翔，唐代宗和元载就可以顺利地实施他们的第二步计划了。

首先是把鱼朝恩的亲信从陕州移镇凤翔，其次，元载又建议把郿县（今陕西省眉县）、虢县（今陕西省宝鸡市陈仓区）、宝鸡（今陕西省宝鸡市）、鄠县（今陕西省西安市鄠邑区）、盩厔（今陕西省周至县）划归李抱玉，而把兴平（今陕西省兴平市）、武功（今陕西省武功县）、天兴（今陕西省凤翔县）、扶风（今陕西省扶风县）四地划归神策军。去年，在鱼朝恩的请求下，代宗就曾将京兆尹的好畤（今陕西省永寿县西）、凤翔的麟游（今陕西省麟游县）、普润（今陕西省凤翔县西北）划给了神策军，如今又给了神策军这些地盘，鱼朝恩大喜，另外元载还建议给鱼朝恩加实封，这使鱼朝恩更不把元载放在眼里。

唐代宗和元载对付鱼朝恩的第三步就是打压鱼朝恩的死党。到大历五年二月，代宗和元载随便找了刘希暹的一个过错，代宗暗示鱼朝恩给予其一个薄惩，遂下诏免去鱼朝恩观军容使，解除了他对神策军的领导权，但又增加其实封为一千户。刘希暹觉察到事情有些诡异，遂提醒鱼朝恩，鱼朝恩这才开始生疑，然而，每次见到代宗，代宗都恩礼如常，鱼朝恩这才放下心来。

第四步，诛杀鱼朝恩。皇甫温移镇来到京师，元载借故将他留在京师，遂与他和周皓一起定下了诛杀鱼朝恩之计。确定之后，元载密报代宗，代宗告诫他道："好好干，别弄不好反受其害！"

大历五年三月十日，寒食节。唐代宗在皇宫设宴款待王公大臣，而把元载留在中书省值班，以备非常。结束后，众人都离开了皇宫，代宗让鱼朝恩留下商议大事，遂当面斥责其心怀异志。鱼朝恩替自己辩护，态度傲慢，口出不逊，代宗命周皓以及身边卫士将鱼朝恩抓住勒死。秘密处死鱼朝恩后，代宗下诏称鱼朝恩接到罢免其观军容使的诏书后，其在自家上吊而死，将其尸体送还其家，赏赐六百万钱把他安葬了。

十四日，唐代宗加授刘希暹、王驾鹤为御史中丞，以安抚禁军军心。二十三日，代宗又下诏赦免京城监狱内的囚犯，对鱼朝恩的党羽一律既往不咎，并称："北军将士均是朕的爪牙，一切照旧。朕如今将亲自统率你们，不要心生忧惧。"二十六日，唐代宗又下令裁撤度支使以及关内等道转运使、常平使、盐铁使，其实就是第五琦的职务，而由宰相亲自兼任。当天，唐代宗又下诏，命令皇甫温返回陕州，不再前去凤翔了。鱼朝恩素来对礼部尚书裴士淹和户部侍郎、判度支第五琦很厚待，二人也被贬官。史称："鱼朝恩伏诛，琦坐与款狎，出为处州刺史，历饶、湖二州。"裴士淹被贬为虔州刺史，裴士淹也是位诗人，其写的《白牡丹》比较出名："长安年少惜春残，争认慈恩紫牡丹。别有玉盘乘露冷，无人起就月中看。"

处死鱼朝恩后，宦官不再统领军队。刘希暹内心非常不安，经常牢骚满腹，王驾鹤向代宗告发。九月，代宗又将刘希暹赐死了。

唐代宗在处理鱼朝恩的同党时，并没有一网打尽，只是清除诸如刘希暹这些有可能威胁到自身安全的死党，至于像第五琦等人代宗则并没有赶尽杀绝，而仅仅是贬官了事。这不仅仅是因为这些人有才干，更重要的是代宗已经在利用元载除掉鱼朝恩的过程中觉察出元载集团的力量和手段，在朝野之中保留元载的异己分子对于元载也是一种制约，可留下他们为将来处理元载之用。

鱼朝恩被杀后，元载又独揽了财政大权，可谓是志得意满；每次在大庭广众之下夸口，自以为文武双全，古今第一；贪财好利，政以贿成，奢侈无度。当时政风败坏，各地举子入京求官者大多携带重金，这也是刘希暹、周智光要劫掠举子的原因，造成这一风气，身为宰相的元载自然负有不可推卸的责任。元载贪财是出了名的，后来，常衮担任宰相，虽然清廉自守却又用人随意，所以当时就有谚语说："常无分别元好钱，贤者愚而愚者贤。"《杜阳杂编》记载，元载末年，曾在家中修建芸辉堂，芸辉是于阗国出产的一种香草，洁白如玉，碾成粉末涂在墙壁上；以沉檀香木为屋梁，门窗都用金银装饰，屋内布置着杨国忠宝贝屏风和岭南出产的紫绡帷帐。堂前有池，池中有苹阳花，花朵大如牡丹，还有碧芙蓉。《幽闲鼓吹》记载，元载家一个长辈从宣州来京想要一个官当当，元载见他也不是个当官的料，就给他写了一封书信让他拿着去幽州。此人虽然窝火，但也不得已只好动身北上。到幽州后，心想："我倾家荡产行几千里而来，却只得他一封书信，要是信中写得恳切也还可以。”于是，他就拆开书信，可是信中什么都没写，只署元载二字，心中非常懊悔。本欲就此返回，转念一想既然来了，试试也罢，就去拜见幽州官吏。人家问他：“既然你说自己是元相公的长辈，岂能没有书信？”此人回答：“有。”幽州官吏一见大惊，赶忙把此人安排在高级馆驿，招待数日，临别，又赠送了一千匹绸缎。《丽情集》称，元载的爱妾薛瑶英非常美丽，连古代的旋波、摇光（二人系与西施一起送给吴王的美女）、赵飞燕、绿珠（石崇的美妾）都不如她，其母赵娟原本是岐王的爱妾，后成为薛宗本的老婆，生下薛瑶英。薛瑶英会诗书，善歌舞，由于自幼吃香料，身上带着体香。元载的朋友贾至和杨公南曾见其歌舞，贾至赠诗：“舞怯朱衣重，笑疑桃脸开。方知汉武帝，虚筑避风台。”杨公南的诗：“雪面蟾娥天上女，凤萧鸾翅欲飞去。玉钗碧翠步无尘，楚腰如柳不胜春。”薛瑶英的父亲薛宗本、母亲赵娟和堂兄薛从义以及中书主吏卓倩等人经常替人求官，收受金钱，号称关节。《枢要录》称，元载家有三千多套餐具，元载吃冷食用硫黄碗，吃热食用泛水瓷器。吏部侍郎杨绾性格耿直，选举公允，不依附元载；岭南节度使徐浩贪婪奸佞，给元载送上了大量岭南宝物，元载遂改任杨绾为国子祭酒，而以徐浩为吏部侍郎。

唐代宗对元载的所作所为心知肚明，但因刚刚处理了鱼朝恩，代宗还不想再起波澜，趁接见元载之时，严肃告诫他，然而，元载仍不见悔改，唐代宗开始有点厌恶他了。元载见李泌深得代宗的宠爱，就猜忌李泌，在代宗面前说李泌的坏话：“李泌经常与亲朋好友在北军喝酒，还与鱼朝恩私交很深，他也应该知道鱼朝恩的阴谋。”代宗替李泌说话道：“北军将士好些都是李泌的老部下，所以朕才让他去与他们相见。诛杀鱼朝恩，李泌也参与了，爱卿不要怀疑什么了。”元载集团依然不停地说李泌的坏话。正巧，江西观察使魏少游向代宗请求一个参佐，代宗就对李泌说：“元载容不下你，朕把你藏匿在魏少游那里，等到朕决心除掉元载之后，会给卿写信告知，届时，卿可再来长安。”遂任命李泌为江西判官，并叮嘱魏少游要善待李泌。

大历初年朝中政治斗争的主线是以代宗、元载为一方，以鱼朝恩为另一方展开并最终以鱼朝恩的失败而告终，在地方上也发生了几件大事：继永泰元年崔旰之变后，到大历元年朝廷承认了崔旰，继而大历二年又消灭了周智光，大历三年遥远的幽州又发生了兵变。该年六月，幽州兵马使朱希彩、经略副使朱泚及其弟弟朱滔一起杀掉了节度使李怀仙，朱希彩自称幽州留后，闰六月，成德军节度使李宝臣派部将率军讨伐朱希彩，反被朱希彩打败，代宗不得已赦免了朱希彩等人的专杀之罪，以宰相王缙担任卢龙节度使，又以朱希彩为幽州留后。王缙到幽州后，朱希彩领兵相迎，王缙毫无惧色，朱希彩礼节更加恭顺。王缙觉得难以控制幽州，犒劳军队之后，在幽州待了十几天就还朝了。同年九月，当朝廷方面正全力对付吐蕃入侵时，颍州又发生了兵变。颍州（今安徽省阜阳市）刺史李岵因事得罪了滑亳节度使令狐彰，令狐彰就派节度判官姚奭前往颍州巡视，趁机取代李岵，并说："如果李岵拒绝，就杀了他。"李岵知道后，遂激怒将士，反而杀了姚奭及其随行一百余人。李岵逃到河南节度使田神功那里避难，十月，令狐彰上书指控李岵，李岵也上书辩解，代宗命给事中贺若察前去调查。次年一月，代宗下令将李岵流放夷州（今贵州省凤冈县），并在途中将其赐死。李岵是唐太宗第三子吴王李恪的孙子李祇的长子。令狐彰，富平人，其父令狐濞曾任范阳县尉，与当地人私通，生下了令狐彰。令狐濞离职后，令狐彰就随母亲留在了范阳，长大后，成为安禄山的部将，因功被晋升为左卫员外郎将。唐军收复两京之后，时任叛军滑州刺史的令狐彰以所部兵投降了唐军，此前，叛军将领从未有投降的，故而肃宗大喜，拜其为御史中丞，兼滑州刺史、滑亳魏博等六州节度，镇守滑州。令狐彰在任期间，身先士卒，劝课农桑，法令严厉，数年之内，辖区风化大行，仓库充实。当时各地节度使都不太听从中央，唯独令狐彰能如数向朝廷进贡赋税，每年都按照规定向关中派遣三千防秋兵，自备粮食，沿途秋毫无犯。但令狐彰有个缺点，就是本性猜忌，有人稍微冒犯了他，他往往不问青红皂白，就是一通痛打。（按：为了抵御吐蕃的入侵，代宗重建了边防军，主要由当地镇兵、神策军镇兵和防秋兵组成，为了弥补中央兵力的不足，代宗创设了防秋兵制度，由于吐蕃人经常在秋季入侵，故号称防秋兵，要求各地节度使每年向关中地区派出一定数量的军队协防。）

四一六 大历初年（六）

大历三年，颍州刚出事，濠州（今安徽省凤阳县）又出事了。

平卢司马许杲率领三千人马进驻濠州，原因大约是防备颍州兵变会波及江南，然而，在颍州兵变妥善处理完毕之后，许杲等人赖在濠州不走了，淮南（今江苏省扬州市）节度使崔圆命令副使张万福担任濠州刺史。许杲听说后，遂率部而去，但他并没有北归，而是南下停留在了当涂（今安徽省当涂县）。唐代宗任命张万福为和州（今安徽省和县）刺史、行营防御使，讨伐许杲。张万福率部来到和县之后，许杲害怕了，就领兵逃到了上元（今江苏省淮安市南京区），而后又北上来到楚州（今江苏省淮安市），大肆劫掠一番，新任淮南节度使韦元甫命张万福前去追击，张万福领兵还未行至淮阴（今江苏省淮安市淮阴区），许杲就被其部下康自劝驱逐。康自劝率军沿着淮河继续往东一路杀来，沿途烧杀抢掠，张万福倍道兼行，将康自劝的乱兵几乎全部杀死，仅有十之二三生还。韦元甫打算重重赏赐将士们，张万福却推辞道："士兵们经常无所事事，浪费粮食，如今刚立下小小战功，不宜过度赏赐，只需用三分之一的财物赏赐即可。"

大历四年，地方上发生的事主要是代宗对逃到夔州的杨子琳予以承认，前面已经说过，不再赘述；到了九月，新任河东节度使的王缙（大历三年，原任河东节度使辛云京去世）又诛杀了不听命令的大将王无纵和张奉璋等人。河东兵马使王无纵和张奉璋等人都是在平定史朝义中立下过大功的将领，他们自恃有功，以王缙是个书生，不把他放在眼里，经常违犯军纪。王缙受命发兵前往盐州（今陕西省定边县）防秋，遂派遣王无纵和张奉璋率领三千步骑前去，但张奉璋逗留不行，王无纵则擅自进入太原城内，王缙借此将二人处死，一并处死其七名同党，那些凶悍的将领几乎全部铲除，河东镇也恢复了平静。

大历五年四月，湖南兵马使臧玠杀死了湖南（今湖南省长沙市）观察使崔瓘，已升任为澧州（今湖南省澧县）刺史的杨子琳率军讨伐，臧玠送给杨子琳很多财物，杨子琳遂撤军了。同月，代宗任命左羽林大将军辛京杲为湖南观察使。辛京杲是原河东节度使辛云京的从弟，出身朔方军，后随李光弼出井陉，在嘉山之战中立下大功。唐肃宗召见后，认为辛京杲是黥布、彭越、关羽、张飞之类的猛将，召为英武军使；代宗即位后，被封为肃国公，晋升为左金吾卫大将军，晋爵晋昌郡王。

大历初年，在对外政策方面，代宗一方面积极应对吐蕃；另一方面则委曲求全，极力保持与回纥的友好关系。仆固怀恩死后，代宗一直没有将其定为叛臣，还把他的幼女养在宫中，当作自己的养女。回纥登里可汗请求再把这位仆固氏娶为可敦，大历四年五月，代宗册封仆固氏为崇徽公主，将其隆重地嫁给登里可汗，并派兵部侍郎李涵护送公主前去，李涵奏请以祠部郎中董晋为判官随行。六月，崇徽公主辞行，来到回纥汗国。回纥可汗命人数落唐朝使者说："唐朝约定与我们互市，我们的马匹送给了你们，但你们给我们的布帛不足，我将派人自己去取！"李涵听了，不知如何应对，看董晋。董晋回答："我们不是没有马匹才买你们的，本身对你们的恩赐已经够多的了。每年你们的马匹都会送来，不论马匹是好是坏，我们都如数付钱。边将们一再请求我们皇帝向你们抗议，但皇帝念及你们的功劳，下诏不和你们计较。各族部落因为你们与我大国结好，才不敢与你们抗衡，你们父子安宁、马匹繁衍，这不是我们给你们带来的又是谁呢？"于是，回纥人都向董晋下拜，又向南方叩拜，称："我们对贵国不敢怀有二心！"此为董晋部下韩愈记载，难免有所夸张。李涵，李唐宗室；董晋后在唐德宗时官至宰相。

从大历六年到大历十二年，代宗朝廷上的重臣分别是如下。

大历六年：司徒郭子仪，司空田承嗣，同平章事元载、王缙，转运常平盐铁诸使刘晏，户部侍郎判度支使韩滉，神策军使王驾鹤。

大历七年：李怀瑗杀卢龙节度使朱希彩，朱泚为留后。朝廷重臣同上。

大历八年：循州刺史哥舒晃反。司空田承嗣晋升为太尉，其他同上。

大历九年：同上。

大历十年：一月，昭义兵马使裴志清驱逐留后薛萼，率众归顺田承嗣，田承嗣趁机袭取相州；九月，吐蕃入侵；十一月，路嗣恭攻克广州，哥舒晃被杀。同上。

大历十一年：一月，汴宋都虞候李灵曜反，七月，田承嗣进攻滑州，十月，李灵曜兵败被杀。同上。

大历十二年：三月，赦免田承嗣。诛杀元载，贬王缙。同平章事：杨绾（四月命中书侍郎、七月死）、常衮（四月命门下侍郎）。

韩滉，字太冲，玄宗时期的宰相韩休之子，好学多才。至德初年，被青齐节度使征辟为判官，后历任祠部、考功、吏部三员外郎。大历中，又调任吏部郎中、给事中，逐渐晋升为尚书右丞、知兵部选，六年改为户部侍郎、判度支。韩滉公正廉明，清慎勤俭，严于执法，大历五年以后，吐蕃入侵的次数减少，加上连年丰收，在韩滉的精心领导下，唐朝国库逐渐充裕起来。韩滉非常勤俭，一心奉公，自己住的地方非常简陋，所穿衣服十年才一换，从入仕之初到后来位居卿相，四十年间只骑过五匹马。然而，他性格严肃，稍显刻薄，对下属过于明察，对后生态度傲慢，也难免在朝中结党。韩滉还是著名的画家，传世的名作有《五牛图》《田家风俗图》《田家移居图》等。他的弟弟韩洄官至兵部侍郎，长子韩群官至礼部员外郎，次子韩皋官至尚书左仆射；孙子和曾孙辈也都在朝中当官，其曾孙女韩氏后嫁给著名的书法家柳公绰为妻。

杨绾，字公权，华阴人。父祖都以儒学闻名。杨绾自幼聪慧，好学不倦，博通经史，尤善文辞。天宝十三年，唐玄宗驾临勤政楼，亲自主持博通坟典、洞晓玄经、辞藻宏丽、军谋出众考试，当时被录取的仅有三人，而杨绾为第一，被破格任命为右拾遗。肃宗在灵武即位后，杨绾辗转来到行在，被拜为起居舍人、知制诰，后晋升为中书舍人，兼修国史，又被晋升为礼部侍郎。在任期间，他提出进士取士的弊端，经过公卿讨论，代宗采纳了由地方上保举孝廉与进士并行的办法。后杨绾又被晋升为吏部侍郎。元载当权，杨绾特立孤行，清贞自守，从未私下拜谒元载。元载见杨绾名气太大，表面上看似敬重，而内心很是忌惮。鱼朝恩被杀后，元载声称鱼朝恩主持太学，有污视听，遂奏请以杨绾为国子祭酒，看似让一个儒学大师到国子监镇台面，其实是把杨绾从重要岗位上拉下。

常衮，京兆人，天宝末年进士，历任太子正字、补阙、起居郎。宝应二年，选为翰林学士、考功员外郎中、知制诰，永泰元年，迁中书舍人。常衮的文章俊秀，与杨炎同为中书舍人，世称常杨。他性格狷介，不好交游，大历元年晋升为礼部侍郎。当时宦官刘忠翼、节度使马璘都权倾内外，各有子弟想到国子监上学，常衮在选用时并不看二人的脸色。

安史之乱后，唐朝朝廷多次征调岭南少数民族士兵前往中原平叛，他们隶属于南阳鲁炅之军，该部在叶县与叛军作战时大败，余众逃散。岭南各少数民族以此相号召，发动叛乱，岭南蛮族酋长梁崇牵自称平南十道大都统，占据容州（今广西壮族自治区北流市），与西原（今广西壮族自治区靖西市）蛮族张侯、夏永等人聚众攻克城池，前任容管经略使陈仁琇、李抗、侯令仪、耿慎惑、元结、长孙全绪等人要么寄居藤州（今广西壮族自治区藤县），要么寄居梧州（今广西壮族自治区梧州市）等地。

到大历六年（公元771年），新任经略使王翃来到滕州，他慷慨地说："我既然是容州刺史，岂能寄居在他处！"遂拿出家财招募军队，不出几个月，就斩杀了贼帅欧阳珪，而后，他又赶往广州，面见节度使李勉，请求发兵收复容州。李勉感到为难，王翃说："大人如果无暇出兵的话，只需发布公文给各州，号称已出兵一千人，凭借这个声势，也可成功。"李勉答应了。王翃遂与义州（今广西壮族自治区岑溪市）刺史陈仁璀、滕州刺史李晓庭等结盟平叛。王翃招募了三千人，击破数万叛军，又攻克容州，生擒梁崇牵，前前后后经过了一百余次战斗，终于收复了容州各地，又命令部将奔袭西原山蛮，收复了郁林（今广西壮族自治区玉林市）等州。

过去，番禺叛匪冯崇道、桂州（今广西壮族自治区桂林市）叛将朱济时均占据山险作乱，攻陷十余个州，唐军多次讨伐都未能成功。李勉派遣部将李观与王翃一起讨伐，将其全部斩杀，到大历六年三月，岭南叛乱全部平定了。李观，洛阳人，秋官员外郎李敬仁的侄孙，年少习武，沉默寡言，乾元中，曾投身郭子仪，受到郭子仪的赏识，被任命为坊州防遏使；广德初年，吐蕃入侵，李观在盩厔率领本乡子弟驻守在黑水以西，吐蕃人不敢入境；此后，杨慎微出任岭南节度使，举荐李观担任偏将，等徐浩、李勉继任岭南节度使，均对李观非常信任。

王翃的哥哥王翊，性格谦让温和，淡泊名利，代宗对他的评价是一位纯臣，官居刑部侍郎、御史中丞，史称："居宪司，虽不能举振纲条，然以谨重知名。"大历二年去世。

四一七 渐肃朝纲

《旧唐书·杨绾传》记载：“（元）载贪冒日甚，天下清议，亦归于绾，上深知之，以载久在枢衡，未即罢遣。”

但是，为了避免元载一枝独大，相权威胁到皇权，唐代宗还是在积极努力，在把李泌保护起来的同时，又在物色清正廉明的人以期来移风易俗，整肃朝纲。据《册府元龟》记载：“帝思得正人以己腹心，渐收载权，以肃朝政。”当时正巧御史大夫敬括去世了，唐代宗就想到了两个合适的人选：一个是前宰相张嘉贞的儿子张延赏时任东都留守；另外一个是时任浙西都团练观察使的李栖筠。

张延赏，本名张宝符，开元末年，唐玄宗召见，被赐名延赏，系“赏延于世”之义，特意授予其为左司御率府兵曹参军。张延赏博览群书，通达政务，侍中苗晋卿对他十分赏识，遂把女儿嫁给了他。肃宗在凤翔时，拜其为监察御史，后转为殿中侍御史。关内节度使王思礼征辟为从事，王思礼镇守河东时，又委任其为太原少尹兼行军司马、北都副留守。唐代宗幸陕时，拜其为给事中，转御史中丞、中书舍人。大历二年，拜为河南尹，充诸道营田副使。张延赏在洛阳期间，劝课农桑，成绩斐然，后代宗任命其为知东都留守。

李栖筠，字贞一，其父李载，为燕代豪杰，经常臂上带鹰，跨马携妓打猎，旁若无人；李栖筠生子李吉甫，后任八年宰相，李吉甫生子李德裕，当了十年宰相。李栖筠举止庄重，沉默寡言，气宇轩昂，工书善文。起初在山中隐居，其族侄李华劝他入仕，遂中进士，后担任安西节度使封常清的判官，又晋升为行军司马。唐肃宗灵武即位后，调派安西军队入朝，李栖筠率领七千安西精锐部队长途跋涉返回中原，被唐肃宗提拔为殿中侍御史。李岘为相时，李栖筠连升三级，被晋升为吏部员外郎，又升为山南防御观察使。李岘罢相后，李栖筠受到牵连而被贬为河南令。李光弼驻守河阳时，引为行军司马，兼粮料使，后历任绛州刺史、给事中。杨绾提出改革进士考试办法时，李栖筠和贾至等人都表示支持，后调任工部侍郎。关中灌溉主要依赖郑、白二渠，朝廷重臣、贵族往往堵塞水渠，利用水利搞了上百所磨坊，百姓无法使用渠水灌溉，李栖筠上奏请求将这些磨坊全部捣毁，朝廷每年可得租税两百万，百姓生活也会好转。李栖筠在朝中的声望越来越高，引起了元载的猜忌，被外调为常州刺史，他在常州治理得很好，被加授银青光禄大夫。平卢行军司马许杲企图割据江南时，代宗不愿江南再起兵戈，任命李栖筠为浙西都团练观察使，命其妥善应对。李栖筠做好军事准备，又派人携带酒肉犒赏许杲的军队，许杲遂北渡长江，回到淮河地区，最终被唐军击溃，李栖筠因功被加授兼御史大夫。

大历六年就发生了成都司录李少良上书告发元载贪污一案。李少良过去曾在节度使幕府任职，后晋升为殿中侍御史，罢官后，就待在京师，出入于权贵之门。李少良胆敢告发元载，肯定受人指使，这也许是代宗自导自演的一出意欲置元载于死地的闹剧。接到李少良的上书后，代宗将他留在宫内的礼宾馆居住，期间，他的朋友韦颂前来探望，李少良却泄露了宫内之言。韦颂又把这些话告诉了殿中侍御史陆珽，韦颂和陆珽都与元家子弟私交很深，这事最终就传到了元载的耳朵里。元载秘密把陆珽召来询问，陆珽一五一十地将他听到的情况都告诉了元载。元载趁面见代宗时，称李少良狂妄，污蔑大臣，当面将了代宗一军，这让代宗勃然大怒，下诏命御史台审理此案。

此时，御史大夫空缺，张延赏先入京，代宗就任命其为御史大夫审理此案。可是，元载等人也已提前给张延赏打了招呼，张延赏顿时感到事情棘手，谁都不敢得罪，遂称病不敢审理。当时朝廷中的要害部门已被元载一党把持，代宗本来对张延赏寄予厚望，谁知此人却明哲保身，这让代宗非常失望。在元载一党的把持下，李少良一案的审理结果可想而知：御史上奏李少良、韦颂居心叵测，朋党比周，泄露宫中之语，意欲离间君臣，应予处死。代宗对依附元载的陆珽更为恼火，专门下诏陆珽与李少良、韦颂同罪，五月二十三日，交付京兆尹（此时为代宗所控制）用棍棒打死。

七月二十二日，元载上书请求：“凡是皇上指令任用的六品以下文武官员，吏部和兵部不再按照旧例予以审核。”唐代宗予以批准。元载的这一上书是代宗削弱相权的举措之一，也可以视为在李少良一案中暂时得胜的元载给代宗的让步和自我贬抑的姿态，然而，心存不满的唐代宗并没有轻易放手。八月二十三日，代宗直接下诏晋升李栖筠为御史大夫，而将张延赏调出京城，改任为扬州刺史、淮南节度观察等使。这一重大人事调整，代宗事先根本未与元载商量，朝中无人知道，元载收敛了一些。《册府元龟》称："自此朝纲益振，百官肃然，中朝选用，帝皆密访于栖筠，栖筠尽心，知无不为，四五年间，载充位而已。"说元载此后仅仅"充位而已"，似乎也有点夸张，但比较下来，元载当这十几年宰相远不如玄宗时期的李林甫那样专权，究其原因就在于：李林甫当宰相时，正处于大唐盛世，皇权稳固，唐玄宗对李林甫是完全信任，而此时则是乱世，各种社会矛盾交织，皇权不稳，唐代宗对元载不很信任，元载本人又不自律，与内侍董秀勾结，以中书主书卓英倩、李待荣为爪牙，天下官爵，大者出自元载，小者出自卓英倩和李待荣。元载的妻子王氏又刚愎自专，子弟骄纵不法，奢侈无度。

唐代宗在把低级官吏的任命权收归自己之后，就开始部署清除元载在朝中的重要党羽了，大历八年，他终于找到了一个突破口。吏部侍郎徐浩、薛邕、京兆尹杜济都是元载、王缙一党。（按：据《元载传》：元载"与王缙同列，缙方务聚财，遂睦于载，二人相得甚欢，日益纵横"。）徐浩，字季海，以明经及第，文章为张说所器重，被授予鲁山主簿，后又晋升为右拾遗，历任监察御史、京兆司录、河阳令、宪部郎中（二十四司郎中为主官、员外郎为副职）、襄阳太守等职，唐肃宗即位后，召为中书舍人，后为国子祭酒、庐州长史。代宗即位后，召为中书舍人、集贤殿学士、工部侍郎、岭南节度观察使、吏部侍郎。徐浩是唐代著名的书法家，传世作品有《不空和尚碑》等。薛邕，开元进士，历任左补阙、右补阙兼礼部员外郎，礼部侍郎、大历五年晋升为吏部侍郎。徐浩和薛邕虽然都很有才，但他们与元载一样也都十分贪财。史称："初，浩以文雅称；及授广州，典选部，多积货财，又嬖其妾侯莫陈氏，颇干政事，为时论所贬。"杜济史书无传，其墓志系颜真卿所写，根据该墓志称，其为京兆杜陵人，字应物。

徐浩的爱妾侯莫陈氏的弟弟侯莫陈忩担任美原县尉，徐浩拜托京兆尹杜济虚报侯莫陈忩"主管驿马站，成绩突出，需要提拔"，又给薛邕打招呼拟任其为长安县尉。侯莫陈忩到任后，拜见御史大夫李栖筠，李栖筠详细盘问其工作情况，侯莫陈忩经不起这番盘查，吓得面无土色，只好据实说出了自己这次提拔是徐浩、杜济和薛邕从中斡旋的结果，并非真的工作突出。李栖筠还调查出了在徐浩从岭南节度使调回中央时，曾送给元载数十万奇珍异宝，李栖筠遂将元载等人一并予以弹劾。唐代宗命令礼部侍郎于邵等人审理此案，于邵审理后上奏称薛邕之罪发生在大赦之前，不该予以处罚，唐代宗听后不禁勃然大怒。当时正巧遇到月食，唐代宗问李栖筠是怎么回事，李栖筠趁机回答："月食预示着要陛下施行刑罚，如今徇私舞弊之人尚未受到追究，上天是否以此来警示陛下呢？"大历八年（公元773年）五月十一日，唐代宗下诏将徐浩贬为明州别驾，薛邕贬为歙州刺史；次日，又将杜济贬为杭州刺史，于邵贬为桂州长史。于邵，字相门，曾祖于筠，曾任户部尚书，于邵天宝末年进士及第，文章极好，被授予崇文馆校书郎，后历任起居郎、比部郎中、道州刺史、兵部郎中，后被西川节度使崔宁留任为支度副使，后入朝又拜为谏议大夫、知制诰、礼部侍郎、史馆修撰、三司使。于邵人品很好，又善于识人，他曾经见樊泽，就赞叹道："将相之才也！"见崔元翰，说："不出十五年，必掌诏令。"均如其言。

唐代宗把李栖筠抬出来与元载抗衡，在用人方面经常暗中征求李栖筠的意见，他也曾想把李栖筠拜为宰相，但权衡再三还是不愿过分刺激元载而作罢。李栖筠给唐代宗卖力，当然也有自己的想法，如今看到代宗只是把自己当作一个可有可无的工具，内心既担心元载集团的报复，又对代宗非常失望，过了几年，他就去世了。大约到大历十一年，代宗又提拔宗室、浙西观察使李涵为御史大夫，但李涵和光同尘，不愿与元载集团对立，致使元载等人的压力顿减。

四一八 再起兵戈

从大历五年以来，吐蕃和回纥对唐朝的关系又产生了新的动向。

大历三年泾原镇的建立，增加了唐军对关中地区的防御纵深，并与灵武、邠州等地构筑起相互支撑的防御体系，极大地改变了唐军对吐蕃的斗争形势。吐蕃要想进攻灵武，唐军不仅可以有效地予以增援，还能威胁到吐蕃军队的侧翼和后方基地，到大历五年五月，唐朝朝廷又将当（今四川省松潘县西北）、悉（今四川省茂县）、柘（今四川省松潘县）、静（今四川省旺苍县）、恭（今四川省松潘县一带）五州治所在迁移到山陵要害之地，这样一来，吐蕃人对关中地区的威胁也大大减小了。

大历六年二月，河西、陇右、山南西道副元帅兼泽潞、山南西道节度使李抱玉上书称："我所统领的军队一向都是由我亲自训练。如今北起黄河、陇山，南到扶州（今四川省九寨沟县）、文州（今甘肃省文县），在长达两千余里的战线上，由我独自抵御实在是非常困难。如果吐蕃人兵分两路一起发起进攻，臣率军防御北面的汧水、陇山的话，就无力再去救援梁州（今陕西省汉中市）和岷州（今甘肃省岷县）；敌人如果进攻扶州和文县，就会从南部威胁到关中，我首尾不能兼顾，请求陛下另行委派能臣，担任山南方向的军政首脑，这样一来，臣就可以专心应对陇山一线的敌人了。"唐代宗同意了。说到底，李抱玉还是不愿迁往汉中地区，因为那不仅会引起士兵们的极大不满，而且远离京畿之地后勤保障方面自然要困难得多。

四月吐蕃请和，代宗派遣兼御史大夫吴损出使吐蕃，然而，到了九月，吐蕃又背信弃义，再次出兵青石岭（今甘肃省镇原县西南），进驻那城（今宁夏回族自治区固原市东南）。郭子仪派人前去说服，第二天，吐蕃军队即行撤去。大历七年四月，吐蕃五千骑兵再次来到灵州附近，但又不战而退。

经过两年的试探，到大历八年八月，吐蕃人改变了主攻灵武的策略，他们再派六万骑兵来到灵州，将秋庄稼毁坏之后离去，虚晃一枪后即转兵南下，组织十万大军朝泾州、邠州杀来。郭子仪派遣朔方兵马使浑瑊率领五千步骑前去迎战，十月十八日，两军在宜禄（今陕西省长武县）会战。浑瑊登上宜禄以北的黄萯原眺望敌军，命令部队扼守险要，布置拒马，防备敌人骑兵的突击。老将史抗、温儒雅等人都瞧不起浑瑊，拒不执行他的命令（郭子仪军备废弛依然）。等到浑瑊下令二人发起进攻时，二人却已喝得烂醉，看见拒马，还说道："野外作战，要这玩意干什么！"命人把拒马撤掉。指挥骑兵冲向敌阵，却无法突破，只好折返。敌人趁机追杀，唐军大败，几乎全军覆没，只有十之一二侥幸生还，吐蕃人趁机掳掠了宜禄一千多名百姓。

二十二日，马璘在盐仓（今甘肃省泾川县以北）与吐蕃人再次交手，但也被敌人击败。马璘被困在敌后，直到天黑还没有还营，泾原兵马使焦令谌等人率领残兵败将夺门而入。有人劝说都虞候段秀实登上城墙固守，段秀实说道："主帅生死不明，当奋勇杀敌，向前奋战，岂能贪生怕死、保全自己性命？"遂把焦令谌等人召来斥责道："军法：'军中丧失了主将，部下都要被处死。'你们忘记这一条了吗？"焦令谌等人惶恐拜伏于地。段秀实将城内守军集中起来，全部出动，在城外东原上摆下阵势，一边搜罗逃回来的败兵，一边做出要与敌死战的姿态。吐蕃人被唐军的气势吓倒，遂稍稍后撤。天黑以后，马璘才得以安全返回。

两战皆败，郭子仪召开军事检讨会，他对大家说："战败的责任全在我一人，不在众将。我朔方军兵强马壮，名闻天下，如今却被敌人击败，你们说该如何报仇雪耻？"众将无人出声。浑瑊说道："我身为败军之将，原本没有资格插话。请求让我说一说今日之事再惩处我，再给我一次机会。"郭子仪赦免了他的罪过，命其率军赶赴朝那（今宁夏回族自治区固原市南）。当时，吐蕃人已经击破了唐军边防部队，打算劫掠汧水、陇山一线。盐州（今甘肃省清水县东）刺史李国臣说："敌人乘胜一定会深入关中，进犯京畿，我率部切断他们的后路，他们一定会撤回的。"遂率军来到秦原（今甘肃省清水县东），擂响战鼓，整军西去。吐蕃人已经进抵百城（今甘肃省灵台县西），却发现唐军的一支部队竟然向西准备抄自家的后路，遂不敢继续东进，西撤的敌军正好遇上浑瑊的部队，浑瑊在交通要道上截击，将吐蕃人掳掠的战利品全部夺下；马璘也派出精锐部队在潘原（今甘肃省平凉市东）袭击敌人的辎重，杀死数千敌人，吐蕃军队遂狼狈而去。

大历八年吐蕃人的这一次大规模进攻，一改过去企图拔掉灵武这一据点的做法，而是以重兵在灵武城外耀武扬威之后，就以主力直扑朔方军的老巢邠州，其目的就是：先令灵武守军不敢南下增援，再入侵关中。暴露出唐军移镇之后的一些弱点：一是泾州无险可守。虽然移镇泾州之后，唐军增大了防御纵深，但由于泾州无险可守，无法起到应有的作用，此次敌人顺利越过泾州就是一个明显的例证。二是边防军兵力已严重不足。唐军移镇本来是为了更好地增援灵武，但由于兵力不足，当吐蕃军队置灵武于不顾，直扑关中时，灵武守军也不敢援救，而各镇兵力分散，无法大量歼灭敌人，只能被动防守。

战后，宰相元载向代宗建议：“四镇、北庭之军移镇泾川之后，无险可守。陇山险峻，南接秦岭，北抵黄河，如今，我国西部边境直到潘原（今甘肃省平凉市东），吐蕃则驻扎在摧沙堡（今宁夏回族自治区固原市西北），而原州（今宁夏回族自治区固原市）则正处于二者中间位置，正对着陇山山口。原州以西的土地都是我国原来的牧马场，水草丰美，而平凉就在原州以东，土地肥沃，只需开垦一个县的耕地，就足以供应守军的军粮了，昔日的城墙堡垒仍然存在，而吐蕃人却没有加以利用，也没有驻扎。每年盛夏，吐蕃人都在青海一带游牧，距离这里非常遥远，如果趁机发兵修筑，只需二十天即可构筑完毕。把马璘的军队移镇原州，再把郭子仪移镇泾州，作为边防军的大本营，然后分兵扼守石门（今宁夏回族自治区固原市西北）、木峡（今宁夏回族自治区固原市西南），逐渐打开陇右的通道，一直朝安西推进，夺取吐蕃人的心腹地带，这样一来，我们就可以高枕无忧了。”

元载的计划当然好了，但是，理论上可行并不等于实际上可行。也许是郭子仪听说了元载的这一计划，他匆匆入朝面见代宗，上言：“朔方镇是国家的北方门户，二十年来战士消耗非常严重，现存不过过去的十分之一。如今，吐蕃已全据黄河、陇右之地，兼并了羌族、浑族部落，势力要强过我们十倍。希望陛下能够下令各道各自派遣精兵，组织起一支四五万人的军队，如此才是必胜之道啊！”时年已七十七岁的郭子仪与代宗谈及边事，说到动情处，竟然伤心得涕泗横流。退下后，郭子仪又上书代宗，说道：“朔方，国之北门，西御犬戎，北虞猃狁，五城相去三千余里。开元、天宝中，战士十万，战马三万，才敌一隅。自先皇帝龙飞灵武，战士从陛下收复两京，东西南北，曾无宁岁。中年以仆固之役，又经耗散，人亡三分之二，比于天宝中有十分之一。今吐蕃充斥，势强十倍，兼河、陇之地，杂羌、浑之众，每岁来窥近郊。以朔方减十倍之军，当吐蕃加十倍之骑，欲求制胜，岂易为力！入近内地，称四节度，每将盈万，每贼兼乘数四。臣所统将士，不当贼四分之一，所有征马，不当贼百分之二，诚合固守，不宜与战。又得马璘牒，贼拟涉渭而南。臣若坚壁，恐犯畿甸；若过畿内，则国人大恐，诸道易摇。外有吐蕃之强，中有易摇之众，外畏内惧，将何以安？臣伏以陛下横制胜之术，力非不足，但虑简练未精，进退未一，时淹师老，地阔势分。愿陛下更询谠议，慎择名将，俾之统军，于诸道各抽精卒，成四五万，则制胜之道必矣，未可失时。臣又料河南、河北、山南、江淮小镇数千，大镇数万，空耗月饩，曾不习战。臣请抽赴关中，教之战阵，则军声益振，攻守必全，亦长久之计也。臣猥蒙任遇，垂二十年，今齿发已衰，愿避贤路，止足不诫，神明所鉴。”郭子仪的意思很明确，你再听元载的话让我朔方军移镇到更远的地方，我就撂挑子不干了！代宗只好好言劝慰。

兵民是胜利之本。一强制百慧，没有强大的军队和充足的后勤保障，再好的策略也是空谈。抵御吐蕃的主力是长期与敌人交战的四镇、北庭军队和朔方军，各道派来的防秋兵数量非常有限，虽然唐军单兵作战能力、战略战术、武器装备等都要高于吐蕃人，然而作为长期与敌人激战的朔方等军的兵员消耗非常惊人，军队又不能得到及时的补充，这才是唐军在与吐蕃人交手中一直处于被动态势的根本原因，在这种情况下，再将四镇、北庭军队和朔方军移镇至原州等地，就算不会发生兵变，也不一定能抵挡住吐蕃人的猛烈反扑，同时，将边防军部署得过于前突，京畿防守又会陷于空虚，势难两全。这也是代宗迟迟不敢下决心的原因。正巧，汴宋节度使田神功率领一千五百名防秋兵入朝，唐代宗就此征求他的意见。田神功也许是出于对元载的偏见，对代宗说道：“行军打仗，就连长期打仗的老将都会感到为难，陛下为何要轻信一个书生之言，把一国之军都交给他指挥呢？”代宗听了，就搁置了元载的计划。

战后，代宗主动派遣谏议大夫吴损出使吐蕃求和，但吐蕃人把吴损扣留起来，后吴损就死在了吐蕃。

四一九 纷纭世事

吐蕃人贼心不死，回纥人也蠢蠢欲动。

为了避免两线作战，唐代宗一直委曲求全，努力结好回纥人。大历四年把仆固怀恩的小女嫁给登里可汗时，朝廷财政非常困难，只好借用朝廷群臣的骡子、骆驼随行。在这种情况下，代宗还拿出两万匹丝绸作为陪嫁送给了回纥人，而回纥人自恃有功，留在长安的使者骄横不法，肆意妄为，双方之间的小摩擦一直不断。

大历七年一月，回纥使者擅自从下榻的鸿胪寺出来，掳掠民间女子，长安治安官吏上前制止，回纥人反而打伤了官吏。继而，他们又组织起三百人骑马直冲皇宫的金光门和朱雀门，试图冲入宫内。当天，皇宫只好紧闭宫门，代宗派遣宦官刘清潭前去安抚，回纥人这才作罢。数月之后，到了七月，回纥人再次擅自跑出鸿胪寺，闯入长安市场强买强卖，把长安县令邵说赶到含光门街，抢去邵说的坐骑，邵说改乘其他马匹逃去，无人敢管。邵说是安阳人，进士出身，曾任史思明判官，安史之乱后，他参与叛军，负责军事。史朝义失败后，他向郭子仪投降，郭子仪爱其才，就把他留在了自己的幕府。邵说的确很有才干，后来历任秘书少监、吏部侍郎、太子詹事等职。

回纥与唐朝之间的分歧在于买卖马匹问题。自从乾元年间（公元758年）以来，回纥人每年都请求与唐朝做生意，用他们的马匹来换取唐朝的丝织等日用品。每一匹马要换四十匹绢，而动不动他们都送来数万匹马，并且这些马匹很多是老弱瘦小的，根本无法使用，朝廷对此非常苦恼：全要吧，没用处，且耗费太大；不要吧，又要得罪回纥人，况且回纥人也会说长途跋涉已经送来了，还要带回？反正理由总是有的。唐朝常常不能全部购买，这就是双方产生矛盾的原因，到大历八年，当吐蕃与唐朝之间的关系又紧张起来时，唐代宗为了取悦回纥人，答应把送来的马匹全部买下。七月，回纥使者告辞北去，用了一千多辆大车才装满了唐朝赏赐的物品和换回的丝绸。然而，这一批使者前脚刚走，第二批又来到了长安，同月，回纥使者赤心带了一万匹马来到长安，请求互市。有关部门称他这次带的马太多了，请求只购买一千匹。郭子仪认为这样一来会太伤回纥人的感情，请求拿出自己一年的俸禄替国家购买，代宗没有同意，最后，代宗下令购买六千匹。

到大历九年九月，回纥使者又在白天从鸿胪寺出来，杀死一人，有关部门将其人逮捕后，代宗下令将其释放。次年九月，回纥人再次在白天将一名百姓肚子刺破，流出肠子。京兆尹黎干下令将其逮捕，送往万年监狱，其首领赤心率众冲入监狱，打伤狱卒，劫出此人，唐代宗亦不敢追究。回纥人的暴行让长安百姓苦不堪言。

这几年来，虽然回纥人非常跋扈，但毕竟双方之间没有发生战争，这让唐朝得以专力对付吐蕃，在一定程度上改善了唐朝恶劣的外部环境，关中地区得以喘息。地方上，这些年来也发生了一些变化。

大历六年四月，已升任澧州刺史的杨子琳入朝，向代宗表示效忠，代宗对他很是优待，赐名杨猷。次年十月，已经当了四年卢龙节度使的朱希彩也被人赶下台来。朱希彩靠兵变杀了原任节度使李怀仙取而代之之后，对朝廷非常傲慢，对部下又十分残暴，惹得天怒人怨；孔目官李怀瑗趁机将其杀死。朱希彩被杀后，群龙无首，经略副使朱泚率部驻扎在城北，他的弟弟朱滔统领着侍卫亲兵，偷偷让百余人当众呼吁："这个节度使非朱副使不可！"大家一致同意。朱泚遂暂时代理留后，派人向朝廷禀报。十月二十四日，朝廷任命朱泚为检校左常侍、幽州卢龙节度使。朱泚，幽州昌平人。父亲朱怀珪天宝初年为范阳节度使裴宽的衙前将、折冲将军。朱泚年幼从军，腰带十围，外貌宽和，内心残忍，轻财好施，深得人心。朱希彩为节度后，以朱泚兄弟是同族，对其非常信任。同年十二月，朝廷把原来设置于江陵地区的永平军迁至滑州。大历八年一月，昭义（今河南省安阳市）节度使、相州刺史薛嵩去世。薛嵩的儿子薛平时年十二岁，将士们胁迫他当主帅，薛平假装同意，随后又让他的叔父薛崿趁夜拉着父亲的灵柩逃回家乡。一月六日，唐代宗以薛崿为昭义节度留后。二月二十七日，永平节度使令狐彰也去世了。令狐彰虽说是安史降将，但他归顺后一直对朝廷忠心耿耿，临死前，他上奏称："昔日鱼朝恩击破史朝义，打算劫掠滑州，臣不同意，由此我们二人产生了隔阂。等到鱼朝恩被杀后，正巧臣卧病不起，因此未能入朝祝贺，这是臣一生愧对陛下的地方。臣如今肯定一病不起，永平的仓库已提前封好，牛羊也已清点造册，不论军中将士还是各级官吏都人心安定，等待朝廷的命令。臣观察吏部尚书刘晏、工部尚书李勉可以担当大事，希望陛下下令让其速速取代臣。臣已勒令臣的儿子令狐建等人返回东都家里。”令狐彰去世后，永平镇将士们打算拥立令狐建，但令狐建誓死不从，举家返回了洛阳。三月一日，唐代宗任命李勉为永平节度使。八月，新任幽州节度使朱泚派遣弟弟朱滔率领五千幽州精锐骑兵（一说两千五百名）奔赴泾州防秋。自安史之乱以来，幽州军队从未为朝廷所用，朱滔来到后，代宗大喜，赏赐给将士们很多财物。九月十日，循州（今广东省惠州市）刺史哥舒晃杀掉了岭南节度使吕崇贲，占领岭南造反。哥舒晃在遥远的岭南造反的消息传来时，正值吐蕃以十万大军改弦更张直扑关中、重创朔方军的时候，朝廷方面一方面对付眼前的危机；另一方面又任命江西观察使路嗣恭为岭南节度使，率军翻越五岭前去讨伐哥舒晃。《建中实录》记载：“自兵兴以来，诸军杀将帅而要君者多矣，皆因授其任而安之。其王师征讨，不失有罪，始斯役矣。”

《旧唐书·阳惠元传》中对唐代宗的藩镇政策提出批评，其上记载道：“初，大历中，两河平定，事多姑息。李正己有淄、青、齐、海、登、莱、沂、密、德、棣、曹、濮、徐、兖、郓十五州之地，养兵十万；李宝臣有恒、易、深、赵、沧、冀、定七州之地，有兵五万；田承嗣有魏、博、相、卫、洺、贝、澶七州之地，有兵五万；梁崇义有襄、邓、均、房、复、郢六州之地，其众两万。皆始因叛乱得侯，各擅土宇，虽泛禀朝旨，而威刑爵赏，生杀自专，盘根结固，相为表里。朝廷常示大信，不为拘限，缓之则嫌衅自作，急之则合谋。或闻诏旨将增一城，浚一池，必皆怨怒有辞，则为之罢役；而自于境内治兵缮垒以自固。凡历三朝，殆二十年，国家不敢兴拳石撮土之役。代宗性宽柔无怒，一切从之。凡河朔诸道健步奏计者，必获赐赉。”唐人杜牧也称代宗的藩镇政策是“守邦之术”，当为“永世之戒”。其实，说代宗宽柔无怒和懦弱，并称这一次对哥舒晃的讨伐是第一次讨伐叛乱，是不客观的，仔细考察当时的情况，代宗对于藩镇兵变或者叛乱，并非一味纵容，而曾经宽恕了部分节镇的变乱，也是不得已而为之。代宗即位之初就接连发生了吐蕃入京、仆固怀恩之乱，由于仆固怀恩之乱原因复杂，还涉及唐朝与回纥之间的关系，所以代宗从大局着眼，在仆固怀恩死后并没有将其视为叛臣，这也是一种高明的策略，并非一味纵容；接着，到永泰元年就发生益州崔旰之乱，崔旰虽然负有专杀之罪，但此人确实是一位战将，且是受郭英乂逼迫、诬陷，代宗起初也曾想对其予以讨伐，但经宰相杜鸿渐的举荐，不仅宽恕了他，而且宽恕了他的对立面杨子琳。大历二年，对于近在咫尺而又桀骜不驯的周智光，代宗则是果断予以清除。三年，当平卢司马许杲领兵威胁到江淮粮仓时，代宗亦是非常重视，反应迅速，很快就调兵遣将消除隐患，同年还果断处置了犯上的颍州刺史李岵。四年，在代宗的默许下，宰相王缙又诛杀了拒不听命的河东兵马使王无纵和张奉璋二人，稳定了河东镇。五年，在诛杀鱼朝恩的同时，湖南兵马使臧玠因军粮问题与判官达奚觏发生矛盾，以诛杀达奚觏为名，误杀了观察使崔瓘，代宗又派遣左羽林大将军辛京杲出任湖南观察使，安抚湖南政局。当时，两湖地区局势并不稳定：一是刚刚表示效忠朝廷的杨子琳还在澧州；二是荆南节度使韦伯玉拒不离职，给母亲守丧；三是湖南又发生了这一次兵变，所以，代宗才采取了姑息政策，答应韦伯玉继续留任，进一步安抚杨子琳；对臧玠未予深究，以免牵一发而动全身，引发两湖地区的动荡，这也是不得已的事。至于说到大历七年幽州发生朱希彩被杀事件，河朔四镇（一说是河朔三镇，把薛嵩的相州排除在外，这是因为，根据史料记载，大体上来说，薛嵩在被朝廷留任之后，“感恩奉职，数年间，管内粗理”，与其他三镇还是不同的）原本就不同于唐朝中央朝廷直接管辖的藩镇。代宗承认将士们拥立的朱泚，实际上不是退而是进，令朱泚对朝廷方面很是感激，在以后相当长的时间里，朱泚对唐朝朝廷是忠心耿耿的，次年，朱泚即派弟弟朱滔率领五千幽州精骑赶赴泾州防秋。同年，昭义节度使薛嵩和永平节度使令狐彰去世，代宗分别任命薛嵩弟弟薛崿为留后、李勉为节度使，因此，说讨伐哥舒晃是代宗对兵变将领第一次讨伐是错误的。显然，代宗在处置藩镇时的措施是多样的：一是对于河朔四镇，原则上认可他们自己推举的继任者，如幽州的朱泚、昭义的薛崿；二是对于边疆军镇，采取息事宁人的策略，以免给吐蕃以可乘之机，如剑南的崔旰；三是对于直接控制的军镇，则坚决清除异己分子，如同华的周智光、河东的王无纵；四是对于局势复杂地区的兵变或者不从朝命的节度使则予以姑息，如湖南的臧玠、荆南的韦伯玉等；五是对于局势稳定区域的兵变则予以围剿，如许杲和这一次的哥舒晃。

这一次讨伐哥舒晃的战争持续了两年，路嗣恭破格提拔被流放的孟瑶、敬冕担任大将，孟瑶率领大军从正面发起攻击，敬冕则率领一支奇兵从小路杀入敌人后方，到大历十年十一月，唐军攻入广州城内，杀掉了哥舒晃及其部众一万余人，平定了这场叛乱。

四二〇 内廷隐情

大历九年一月，来到京师防秋的汴宋节度使田神功因病去世，次月，他所率领的一千五百名汴宋防秋兵抢劫府库，自行溃散，逃归关东；代宗任命田神功的弟弟田神玉担任汴宋留后。三月，代宗以皇女永乐公主嫁给魏博节度使田承嗣的第三子田华为妻，代宗的本意是拉拢田承嗣。然而，适得其反，田承嗣不仅没有表示感激，反而更加傲慢。

有喜有忧，代宗嫁女固然是件喜事，但是凶事也随之而来，也就是在这一年，代宗最为宠爱的另外一个女儿华阳公主去世了。说到华阳公主，就不得不提及代宗复杂的后宫关系，这也不可避免地涉及皇太子李适和代宗父子之间微妙的关系。据《新唐书》记载，代宗一共有十八个女儿：灵仙公主（早死）、真定公主（早死）、永清公主（下嫁裴仿）、齐国昭懿公主（崔贵妃所生，始封升平，下嫁郭暧）、华阳公主（独孤氏所生）、玉清公主（早死）、嘉丰公主（下嫁高怡）、长林公主（下嫁卫尉少卿沈明）、太和公主（早死）、赵国庄懿公主（始封武清，贞元元年，徙封嘉诚，下嫁魏博节度使田绪）、玉虚公主（早死）、普宁公主（下嫁吴士广）、晋阳公主（下嫁太常少卿裴液）、义清公主（下嫁秘书少监柳杲）、寿昌公主（下嫁光禄少卿窦克良）、新都公主（贞元十二年下嫁田华）、西平公主（早死）、章宁公主（早死）。除去早死的，实际上是十一个女儿，在他的这十一个女儿中，比较出名的是嫁给郭暧的次女升平公主，而代宗最疼爱的则是第三女华阳公主，而如今嫁给田华的永乐公主，史书上并无记载，但一般认为她应是代宗的女儿，正史漏记。

代宗之疼爱华阳公主主要有两方面的原因：一是华阳公主的母亲是代宗最疼爱的独孤氏。代宗当广平王时的王妃是崔氏，生下了嫡女升平公主、嫡子李邈、李偲，当时，广平王李俶的父亲、时任太子，即后来的唐肃宗可能是出于巴结杨氏的目的，竟然将自己的孙子李偲过继给自己当儿子，即所谓的召王（当然，乱伦的说法在宋代以后才有，唐人不忌讳）。然而，安史之乱后，杨氏全家覆灭，作为杨氏外甥女的崔氏也受到牵连，由无限风光跌入万劫不复的深渊，被广平王疏远，继而，广平王就爱上了十分美丽的独孤氏，代宗即位后，独孤氏就被晋封为贵妃，爱屋及乌，代宗自然而然地十分宠爱她生下的儿女。二是华阳公主本人聪明过人，很会察言观色，她还非常善良，凡是代宗喜欢的人和事，华阳公主一定会趁势叹赏，代宗不喜欢的，她也会从中回护，因此，深得代宗的喜爱。然而，好人无好命，华阳公主一直身体不好，据《册府元龟帝王部·友爱·慈爱》卷四十七记载：因华阳公主有病，大历四年三月，代宗特许华阳公主出宫游玩散心，经长安东市，到资圣寺。代宗命宫中高级宫女和宦官以及六军将领一路陪送，当时城内百姓纷纷观看，到大历七年，华阳公主因病请求出家为女道士，号为琼华真人。但华阳公主的病情始终没有好转，到大历九年竟然一病不起。临终前，代宗亲自赶往道观探望，华阳公主痛苦之中竟将代宗的手指咬伤，代宗也不觉疼痛。华阳公主去世后，代宗非常伤心，数日躲在宫中，不上朝听政，最后还是在群臣的劝说下，才正常上朝。

同年，一直备受唐玄宗、唐肃宗、唐代宗祖孙三代尊奉的印度僧人不空也去世了，享年七十岁。不空与另外两名高僧善无畏和金刚智并称开元三大士，他十四岁那年随金刚智来到唐朝，在洛阳翻译佛经，后奉唐玄宗之命携带国书返回印度，他在印度又学习三年密宗，于天宝五载携带大量经书返回长安，安史之乱中，他秘密给唐肃宗传送叛军情报。唐肃宗收复长安以后，不空备受礼遇，一直翻译佛经，晚年曾命弟子在五台山修建了金阁寺和玉华寺。印度佛经分为小乘、大乘和密宗，在释迦牟尼佛在世时期，对咒语采取严禁的态度，但随着密宗的兴盛，咒语广泛出现，不空正处于密宗兴盛的时代，他也最终成为一代密宗大师，被认为是与善无畏和金刚智并称的密教始祖。不空去世后，被代宗追赠为开府仪同三司、司空，赐爵肃国公，谥号为大辨正广智不空三藏和尚。

《唐京兆大兴善寺不空传》记载：“帝赐紫罗衣并杂彩百匹、弟子衣七副，设千僧斋，以报功也。空进表，请造文殊阁，敕允奏。贵妃、韩王、华阳公主同成之。”《赠司空大辨正广智不空三藏行状》也记载：“冬，大师奏造文殊阁，圣上自为阁主，贵妃、韩王、华阳公主赞之，凡出正库财约三千万数，特为修崇。”这里的贵妃是指独孤贵妃，韩王是指独孤贵妃所生的儿子、华阳公主的同母兄弟李迥。这两则史料透露了大量信息：代宗信佛，对独孤贵妃母子的宠爱，不空的地位等。如前所述，代宗的嫔妃留传后世的主要有三人：一个是正妃崔氏，生下升平公主和郑王李邈、赵王李偲；另一个是独孤氏，生下韩王李迥和华阳公主；第三个沈氏，生下庶长子李适。虽然史书上称崔氏“初，妃挟母氏之势，性颇妒悍，及西京陷贼，母党皆诛，妃从王至灵武，恩顾渐薄，达京而薨”，但当时还是广平王的李俶对崔氏“恩顾渐薄”，不论是出于当时的舆论压力等外在情势，还是出于个人爱憎，我们已不得而知了。然而，从此以后，代宗一直没有再立皇后，耐人寻味，是代宗对崔氏旧情未了还是另有隐情呢？《旧唐书·代宗贞懿皇后独孤氏传》记载：“后（指独孤氏）以美丽入宫，嬖幸专房，故长秋虚位，诸姬罕所进御。”大历三年独孤氏被晋封为贵妃，成为不是皇后的皇后。代宗一生共有二十个儿子，其中身份特殊的只有三位：一位是后来成为唐德宗、现任皇太子的长子李适；另一位是嫡长子、次子郑王李邈；还有一位就是独孤贵妃生的韩王李迥。宝应元年，当代宗刚刚即位之后，就以长子李适为天下兵马元帅，而李邈、李迥同时封王，李邈封王既有年龄方面的因素，也有地位的因素，而李迥封王则属于越位，因为在他之前还有几个哥哥，完全是因为他是代宗的爱妃独孤氏所生。广德元年，平定史朝义后，李适也因功被图画凌烟阁，数月后，就有群臣屡屡上书代宗要求册立太子，而代宗却显得并不着急，在群臣三番五次的上书之后，他才无奈地下诏同意等到秋后再议。然而，到了下半年就发生了吐蕃入侵长安、代宗出逃陕州事件，此事拖到次年二月，代宗回京之后才立了李适。又经过了一年，到大历元年十二月，代宗又将天下兵马元帅一职给了郑王李邈。李适虽然在平定史朝义的叛乱中并没有深入河北，但他利用在军中期间也一定培植了一定的势力，此后，元载也担任过元帅行军司马，其与李适二人的关系是密切的，在随后李适当上太子一事中，元载当发挥了一定作用。也许代宗原本不急于册立太子，主要是给自己留有余地，这里有考虑爱妃独孤氏及其儿子韩王李迥的因素，也许还有顾及郑王李邈感受这一层。然而，急剧变化的政局让他迫于压力，尽可能消弭内部矛盾，尽管不十分情愿，但也只好让立了军功而又身为长子的李适登上了太子之位。

李适虽为长子，其母亲沈氏却只是其父李俶（代宗李豫）一个普通的妾，她在开元末年被选入东宫，由时任太子的李亨赏赐给了李豫，遂生下了李适。安史之乱发生后，李豫在随祖父唐玄宗、父亲李亨西逃时，并没有把沈氏带上，可见对其并不宠爱。沈氏就此落入叛军之手，被送到安禄山的洛阳后宫，至德二载年底李俶以广平王和天下兵马元帅的身份率军攻入了洛阳，又见到了沈氏，但他对沈氏很是漠视，并没有把她送回长安。一年多以后，到乾元二年年底，唐军邺城大败后，史思明再度夺回了洛阳，而沈氏此时仍然未被人带出险境，致使再度落入敌手，史书在本传中用了“俄而”一词（原文为：“及代宗破贼，收东都，见之，留于宫中，方经略北征，未暇迎归长安。俄而史思明再陷河洛。”），让人觉得沈氏从第一次得救到第二次落入敌手时间很短，目的是给读者造成李俶忙于军务，无暇送回沈氏的假象，其实在这期间近两年之久，正说明了沈氏及其儿子李适在李俶心中的位置。等到数年之后唐军再次收复洛阳、赶走史朝义时，沈氏却已下落不明了，对此，作为儿子的李适心情可想而知，他对父亲的所作所为心生不满。

四二一　吞并昭义

对于儿子李适的感受，精明的代宗不可能不知道。

如今，生米已经煮成了熟饭，就算一百个不情愿，毕竟李适已经被册立为太子，代宗就不能不做出一种姿态。在册立李适为太子之后，代宗就派人去寻访沈氏的下落，史称：“代宗遣使求访，十余年寂无所闻。”为什么会出现这种情况？永泰元年，也就是在太子被立次年，就有一位寿州崇善寺的尼姑自称是太子的母亲，经过核查，却是太子的乳母，代宗下令将其用皮鞭活活打死。

这位崇善寺的尼姑究竟是不是李适的生母？此事原本就非常蹊跷。究竟是不是沈氏，代宗李豫自己就分辨不出吗？要知道他在至德二载即公元757年还曾经在东都见到过沈氏，到永泰元年（公元765年）也仅仅过去八年，难道就不认识了？是他过于健忘抑或沈氏地位过于卑微？再者，为何不让太子李适前去辨认？为什么让别人——而一般来说这个别人大多是后宫女官或者宦官——去辨认呢？要知道，此时独孤氏早已控制了后宫，假如沈氏出现，对独孤氏将是一个灾难性的打击，也不是代宗愿意看到的结果。反过来说，假如崇善寺的尼姑不是太子的乳母，仅凭乳母身份也可换取富贵，她又何必要冒天大的风险去冒充太子的生母呢？最后，代宗对圣善寺的尼姑的处理也出人意料，是命人将其活活鞭打而死，这似乎是在向世人宣布一个信号：他不希望太子母亲出现！对比李适（后来的唐德宗）即位以后的做法则与其父皇完全相反，也令我们更能反观出代宗的心迹，史称，李适即位后，派人四处寻找母亲下落，“分命使臣，周行天下。明年二月，吉问至，群臣称贺，既而诈妄。自是诈称太后者数四，皆不之罪，终贞元之世无闻焉”。德宗是真找，代宗是假找。

不过，对于父皇的做法，李适又不好说什么，只能夹紧尾巴做人，耐心等待，等待着变数，而作为他父亲的代宗也在等待，然而，事与愿违，他等来的是爱女华阳公主的去世。而紧接着，就在华阳公主去世的次年，即大历十年（公元775年）十月六日，他最亲爱的人孤独贵妃也撒手人寰了！独孤氏的死对代宗的打击很大，他非常思念独孤氏，次日即追封其为贞懿皇后，在皇宫入殓后，迟迟不予下葬，独孤氏的灵柩就这样一直放在后宫，直到三年后的大历十三年十月才安葬。由于太子李适的存在，代宗在独孤氏生前一直没有晋封她为皇后，假如晋封独孤氏为皇后，那么他生下的儿子韩王李迥自然就成了嫡子，根据宗法制度，就该改立李迥为太子，这显然要引起轩然大波。国家已经面临内忧外患，朝廷实在是经不起这样的折腾了，而独孤氏的死也让韩王李迥失去了靠山和晋封为太子的合法理由，就算代宗再喜欢他，也没有借口废掉李适了，再加上原来的嫡子、郑王、天下兵马元帅李邈也已于大历八年去世了，李适的地位就此稳定了下来。

与日渐傲慢的魏博节度使田承嗣相反，新任卢龙节度使朱泚对朝廷却表现出极大的忠诚。继去年八月他派遣弟弟朱滔率军赶到泾川防秋之后，到大历九年六月，他更是派遣弟弟朱滔携带奏表入朝，表示愿意亲自率领五千步骑（一说三千）参加今年的防秋。朱滔去年从长安回来后，在哥哥朱泚面前把朝廷的好处说得是天花乱坠，令朱泚怦然心动，实际上，朱滔上演的是一出调虎离山之计，其真实用意是诱骗朱泚入京，自己则留在幽州，取而代之，朱泚不知是计，立即答应入京。当然，朱泚能够答应进京，还得益于两个人，一个是蔡廷玉；另一个是朱体微。蔡廷玉与朱泚是同乡和发小，关系很好。虽然如此，他却心向朝廷，多次劝说朱泚尊奉朝廷，为了暗中消耗幽州的实力，还劝说朱泚拿出大量钱财礼遇士大夫，并向朝廷进贡。他最先劝说朱泚入朝，幽州将士将他捆绑起来，百般羞辱，但他始终没有屈服。朱泚将他关押了近两年，问他："你悔过了吗？不然的话，就杀了你。"蔡廷玉回答："不杀我，你得名；杀了我，我得名。"朱泚最终放了他，待之如初。朱体微也是朱泚的心腹，二人一起奉劝朱泚："大人入朝为朝廷重臣，幽州留后一职非常关键，只能交给忠诚可靠之人。朱滔虽然是你的弟弟，但性格多变寡情，如果让他掌握了兵权，只能招致大祸。"但朱泚没有听从。

当时，正值元载提出让朔方军和泾原军再次移镇、郭子仪以军力不足不愿移镇、泾原节度使马璘借机要挟朝廷升官（马璘命部下向朝廷举荐晋升其为平章事，代宗最后同意任命其为尚书左仆射）之际，代宗接到朱泚的奏表自然很是高兴，当即就答应下来，并命人在京师给朱泚建造了一座豪华住宅。七月，朱泚率军踏上了入朝之路。行至蔚州（今河北省蔚县），朱泚得了病，众将建议返回，等到身体好转再走。朱泚说道：“假如我死在路上，抬也要把我的尸体抬到京城！”众将遂不敢再言。九月四日，朱泚到达长安，他是从安史之乱之后将近二十年，河北藩镇节度使来到长安的第一人，长安百姓竞相观看，围得人山人海。次日，代宗在延英殿设宴款待朱泚及其部将，赏赐给他们大量财物。其中，赏赐给朱泚御马两匹、战马十匹和很多金银绸缎；拿出十床财物、四十匹战马、两万匹绢、一千七百套衣服赏赐给将士们。八日，代宗命令郭子仪、李抱玉、马璘、朱泚分别统领各道赶来防秋的军队，其中，以郭子仪统领河阳、永平的防秋兵；李抱玉统领决胜军杨猷（杨子琳）的军队；马璘统领淮西、凤翔的军队；朱泚统领汴宋、淄青的军队。

虽然朱泚对朝廷表现出极大的忠心，然而河北局势暗流涌动，朝着不好的方向发展——这个幕后黑手就是魏博节度使田承嗣。

田承嗣早已觊觎昭义镇，薛嵩还活着时，就时常担心被田承嗣吞并。据《太平广记·豪侠三》记载，朝廷让薛嵩把女儿嫁给田承嗣的儿子，又让田承嗣把女儿嫁给了令狐彰的儿子，令昭义镇、魏博镇和汴宋镇三家联姻，以期维系这一地区的安定，然而，田承嗣并不买账，一直想吞并相州。田承嗣曾经得了肺病，病情日益严重，因此常说：“山东的天气比较凉快，我如果能驻守山东的话，还能多活几年。”就想吞并相州。薛嵩知道后非常担心，但无计可施，他的身边有一位名叫红线的聪慧婢女，此女不但善弹阮咸琴，还精通文墨，被薛嵩委任为内记室，当红线得知原委之后，就自告奋勇去魏博走一趟。薛嵩听后大惊，这才知道红线原来是一位身怀绝技的侠女。红线当即梳妆完毕，额上写下太乙真人名号，转眼就不见了踪影。一更前去，到三更，红线往返七百余里回来向薛嵩复命。她说，自己子夜前三刻来到魏博，绕过保护田承嗣内宅的三千护卫亲兵，深入田承嗣的寝室，把田承嗣枕边的金盒偷了出来。薛嵩遂给田承嗣写信称昨夜有位客人从魏郡来，从你的床头取来一个金盒，我不敢留下，特意送还。田承嗣一见大惊失色，给薛嵩复信道：“我的脑袋就在您的掌握之中，再也不敢有异心了。”事后，红线拜别而去。薛嵩设宴送别，当时，诗人冷朝阳也在薛嵩幕府，他写诗道：“采菱歌怨木兰舟，送别魂消百尺楼。还似洛妃乘雾去，碧天无际水长流。”薛嵩闻诗悲不自胜，红线也很是伤感，装醉离席，从此不知所终。清咸丰年间的版画家任渭长的《三十三剑客图》之十一就是画的红线。

薛嵩在世时，虽然暂时打消了田承嗣的野心，令昭义、魏博两镇相安无事，但田承嗣贼心不死，等到薛嵩去年去世、其弟薛崿被朝廷任命为留后以后，他就加快了拉拢昭义将士作乱的步伐，以期趁火打劫，夺取相州。大历十年（公元775年）一月三日，昭义兵马使裴志清率兵发动兵变，投靠田承嗣，将薛崿赶出了相州；田承嗣声称前去救援薛崿，率部奔袭相州，顺利将相州拿下。[①]薛崿仓皇逃往洺州（今河北省永年县），上书请求入朝，代宗表示同意。此时，身在朝廷的朱泚已经得知弟弟朱滔将幽州自己的亲信全部换成了他的人，自己已无家可归，只好顺水推舟，上书代宗请求就此留在长安，让弟弟朱滔担任幽州、卢龙留后，代宗也答应了下来。

田承嗣虽然占领了相州，但属于昭义镇的卫州刺史薛雄和洺州刺史薛坚都还是薛嵩一族，一月十四日，代宗派遣内侍孙知古前往魏州，命令田承嗣撤兵，但田承嗣拒不接受。十九日，田承嗣派遣大将卢子期领兵攻克了洺州，又派杨光朝前往进攻卫州。二十一日，西川节度使崔宁上奏称在西山击破数万吐蕃军队，斩首一万，俘虏数千；二十二日，代宗下诏："各道的士兵逃亡的，除非朝廷下令，不得自行招募补充。"

二月一日，田承嗣派人前往卫州劝说薛雄投降，但薛雄不从。田承嗣派人刺杀了薛雄，将其全家屠杀，夺取了相州（今河南省安阳市）、卫州（今河南省卫辉市）、洺州（今河北省邯郸市永年区）、磁州（今河北省磁县）四州之地，自己直接任命官员，将四州的精兵良马全部弄回魏州（今河北省大名县）。继而，他又逼迫孙知古与其一起巡视磁州和相州，让当地将士们割下耳朵、刺破脸面，恳请朝廷同意让田承嗣兼任昭义节度使。

① 《两唐书》则记载，薛崿想当昭义节度使，但代宗没有同意，而是任命华州刺史李承昭为昭义节度使，牙将裴志清将薛崿赶走，薛崿率众投靠了田承嗣。李承昭还未赶到相州，田承嗣又鼓动昭义将士发动兵变，他谎称前去救援，袭占了相州。

四二二 讨伐魏博

田承嗣对朝廷的藐视，让代宗决心大封诸王。

大历十年（公元775年）二月七日，代宗封第四子李述为睦王，兼任岭南节度、度支营田、五府经略观察处置等大使；第五子李逾为彬王，兼任渭北鄜坊节度大使；第六子李连为恩王；第七子韩王李迥加授汴宋等节度观察处置等大使；第八子李遘为鄜王；第九子李逎大历四年已封王；第十子李迅为随王；第十一子早死；第十二子李迦未封；第十三子李造封忻王，兼任昭义军节度观察大使；第十四子李暹为韶王；第十五子李运为嘉王；第十六子李遇为端王；第十七子李遹为循王，第十八子李通为恭王，第十九子李逵为原王，第二十子李逸为雅王。没有被任命为节度大使的第六子恩王李连、第八子鄜王李遘以及韶王李暹以下诸王都为开府仪同三司，然而并未出阁。

在代宗准备讨伐田承嗣时，河阳和陕州两地又接连发生了兵变。河阳三城使常休明为人苛刻，不得人心。河阳的防秋兵返回时，常休明出城犒劳，防秋兵与城内兵里应外合，发起兵变，常休明逃往洛阳。将士们推举兵马使王惟公为统帅，在城内大肆劫掠了数日才安定下来。代宗派遣监军冉庭兰前去安抚。到三月一日，陕州也发生了兵变，赶跑了兵马使赵令珍；观察使李国清无力制止，低声下气向将士们求情，才得以脱身而去。乱兵将仓库劫掠一空。正巧淮西节度使李忠臣（董秦）入朝，路过陕州，代宗命他负责处理此事。陕州军队惧怕李忠臣兵威，不敢抵抗。李忠臣用篱笆围了一块空地，下令只要士兵们把抢来的东西扔到篱笆之内，就不再予以追究，一天下来，李忠臣得到了上万串钱，全部拿来赏给了自己的士兵们。三月十二日，薛嵎和常休明赶回长安，向代宗谢罪，代宗下令不予追究。

田承嗣素来不把成德节度使李宝臣（张忠志）和淄青节度使李正己（李怀

玉）放在眼里，李宝臣的弟弟李宝正娶了田承嗣的女儿，在魏州与田承嗣的儿子田维打马球，马匹受惊，误将田维碰死；田承嗣大怒，把李宝正扣押起来，给李宝臣传话。李宝臣得知后，给田承嗣写信道歉，并送去一根木棒，让田承嗣自己教训一下弟弟。谁知田承嗣却把李宝正给活活打死了，从此李宝臣和田承嗣两家就结下了梁子。等到田承嗣吞并昭义镇之后，李宝臣和李正己均向代宗上书，请求讨伐田承嗣，代宗也想利用他们之间的矛盾先把田承嗣给除掉。于是，到了这一年的四月，代宗正式下诏将田承嗣贬为永州刺史，并命令河东、成德、幽州、淄青、淮西、永平、汴宋、河阳、泽潞九道同时发兵，前往魏博，假如田承嗣抗命，即行讨伐；只追究田承嗣及其侄儿田悦之罪，其余将士如果能够归降，一概既往不咎。

九镇之兵由北、南两个方向向魏博压来，北线唐军由河东节度使薛兼训与成德节度使李宝臣、幽州节度使朱滔的军队组成，南线唐军由淄青节度使李正己、淮西节度使李忠臣等道军队组成。在唐军的压力下，五月三日，田承嗣的部将霍荣国献出磁州（今河北省磁县）投降；五月十五日，南线李正己进攻德州（今山东省陵县），将其攻克；淮西节度使李忠臣则统领永平、河阳、怀州、泽州四万步骑向卫州（今河南省卫辉市）发起进攻。

田承嗣采取了先北后南的策略，派遣部将裴志清等人北上进攻冀州（今河北省衡水市冀州区），但裴志清等人率众向李宝臣投降了。六月十二日，田承嗣亲自率军包围了冀州，李宝臣命令高阳军使张孝忠率领四千精锐骑兵增援，李宝臣率领大军紧随其后；田承嗣见状不敢恋战，只好烧掉辎重撤去。见唐军从四面压来，部将纷纷反叛，田承嗣深感恐惧，八月，为了拖延时间，以待变故，诡计多端的他开始施放烟幕，派人上书代宗，谎称愿意丢下军镇回到朝廷。但到二十八日，他就派部将卢子期转兵南下，朝磁州杀来。

代宗用于讨伐田承嗣的主要是河北和中原军镇的军队，不敢调动西北边防军一兵一卒，这是因为，按照惯例，一到秋天，吐蕃军队就会前来骚扰。到了八月，朝廷也让郭子仪返回了驻地邠州。郭子仪曾经举荐一人当所属县的县官，朝廷却没有同意，幕僚们纷纷议论：“以令公的功业和德行，举荐一个县官朝廷竟不同意，宰相们真是不知大体！”郭子仪听说后，对大家说：“自从天下大乱以来，方镇武将们大多专横跋扈，凡是有所求的，朝廷往往会委曲求全，答应下来，这没有别的原因，而正说明朝廷怀疑和疏远他们罢了。如今我有所奏事，皇帝陛下认为不可行就搁置起来了，这正说明陛下不把我当成地方军阀看待，对我很亲近，你们都该向我道贺啊，又有什么可奇怪的呢？”果然，就在卢子期向磁州发起进攻不久，九月二十一日，吐蕃军队就向临泾（今甘肃省镇原县）发起了进攻；次日，他们又攻至陇州（今陕西省陇县）和普润（今陕西省凤翔县北），劫掠大批百姓、牲畜而去。二十五日，凤翔节度使李抱玉（安抱玉）在义宁（今甘肃省华亭县）击破了吐蕃军队。不久，吐蕃人又进攻泾州，泾原节度使马璘上奏称在百里城击破了敌人。代宗命令卢龙节度使朱泚率军镇守奉天行营。

回过头来再说河北前线。

解除了冀州之围之后，李宝臣率军南下，与北上的李正己在枣强（今河北省枣强县）会师，然后南下进攻贝州（今河北省清河县），田承嗣发兵救援。在犒赏将士的过程中，李宝臣赏赐给部下的东西多，而李正己赏赐得少，事后平卢军的士兵们就口出怨言，李正己担心出现兵变，遂率军南撤，李宝臣见状，也只好撤去。听说李宝臣和李正己两军撤离贝州的消息，南线包围卫州的李忠臣也担心有变，丢下卫州，南撤到黄河南岸的阳武（今河南省原阳县）。北撤之后的李宝臣又率军与朱滔一起进攻沧州，沧州是田承嗣的堂弟田庭玠驻守的，两军无法攻下。

卢子期进攻磁州（《旧唐书·李宝臣传》称邢州）一个多月，磁州几乎就要陷落。李宝臣和昭义留后李承昭一北一南赶去救援，在清水大破卢子期叛军，生擒卢子期，将其押送到京师，代宗下令将其斩首。与此同时，黄河以南的各部又在陈留（今河南省开封市）大破田悦之军，田承嗣这次才真的感到害怕了。

田承嗣首先开始拉拢南撤的李正己。过去，田承嗣曾把李正己的使者囚禁了起来，如今，他从牢里把那位使者放了出来，好酒好饭款待一番后，他郑重地把自己境内的户口、兵马、粮食、财帛登记簿交给了使者，说道：“我田承嗣今年已经八十六岁了，离死不远了，我的儿子们都不成器，侄儿田悦也没什么本事，我今天所有的东西不过都是替大帅您置办的罢了，何劳大帅兴师动众呢？”田承嗣不愧是一个老奸巨猾之人，让那位使者面南站在厅堂之上，自己煞有介事地朝使者叩拜，送上书信；还命人画了一幅李正己的画像，当着使者的面焚香叩拜。听了使者的汇报后，李正己顿时心花怒放，遂按兵不动了。李正己的平卢军人多势众，他不出兵，河南各道的军队也都相互观望，不敢单独进兵，于是，田承嗣得以腾出手来，专心对付北线的李宝臣、朱滔和薛兼训了。

田承嗣对李宝臣和朱滔采取了分化瓦解之策。

在田承嗣把目光盯住李宝臣之时，代宗皇帝也意识到李宝臣的重要性。他派遣宦官马承倩前去李宝臣那里犒劳，这原本是拉拢李宝臣之举，然而，就在马承倩准备返回长安复命时，发生了一件让人始料不及的事情。李宝臣也是出于巴结之意，前往马承倩下榻的馆驿，给他送去了一百匹上好的丝绸，可是，这个马承倩是个刚直不阿、清廉忠诚的宦官，见李宝臣想要贿赂自己，不禁大怒，也忘了自己此行的目的，竟然对李宝臣破口大骂，把送来的丝绸一股脑地扔到了大街上，这可把李宝臣给气坏了，在他的部下面前弄得很没面子。兵马使王武俊趁机对李宝臣说道："如今大人在军中刚刚立下大功，这小子尚且如此嚣张，等到平定了叛贼田承嗣，皇上以一纸诏书将大人召至京城，大人就成一介匹夫了，不如放过田承嗣，作为我们的筹码。"李宝臣听了深以为然，遂不再猛攻田承嗣了。历史就是这么奇特，有些时候，尤其是在大乱年代，在一些可能左右历史进程的关键时刻，往往一些名不见经传的小人物的一点言行就能够起到改变历史前进方向的巨大作用，此时的马承倩就是如此。马承倩此人史书无名，他拒收地方官吏的礼物当然不错，然而，他目中无人，忘记了李宝臣统治区形同唐朝的羁縻州，也忘记了朝廷正在努力拉拢李宝臣，更是忘记了他此行的目的和河北的局势。显然，作为一名肩负重任的使者马承倩是不合格的，试想，如果马承倩此行达到了加深李宝臣与朝廷之间感情的目的，让李宝臣看到在田承嗣被灭之后自己可能换来的光明前程的话，他势必更加卖命。田承嗣被灭也不是不可能的事，一旦灭了田承嗣，朝廷在河北地区的威信就会得到极大的提高，慢慢将河北军镇收归中央就有了一定的条件，可是，就是他这个小小的举动让李宝臣对朝廷产生了很大的疑虑。

四二三 平定灵曜

狡猾的田承嗣立刻就把握住了这个机会。

他知道李宝臣老家就是范阳的，内心常想把范阳据为己有，遂命人暗中在石头上刻下了两句谶语："二帝同功势万全，将田为侣入幽燕。"二帝是指李宝臣和李正己。偷偷让人把这块石头埋在李宝臣的辖区，然后，又找来一个会望气的术士对李宝臣说，某处有王气，李宝臣信以为真，就派人去那里挖出了那块石头。再后来，田承嗣又派出一名辩士，对李宝臣说："大人与朱滔一起就算攻下了沧州，沧州之地也将为朝廷所有，大人是拿不到的。大人如果能宽恕田承嗣曾经的罪过，我请求把沧州送给大人，并心甘情愿地率部追随大人北取范阳。大人率领精锐骑兵当先锋，我以步兵紧随其后，大事可成！"李宝臣刚刚挖出谶言说一个姓田的要与自己一起攻入幽燕，田承嗣那边就来了个说客提出了这一计划，这让李宝臣深信不疑，遂与田承嗣秘密联络，约定共同对付朱滔，夺取幽州，田承嗣也陈兵边境，做出一副随时准备北上的姿态。

李宝臣自以为得计，着手实施对付朱滔的计划。当时，朱滔所部驻扎在瓦桥（今河北省雄县），李宝臣打算采取斩首行动，率领精锐骑兵掩袭瓦桥，一举杀掉朱滔。然而，成德军将士们都不认识朱滔，李宝臣就对朱滔的使者说道："我们久闻朱大人相貌如神，希望能瞻仰一下朱大人的画像。"使者复命后，朱滔就命人把自己的画像送给了李宝臣。李宝臣命人把朱滔的画像悬挂在演武堂上，让众将一起观看，当着朱滔使者的面赞叹道："真是一位神人啊！"当晚，李宝臣就挑选了两千精锐骑兵，一夜疾驰三百里赶往瓦桥偷袭，下达命令道："诛杀演武堂上画像上的那人！"朱滔猝不及防，狼狈应战，被李宝臣打败，正巧当天他改穿了另外一件衣服，未被敌人认出，才侥幸逃过一劫。李宝臣打算乘胜进攻范阳，而朱滔当时已经任命刘怦担任范阳留守，李宝臣知道范阳已有戒备，遂不敢继续北进。

田承嗣看到成德军和幽州军内讧起来，禁不住满心欢喜，当即就率领自己的部队南撤了。在南撤时，他还不忘戏弄一下李宝臣，派人给李宝臣传话道："河内有军情，我没工夫随大人一起进攻范阳了。对了，您挖出的那个石头上的谶语，其实是老夫兴之所至，玩的小把戏而已，您可千万别当真啦！"听了田承嗣的话，李宝臣差一点背过气去，他是一肚子怒火，又无处发泄，谁让自己被人戏弄了呢？羞怒交加，又无可奈何，如今田承嗣军已经南撤，自己也无力单独夺下幽州，事已至此，只好率军撤回，以张孝忠（张阿劳，奚人，与王武俊齐名的猛将）为易州（今河北省易县）刺史，率领七千精锐骑兵防备朱滔的进攻。

十一月七日，田承嗣部将吴希光以瀛州（今河北省河间市）归降了朝廷。同月，路嗣恭平定了岭南哥舒晃的叛乱。十二月，一千多回纥骑兵闯入夏州（今陕西省靖边县），夏州州将梁荣宗在乌水（今陕西省靖边县西北红柳河支流）一带击破回纥人。郭子仪派遣三千人救援夏州，回纥军队撤去。元载、王缙上奏称魏州的盐价很高，请求朝廷禁止食盐运入魏州，代宗回答："是田承嗣辜负了朕，老百姓又有什么罪过！"

讨伐田承嗣之战从大历十年四月一直打到年底，北线两个主力李宝臣和朱滔反目成仇，南线一个主力李正己已被田承嗣拉拢过去。田承嗣过去就很了解李宝臣和李正己二人，知道他们都是本事不大，野心却很大，对二人都是卑辞厚礼，激起二人称王称帝的野心，很快就扭转了被动局面。南线李正己不战而退，其他各军都不敢前进，北线李宝臣与朱滔一反目，也无人再进攻田承嗣了，代宗讨伐田承嗣的战事已名存实亡了。

在这种情况下，田承嗣瞅准时机，再次上书请求入朝，而李正己也屡屡上书请求代宗允许田承嗣改过自新，田承嗣这么做，当然也是给代宗和自己一个脸面好下台阶。大历十一年一月三日，代宗派遣谏议大夫杜亚出使魏州，进行安抚。杜亚，字次公，至德初年，在灵武向肃宗上书献策，被提拔为校书郎，同年，杜鸿渐被任命为河西节度使，征辟其为从事，后历任工部、兵部等四部员外郎，永泰末年，杜鸿渐出任剑南副元帅，以杜亚和杨炎为判官，回朝后，杜亚被任命为吏部郎中、谏议大夫；杨炎被任命为礼部郎中、知制诰、中书舍人。虽然当上了谏议大夫，但杜亚自视甚高，一直想掌握朝廷大权，内心并不满意。二十二日，西川节度使崔宁上奏称击破吐蕃四节度使以及突厥、吐谷浑、氐族、羌族、山蛮二十余万，斩首一万级。二月二十二日，田承嗣再次上表，请求入朝。代宗下诏，赦免了他的罪过，恢复其官爵，同意其与家属一起入朝，随其叛乱的士兵们一律不予追究。二十三日，代宗下令增加朔方军丰安（今内蒙古自治区乌拉特前旗西北）、定远（今宁夏回族自治区平罗县）、新昌（今宁夏回族自治区灵武县东北）、丰宁（今地不详）、保宁（疑在今陕西省榆林市境内）五座城池的守军，以防备回纥的南侵。

从大历十年开始，唐朝外部环境又一次变得恶劣起来，已和好数年之久的回纥人突然发兵进攻夏州，回纥和吐蕃一旦联手，唐朝关中就将再次陷于危险之中，这也是代宗草草结束讨伐田承嗣之战的原因之一。再加上独孤贵妃于十月去世，给代宗以很大打击，顿令代宗斗志全无，更重要的考量也许是仗打了一年，对于各方来说如今的结果大致都是可以接受的：对代宗而言，这一年，朝廷方面从河北四镇中拿到了昭义镇的邢州和磁州，交给泽潞留后李抱真代管，还得到了原属于魏博的瀛州（吴希光归降，后瀛州似乎归了幽州）；对田承嗣而言，他原来是魏、博、德、沧、瀛、澶州（大历七年田承嗣上奏增设）六个州，德州被李正己占领，沧州送给了李宝臣，瀛州降唐，但他又拿到了昭义镇的四个州，得失相抵，还赚了一个州，并不吃亏；对李正己来说，一番战争自己得到了德州，也很满意；对李宝臣来说，自己得到了沧州，也无不可；对朱滔来说，自己得到了瀛州，也算可以。

然而，树欲静而风不止，到了三月，河阳军再次发动兵变，驱逐了监军冉庭兰，士兵们大肆劫掠了三天。冉庭兰率领援军入城，诛杀了数十名领头的，兵变才被镇压下来。紧接着，到了五月，汴宋节度留后田神玉去世了，都虞候李灵曜想走上与田承嗣一样割据地方的道路，他杀死了兵马使、濮州刺史孟鉴，与北面的田承嗣结为外援。五月七日，代宗任命永平节度使李勉兼任汴宋八州（汴州、宋州、曹州、兖州、郓州、徐州、泗州、濮州）节度留后，九月，又任命李灵曜为濮州刺史，但李灵曜拒绝上任。六月二日，代宗最终屈服，只好任命李灵曜为汴宋留后，并派人前去安抚。

为了接应李灵曜，田承嗣遂发兵南下进攻滑州，于七月击败了永平节度使李勉。李灵曜被委任为节度留后之后，并没有效忠朝廷，其本心就是要像河北各镇一样实现割据，遂将自己的亲信都任命为下辖八州的刺史、县令，在这种情况下，代宗下诏命令淮西（今河南省汝南县）节度使李忠臣、永平（今河南省滑县）节度使李勉、河阳（今河南省孟州市）三城使马燧、淮南（今江苏省扬州市）节度使陈少游、青淄（今山东省青州市）节度使李正己等发兵前去讨伐。

汴宋兵马使、摄节度副使李僧惠是李灵曜的智囊。宋州牙门将刘昌派曾神表暗中游说李僧惠，李僧惠就召见了刘昌，询问对策，刘昌声泪俱下，给他说明顺逆的道理，恳请他弃暗投明。李僧惠深受感动，遂与汴宋牙将高凭、石隐金派曾神表携带奏表赶赴长安，请求讨伐李灵曜。九月八日，代宗任命李僧惠为宋州刺史，高凭为曹州刺史，石隐金为郓州刺史。史称："刘昌，字公明，汴州开封人也。出自行间，少学骑射。及安禄山反，昌始从河南节度张介然，授易州遂城府左果毅。及史朝义遣将围宋州；昌在围中，连月不解，城中食尽，贼垂将陷之。刺史李岑计蹙，昌为之谋曰：'今河阳有李光弼制胜，且江、淮足兵，此廪中有数千斤曲，可以屑食。计援兵不二十日当至。东南隅之敌，众以为危，昌请守之。'昌遂被铠持盾登城，陈逆顺以告谕贼，贼众畏服。后十五日，副元帅李光弼救军至，贼乃宵溃。光弼闻其谋，召置军中，超授试左金吾卫郎将。光弼卒，宰臣王缙令归宋州，为牙门将。转太仆卿，兼许州别驾。"

九月十一日，李忠臣和马燧两军进抵郑州，李灵曜率军迎战。唐军没有料到李灵曜会突然出现，狼狈西撤，退到了荥泽（今河南省郑州市西北），李忠臣的淮西军士有十之五六都逃散了。郑州百姓惊慌失措，纷纷逃到洛阳避难。李忠臣打算就此返回淮西，马燧坚决反对，说道："我们以顺讨逆，何必担心不能取胜？为何放弃这个建功扬名的机会！"遂固守堡垒。李忠臣听说后，召集溃散的士兵，数日以后军势复振。

九月十四日，李正己上奏称攻克了郓州（今山东省东平县）和濮州（今山东省鄄城县）。此时，朝廷方面已经任命降将石隐金为郓州刺史，但李正己的目的是借机扩大自己的地盘，根本不管朝廷诏命。十八日，李僧惠在雍丘（今河南省杞县）击败了李灵曜的叛军。李灵曜组织起一支八千人的军队，号称"饿狼军"，马燧独自率军将其击破，推进至浚仪，当时，马燧率领的河阳兵勇冠诸军。十月，李忠臣和马燧率部继续东进，李忠臣所部进至汴州以南，马燧在汴州以北，两军屡屡击破李灵曜的军队。十八日，两军又与赶来的淮南节度使陈少游的前锋会合，与李灵曜在汴州城西激战，李灵曜大败，退入城内固守。十九日，唐军包围了汴州。

李灵曜危急，田承嗣赶忙派侄儿田悦率领两万军队南下救援。魏博军在匡城

（今河南省长垣县）击破淄青兵和永平兵，又击败李正己的游击军，击退刘洽、长孙全绪等军，乘胜推进到汴州城下，二十一日在城北数里安营扎寨。二十二日，李忠臣派遣部将李重倩率领数百轻装骑兵趁夜杀入魏博军的大营，纵横贯穿，左冲右突，斩杀数十人，魏博军营中顿时一片大乱；李忠臣和马燧趁机率领大军，呐喊着攻入敌营，魏博军不战自溃。唐军趁势追杀，魏博军大败，死伤累累，数不胜数，田悦脱身北逃。李灵曜听说后大惊失色，趁夜开门逃去。二十三日，李灵曜逃到韦城（今河南省滑县东南），被永平军的将领杜如江擒获。三十日，李勉派人将李灵曜押送到长安，斩首。

马燧知道李忠臣性格残暴，遂不入汴州城，将自己的功劳让给李忠臣，把部队驻扎在汴州城西的板桥。李忠臣率军进入汴州城，果然把夺城之功据为己有；宋州刺史李僧惠和他争功，李忠臣趁宴会之际将李僧惠杀了，又想杀了刘昌，刘昌吓得赶忙逃了。因平定李灵曜之功，十二月四日，代宗下令以李正己、李宝臣并为同平章事。在平定李灵曜之乱中，得利最大的是李正己和李忠臣二人，汴宋原来之地实际上被二人给分割了。史称：李正己“初有淄、青、齐、海、登、莱、沂、蜜、德、棣等州之地，与田承嗣、令狐彰、薛嵩、李宝臣、梁崇义更相影响。大历中，薛嵩死，及李灵曜之乱，诸道共攻其地，得者为己邑，正己复得曹、濮、徐、兖、郓，共十有五州，内视同列，货市渤海名马，岁岁不绝。法令齐一，赋税均轻，最称强大”。二十七日，又以李忠臣为汴州刺史，移治汴州，同平章事。史称：李忠臣“性贪财好色，将吏妻女多被诱胁以通之。又军无纪纲，所至纵暴，人不堪命。而以妹婿张惠光为衙将，恃势凶虐，军中苦之；数有言于忠臣，不之信也。俄以惠光为节度副使，令惠光子为衙将，陵横甚于其父”。

四二四 诛杀元载（一）

大历十一年年底李灵曜被平定之后，朝廷几位重臣相继病重去世。

首先是泾原节度使马璘。马璘于大历十一年十二月十三日去世，去世前，他以行军司马段秀实担任知节度事，把泾原镇交给其处理。马璘去世后，军中有数千人赶来奔丧，在门外喧哗呜咽，段秀实一律禁止他们进入，以十将张羽飞为招召将，负责警戒；他下令以押牙（内营管理官）马頔在内室负责丧事，李汉惠在外庭接待前来吊唁的来宾，马璘的妻妾儿女在屋内哀悼，马璘宗族子弟在庭院内吊唁，泾原镇的将领们在军营前哀悼，将士们在军营内哭丧，百姓都在各自家中哀悼。凡是离开规定的处所在大街上交头接耳的，一律逮捕囚禁起来；不是护丧人员，在安葬时不得远送；祭奠、拜哭都有一定的礼节，送丧的远近也有具体规定，凡是违犯的一律按照军法惩处。都虞候史廷幹、兵马使崔珍、十将张景华密谋趁丧事期间作乱，段秀实得知后，上奏代宗调任史廷幹入朝担任禁卫军将领，将崔珍调往灵台（今甘肃省灵台县）驻防，以张景华担任地方官，将他们的叛乱阴谋消弭于无形，没有诛杀一人而军府又安然无事。马璘一家非常富有，他在京城的宅邸也十分豪华，仅一座厅堂就花费二十万钱，其子孙没有德行，不久，他的子孙们就把家产挥霍一空了。马璘死后，昭义节度使李承昭也上书代宗称病重，请求辞职，十二月十五日，代宗下令以泽潞行军司马李抱真兼任磁州、邢州留后。转眼就是大历十二年（公元777年），到了这一年的三月三日，兵部尚书、同平章事，凤翔、怀泽潞、秦陇节度使李抱玉病死，其弟李抱真继任怀泽潞留后。十一日，代宗晋升河东行军司马鲍防为河东节度使。鲍防，字子慎，襄阳人，天宝进士，曾任浙东节度使薛兼训的从事，他是大历时期的一位较为著名的诗人，与谢良弼齐名，世称鲍、谢。传世作品主要有：《杂感》：“汉家海内承平久，万国戎王皆稽首。天马常衔苜蓿花，胡人岁献葡萄酒。五月荔枝初破颜，朝离象郡夕函关。雁飞不到桂阳岭，马走先过林邑山。甘泉御果垂仙阁，日暮无人香自落。远物皆重近皆轻，鸡虽有德不如鹤。”

田承嗣口是心非，一直拒绝入朝，等到李灵曜叛乱时，他又派兵帮助李灵曜，代宗又下令讨伐他，可是，等到李灵曜被平定之后，田承嗣就又上表谢罪。此时，朝内政局波谲云诡，代宗也顾不上田承嗣了，只好听之任之，恢复了他的官爵，并允许他不再入朝，这次讨伐田承嗣也就此终结。

此时的朝中究竟出了什么大事，让代宗对田承嗣如此宽容呢？虽然史无明文，但我们似乎可以从史料中间反映出来的蛛丝马迹揣测出一二来。我们还得从代宗和皇太子李适之间复杂而又微妙的关系入手一探究竟。据《刘宾客嘉话录》记载：“德宗（指李适）降三日，玄宗立于高阶上，肃宗次之，代宗又次之，保姆襁抱德宗来呈，色不白皙，耳仆前，肃宗、代宗皆不悦。”也就是说，李适虽然是李豫的长子，却是庶出，且长相不好，刚生下时，其父李豫、祖父李亨都不喜欢，即便在李适被立为太子之后，代宗对其仍然心怀疑虑。据《旧唐书·赵涓传》记载：“永泰初，涓为监察御史。时禁中失火，烧屋室数十间，火发处与东宫稍近，代宗深疑之，涓为巡使，俾令即讯。涓周历壖囿，按据迹状，乃上直中官遗火所致也，推鞫明审，颇尽事情。既奏，代宗称赏焉。德宗时在东宫，常感涓之究理详细……”代宗怀疑的是什么？不言而喻，怀疑失火是太子故意为之，父子之间隔阂竟然达到了这种地步，也说明代宗和太子李适之间关系并不好。代宗开始的时候真正喜欢的是崔妃生下的嫡子郑王李邈，然而，安史之乱给了李适一个机会。安史之乱带来的一个后果是杨贵妃家族的覆灭，而作为杨氏家族外甥的崔氏以及郑王李邈也受到了冲击，崔氏在唐军收复长安后就莫名其妙地去世了。但即便如此，李豫对李邈的宠爱并没有减少，代宗即位后，在册立皇太子一事上曾经犹豫了很长时间，在政局动荡的背景下最后不得已册立了李适，可是不久就免去了李适兼任的天下兵马元帅一职，而改任李邈担任这一职务。代宗当然知道天下兵马元帅一职在乱世中意味着什么，他自己就曾经以皇太子候选人的身份与弟弟建宁王李倓争夺过这一职务，而如今他把这一职务交给了郑王李邈，其背后的用心就非常耐人寻味了。然而，到大历九年，李邈去世，死因不明，代宗非常悲痛，废朝三日，并破格追赠其为昭靖太子。郑王去世后，代宗就取消了天下兵马元帅一职，还让李适养育李邈诸子，这似乎也反映出他内心对李邈的真实看法。李邈刚刚去世一年，代宗最宠爱的独孤贵妃也去世了，死因仍然不明，对于代宗来说，独孤贵妃的死对他的打击甚大，这一次他不仅悲痛，也许还掺杂一些愤怒，他竟然违背常情，将独孤贵妃的灵柩一直放在宫中，不予下葬，大约是以此警醒自己要查出其间的隐情，以告慰亡灵……

围绕着李适的太子之位，朝中群臣也隐然分出对立的两个集团：一个是顺从代宗意愿、请求废掉李适的，他们中间大多是代宗亲近的人，比如宦官刘清潭，吏部尚书兼湖南、荆南、山南东道转运、常平、铸钱使刘晏，京兆尹黎干，甚至于郭子仪也属于这一党，这一党大多是鱼朝恩的余党，是代宗在诛杀鱼朝恩之后，故意保留下来防止元载一党坐大的一支力量。刘清潭（又名刘忠翼）和董秀二人都是代宗最为宠信的宦官，但是，董秀是元载一党，更加倾向于太子李适，而刘清潭却更忠诚于代宗，据《新唐书·刘晏传》记载："先是，帝居东宫，代宗宠独孤妃，而爱其子韩王。宦人刘清潭与嬖幸请立妃为后，且言王数有符异，以摇东宫。"刘晏是与第五琦齐名的理财专家，刘晏虽然不像第五琦那样是纯粹的鱼朝恩集团成员，一度还受到元载的引荐重获代宗的信任，但随着时间的推移，刘晏不仅长期掌握着朝廷财政大权，还一度掌握了朝廷的人事权，他逐渐与元载疏远，更倾向于代宗。史称："晏理家以俭约称，而重交敦旧，颇以财货遗天下名士，故人多称之。善训诸子，咸有学艺。任事十余年，权势之重，邻于宰相，要官重职，颇出其门。既有材力，视事敏速，乘机无滞，然多任数，挟权贵，固恩泽，有口者必利啖之。当大历时，事贵因循，军国之用，皆仰于晏，未尝检辖。"可以说刘晏依违于代宗和皇太子、元载之间，也曾支持代宗废掉李适。黎干原是鱼朝恩一党，在一度被贬后，又在大历八年被代宗召回担任京兆尹，京兆尹的位置非常重要，代宗的这一举措显然是在郑王李邈去世之后采取的防止皇太子、元载的一手，史称："八年，复拜京兆尹、兼御史大夫。干自以得志，无心为理，贪暴益甚，徇于财色。十三年，除兵部侍郎。性险，挟左道，结中贵，以希主恩，代宗甚惑之。时中官刘忠翼宠任方盛，干结之素厚，尝通其奸谋。"最后说说郭子仪。过去，在元载与鱼朝恩的斗争中，元载等人曾经把郭子仪父亲的坟墓被挖栽赃鱼朝恩，但被郭子仪识破（史称其"心知其故"），此后，元载又两次提出移镇问题，一次成功，一次失败，第一次移镇在对敌斗争上很有必要，但第二次移镇从客观上由于边防军军力薄弱实施起来就非常困难了。对于诸如郭子仪等地方大员来说，这种移镇无疑是一种借刀杀人之计，不论于公于私，郭子仪对元载都不会有什么好感，然而元载与太子李适非常亲密，所以郭子仪倾向于代宗就顺理成章了。据《因话录》记载："代宗独孤妃薨，赠贞懿皇后，将葬。尚父汾阳王在邠州，以其子尚主之故，欲致祭。遍问诸从事，皆云：'自古无人臣祭皇后之仪。'汾阳曰：'此事须得柳侍御裁之。'时予外伯祖殿中侍御史掌汾阳书记，奉使在京，即以书急召之。既至，汾阳迎笑曰：'有切事，须藉侍御为之。'遂说祭事。殿中君初亦对如诸人，既而曰：'礼缘人情，令公勋德不同常人，且又为国姻戚，自令公始，亦谓得宜。'汾阳曰：'正合子仪本意。'殿中君草祭文，其官衔之首称：'驸马都尉郭暧父。'其中叙特恩许致祭之意，辞简礼备，汾阳览之大喜。其文列于左：维某年月日，驸马都尉郭暧父，关内河东副元帅、司徒、兼中书令、汾阳郡王臣子仪，谨遣上都进奏院官傅涛，敢昭告于贞懿皇后行宫：伏惟德曜坤灵，明齐月魄，母仪万国，化洽六宫，光辅圣人，赞成阴教，载荣史策，式播讴谣。奄违圣日，上仙灵界，遐迩痛愤，宫闱哀慕。臣幸忝诸亲，男尚贵主，天人之美，鞠育所钟，姻戚光荣，宗族咸戴。今园陵礼备，祖载及期，臣限守方镇，不获陪侍行宫，瞻望灵驾，不胜摧慕。伏荷皇恩，眷以国戚。许申祭礼，超越等夷，古今所绝，独开圣造，无任惶恐铭戴之至。谨献牲牢庶羞之奠。尚飨！"李适之母下落不明，而独孤氏死后却被封为皇后，郭子仪不顾自古人臣无祭祀皇后之礼，却向独孤氏拜祭，这里面固然有讨好代宗的意思，但也说明了其与独孤氏及其儿子韩王李迥关系不同一般。

四二五　诛杀元载（二）

元载一党主要有：

一是吏部侍郎杨炎。杨炎，字公南，凤翔人。其父杨播，进士及第，弃官隐居，肃宗赐号为“玄靖先生”。杨炎长相俊朗，须眉甚美，文章雄丽，号称小杨山人，后任中书舍人，与常衮齐名，号称常、杨。元载对杨炎很是器重。曾挑选一人加意培养，以期将来作为自己的接班人，他先是看重礼部郎中刘单，刘单死后，又选中了吏部侍郎薛邕，薛邕被贬后，又选中了杨炎，史称：“载亲重炎，无与为比。”《册府元龟》记载，杨炎与元载同郡，杨炎的母亲也姓元，遂以元载为舅，成为元载一党的核心人物。

二是韩滉、韩洄兄弟。二韩是太子少师韩休之子，韩滉在大历中官至吏部郎中、给事中，后晋升为尚书右丞、知兵部选、户部侍郎判度支，史称：“自至德、乾元已后，所在军兴，赋税无度，帑藏给纳，多务因循。滉既掌司计，清勤检辖，不容奸佞，下吏及四方行纲过犯者，必痛绳之。又属大历五年已后，蕃戎罕侵，连岁丰稔，故滉能储积谷帛，帑藏稍实。然苛克颇甚，覆治案牍，勾剥深文，人多咨怨。”韩滉与元载的关系似乎并不亲密，但其弟韩洄就是元载一党了，韩洄原为刘晏的下属，后为谏议大夫、知制诰，与元载和杨炎的关系都非同一般。

三是起居舍人韩会。韩会是韩愈的哥哥，据《旧唐书·崔造传》记载，韩会早期与崔造、卢东美、张正则交好，均自诩为王佐之才，时人称他们为“四夔”。此后，卢东美和韩会加入元载一党，而崔造则投入与元载的对立面李栖筠、刘晏的阵营。

四是于颀。于颀，字休明，河南人。元载担任诸道营田使时，被引为郎官，是元载的老部下，后来被元载引荐当上了京兆尹。史称他“及为大官，好任机数，专候权要，朝列中无势利者，视之蔑如也。曲事元载，亲昵之。而为政苛细无大体”。

五是吏部侍郎薛浩、薛邕和前京兆尹杜济。三人都是元载一党，大历八年因徐浩妾弟侯莫陈忿违规提拔一事，被御史大夫李栖筠逮个正着，全被贬谪。

六是宦官董秀。董秀在大历七年被授予冠军大将军、左卫将军、知内侍省事，封魏国公。

七是元载的下属主书卓英倩和李侍荣等人。史称，元载专权，官以贿成，大官出自元载，小官出自卓英倩和李侍荣。

八是知制诰王定、包佶、徐璜，户部侍郎赵纵，大理少卿裴翼，太常少卿王紞等人，这是根据《代宗本纪》记载的元载一党名单，其中赵纵是郭子仪的女婿，其他人生平不详。

大历八年代宗借侯莫陈忿一案惩处了元载一党，接着，又起用了一些元载的对立面入朝为官，比如，将黎干调回京师，取代于邵担任京兆尹，在这种情况下，朝议都把李栖筠看作未来的宰相，不少元载的对立面诸如野心勃勃的杜亚等人也纷纷投到李栖筠的门下。然而，代宗基于多种考虑迟迟没有与元载摊牌，致使李栖筠压力很大，早早去世。李栖筠去世后，继任御史大夫李涵明哲保身，元载一党所受的压力顿减，而就在这时，朝廷内外相继发生了一连串的变故，让代宗穷于应付：大历八年郑王李邈去世，大历十年田承嗣公然吞并昭义镇，挑战朝廷的权威，同年独孤贵妃去世，大历十一年汴宋都虞候李灵曜又起兵叛乱。然而，等到平定了李灵曜之乱后，代宗将这些年来发生的一系列事件联系起来，似乎隐约地觉得都有元载的影子，遂决心彻底除掉元载一党。

耐人寻味的是，后来代宗在与李泌交谈时曾着重提到“能除此贼（指元载），赖太子（李适）发其谋”，按理说，后来的德宗李适与元载关系不同一般，德宗继位后，对元载也给予了适度的平反，并大量起用元载党人，合理的解释是：在独孤贵妃和郑王李邈已经去世的情况下，韩王李迥已经对李适的太子之位构不成威胁了。在这种情况下，李适已没有必要继续与父皇明争暗斗，遂采取舍车保帅的策略，舍弃元载，主动取得父皇的欢心，以能够顺利继位。

代宗在决定拿下元载一党时，担心计划泄露，只与自己的舅舅、左金吾将军吴凑商议，最终定下了实施方案。有人告发元载和王缙深夜祭天图谋不轨，大历十二年三月二十八日，也就是在他下诏恢复田承嗣官爵、同意其不再入朝的十天之后，代宗驾临延英殿，下令吴湊率兵赶往政事堂逮捕元载和王缙二人，又将元载的次子元仲武、主书卓英倩等人逮捕下狱，命令吏部尚书刘晏与御史大夫李涵、散骑常侍萧昕、兵部侍郎袁傪、礼部侍郎常衮、谏议大夫杜亚等人一起审讯。所有的调查要点都由代宗亲自拟定、发出，并派出宦官前去质询宫中一些隐秘之事，元载、王缙均认罪。当天，即在宫内用棍棒打死左卫将军、知内侍省董秀，而后将元载于万年县赐死。代宗下诏称："任直去邪，悬于帝典；奖善惩恶，急于时政。和鼎之寄，匪易其人。中书侍郎、同中书门下平章事元载，性颇奸回，迹非正直。宠待逾分，早践钧衡。亮弼之功，未能经邦成务；挟邪之志，常以罔上面欺。阴托妖巫，夜行解祷，用图非望，庶逭典章。纳受赃私，贸鬻官秩。凶妻忍害，暴子侵牟，曾不提防，恣其凌虐。行僻辞矫，心狠貌恭，使沉抑之流，无因自达，赏罚差谬，罔不由兹。顷以君臣之间，重于去就，冀其迁善，掩而不言。曾无悔非，弥益凶戾，年序滋远，衅恶贯盈。将肃政于朝班，俾申明于宪纲，宜赐自尽。朕涉道犹浅，知人不明，理绩未彰，遗阙斯众，致兹刑辟，悯愧良深。僶俛行之，务申沮劝，凡在中外，悉朕怀焉。"由此可见，元载的罪名是："阴托妖巫，夜行解祷，用图非望，庶逭典章。纳受赃私，贸鬻官秩。"而根据史书的记载，导致元载丧命的可能是其参与了内廷的斗争，据《刘宾客嘉话录》记载，王缙下狱后，审讯他时，主审官问道："你身为宰相，深夜设坛做法事干什么？"王缙回答："知则不知，死则合死。"王缙认罪，却对深夜设坛作法的目的讳莫如深，其间必有难以言表的隐情。临刑之际，元载对刽子手说："希望能让我速死。"刽子手回答："相公得多少受点羞辱，不要见怪。"遂脱去肮脏的鞋袜塞进元载的嘴里，将其杀死。代宗原本下令也将王缙处死，刘晏对李涵等人说："根据旧例，重刑要经过再次上奏再执行，更何况罪犯是大臣！何况法律规定有主犯，有胁从，应该再次上奏，请皇上定夺。"代宗遂下令将王缙贬为括州刺史。据《云溪友议》记载："洎元公贪吝为心，竞招罪戾，台阁弹奏而亡。其家韫秀，少有识量，节概固高。丞相已谢，上令入宫备彤笔箴规之任。叹曰：'王家十三娘，二十年太原节度使女，十六年宰相妻，谁能书得长信、昭阳之事？死亦幸矣！'坚不从命。"也就是说，元载的妻子王韫秀起初被判没入宫中，但王韫秀誓死不从，她说我身份如此高贵之人，岂能到你的后宫给你当一个记载你后宫之事的女官？坚决要求被处死，最后其与儿子元伯和、元仲武、元季能等人全部被杀。元伯和过去就已经被贬为扬州兵曹参军，此时也被追杀。

（按：《陈少游传》记载：淮南节度使陈少游“后见元载在相位年深，以过犯渐见疑忌，少游亦稍疏之。无何，载子伯和贬官扬州，少游外与之交结，而阴使人伺其过失，密以上闻。代宗以为忠，待之益厚”。）代宗不仅诛杀了元载全家，而且下令将其抄家，甚至派人挖掉了元载的祖坟。同日，代宗派新任给事中杜亚前往魏州，给田承嗣送去了不死铁券，以安抚田承嗣。

四月一日，代宗任命太常卿杨绾为中书侍郎，礼部侍郎常衮为门下侍郎，并同平章事。杨绾非常清廉，俭朴，诏命下发之日，朝野相互祝贺。郭子仪正在设宴款待宾客，听说杨绾当上了宰相，当即下令将宴会上的乐队减去了五分之四；京兆尹黎干随从很多，当天也予以裁撤，只保留了十个侍卫骑马跟随；御史中丞崔宽（崔宁的弟弟）在皇城以南建造了一座非常豪华的别墅，听说杨绾拜相后，赶忙命人拆毁。次日，代宗下诏将吏部侍郎杨炎、谏议大夫韩洄、包佶、起居舍人韩会、知制诰王定、徐璜、户部侍郎赵纵、大理少卿裴翼、太常少卿王统等十余人全部贬官，原本代宗打算将他们全部诛杀，在吴凑百般劝说下，代宗才饶了他们一命。到五月二十日，代宗命令宦官挖掘了元载祖父、父亲的坟墓（反思郭子仪父亲的坟墓被挖事件），开棺毁尸，又毁掉了元载家庙，焚烧牌位。其间，卓英倩的弟弟卓英璘纠结同党，在家乡占据山险进行叛乱，代宗派出禁卫军前去讨伐，五月二十八日，代宗下令将卓英倩等人乱棍打死，六月二十五日，金州刺史孙道平将卓英璘生擒斩杀。

四二六 移风易俗

以大历十二年三月处死元载为起点，代宗决心一改此前形成的政多留滞、事贵因循的政风，明确推崇儒学、正本清源的治国理念，这具体体现在他任命杨绾和常衮时所下的制书中。

据《唐大诏令集》所载的制书，代宗是这样说的："体国经务，亮采惠畴，以遂万物之宜，以刑四方之礼。弥缝衮职，金玉王猷，平景纬于台阶，济盐梅于鼎饪。必先时俊，允膺旁求。朝议大夫守太常卿兼修国史、赐紫金鱼袋杨绾，赡学懿文，崇德广业，表微藏用，适务知章。朝议郎守尚书、礼部侍郎、集贤院学士、上柱国、赐紫金鱼袋常衮，志业贞谅，理识宏深。守正居中，确乎难夺。顷以戎车未戢，方事仍殷，永言庶政，有乖彝叙。今将本俗刑教，澄源振纲，宣九德以阜成，张四维而翼赞。洽于佥论，咨尔具瞻，往副审象之诚，懋缉时雍之化。绾可中书侍郎、同中书门下平章事、集贤殿崇文馆大学士、修国史，散官勋赐如故。衮可门下侍郎、同中书门下平章事、太清太微宫使、崇文宏文馆大学士，散官勋赐如故。"九德有不同的表述，其中《逸周书》中称九德为："忠、信、敬、刚、柔、和、固、贞、顺。"四维是指礼义廉耻，九德和四维都是儒家的道德标准。代宗在制书中表达了要继承中华民族本民族的传统道德规范，正本清源，大兴儒教，彻底改革往日的政风民风。

要想做到这一点，在代宗看来，杨绾和常衮是最合适的人选。杨绾的德行素来就为朝野所叹服，他品性忠贞廉洁，车马服饰都非常俭朴，史称，他"居庙堂未数月，人心自化"。杨绾过去身体就不好，拜相十余日就中风了，代宗下诏让其在中书省养病，每次在延英殿召见时，特许侍从将杨绾搀扶着入殿。然而，杨绾到同年七月就一病不起，于二十日病逝。代宗非常痛心，废朝三日，下诏追赠其为司徒，并命百官前去其家吊唁，派内常侍吴承倩会吊，赠绢千匹、布三百端。史称，杨绾“俭薄自乐，未尝留意家产，口不问生计，累任清要，无宅一区，所得俸禄，随月分给亲故。清识过人……雅尚玄言……凡所知友，皆一时名流。或造之者，清谈终日，未尝及名利……以清德坐镇雅俗，时比之杨震、邴吉、山涛、谢安之俦也”。代宗悲痛地对群臣说道：“老天不想令朕成就太平盛世啊！为何这么快就夺去朕的杨绾啊！”杨绾和常衮关系并不融洽，在朝廷给杨绾加谥号时，原本议定的是文贞，文贞是唐朝以来文臣的最高谥号，此前只有魏征、宋璟、张说三人得到了这一谥号，常衮非常嫉妒，就示意比部郎中苏端上书，称杨绾虚伪奸诈，不该给予这么高的谥号。代宗大怒，将苏端贬为广州员外司马，但代宗也将杨绾的谥号改为了文简。

在杨绾和常衮二人中间，代宗最看重的是杨绾。虽然杨绾和常衮二人都非常清廉俭朴，但杨绾出身高门，不仅深通儒学，而且兼善释道，在为人处世方面显得更加通达宽恕。而常衮则不同，他出身寒门，律己甚严，对下也很严厉，在外人看来就显得有些苛刻琐碎，其俭朴似乎有些做作之嫌，容易与同僚发生矛盾。在他担任礼部侍郎时，宦官刘清潭和马璘都有所请托，但其均不给情面，令大家对他都很敬畏。杨绾为相仅仅三个多月，从他上任伊始就和常衮一起着手一系列的改革，等他去世后，这些改革由常衮一人主持继续深入开展着。

一是引用元载一党的对立面，继续打击元载余党。杨绾死后，朝廷上的重臣是：太尉田承嗣、司徒郭子仪、门下侍郎常衮、副元帅郭子仪、转运常平诸使刘晏、神策军使王驾鹤。杨绾在去世之前，他和常衮二人就已经给代宗推荐了一些曾被元载打压过的人，比如，湖州刺史颜真卿，代宗当即就下诏召回，晋升其为刑部尚书；再如，淮南判官关播，被拜为都官员外郎（司法部狱政司副司长）。关播，天宝进士，因神策军使王驾鹤的妻子关氏与关播同宗，二人关系密切，元载忌惮二人交往，将关播外调为河南府兵曹参军，后任陈少游判官，李灵曜叛乱时，陈少游率领扬州兵前去平叛，所到之处盗贼蜂起，而关播则留守扬州本地，他为政清净，盗贼绝迹，百姓安定。杨绾、常衮遂举荐他到朝廷任职。又如，李揆，他曾任宰相，为元载所忌，二十年间流落在江淮之间，至此才得以被代宗任命为睦州刺史。李揆与元载的过节是：李揆当宰相时，苗晋卿曾举荐过元载，但李揆看不起出身寒微的元载，说过“龙章凤姿之士不见用，獐头鼠目之子乃求官”这样的话，这让元载一直怀恨在心，等到元载拜相后，就一再打压李揆，将其贬为没有俸禄的试秘书监，让他在江淮养病。此后十余年间，李揆携家带口，在江淮一带寄食，看人脸色，一个地方的长官不待见了，就迁往其他地方，十五六年里，流落了十几个州。在打击元载余党方面，主要表现在代宗于五月将刑部尚书王昂贬为连州刺史。王昂出身行伍，因军功被晋升为河中节度使，此人贪婪骄纵，不遵法度，专门以聚敛为务，元载当权时，极力巴结元载，大历五年曾被任命为荆南观察使，以取代韦伯玉；韦伯玉得知后，指使部下挽留自己，朝廷只好改任王昂为检校刑部尚书、知省事。让一个贪婪不法之人担任刑部主官，这也是元载当权时出现的怪象，王昂在任期间，生活奢华，广修宅邸，四处搜罗姬妾，整日在家饮宴作乐，不去单位上班，还把单位的后园租出去让人种菜，用租金中饱私囊，深为舆论所不齿。王昂被贬后，代宗命宦官将其押送而行，行至万州，王昂落水而死。

二是削弱地方军阀权力，加强中央对各地的有效控制。最初，在武曌时期，为了抵御契丹的进攻，在一些地方设置了团练使，安史之乱后，全国兴兵，朝廷在一些没有设置节度使的地方设置了都团练使和团练使，以补充节度使的不足。从乾元元年开始，唐朝朝廷陆续在江西、宣歙、浙东、福建、湖南、黔中等不设节度使、都防御使的地区设置都团练使，团练使所辖州数多少不一。史载："乾元元年，置团练守捉使（大多刺史兼任）、都团练守捉使（地位低于节度使），大者领州十余，小者二三州。"相对而言，安史之乱以后，设置团练使的主要是出现了一些小股盗匪、对中央威胁不大的地区，然而，随着时局趋于稳定，继续保留这些团练使对于中央来说会增加地方的离心力，是得不偿失的。因此，在常衮的建议下，代宗于大历十二年五月一日下诏：除了都团练使之外，各州的团练守捉使全部予以裁撤。同时还限制节度使、都团练使的权力，下令除非遇到紧急军情，节度使和都团练使不得擅自征召各州刺史或者暂停其职务，不得自行派员接任，刺史也不得去拜见节度使；刺史出现空缺，节度使不得自行任命，而必须由刺史的高级助手暂时代理。代宗又下令各州招募来的正规军，根据上中下州的不同设定一定的员额，由朝廷供给其家粮食和春冬衣服，这些士兵称之为官家的兵丁；凡是当地临时招募的当地百姓，春夏务农，秋冬集结，只发给本人口粮和酱菜，这些士兵称之为团结兵。自从兵兴以来，各地刺史、县官的俸禄不一，加之元载、王缙随心所欲，徇私枉法，有些地方的刺史每月俸禄有的竟高达一千钱，有的才仅有数十钱，至此，朝廷统一规定了上自节度使下到主簿、县尉的俸禄标准，令多寡平均，上下有序起来。朝廷还派人到各地巡查，监督这项制度的落实情况。

三是提高京官俸禄，提倡勤俭节约。人们一般的心理都愿意在京城繁华之地为官，元载当权时期，担心出类拔萃的优秀人才都集中在京城会夺了自己的位置，出于私心考虑，元载制定了提高外地官员俸禄、降低京官俸禄的措施，鼓励大家都到地方上任职，以致造成京官正常俸禄无法满足家庭日常开支，经常向地方官借贷，也助长了贪污受贿之风。杨绾、常衮当政之后，就建议提高京官的工资待遇，代宗下诏表示同意，朝廷每年拿出十五万六千多钱用于这项开支。在提高京官工资待遇的同时，并不意味着鼓励京官过着奢靡的生活。元载、王缙当宰相时，代宗每天都会给他们送去御膳房制作的御膳，以示恩宠，送去的御膳品种数量都很丰富，足够十个人吃，这一做法遂成为一种制度。常衮、朱泚上奏称："朝廷发给我们的餐费已经够用了，希望取消赏赐御膳。"代宗同意了。常衮又打算辞掉朝廷发放的每年三千六百匹的特别津贴，同僚们纷纷反对，常衮才没坚持。有人竟然对此说怪话，嘲讽常衮说："朝廷给予丰厚的俸禄，是为了礼遇贤才，如果自己没有能力，就该辞职，而不是辞让俸禄。"与朝廷上的常衮相呼应，地方上的段秀实也是一位难得的勤勉节俭的实干家。九月，代宗任命四镇、北庭行营兼泾原、郑颍节度副使段秀实为节度使，段秀实军令简单明了，对下恩威并施，个人清廉俭朴，家无姬妾，不是公务招待从不饮酒听乐。

四是为唯实，杜绝虚夸，关心民生。元载被杀后，代宗仿佛换了一个人，更加务实起来，而常衮为人又非常谨慎小心，事事向代宗汇报，君臣之间合作很好。到这一年秋季下起了连阴雨，河中府的很多盐池都被冲毁了，户部侍郎韩滉基于个人政绩的考虑，恐怕当地的盐户请求减税，朝廷收入减少，就上奏代宗说虽然雨水较多，但并没有造成盐池损失，不仅如此，还生出了预示着祥瑞的天然盐。代宗表示怀疑，就派谏议大夫蒋镇前去查看。蒋镇是前尚书左丞蒋冽的儿子，为天宝进士，与哥哥蒋练都因文学得到重用，虽然其不是元载一党，但在此事上庇护韩滉，查看之后，蒋镇复命说韩滉所说属实，并上书贺喜，请让史官记载下来，还请求修建寺庙，赏赐美名。代宗最终听从了，赐号宝应灵庆池，有识之士都以此为耻，这件事也说明代宗试图移风易俗的改革是非常困难的。虽然韩滉的弟弟韩洄在元载事件中受到冲击，但韩滉因与元载之间关系隐秘，代宗并未将其贬官，但此人对新政一直心存不满，处处与元载的对立面作对。京兆尹黎干上奏称秋雨造成庄稼受损严重，韩滉又上奏称黎干说得不实，代宗命御史前去查看，御史复命说：“有三万顷田地受损。”渭南县令刘澡阿附韩滉，上书称自己辖区庄稼没有受损，御史赵计查看后复命说属实，代宗听后顿时疑窦，说道：“淫雨连绵，渭南与京城相距咫尺之遥，岂能没有受损！”另外派遣御史朱敖前去查看，结果实际情况是受损面积达三千多顷。代宗连连叹息，说道：“县令应该是爱护老百姓的官员，就算没有损失尚且要上报受损的，刘澡竟然不仁不义到了这步田地！”下令将其贬为南浦县尉，将御史赵计贬为澧州司户，但代宗没有继续深究下去，也没有追究韩滉的责任。大历十三年一月十四日，代宗下诏要求毁掉白渠支流上贵族们修建的全部水磨坊，她便有充足的水源灌溉农田。升平公主家（郭暧家）有两座水磨坊，她入宫求见父皇，请求保留下来。代宗说道：“我此举是为了天下苍生，你要理解我的本意，应该带头执行才是。”升平公主听后，当天就命人拆除了自家的水磨坊。

四二七　代宗末年

元载被处死之后，唐朝对外战争依然不断，除了吐蕃仍从陇西和川西方向继续向唐朝发起进攻之外，回纥人也开始向唐朝发起了进攻。大历十二年四月十六日，吐蕃人进攻黎州（今四川省汉源县）和雅州（今四川省雅安市），西川节度使崔宁将敌人击退；九月，吐蕃人又组织了一支八万人的大军进驻原州（今宁夏回族自治区固原市）以北的长泽监（原唐朝牧马地）。二十一日，吐蕃人攻破方渠（今甘肃省环县），挺进拔谷（今地不详）。郭子仪派遣部将李怀光率军救援，吐蕃人退去，二十二日，又进攻坊州（今陕西省黄陵县）。十月七日，西川节度使崔宁上奏称在望汉城（今四川省理县西）大破吐蕃人。同月，吐蕃人又进攻盐州（今陕西省定边县）、夏州（今陕西省靖边县）和长武（今陕西省长武县北），均被郭子仪所部击败。十一月四日，山南西道节度使张献恭上奏称在岷州（今甘肃省岷县）击破一万余吐蕃军队。（按：肃宗上元二年吐蕃军队攻克岷州，怀疑张献恭作战似另有其地。十二月，西川节度使崔宁又上奏称击破吐蕃十万大军，斩首八千级。）

到大历十三年一月，回纥也开始南下，进攻太原。河东押牙李自良对河东留后鲍防建议道:“回纥精兵远来寻战，难以争锋，不如在他们的归路之上构筑两座堡垒，留兵驻守。敌人来到时，坚壁不战，等其军队疲惫士气低落之后，自然就会撤去，届时再出兵追杀。两座营垒在前面抵抗，我大军尾随其后，如此一来一定能够取胜。”但鲍防不从，命令大将焦伯瑜等人率军出城迎战，二十六日，两军在阳曲（今山西省阳曲县）遭遇，结果唐军大败，损失一万余人。回纥军队乘胜大肆劫掠，一直到二月，代州都督张光晟将其在羊武谷（今山西省原平市以北）击败之后，回纥人这才撤去。代宗对回纥人一味姑息，既不调查回纥人入侵的原因，也不实施报复行动，对待他们还像过去一样。

回纥人离去之后，吐蕃人又来了。二月二十二日，吐蕃将领马重英率领四万大军进攻灵州，填塞了灵武周边的汗渠、御史渠和尚书渠的入水口，以破坏朔方军的屯田。三月二十八日，回纥使者从唐朝回国，途经河中（今山西省永济市），朔方军士兵劫掠了他们的辎重，乱兵又趁机大肆抢劫了街市。四月二十八日，吐蕃人再次进攻灵州，朔方留后常谦光将敌人击破。六月，郭子仪上奏称回纥人仍然滞留北方边境，请求派遣邠州刺史浑瑊率兵镇抚振武军，代宗批准。浑瑊北上以后，回纥人才北去。同月，吐蕃大将马重英率领两万军队骚扰盐州和庆州，郭子仪派遣河东、朔方都虞候李怀光将其击退。八月，又有两万吐蕃军队骚扰银州和麟州，劫掠党项部落的牲畜，郭子仪再派李怀光等将将敌人击退。九月，吐蕃一万多骑兵从青石岭而来，进逼泾州，代宗下诏命令郭子仪、朱泚、段秀实各部将敌人击退。

除了吐蕃和回纥的轮番进攻，朝廷内部也出现了一些不和谐的因素。中书侍郎杨绾去世后，中书省没了主官，就由中书舍人崔祐甫主持省务，然而，在门下侍郎常衮看来，他既然是同平章事，是实际上的宰相，就该插手中书省的事务。所以，中书省内的事务，他也给管理了起来，这就与崔祐甫发生了直接冲突。崔祐甫，字贻孙，其父是开元时期黄门侍郎崔沔（有人认为系《陋室铭》的真正作者）的儿子；崔祐甫历任起居舍人、司勋吏部员外郎、御史中丞、永平军行军司马、知本军京师留后。史称：他“性刚直，无所容受，遇事不回”。是个性非常强的一个人，而宰相常衮也是这一类人，两个个性很强的人遇到一起，矛盾在所难免，二人经常因公务闹得不可开交。大历十三年七月，代宗以崔祐甫负责审核吏部人选，崔祐甫每次呈上拟任的官员名单，常衮总是予以驳回，二人屡屡发生言语冲突。当时，陇右节度使朱泚上奏称猫与老鼠同吃一奶，互不相害，以为这是一种祥瑞，常衮率领百官一起向代宗庆贺。唯独崔祐甫拒绝参与，称：“这很反常，是件可吊不可贺的事。”他对代宗说：“物反常即为妖。猫吃老鼠，这是它的天性，猫受人豢养，却不尽职，这与官吏不敢惩治奸邪、边将不敢抵御强敌有什么不同？出现这种情况，主上需要下令执法部门查究贪官污吏，督促边将加强巡逻才是。”代宗深以为然，而崔祐甫的这番话显然让常衮很没面子，二人之间的关系更为恶劣了。政事堂原有一扇后门，通向中书省，便于宰相们前往中书省咨询中书省官员们的意见，由于常衮和崔祐甫关系恶劣，常衮索性命人把这扇后门给堵上了，与崔祐甫不相往来。常衮有鉴于元载时期卖官鬻爵之风横行，凡是群臣举荐的，他一概不许，虽然杜绝了卖官现象，但很多政务也都耽搁下来了。

处死元载之后，代宗还把江西判官李泌召了回来。代宗与李泌谈及元载被杀一事时，说道："朕与爱卿阔别八年之后，才能除掉此贼。幸赖太子揭发其阴谋，不然，朕差一点再也见不到爱卿你了。"李泌回答："臣昔日就曾劝陛下，如果陛下明知群臣中有人心存恶念，就该及时免除其职务，陛下对臣下包容太过，才导致此种局面。"代宗说道："凡事还应考虑十全，不可轻易出手啊。"继而代宗又说："朕曾经当面叮嘱路嗣恭，要他善待爱卿，可是路嗣恭秉承元载之意，把你贬为虔州别驾；路嗣恭平定岭南哥舒晃的叛乱后，给我献上一个琉璃盘子，直径九寸，朕以为是天下难得的宝贝，可是等到查抄元载家，才发现他送给元载的琉璃盘直径有一尺。等到他回到京城以后，朕再与他说道说道！"李泌回答："路嗣恭为人小心谨慎，善于察言观色，畏惧权贵，勤于政务却不识大体。过去他当县令时就很能干，只是陛下对其不太了解，而为元载所用，所以，他对元载很尽力。如果陛下真能提拔他，他也一定会为陛下尽力的。当虔州别驾是臣自己的主意，不是他的罪过。况且，路嗣恭刚刚平定了岭南叛乱，立下大功，陛下岂能仅仅因一个琉璃盘而加罪于他呢？"代宗听后，这才释然了，等路嗣恭回到朝廷以后，代宗就提拔他当上了兵部尚书。李泌回到朝廷之后，又引起了常衮的猜忌，他担心代宗以李泌为宰相，就对代宗说道："陛下很早就想重用李泌了，昔日汉宣帝想以人为公卿，一定要先让他到地方上治理百姓，因此，我建议先任命李泌为刺史，好让他能更好地了解民间的疾苦，等到他取得好的政绩之后，陛下再予以提拔比较好。"常衮说得冠冕堂皇，代宗遂于大历十四年一月任命李泌为澧州刺史。《新唐书》所记稍有不同，称："复为常衮所忌，出为楚州刺史，辞不行，帝亦留之。会澧州缺，衮盛言南方凋瘵，请辍泌治之，乃授澧、朗、峡团练使，徙杭州刺史，皆有风绩。"（按：我们看《资治通鉴》和《新唐书》中所记李泌的事迹，似乎与肃宗、代宗、德宗族孙三代关系都非同寻常，好像肃宗、代宗早就想让李泌当宰相了，只是李泌自己推辞不当罢了。）然而，在肃宗、代宗两朝李泌不仅没有得到高位，而且，要么是被崔圆、李辅国排挤，要么是被元载排挤，要么是被常衮排挤，甚至如今常衮的理由还是让他当地方官锻炼锻炼。不管肃宗还是代宗也总是一一接受，把李泌给赶出朝廷，这很让人费解。其实，这也很好理解，《资治通鉴》和《新唐书》中关于李泌的事迹大多出自他品行不端（与师娘私通）的儿子李繁被赐死前所写的《邺侯家传》，虚美之词在所难免，水分很大。真实的情况可能是：正如《旧唐书》中说的那样，李泌“谈神仙诡道，或云尝与赤松子、王乔、安期、羡门游处，故为代所轻，虽诡道求容，不为时君所重”。不仅士大夫们对李泌评价不高，而且肃宗、代宗、德宗也只是把他看作一个术士而已，长期以来，李泌并未得到三代皇帝的重用，只是到德宗晚年“稍以时日禁忌为意，而雅闻泌长于鬼道，故自外征还，以至大用”而被拜相，即便如此，社会舆论对德宗的这一做法还很不满意（“时论不以为惬”）。另外，《旧唐书》中还说：“初，泌流放江南，与柳浑、顾况为人外之交，吟咏自适。而浑先达，故泌复得入官于朝。”根据《柳浑传》记载，柳浑从至德初年就被外放到江西，直到大历十二年才被拜为袁州刺史，因柳浑与崔祐甫曾是同僚，德宗即位、崔祐甫拜相后，柳浑才受到重用，逐渐升为尚书左丞，而正因为李泌与柳浑私交不错，才得以入朝为官，时间已是数年以后的兴元年间（公元784年）了（“兴元初，征赴行在，迁左散骑常侍。”）。在我们的心目中，李泌是一个皇帝给宰相也不当、只愿优游自适、又才高八斗的洒脱之人，这个形象其实是来源于并不可靠的《邺侯家传》，并不可信。

新宰相常衮当权，郭子仪也赶忙入朝联络一下感情。大历十三年年底，郭子仪回到长安，当时，常衮所带的散官还仅是朝议大夫，又未封爵，郭子仪就建议代宗给常衮加官晋爵，代宗遂特意加常衮为银青光禄大夫，封为河内郡公。郭子仪虽然驻节泾川，相对超脱一些，却无法完全脱离朝廷政争。元载被杀后，郭子仪的女婿赵纵也受到牵连，这似乎也说明元载与郭子仪之间也有着千丝万缕的关系。种种迹象表明，元载被杀后，郭子仪在朔方军中的地位出现了前所未有的危机，这也许正是郭子仪在本年八月独孤皇后下葬时刻意巴结代宗、违背常情进行祭奠的真正原因。郭子仪入朝时，命判官杜黄裳负责军镇事务。杜黄裳，字遵素，进士及第。郭子仪一离开驻地，朔方军将领李怀光就与监军一起阴谋取代郭子仪，史书称，二人伪造了诏书，打算诛杀亲近郭子仪的大将温儒雅等人。杜黄裳当即察觉出诏书系伪造的，告诉了李怀光，李怀光流汗认罪。杜黄裳以郭子仪之命把那些不太听话的将领都调往外地，军中这才安定下来。李怀光取代郭子仪事件十分蹊跷：一是李怀光与监军二人伪造诏书要举事，一般来说，监军都是宦官担任，如果没有朝廷的旨意，李怀光和监军岂敢矫诏剪除郭子仪的羽翼？二是从此事的发展来看，如果李怀光矫诏属实，为何此事不了了之？一方面郭子仪没有追究；另一方面对于李怀光的矫诏大罪，为什么朝廷也未予理会？三是从该事件的两个当事人李怀光和杜黄裳在德宗朝的处境来看，也不寻常。数月之后，代宗去世，德宗继位。德宗继位后，就解除了郭子仪的兵权，李怀光却得到了提拔，被晋升为检校刑部尚书，兼河中尹、邠州刺史、邠宁庆晋绛慈隰节度支度营田观察押诸蕃部落等使，等于取代了郭子仪。而作为郭子仪亲信的杜黄裳则被召回京师，史称受到户部侍郎裴延龄压制，十余年不曾晋升，一直到德宗末年才被提拔为一个闲散的太常卿，因此，这一事件极有可能是代宗或者是厌恶郭子仪的太子李适一手策划的。郭子仪没有坐以待毙，在发生了李怀光事件不久，郭子仪很快就返回了军镇，回去之后，他就下令诛杀了朔方节度副使张昙。一向宽厚的郭子仪竟然诛杀了朔方节度副使这样的高官，史书记载的理由是说张昙是文官，郭子仪认为张昙以自己是武将出身轻视自己，一直怀恨在心，郭子仪的亲信孔目官吴曜遂从中挑拨，郭子仪大怒，遂借口张昙煽动军众，将其诛杀。由于郭子仪诛杀张昙事件就发生在李怀光企图排挤郭子仪之后不久，且郭子仪诛杀张昙的理由又是煽动军众，我们有理由相信二者之间存在一定的联系，显然，张昙煽动军众是为了驱赶郭子仪，可能与李怀光是相互配合的行动。史称，当时掌书记高郢极力劝阻，但郭子仪不听，还把高郢贬为猗氏县丞，此后，郭子仪身边的很多幕僚纷纷称病辞官，郭子仪深感懊悔，将他们都举荐给朝廷，还说："是吴曜害了我！"遂将吴曜赶走了。高郢，字公楚，渤海人。九岁就通晓《春秋》，会写文章。进士及第，历任华阴县尉、咸阳县尉，郭子仪担任朔方节度使后，将他征辟为掌书记。郭子仪一反常态，擅自诛杀节将，举动已形同割据藩镇，其间必有隐情，说明当时朔方军高级军头们已在朝廷的运作下架空了郭子仪，郭子仪诛杀张昙似乎就是在向朝廷表明自己的态度。郭子仪身边的很多幕僚纷纷称病辞官，也绝不仅是因为他们爱惜高郢这么简单，而是人们看到了事态的严重性，纷纷弃之而去，投靠朝廷。

然而，事态并没有继续恶化。

朝廷与郭子仪两方均清楚公开撕破脸皮，对双方来说代价都无法承受，郭子仪最后把罪过推到吴曜身上卸责，朝廷也就不了了之了。总之，在杨绾去世后的一年多时间里，围绕着郭子仪出现了很多不可思议的事情：郭子仪急切地给独孤皇后祭祀；又匆匆赶回长安，巴结常衮；李怀光和监军试图发动兵变；郭子仪返回驻地、擅自诛杀张昙等，这一系列事件当中一定有着某种隐秘的联系。也许，我们可以通过《旧唐书·张镒传》看出一丝端倪：张镒是郭子仪的老上级、朔方节度使张齐丘的儿子，与郭子仪关系甚深，郭子仪当关内副元帅时就曾把张镒提拔成自己的判官，而张镒却与杨绾和崔祐甫私交很好。由此可知，通过张镒这一层关系，郭子仪与杨绾、崔祐甫之间也应该不错；杨绾去世后，常衮和崔祐甫关系恶化，郭子仪处境不稳，朝廷方面打算拿掉郭子仪，这也许就是出现这一系列事件的真正原因吧……

四二八 德宗继位

大历十四年（公元779年），这是唐代宗生命的最后一个年头。

刚过新年，二月十二日，代宗的死对头、魏博节度使田承嗣就去世了。田承嗣有十一个儿子，他却看中了自己的侄儿田悦，遂以田悦掌管军队，由自己的儿子们辅佐。田承嗣死后的次日，朝廷即以田悦为魏博节度留后。田承嗣死后不久，淮西节度使李忠臣又出事了。如前所述，李忠臣贪淫好色，把下属将领们的美貌妻妾都奸淫了个遍，还把军务交给妹夫张惠光全权处理。张惠光小人得志，更是残暴骄横，李忠臣又以张惠光的儿子为牙将，他比他父亲更加暴虐，令淮西军将士们都是敢怒而不敢言。左厢都虞候李希烈是李忠臣的同族侄儿，深受将士们的爱戴，三月六日，李希烈联合大将丁暠等人发动兵变，杀死了张惠光父子，把李忠臣赶出了汴州。李忠臣单枪匹马逃到了京师，代宗因其过去的功劳，任命其为检校司空、同平章事，而以李希烈为蔡州刺史、淮西留后。接着这一事件，朝廷方面趁机又收回了李灵曜事变之后淮西军占领的汴宋原来下辖的汴州、颍州，而以永平节度使李勉兼任汴州刺史，兼管汴州、颍州，移驻汴州。

到该年五月十三日，唐代宗李豫染病，二十一日，李豫下诏命太子李适监国。当天晚上，代宗即在紫宸内殿驾崩，终年五十三岁。代宗遗诏皇太子在灵柩前继位，由郭子仪暂时代理皇家摄政。二十二日，将李豫的灵柩移至太极殿，二十三日，时年三十八岁的皇太子李适继皇帝位，是为唐德宗。到十月十三日，朝廷把李豫安葬在元陵，庙号代宗。唐德宗对父皇感情淡薄，在安葬之前，他也曾装模作样地下诏要违背父皇薄葬的遗命，厚葬代宗，但在令狐峘的建议下，他又顺水推舟表示应该遵从父皇的旨意，予以薄葬；在送葬当天，代宗的灵柩车一度行不当道，稍稍偏西而行，在德宗的追问下，有关单位回复道："陛下本命在午，不敢冲撞。"德宗哭泣说："怎能为自己而让父皇的灵柩绕行呢？"遂命改变方向正南而行。安葬日期只是大概定在七月，具体日期也没选择，准备妥当之后就仓促安葬了，这固然与德宗本人不喜术数有关，但也从一个侧面反映了他与父亲之间的关系。正如王夫之在《读通鉴论》中一针见血地指出："他不具遵，而唯薄葬之言之必从，将谁欺也？"意思是说，你父亲去世后，一改亡父生前的种种举措，唯独说要遵从亡父的薄葬之言，这与很多嗣君违背亡父薄葬遗言，以厚葬表达哀思形成了鲜明对比，你这么做是想欺骗谁呢？令狐峘是唐初大臣、撰写《周书》的令狐德棻的玄孙，进士及第。他家在南山的豹林谷有座别墅，安史之乱时，杨绾避难，就住在他家。令狐峘博学，口才又好，深得杨绾的赏识。等到杨绾担任礼部侍郎后，就把他引入史馆修史。不过，令狐峘为人却不地道，过去，他曾受到刘晏的提拔，刘晏当吏部尚书、杨炎当吏部侍郎时，令狐峘是二人的下属，曾极力巴结刘晏，令杨炎很是不满。后来，杨炎拜相，虽然打击了刘晏等很多对立面，却不知为何唯独对令狐峘不念旧恶，可令狐峘恩将仇报。一次，前宰相杜鸿渐嘱托杨炎让一个叫杜封的士人进入弘文馆当学生，杨炎因为曾是杜鸿渐的部下，碍于情面就给已任礼部侍郎的令狐峘打招呼，令狐峘就让杨炎在杜封的名字下面做个记号。杨炎不知是计，就照办了，结果，令狐峘拿到后，转身就跑到德宗那里告了杨炎一状，称宰相强迫我录取学生，我如果听命于他的话，就辜负了陛下，可是不从命的话，杨炎就会加害于我。德宗问杨炎原委，杨炎如实回答，德宗大怒，说道："此人是奸邪之人！"打算把令狐峘流放了，杨炎苦苦劝阻，最终将其贬为衡州刺史。

《因话录》记载，唐德宗刚即位，表现得非常遵从礼法。服丧期间，曾召韩王李迥一起喝马齿羹，汤内不放食盐和奶酪。一位寡居的皇姨持节入宫，打扮得稍稍浓艳，德宗看了顿感非常不快，后来，这位皇姨再次入宫装饰如礼，德宗这才以礼相待。《刘宾客嘉话录》记载，德宗降生后，肃宗和代宗都不喜欢，但玄宗看后说道："这真是我的后嗣啊！"回头看看肃宗，说道："你不及他。"又对代宗说："你也赶不上他，他像我。"从在位时间和寿命来说，德宗在位二十七年，寿命六十四岁，而肃宗仅在位七年，五十二岁；代宗在位十八年，五十四岁，不论在位时间还是寿命确实均不及德宗，德宗是唐朝历史上在位时间仅次于唐高宗、唐玄宗的皇帝。然而，从选人用人、治国理政等方面来说，唐德宗其实并不比其祖父、父亲高明多少。

唐德宗在即位之初，雄心勃勃，励精图治，试图真正实现帝国的中兴大业，然而，代宗给他留下来的宰辅集团不争气，朝廷内部的政治争斗也日趋激烈。如前所述，虽说常衮也说得上勤勤恳恳，但个性太鲜明，刚强急躁，为政苛察琐碎，又无容人之量，与崔祐甫发生直接的冲突。当时还是为代宗服丧期间，群臣每天一早一晚都要到太极殿上哭泣哀悼，大臣哭吊都有一定的规矩，而常衮哭得死去活来，有时哭完退下后，又返回身来再哭，仿佛眷恋不忍离去似的，让同僚们都不以为然。一次，常衮哭到伤心处，一头倒在地上，随从人员中有人慌忙把他搀扶了起来。这时，崔祐甫就指着常衮对大家说道："臣子在君主灵前哭泣哀悼，还有搀扶的礼仪？"常衮听后，恨的是咬牙切齿。接着，群臣开会商议给代宗服丧多久。常衮认为："根据传统礼仪，臣子要给君主服丧三年，到汉文帝时，改为服丧三十六天。高宗以来，均遵循汉代的规矩，等到玄宗和肃宗去世时，才以二十七天为限。如今，大行皇帝遗诏称：'天下官民，三日之后就可脱下丧服。'古代的卿大夫穿丧服的时间都与主上一样，如今皇帝陛下穿二十七天才脱掉，朝廷群臣也该如此。"虽说在古代，丧礼也非常重要，但毕竟丧服穿几天不是一件关乎帝国安危的大事，然而，既然常衮与崔祐甫有了矛盾，那么，在崔祐甫看来，凡是常衮支持的，自己就该反对，于是，他站出来立刻唱起了反调，说道："先帝的遗诏没有区分朝臣和平民，朝野内外都是帝国的天下，全国范围的官吏们哪个不是诏书上说的'吏人'？既然遗诏这么规定，我们都应该三天就脱去丧服！"二人围绕着这个问题是你来我往，争得面红耳赤，说到激动处，都是声色俱厉，上纲上线，弄得常衮很没面子。会后，常衮越想越气，连夜上书弹劾崔祐甫轻率变更古礼，请求将其贬为潮州刺史。德宗看后，觉得这个处罚太重了，闰五月三日，改为贬崔祐甫为河南少尹（东都洛阳副市长）。

从肃宗时期开始，因天下事务繁多，宰相常有几位，轮流值班，有时有人请假在家，皇帝就让值班宰相代签其他人的名字，从此形成了一种不成文的惯例。如今，虽然中书令郭子仪和检校司空、同平章事朱泚因军功而被封为宰相，但实际上二人并不参与朝政，真正的宰相只有常衮一人，所以，在弹劾崔祐甫的奏表上就代签了二人的名字。崔祐甫被贬之后，郭子仪和朱泚上书替崔祐甫辩护，唐德宗不知就里，感到非常奇怪，就问二人："你们二位才上奏说崔祐甫该被贬官，如今又称他没有罪过，这是咋回事？"二人回答并不知情。唐德宗听后不禁大吃一惊，以为常衮胆大包天，竟然敢公然欺君。五日，群臣身穿丧服站在月华门外，唐德宗从中送来诏书，将常衮贬为河南少尹，后来再贬为潮州刺史（原来他建议贬崔祐甫的官），而任命崔祐甫为门下侍郎、同平章事。仅仅时隔一天，事情就发生了一百八十度的大转折，两人职务互换，令群臣无不张口结舌。崔祐甫行至长安近郊的昭应就回来当宰相了，但群臣穿丧服的时间仍然按照常衮的意见。

唐德宗在给代宗守丧，把军国事务交给崔祐甫全权处理，崔祐甫的请求，德宗没有一件反对的。安史之乱以来，天下大乱，诸将竞相论功，官爵难免混乱泛滥，永泰以后，天下逐渐安定，元载当权时，官由贿成，只要有钱来求官，都能如愿而去，朝廷制度荡然无存。常衮当权后，矫枉过正，只要不是通过科举考试的，不论贤愚，一律不用，权贵们连一点推荐的特权都没了，形同一介平民。崔祐甫拜相后，为了收买人心，大力引荐人才，每天能任命十几名官员，在他担任宰相不足一年里，就任命了八百名各级官吏，这些人任职后，大多反映良好，比较称职。其实，说崔祐甫为了收买人心也有些失当，这是因为，元载被杀后，朝廷为之一空，亟须人才来填补空缺，如果一直按常衮那样墨守成规，是很不合时宜的。又一次，德宗问崔祐甫道："有人批评你任用的官员很多与你沾亲带故，这是为何？"崔祐甫回答："臣屡屡接到陛下的制令，命臣选拔普通官吏，要求对这些人的才能和品行必须做到心中有数。臣只有与其认识，才能对其有所了解，如果与其素不相识的话，岂能了解其才能和品行？臣受到指责的原因大约就来源于此吧！"德宗听后，觉得崔隐甫说得有理——其实，崔隐甫说的是歪理，可德宗智商平平，被其忽悠过去了。

四二九 德宗新政（一）

德宗即位之初，就解除了郭子仪的兵权。

到德宗即位时，郭子仪已位极人臣，兼职很多，主要职务是：司徒、中书令领河中尹、灵州大都督、单于、镇北大都护、关内河东副元帅、朔方节度使、关内支度使、盐池、六城水运大使、押蕃部并营田及河阳道观察等使。史称，郭子仪与李光弼齐名，虽然威严武略不如李光弼，但宽厚得人过之，其麾下老将如李怀光等数十人都成了朝廷的重臣，到郭子仪家还像奴仆一样被呼来唤去。他年薪二十四万贯，这还不算私下收入，妻妾成群，宅邸豪华，生活奢侈，其家在长安亲仁里，宅院占一个里的四分之一，家人有三千人，相互之间很多不认识。《封氏闻见记》记载，词人梁锽所写“堂高凭上望，宅广乘车行”，说的就是郭家，还称，一次，郭子仪出门前，对给自己修房的工匠叮嘱道：“好好把这墙垒好，别让墙不牢固。”那位筑墙的工匠把锤子扔到地上，回答：“数十年来，京城的达官贵人家的墙都是我筑的，我只看到这些人家换来换去，而我筑的墙还都好好的。”郭子仪听后，神色很是忧伤，遂坚决请求退休；郭子仪有八个儿子，七个女婿，孙子数十人，每次孙子们前来问安，郭子仪不能全认清，只是微微点头示意而已。《谭宾录》说，郭子仪“权倾天下而朝不忌，功盖一代而主不疑，侈穷人欲而君子不罪”。

真的如此吗?

当然不是。郭子仪已经年逾八十，其治下政令不肃，代宗很早就有了分割郭子仪权力的打算，但出手谨慎的他思来想去一直没有想出一个万全之策，所以始终没有下这个决心。德宗即位不到一个月，到闰五月十五日，他就趁郭子仪参加国丧之际，采取果断措施，以明升暗降的方式，突然免去了郭子仪兼任的全部实职，尊称其为“尚父”，晋升为太尉、中书令，增加实际封邑满两千户，每月由朝廷发放给郭家一千五百人的口粮，两百匹马的草料；为了安抚郭子仪，德宗还下令给十几个郭家子弟、女婿都晋升了官位。改任河东、朔方都虞候李怀光为河中尹、邠州（今陕西省彬县）、宁州（今甘肃省宁县）、庆州（今甘肃省庆阳市）、晋州（今山西省临汾市）、绛州（今山西省新绛县）、慈州（今山西省吉县）、隰州（今山西省隰县）节度使；以朔方留后兼灵州长史常谦光为灵州大都督、西受降城（今内蒙古自治区乌拉特中旗一带）、定远军（今宁夏回族自治区平罗县东南）、天德军（今内蒙古自治区乌拉特前旗）、盐州（今宁夏回族自治区盐池县）、夏州（今陕西省靖边县）、丰州（今内蒙古自治区五原县）等军州节度使；以振武军使浑瑊为单于大都护、东受降城（今内蒙古自治区托克托县黄河东岸）、中受降城（今内蒙古自治区包头市）、振武军（今内蒙古自治区和林格尔县）、镇北（今山西省北部一带）、绥州（今陕西省绥德县）、银州（今陕西省米脂县）、麟州（今陕西省神木市）、胜州（今内蒙古自治区准格尔旗）等节度使。

十七日，德宗又下诏，称："泽州刺史李鷃进贡一幅《庆云图》。朕认为，只有风调雨顺，国泰民安才叫吉祥；唯有举荐贤良，彰显忠义才是吉兆，至于诸如彩云、灵芝、奇珍、异兽、怪草、嘉木，对世道百姓又有什么益处！现在，朕郑重地布告天下，从今以后，不得再进献此类东西。"皇家庄园管理官上奏称，全国各州的皇家庄园收入一万四千斛租米，德宗下令将其就地分配当地，充作军粮。过去，各国曾陆续进贡训练过的大象，总计有四十二头之多，德宗说："饲养大象费用很大，况且大象又是野生动物，人饲养起来违背它们的天性，又毫无用处。"遂下令将皇家园林内豢养的大象、豹子、山猴、斗鸡、猎狗等全部放归大自然，又将数百名宫女也放出宫去。全国军民听说后，都非常高兴，甚至于李正己所辖的淄青镇的士兵们也有人把武器扔到地上，相互说道："明主出现了，难道我们还要继续背叛朝廷吗？"

俗话说，一朝天子一朝臣。德宗即位后，在挑选自己的宰辅大臣、委任崔祐甫的同时，对代宗一朝的朝廷重臣也予以调整：贬户部侍郎韩滉为太常卿，以吏部尚书刘晏主管度支。过去，刘晏和韩滉分管天下财政，刘晏主管河南、山南、江淮、岭南的财税收入，韩滉掌管关内、河东、剑南等地的财赋，德宗风闻韩滉盘剥太甚，才将其罢免，不久，又把他外放为晋州刺史，数月后改任为苏州刺史、浙江东西观察使。刘晏和第五琦都是理财能手，从第五琦创设食盐专卖以来，到刘晏主持以后，制度更加完备，仅此一项给朝廷增加的财政收入就从至德初年的每年六十万钱到大历末年增加了十倍，大历末年大唐一年的财政收入是一千二百万钱，其中食盐专卖收入就占了一大半。食盐大部分都由水路运输，每运送一万斛食盐朝廷支出七千钱，从淮河以北开始，沿途设置转运机构，挑选干练人才监督管理，没有增加地方州县一点负担。有人对德宗说兵部侍郎黎干与宦官、特进刘忠翼曾经劝代宗册立独孤皇妃为皇后，并以韩王李迥为太子，德宗即位后，黎干曾秘密乘车到刘忠翼家中议事，此事很快就传到了德宗的耳朵里，德宗当机立断，下令将黎干和刘忠翼撤职流放，行至蓝田，又下诏将二人赐死了；不久，德宗又把神策都知兵马使、右领军大将军王驾鹤贬为东都园苑使，任命司农卿白琇珪接替神策军主官，把禁卫军握在自己手上。白琇珪，太原人，出身小吏，曾在李光弼手下任职，勤勉小心，深得李光弼的信任。代宗过去就曾听说过白琇珪，等李光弼去世后，就任命他为司农少卿，后又晋升为司农卿。德宗即位后，召见白琇珪，很快就引为自己的心腹大臣，赐名白志贞，用为神策军使、检校左散骑常侍、兼御史大夫。白志贞善于察言观色，揣摩德宗的心思，德宗也对白志贞是言听计从。王驾鹤掌握禁军十余年，德宗唯恐生变，下诏之日，命宰相崔祐甫亲自与王驾鹤谈心，一谈就是半天，等到谈完，那边白志贞已经上任了。

代宗与德宗关系淡薄，这种微妙的父子关系，使得德宗一直是谨小慎微，在即位之前，身边并没有形成一个稳定而又强大的太子党。因此，即位之后，急于构建自己权力核心的他就显得有些力不从心了，这从他仓促任命崔祐甫、白志贞等人上就可见一斑。崔祐甫年事已高，且体弱多病，德宗还急切地需要物色第二梯队的宰辅人选。德宗征求崔祐甫的意见，崔祐甫就推荐了元载的死党、已贬为道州司马的杨炎，称杨炎有文学才能，德宗也久闻其名，就于八月拜杨炎为门下侍郎、同平章事，同时，还破格提拔怀州刺史乔琳为御史大夫、同平章事。乔琳是太原人，从小父亲去世，成了孤儿，家境贫寒，努力向学，天宝初年进士及第，被任命为成武县尉，后晋升为兴平县尉，又被郭子仪征辟为掌书记，不久拜为监察御史。乔琳为人不稳重，经常与同僚开玩笑，在担任监察御史期间，与另外一名御史玩笑开大了，竟然反目成仇，结果被贬为巴州员外司户，后逐渐被提拔为山南节度使张献诚的行军司马、剑南东川节度使鲜于叔明判官，后为怀州刺史。像乔琳这种既没有显赫的出身，又政绩平平的普通人，骤然被德宗提拔到宰相高位，也从一个侧面反映了德宗急于求治的心境和他急躁的性格。乔琳之所以能够受到素未谋面的德宗的青睐，还得益于一个叫张涉的人的极力推荐。张涉是蒲州人，儒生世家，曾到国子监给学生们讲课，逐渐被任命为国子博士，此人能写一手好文章，号称张万言。德宗当太子时，张涉曾经当过一段德宗的老师，等到德宗即位当晚，就把张涉召入宫中，向他咨询治国之道，第二天就命他待招翰林院，对他非常看重，不久又晋升他为散骑常侍。张涉与乔琳私交很好，当德宗向他征询宰相人选时，张涉就推荐了乔琳，德宗深信不疑，很快就把乔琳提拔到了中央。诏命下来后，朝野一片惊愕。乔琳年老昏聩，耳朵重听，到任之后，德宗有时召见问话，他前言不搭后语，提出的建议也迂腐过时，令德宗非常失望。三个月后，德宗就免去了他的宰相职务，改任其为工部尚书，并开始疏远张涉。不久，有人告发张涉曾经收受湖南都团练使辛京杲的贿赂，德宗遂将其免职，放归老家。德宗即位之初，湖南人王国良聚众造反，德宗派遣都官员外郎关播前去招抚，临行之际，德宗询问为政之要，关播回答："治理国家的关键就是要寻找有道贤人来辅佐，有了人才，国家就好治理了。"德宗说："朕下诏寻找贤良，将亲自进行面试，还派遣使者到各地寻访，提拔那些有才之士，希望会有成效。"关播回答："这些举措只能找到一些能文之士，那些有真才实学的贤人岂肯听到诏书就来应试？"德宗听后很是高兴，就告诉他说："爱卿暂且前去，等你回朝之后再与你谈论政事。"

四三〇 德宗新政（二）

唐德宗一口气提拔了崔祐甫、杨炎、乔琳三个宰相，又任命有功的西川节度使崔宁、永平节度使李勉为同平章事，即“使相”，这是对二人的褒奖。

大历十四年六月八日，唐德宗还下诏要求恢复过去的制度，凡是六品以上的有名望的官员，虽然并非侍从近臣，也令两名每天在皇帝身边值班，以备皇帝随时咨询。这反映了德宗孜孜求治和求贤若渴的急切心态。在德宗这一指导思想的影响下，不少官员也开始对唐朝建立以来的科举制度进行反思，纷纷上书德宗改革选人用人制度，协律郎沈既济就上书德宗，认为：“选举之法，大抵考察一个人德行、才能和工作实绩这三个方面，可是如今我们在选拔人才时对这三个方面都不重视，却只看一个人的书法好坏、履历如何、言语是否得体、举止是否端庄而已。走路稳重、言语舒缓，这并非一个人的德行；辞藻华丽也并不代表一个人有真才实学；每一年的考评都是上等，也不意味着一个人真的有什么工作实绩，仅仅以此来选拔人才，肯定是不够的。如今的客观情况是，很多人都背井离乡，老家不可能予以举荐；不是只有吏部的人才独具慧眼，在选拔人才方面就不可只交给吏部一个部门。我建议：中央五品以上的高官以及各部门的长官人选，由宰相推荐，吏部、兵部主管参与讨论；六品以下的官员以及州县的幕僚，则允许州、府自行征辟，他们征辟不公的，可以由吏部、兵部予以弹劾、追究，这样一来，责任明确，个个用心。如今的办法则是：由吏部选人，放到地方任职，再由地方考察；一旦一个人不称职，去追究刺史的责任时，刺史就会说是吏部任命的，我不敢不用；去追究吏部侍郎的责任时，吏部侍郎就会说那是根据书法、资历考核任用的，我不能保证他以后是否胜任；去追究具体办事人员时，具体任用此人的办事员也会说我是根据用人规则的规定加减得来的，至于其他方面，我就管不了了。大家相互推诿，结果是谁的责任也追究不到。假如这些低级官吏就是当地郡县刺史自己任命的，如果不称职，刺史的罪过又如何逃避？刺史滥用权力，把他革职即可，可是吏部滥用权力的话，就算免去一个吏部侍郎也无济于事。这是因为，天下人才太多，一个吏部也无法全面深入地了解一个人，而各种规章制度又是那么规定的，吏部具体的办事人员只是照章办事而已，也是没有过错的。因此，我建议：从今往后，各道节度使、都团练使、观察使、租庸使，他们有权自行选拔判官、副将以下官吏，就算其中有些人情，大抵上十分之七的人选会是合格的。这种自行选官的办法其实在中央一级早已施行了，只是还没有普及地方罢了，两种办法的利弊非常明显：假如各使的幕僚都是吏部选拔的话，岂能肩负起镇守一方、征收税赋的重任呢？”吴既济是唐代较为有名的小说家和史学家，传世作品有唐传奇《枕中记》和《任氏传》；另著有史学作品《建中实录》，已失传。吴既济说的自然是唐朝选人用人的实情，然而，以朝廷任用地方佐官，除了治理百姓之外，其实还有另外一个与刺史共治的意思，是中央朝廷人事权的具体体现，也是防止地方割据的重要举措，如果按照吴既济的说法，中央将很快就失去对各地的有效控制，吏部弹劾将是一句空谈。德宗正欲大力加强中央集权，对于这种只看到事情一个方面而不及其余的迂腐之论自然是不会采纳的。

德宗即位之初就非常勤政。代宗后期，朝廷办事效率低下，很多事务都是一再拖延，各国使者和各地派来进京的奏事官常常滞留在京，有的甚至在京城一待就是几年事还没办完，朝廷还专门在右银台门修建了一座招待所，专门安排这些人。招待所内还住了一些直言上书冒犯了皇帝的人、一些被罢官还未另行安置的人，有人一住就是十年。这批人一直保持在数百左右，再加上他们的奴仆、家畜，每年都要耗费朝廷大量资财。唐德宗早知其中的弊端，即位后，他下令有关部门着手治理此弊：被囚禁的予以释放；办完事的打发回去；该任用的予以任用，每年为朝廷省下粮食一万九千两百斛。大历十四年六月一日，唐德宗下诏大赦天下，同日，他还下诏称：“天下有冤情的人，如果州县不管，可以直接到中央三司使（御史台、门下省、中书省）申诉；三司各派一名御史中丞、中书舍人、给事中，每天在办公室受理案件。经过三司使审理仍然认为有冤屈的，可以敲登闻鼓（自晋朝以来，皇帝为了让百姓申冤，特意在皇宫门前设置登闻鼓，一旦百姓敲登闻鼓，皇帝就必须亲自审理此案）。另外，从今往后，不得再向皇帝呈报增修寺庙、道观，也不得再申请剃度和尚、尼姑。”此令一下，一时间，前来敲击登闻鼓的百姓非常之多，让德宗忙不胜忙。右金吾将军裴谞上书认为：

“这些敲击登闻鼓的百姓为的全是些鸡毛蒜皮之事，如果这些事情全都由皇帝一人亲自处理，那还要各级官吏干什么呢！”于是，德宗又把这些案件全都交给有关部门处理了。裴谞见各级执法官员往往舞文弄法，凭一己好恶，任意轻重量刑定罪，又编写了《狱官箴》以示警诫。

裴谞是玄宗时期的名臣裴宽之子，为人通达洒脱，曾任京兆仓曹参军。安史之乱中，裴谞陷于敌手，由于史思明曾是裴宽的部下，对裴谞很是看重，常称其为郎君，任命其为御史中丞。但裴谞身在曹营心在汉，利用自己的身份保全了很多李唐宗室子弟，还经常偷偷将叛军的情报送给唐军。一次，此事不幸败露，气得史思明连声责骂，几乎杀掉裴谞。唐代宗广德元年，吐蕃入寇，代宗避难陕州，当时满朝文武四散逃匿，唯有裴谞带着官印徒步赶赴行营，代宗曾感叹道：“疾风知劲草，裴谞果然堪当大任！”曾欲提拔他为御史中丞，却受到元载的阻扰，改任为河东租庸使、盐铁使。永泰元年，裴谞入朝奏事，代宗一见面就询问他河东全年的收入情况、盈利如何，裴谞装聋作哑，迟迟不答。代宗很是纳闷，一再追问，裴谞才说：“我正想事呢。”代宗有些恼火，就问他想什么。裴谞答道：“臣从河东到京师，一路三百余里，由于灾害，所到之处庄稼都还没种上，百姓忧愁痛苦，束手无策。臣原本以为陛下会以苍生为念，见到我后会问及百姓的疾苦，可是哪曾想陛下会问朝廷的盈利是多少。孟子说过：‘治国者，仁义而已，何以利为？’所以，臣刚才未敢马上回答陛下。”当时代宗听后深受感动，说道：“如果你不说，我是听不到如此忠直之言的啊！”遂改任其为左司郎中。德宗即位后，意欲重振朝纲，依法治国，满朝文武无不规规矩矩，不敢越雷池一步。代宗丧事结束后，还没有取消禁止宰杀牲畜的命令，郭子仪的一个奴仆违背禁令，偷偷杀羊，送入城内，让郭子仪吃。裴谞发现后，立即上报德宗予以惩处。有人私下劝裴谞说：“尚父郭公功盖天地，你就一点都不给他个情面吗？”裴谞回答：“这正是我在给郭公一个情面啊！郭公立下大功，德高望重，皇帝刚刚即位，认为满朝文武都依附郭公，所以我才故意揭发他一点小错，以说明郭公的威势并不足为虑。我这样做，上尊奉天子，下让大臣安全，难道不是可以的吗？”

德宗即位后，改变了其父代宗生前的很多做法。在安葬其父时，德宗曾经下诏称：“皇家陵墓以及安葬仪式，务必优厚，朝廷财政部门要竭尽全力供应花销。”诏书下发后，刑部员外郎令狐峘就上书劝谏道：“臣认真阅读了先帝的遗诏，其中要求办理后事务必节俭，如果厚葬先帝的话，这岂是先帝遗诏中的本意？”德宗下诏答复，说了很多冠冕堂皇的话后，又说：“你的奏疏不仅仅是正中朕的错误，还成全了朕的美德，朕岂敢不听到正义之言而马上改变呢？”遂下令薄葬代宗。如前所述，薄葬其父，的确有父子二人关系淡薄的因素，但德宗即位之初，大力提倡节俭，意欲移风易俗，以此率先垂范，身体力行，也不能不说是德宗薄葬其父的另外一个因素吧。

四三一 德宗新政（三）

德宗一度还打算废掉包括其父在内唐朝历代君主冗长的谥号。

礼仪使、吏部尚书颜真卿上书说："上元年间，武曌掌握朝廷大权，才开始增加祖宗的谥号，到玄宗末年，奸臣当权，祖宗谥号有的竟然增加到了十一个字。根据周礼，有文王、武王，有文就不称武，有武就不称文，这难道说文王就没有武德，武王就没有文德了吗？这是因为后世突出祖先最具有的品德而已，所以说，谥号中的字多也不意味着就是褒扬，字少也不代表就是贬低。如今，祖先的谥号字数太多，与古代谥法不合，请求从中宗以上只用他们最初的谥号；以下，睿宗称圣真皇帝、玄宗称孝明皇帝、肃宗称宣皇帝，省去虚浮之词，崇尚质朴。"德宗命百官讨论，儒学之士都同意颜真卿的意见，唯独兵部侍郎袁傪出身武官，反对说："陵墓内的家谱名册，早已刻好，这可不能轻易改动。"其实，陵墓内的家谱名册用的都是最初的谥号，可是，大家对此也都是糊里糊涂的，此事也就不了了之了。

大历十四年七月五日，德宗下令将元载、马璘和刘忠翼三家豪华的宅院予以拆除。玄宗天宝年间，虽然王公贵戚们也曾竞相修建豪华宅邸，但在围墙、房屋的高度等方面还遵循制度要求，不敢擅自逾越。即便如此，李靖家的家庙还被杨家霸占，当成了自家的马厩。安史之乱以后，高官们视各种法令、制度为无物，朝中大臣、方镇大员、得势宦官竞相修建宅第，还相互攀比，看谁家的更豪华，当时就被世人形容为"木妖"。德宗一直对这种情况十分反感，所以下令将最豪华的这三家予以拆除，还责令马璘的子女们把自家的园林上交朝廷，称之为奉成园。六日，德宗又下令削减各地向皇宫进贡的丝绸一千匹以及数千杂项。十三日，德宗再度下诏要求在京师的回纥等各国胡人仍然穿戴本国服饰，不得再穿汉族衣裳。滞留在京师的回纥人常常有上千之多，其他国家的胡人又是回纥人的两倍多，这三千多人往往与汉人杂居在一起，还享受着朝廷的供应，他们经商谋利，修建宅第，日益骄横，官吏又不敢多问，有人穿着汉人衣服，骗娶汉女为妻，为了明辨华夷，德宗遂予以禁止。二十四日，德宗下诏解除酒专卖，允许百姓自由经营，并不再收税。

谁都知道，安史之乱后，唐朝最大的隐患就是幽州镇、成德镇和魏博镇这所谓的“河朔三镇”加上淄青镇、山南东道镇，这五个镇割据一方，形成了国中之国，唐德宗即位后最大的愿望就是消除这五个藩镇，实现真正的统一。然而，这五个藩镇之间盘根错节，已独立了二十年，要想削藩谈何容易！代宗一朝内忧外患，一直难以兼顾，与回纥虚与委蛇、委曲求全，与吐蕃连年拼杀，到晚年也曾试图消灭魏博，但终因中央无法投入大量兵力，主要还是依靠中原、河朔镇的兵力而功败垂成。攘外必先安内。德宗即位后，清醒地认识到要想削藩，就必须先与吐蕃搞好关系，这样才能避免陷于两线作战的窘境，中央朝廷也才能把防御吐蕃的军队东调，投入平乱前线。对于半独立状态的藩镇来说，唐朝中央朝廷直接控制区就是内，因此，实现清明政治就理顺了内部关系，而对于削藩这一重大举措来说，与吐蕃搞好关系又是外。白居易《新乐府·西凉伎》：“平时安西万里疆，今日边防在凤翔。”代宗一朝，吐蕃人多次派使者来谈判，但也许是因为其赞普与掌权的大臣之间政见不同，双方多次谈判都无疾而终，吐蕃人还是不停地向关中发起进攻，代宗一怒之下，将其使者全部扣留了下来，前前后后有八批，有的人竟然老死在长安；将战场上俘获的吐蕃俘虏也都流放到了炎热的长江和岭南一带。德宗即位后，为了搞好与吐蕃的关系，即于大历十四年八月以随州司马韦伦为太常少卿，出使吐蕃，并将扣留的吐蕃使者以及吐蕃俘虏共计五百人，赏赐给他们体面的衣服全部予以释放。韦伦是开元天宝时期朔方节度使韦光乘的儿子。年少因门荫被授予蓝田县尉，因为官勤勉被杨国忠提拔为铸钱内作使判官，杨国忠负责铸钱一事，常征调农夫进厂铸钱。这些农夫不懂工艺，不仅生产效率低下，还经常受罚，韦伦建议用重金聘请手工业者，收效显著。安史之乱后，韦伦随唐玄宗一起入蜀，度支使第五琦举荐韦伦有才能，被朝廷任命为商州刺史、充荆襄等道租庸使。康楚元叛乱后，韦伦发兵生擒康楚元，因功被拜为卫尉卿。乾元三年，襄州大将张瑾杀了节度使史翙，朝廷原本任命韦伦前去平叛，但由于韦伦没有拜谒掌权的李辅国，临时又被改任为秦州刺史。当时，吐蕃连连进攻关中，秦州首当其冲，又兵微将寡，所以连连失利，韦伦也被贬为巴州长史。代宗即位后，韦伦被提拔为忠州刺史，但宦官吕太一之乱时，吕太一以反间计成功诬陷了韦伦，韦伦又被连贬为信州司马、虔州司户、随州司户、随州司马，在洪州过了十几年的寄食生活。

然而，树欲静而风不止。韦伦尚在前往逻些（今西藏自治区拉萨市）的途中，吐蕃就又从南方向唐朝发起了新一轮的攻势。大历十四年十月一日，吐蕃联合南诏出兵十万，兵分三路，一路朝茂州（今四川省茂县），一路朝扶州（今四川省九寨沟县）、文州（今甘肃省文县），一路朝黎州（今四川省汉源县）、雅州（今四川省雅安市）杀来。此时，南诏国王阁罗凤已经去世，其儿子凤迦异早死，孙子异牟寻继位。南诏背叛唐朝之后，趁安史之乱之际，越过金沙江，逐渐吞并了唐朝的巂州（今四川省西昌市）和会同军（今地不详），又征服了西面的寻传蛮。[①]有一个叫郑回的人，老家在相州，天宝中明经及第，被授予巂州西泸（今四川省西昌市西南二十五里）县令，巂州陷落后，郑回被俘。当时的南诏国王阁罗凤见郑回有学识，就将其改名蛮利，对他非常敬重，命他当了儿子凤迦异的教师，凤迦异死后，又教异牟寻。等到异牟寻继位后，异牟寻又让他教自己的儿子寻梦凑。不论异牟寻还是他的儿子寻梦凑，犯了错误，郑回都有权杖打。郑回不仅是凤迦异族孙三代的老师，还当上了南诏国的宰相，南诏国的宰相一共有六个，称为清平官，但由于郑回资格很老，大家对他都很尊重，其他五人一旦有错，郑回也总是将他们杖打一顿，南诏国上自异牟寻下到一般百姓都非常害怕他。南诏归顺吐蕃之后，吐蕃人常常向他们征收重税，还在险要地段构筑城堡，每年都要征召南诏军队前去镇守，让异牟寻很是不满。郑回见状，趁机对异牟寻说道："过去我们南诏曾经归顺唐朝，大唐是礼仪之邦，对南诏很是优待，从不索取财物。如今，假如我们重新归顺唐朝，既没有再去远方戍守之劳，也不会再有苛捐杂税之苦了，这对我们非常有利。"异牟寻连连称善，但一直苦于没有机会。此议持续了十余年，为后来南诏重新归附唐朝埋下了伏笔，此是后话，暂且不表。

回过头来继续说吐蕃和南诏这次对四川地区的进攻。发起这次进攻的背景是

① 按：寻传蛮源于氐羌民族，属乌蛮种类；唐时为南诏所统，居于南诏国境之西，主要分布在澜沧江上游以西至伊洛瓦底江上游的恩梅开江和迈立开江一带，与氐羌民族的裸形蛮和百越民族的金齿关系紧密。其经济发展较为落后，过着游猎生活，尚处于缓慢发展的原始社会。

西川节度使、同平章事崔宁的离川。崔宁驻守西川十余年，自恃地险兵强，生活非常奢侈、淫荡，他像淮西节度使李忠臣一样，把部下的妻妾奸淫了个遍，但其人善于用兵，也屡立战功，为巩固大西南做出很大贡献。所以，朝廷虽然对其忌惮，但也不便苛责。德宗即位后，晋升其为同平章事，将其征召入朝，不久就又加封为司空、兼山陵使，后又代替乔琳当上了御史大夫、平章事，成为真正意义上的宰相。崔宁之所以离开四川入朝，一方面是德宗以宰辅为诱饵；另一方面在于杨炎。杨炎出自元载之门，而崔宁早就极力巴结元载，如今杨炎当上了宰相，二人有了这一层的渊源，崔宁自然乐意入朝了。然而，崔宁当上御史大夫不久就与杨炎发生了矛盾，崔宁长期在地方任职，不熟悉朝中事务，他自以为御史大夫有权举荐御史，遂没有与杨炎商量，就直接向德宗推荐了李衡、于结等人，杨炎知道后勃然大怒；杨炎还多次在德宗面前说刘晏的坏话，崔宁又屡屡解救，二人遂势同水火。

吐蕃人知道崔宁离川之后，就向西川发起了这次攻势。吐蕃统帅对部下说："我要将蜀地作为我的东府，凡是能工巧匠都送到逻些，一年可以征收一些细绢。"崔宁离开成都之后，其部将无力抵御吐蕃的进攻，吐蕃、南诏联军接连攻陷西川州县，刺史纷纷弃城而逃，百姓则逃到深山老林躲避。消息传来，德宗非常担忧，打算派崔宁回去，然而，杨炎担心崔宁会怨恨自己，一旦放虎归山，恐怕难以驾驭，就对德宗说："蜀地富饶，自从崔宁控制之后，朝廷就丢掉了这块宝地，已经有十四年之久了。崔宁虽然入朝了，但那里还有一支完整的守军。西川各种赋税和贡品都不上缴朝廷，这与没有蜀地没有什么两样。昔日，崔宁与诸将地位相同，仅因其发动叛乱而获取高位，他对下纵容，就是为了保全自己的地位，其声威并不为部下所接受。如今就算把他放回去，也一定不会取胜，一旦他回去取胜，以后更没有理由再把他调回了。如此一来，我军战败了，固然会失去富庶的蜀地；就算取胜，也同样会失去蜀地，请陛下三思。"德宗就问杨炎："那该怎么办？"杨炎建议道："请陛下不要放回崔宁。如今朱泚率领的数千范阳精兵就驻扎在京师近郊，命令他们与禁卫军一起火速入川，定能取胜。我们趁此战把效忠朝廷的军队派驻蜀地，蜀地的将领们必然不敢妄动，再派遣亲信大将前去镇守，这样蜀地千里沃土就又重新回到了朝廷的怀抱，这是因此次小祸害而获取大利益的良机啊！"德宗说道："太好了！"遂留下了崔宁。虽然猛将、泾原都兵马使李晟在盐仓之战中曾经救过马璘一命，但马璘生前嫉恨泾原都兵马使李晟的威名和功劳，就派他入京，让他当上了右神策军的都将。这一次入川，德宗调派了四千名禁卫军，命李晟统领，又调发五千邠州、陇右、范阳军队，以金吾卫大将军曲环统领，两军共计九千人赶赴蜀地救援。曲环，陕州安邑人。其父曲彬，为南使正监，遂在陇右安家。曲环自幼熟读兵书，以勇敢骑射而闻名。天宝中，曲环追随哥舒翰攻克石堡城，收复黄河九曲、洪济等城，被晋升为果毅别将。安禄山谋反之后，曲环追随襄阳节度鲁炅守邓州，击败敌将武令珣，曲环战功最多，被破格晋升为左清道率。后来，曲环又追随李抱玉守河阳南城，又率军驻守泽州，击败敌骁将安晓，被朝廷拜为羽林将军。此后，曲环又随诸军一起讨伐史朝义，平定河北，逐渐晋升为金吾卫大将军、并同正员，随李抱玉驻军京西，防御吐蕃。大历年间，曲环驻军陇州，屡屡击退吐蕃军队的进攻，被朝廷晋升为特进、太常卿。

四三二　德宗新政（四）

吐蕃军队的战斗力根本无法与唐军相提并论。

在过去的历次交手中，吐蕃人一直处于下风，只是因为唐廷内乱频仍，吐蕃人才得以逐渐蚕食了唐朝河西、陇右之地，把触角逼近关中近畿。即便如此，唐军依然总是能够以少击众，把吐蕃人打得落花流水，这一次同样如此。

唐军生力军到来后，立即向吐蕃、南诏联军发起反攻。东川（治所在今四川省三台县）军队从江油（应为江油戍，在今四川省江油市东）直扑白坝（今四川省广元市以北），与山南西道（治所在今陕西省汉中市）之军南北夹击，将敌人击败。继而，范阳之兵乘胜追击，在七盘（今四川省旺苍县东南）再次将敌人击败，并乘胜收复了维州（今四川省理县）和茂州（今四川省茂县）。李晟率领神策军继续向西南杀来，一路穷追猛打，他们越过漏天（今四川省雅安市境内），攻克飞越（今四川省汉源县西北），扫清肃宁（今地不详）三座城池，一直打到大渡河以西，又将敌人击败。唐军战果共计斩首六千，生擒六百，多半敌人负伤。仓皇而逃的吐蕃、南诏联军饥寒交迫，跌落悬崖摔死、饿死、冻死的就有八九万，几乎全军覆没，李晟镇守成都数月之后才凯旋。吐蕃酋长又是后悔，又是恼火，迁怒于劝说他们入侵的向导身上，将其人杀死；南诏王异牟寻也担心受到唐军的进攻，吓得赶忙组织人力在国都附近修筑了一座方圆十五里的新城——苴咩城（今云南省大理市），迁居到新城里。吐蕃人加封异牟寻为日东王。

杨炎留下崔宁之后，二人交恶。为将崔宁排挤出京，杨炎借口北方边境需要大臣镇抚，遂建议德宗以京畿观察使崔宁为单于、镇北大都护、朔方节度使，镇守坊州（今陕西省黄陵县）；又以荆南节度使张延赏为西川节度使，以消除崔宁在西川的势力。崔宁出京之后，杨炎又提拔灵州盐州节度使都虞候杜希全为知灵州、盐州留后；以代州刺史李光晟知单于、振武等城、绥州、银州、麟州、胜州留后；以延州刺史李建徽知鄜州、坊州、丹州留后。根据惯例，只有在主官不在镇时，才设置留后，如今崔宁已经到任，杨炎却设置留后，很显然是要分崔宁的权，并且，杨炎还给予杜希全等三人直接向朝廷上书言事之权，还暗示三人留意崔宁的过失，以期将崔宁置于死地。

吐蕃人起初听说唐朝放归了他们的俘虏，根本不信，等到韦伦进入吐蕃国境之后，都非常感动。这些俘虏回到各自的部落后，都说："新天子放出宫女，放出珍禽异兽，英明圣德，遍于中国。"赞普乞立赞（又翻译为墀松德赞、乞黎苏笼猎赞。安史之乱爆发的公元755年即位，到公元797年去世）非常高兴，下令洒扫道路，迎接韦伦。见到韦伦后，乞立赞说道："我起初不知道你要来，心里还有三个怨恨，你看该如何是好？"韦伦回答："我不知道赞普这话的意思是什么？"乞立赞接着说："我不知道大国国丧，现在派人去凭吊却太迟了，这是一个遗憾；其二，是不知道安葬日期，未能送去丧事用品；我不知道现任天子舅舅已经登基，还发出三道军队入侵。如今灵武方面的军队已经接受命令，停止了军事行动，可是山南之兵已经进入扶州和文州，蜀地之兵已经奔赴灌口，追不上了，这是第三个遗憾。"于是，赞普派人带上礼物回赠唐朝，不到二十天就赶到了唐朝。蜀地大破吐蕃、南诏之军后，有关单位请求按照旧例把这些俘虏沦为奴隶，德宗却说："已经约和了，岂能再反悔？"蜀将上书称："夷狄言而无信，如豺狼一般，不可放归俘虏。"德宗回复道："夷狄侵犯边境，就发兵打击；既然他们已经臣服，就放归他们的俘虏。出兵迎击是展示王朝的军威，释放俘虏是显示我们的信义，如果我们没有军威和信义，将如何招徕远方之人呢？"遂下令给每人两匹布帛、一套衣服，将其放归。［按：截至目前，吐蕃赞普世系为：松赞干布（公元629—650年在位）、芒松芒赞（公元650—676年在位、松赞干布之孙、共日共赞之子）、赤都松赞（又名杜松芒波杰、都松芒布结、器弩悉弄，芒松芒赞之子，公元676—704年在位）、弃迭祖赞（又称弃隶缩赞、赤德祖赞、尺带珠丹、梅阿迥，赤都松赞之子，公元704—754年在位），现任的赞普乞立赞就是弃迭祖赞的儿子，他在位期间，重用三尚（尚野悉、尚悉东赞、尚赞摩）、一论（论悉诺，即马重英），趁着唐朝安史之乱大量兼并唐朝的土地，给唐朝带来极大的威胁。北接回纥，西抗大食，东服南诏，南征天竺，立碑于恒河北岸，是吐蕃最为强盛的时期，到其后期，由于权臣当道，吐蕃开始由盛转衰。］

德宗主动结好吐蕃，取得了初步成效，然而，中国北方的局势越来越严峻起来。德宗对回纥人非常反感，这源于十余年前的一件让他刻骨铭心的往事：那是宝应元年，当时还是雍王的李适，其曾祖父唐玄宗和祖父唐肃宗刚刚驾崩，父亲代宗也才继位，遂任命他为天下兵马元帅，与回纥可汗一起进攻史朝义。在陕州时，李适带上数十人渡河与登里可汗见面，不知出于什么原因，登里可汗借口李适不向自己下拜，将随从李适的唐军参谋部主要干将全部杀死，还差一点要了李适的性命。这件事让李适终生难忘，也对回纥人始终没有什么好感。德宗对回纥的态度，回纥人也是心知肚明。代宗去世后，德宗派遣中使梁文秀前往回纥汗国通报丧事，登里可汗非常骄横，对使者态度傲慢。昔日，回纥民风淳朴，君臣之间等级并不分明，所以上下同心，军队所向无敌。等到回纥人帮助唐朝平定安史之乱后，唐朝赏赐给他们很多财物，登里可汗开始妄自尊大起来，感觉住在帐篷里很不舒服，就命人修筑宫殿供自己居住，宫中的妇女们也逐渐生活奢侈，衣着华丽，涂脂抹粉，虽然唐朝为之虚耗，而回纥的民风也随之变坏。当得知代宗驾崩的消息之后，依附于回纥的九姓胡人就有人劝说登里可汗趁唐朝国丧之际倾国南下，可以获取巨大利益，从代宗晚年开始，回纥与唐朝之间就已经摩擦不断了，根源就在于双方之间的贸易无法让回纥人满足。所以，九姓胡人一说，登里可汗就答应下来，准备大举南下，可是，在回纥汗国内部对此意见不统一，相国顿莫贺达干是登里可汗的堂兄，永泰元年郭子仪与回纥人在泾阳盟誓，顿莫贺达干也曾参与此会，是回纥汗国中的亲唐派，他对登里可汗说："唐朝是一个大国，没有做对不起我们的事，前年我们却进攻太原，缴获了数万马牛，可以说是大获全胜。然而，由于路途险阻，等到我们撤回国内，这些牲畜死亡殆尽，如今假如不能取胜，我们该怎么办呢？"登里可汗不听。回纥汗国很多人也不愿再战，顿莫贺达干顺应人心，趁机举兵发动叛乱，将登里可汗杀死，并杀掉登里可汗的亲信以及建议登里可汗南下的九姓胡人共计两千余人，遂自立为合骨咄禄毗伽可汗。此事发生在德宗即位后不久，到德宗建中元年（公元780年），合骨咄禄毗伽可汗派遣大臣聿达干与梁文秀一起来到唐朝，拜见德宗，自愿充当唐朝的附属国，等待唐朝的册封。该年六月，唐德宗派遣京兆少尹源休出使回纥汗国，册封合骨咄禄毗伽可汗为武义成功可汗。

德宗在即位之初就神奇地搞定吐蕃和回纥，唐朝外部环境大为改观了。

四三三 德宗新政（五）

德宗继位之初，还一改代宗宠信宦官、信佛佞佛的作风。

代宗时期，去各地出公差的宦官，向地方上索贿受贿，代宗是睁一只眼闭一只眼，甚至鼓励他们向地方上伸手。一次，代宗曾派一名宦官去嫔妃家里赏赐财物，这名宦官回宫后，代宗还问这家人赠送给宦官多少钱，宦官如实回答后，代宗觉得这家人送给宦官的钱太少了，颇为不快，觉得是对自己的不尊重。这位嫔妃听说后，很是害怕，赶忙拿出自己的私房钱，给宦官补上。由于代宗的一味纵容，宦官们更是肆无忌惮，公然索取贿赂，宰相们专门在办公室内存有钱，皇帝通过宦官赏赐一件东西，传达一个口令，负责跑腿的宦官都不会空手而归，这已成惯例；这些宦官到了地方上，更是作威作福，所过之处经常用正式的公文开列索要的财物，与朝廷征收的赋税相差无几，往往是满载而归。德宗即位后，曾派宦官邵光超前往淮西赏赐给李希烈节度使旌旗和符节，李希烈赠给邵光超奴仆、马匹以及七百匹丝绸、两百斤黄茗（茶叶）。等到邵光超回京后，德宗得知此情勃然大怒，下令将其重打六十，然后流放到边地。此事后，那些还未回京的宦官都吓得赶忙把所得贿赂偷偷扔到山谷之中，别说索要了，就是地方官主动赠予，也无人再敢接受了。

东川观察使李叔明，原名鲜于叔明，是鲜于仲通之弟，二人都是轻财好施，能文能武。代宗晚年，有个姓严的人上书称鲜于叔明本姓严，因父母早亡，才养于鲜于家，请求将他改回严氏，鲜于叔明原本不知此情，觉得很是羞耻，就上书代宗请求赐给国姓，于是代宗就给他赐姓李。德宗即位后，李叔明上书称：“佛道二教，对现实生活没有益处，请求加以沙汰。东川的寺庙和道观，请定为二等：上等的寺庙里只保留二十一名僧人，上等的道观里只保留十四名道士，每等少七名，都要挑选真正有道行的人留下，其余的都勒令还俗。没有名气的寺庙和道观都要废弃。”德宗回复道：“叔明的这一建议，不仅适用于剑南一道，而且是可以适用于全国的。”遂让尚书们集体讨论。都官员外郎彭偃遂上书建议道：“君主治理天下，能够改变人心的最好，其次则顺应人心，不变也顺，因循守旧者为下。所以没有真知灼见，就不能行非常之事。如今，陛下维新政治，为万代之法，如果不改革旧俗，令归于正道，是不行的。当今的道士们大多有名无实，世人也不太看重他们，所以他们对政治的影响力还非常有限，唯独和尚尼姑则十分混乱。自从西方宗教传播到中国之后，距离世尊时间久远，以致大唐之间，期间前代帝王曾屡屡禁佛，这难道是这些帝王如此痛恨和尚行善吗？主要是因为他们惑乱人心太甚了！佛教的出发点在于清静无为，如果以色相展示，就是邪法了，开悟只有一个法门，所以被人比作外道，何况如今的出家人都是些智慧低劣之人。即便他们志行高洁，对于君王治国而言也毫无用处，何况佛道中人不少是为了逃避朝廷的徭役，甚至于犯下杀人、盗窃、奸淫的大罪呢？李叔明的建议虽好，但臣担心奸吏从中舞弊，留下的未必就是高僧，起不到应有的作用。臣听说天生万民，都要去干事，到处流浪，骗吃骗喝，这是君王所严禁的，所以，有才能的人享受俸禄，没有才能的人缴纳赋税，这是自古以来的规矩。如今的僧道，不耕作就有吃的，不织布就有衣服穿，四处说些吓人的话迷惑愚蠢之人，计算下来，一个僧人一年费用需要三万多钱，五个壮丁缴纳的赋税还不够，以此算天下僧人的消耗，数量可想而知。陛下日理万机，为的就是为万民除去祸害，这一祸害不除，将如何去治理国家？臣请求：不满五十岁的僧道，每年要向朝廷缴纳四匹绢；不满五十岁的尼姑和女道士每年缴纳两匹，其余杂役与平民百姓一样。有才能的可以入仕为官，想要还俗的随便，只要能向朝廷缴纳赋税，就算他当个和尚又有何妨？臣私下计算下来，这一项收入不下现有全国赋税的三分之一，如此一来，陛下的国库就充裕了，苍生的祸害也消除了。那些年满五十岁的，臣请求免除他们的徭役。孔夫子说过：‘五十而知天命。’列子也说过：‘不斑白，不知道。’人到了五十岁，贪欲已减少了，就是不出家，内心也接近了大道，何况有戒律约束其性情呢？臣认为，如果此令已下，那些本来出于规避徭役而出家的僧道会有一多半还俗，剩下那些年迈精修的出家人也一定都会成为真正的大师，如此，则道教和佛教自然更加受人尊重了。”群臣讨论后都觉得可行，德宗也予以认可，但执政大臣觉得此议涉及面太广，影响面太大，遂搁置下来了。

德宗还非常关注朝廷的财税收入。按照旧例，全国每年的税收都储存在左藏（中央的仓库），每一季都由太府官员向皇帝汇报收入情况，由比部（审计部门）现场核对，等到第五琦担任盐铁使和度支使时，当时京城里都是些权势显赫的大将，经常到他那里索取财物，相互攀比，毫无节制，让第五琦应接不暇，但他又不敢得罪他们，就上奏皇帝请求把国库财产都放入大内仓库，由宦官负责管理。时间一长，皇帝也觉得这样自己使用起来也很是方便，就延续了下来，朝廷的财产遂成了天子个人的私房钱，就连主管部门也不知道国库里究竟有多少钱，这种情况在代宗朝持续了将近二十年。主管国库的宦官就将近三百多名，他们肆意侵占国库财物，相互之间结成牢固的利益集团，盘根错节，外人无法撼动。针对这一弊端，杨炎担任宰相后，决心扭转这一局面，他郑重地在德宗面前叩头上奏道："财税收入是一个国家的命脉，人民生活的基础，社会稳定的根本，因此，历朝历代都是由朝廷重臣负责管理此事，即便如此，还难免出现纰漏。如今，朝廷只令宦官掌管，国库的收入多少，朝廷大臣一概不知，这才是当今政治最大的弊端。我请求将其归口有关部门主管，核算一下宫中每年的用度多少，由朝廷交给宫中，不敢缺乏，这样一来，朝廷才可以正常运转起来。"德宗当即下诏表示同意，称："国库财物全部送归左藏，全部恢复旧制，每年从中挑选三五千匹上好的布帛送入宫中。"

转眼就是新年，到了公元780年一月一日，德宗下诏改元为建中元年，大唐的历史也正式步入了德宗时代。群臣上德宗尊号为圣神文武皇帝，德宗下诏大赦天下，并根据杨炎的建议颁布了一道新的赋税制度——两税法。两税法是杨炎上台之后关注赋税制度的又一项重大举措，在中国赋税历史上具有划时代的意义。在此之前，历代朝廷对土地兼并都是予以有限的干预的，从北魏开始实施的均田制延续至唐朝，已长达三百余年。唐朝立国之后，由于人少地多，依然实施均田制，确保了社会的和谐稳定，但是，随着社会的发展，开始出现人多地少的现象，土地兼并和人口流亡现象的出现逐渐导致了均田制的破坏，与均田制相适应的就是建立在户籍清晰基础上的租庸调这一征税制度，即陆贽所谓的"有田则有租，有身则有庸，有户则有调"。也就是说，每个年满十八岁的男丁由朝廷授予一百亩的土地，其中二十亩为永业田，八十亩是口分田，死后还给朝廷，而后，该男每年要交田租，这是租，还要服一定时期的劳役，这是庸，还要缴纳一定的土特产，这是调。租庸调制是在社会恒定状态下设定的理想的赋税制度，然而，由于土地被豪强兼并，均田制被破坏，朝廷已经拿不出足额的土地分给农民，可是依然按照原来的规定向农户征收赋税，百姓只好逃亡。再加上战乱的影响，流民的增加，朝廷用度的激增，使社会矛盾更加激化，朝廷对豪强兼并土地已无力干预，租庸调制也就走到了末路，各地随意增设税收项目，男丁多的富户往往为了逃税，让家人要么当官，要么出家，而男丁多的穷户却无路可走，造成社会的不公。沉重的赋税负担，让很多百姓逃离本乡，沦为流民或给大户当奴仆，本地土著往往不足百分之四五。在安史之乱之前，唐朝朝廷为了解决财政困境，就曾经尝试在租庸调制之外增设了地税和户税，根据土地占有数量和人户进行收税，在一定程度上缓解了朝廷的税收压力。杨炎上任之后，借鉴了以前的经验，确定了两税法。两税法的大致内容是：一是，先由朝廷根据每年度需要支出的总数，再分摊到各地，根据各地的实际情况，确定当地每年需要上缴的税赋数，称之为“量出制入”，改变了从西周以来朝廷“量入为出”的征收原则。二是，命令各地黜陟使和观察使、刺史评定每家每户财产的多少，确定该户的等级，根据不同的等级进行征收；不论当地土著还是外来户，全部予以登记，以登记簿为准，予以征收。三是征收标准是“人无丁中，以贫富为差”，两税法来源于户税和地税，户税根据每户的财产，地税根据每户所占的土地，就改变了租庸调制以人丁为基础的征收标准，相对公平合理。四是，征收以钱为主，辅以实物，较以往为便利。五是，每年分夏税（六月）和秋税（十一月）两次征收，对于除此之外的其他租庸调杂税，一律不再征收，上述税赋归口于度支部门统一管理，在一定程度上减轻了人民的负担，体现了社会的公平，史称“天下便之”。

四三四 公报私仇

从大历十四年五月登基到建中元年年初，德宗在即位短短半年时间内，就一连串地出台一系列重大举措，让所有人都刮目相看，以为明君再世、太平可期了。

这也让那些个张扬跋扈的藩镇惴惴不安。淄青节度使李正己畏惧德宗的威名，上书请求向朝廷进贡三十万串钱。德宗原本打算接受，但又唯恐这不过是李正己的一条投石问路之计，担心受其欺骗，丧失脸面，可是，如果予以推辞，又于心不甘，很是左右为难。崔祐甫建议德宗派出使者赶赴淄青镇，以犒劳淄青将士为名，把李正己奏请贡献的钱赏赐给将士们，如此一来，不仅拿李正己自己的钱赏赐给他的下属，让他的下属感激朝廷，而且传出去，还让各藩镇感到朝廷重德义而不看重钱财，树立朝廷良好的形象。德宗听后非常高兴，当即就照办了，朝廷如此措置，令李正己偷鸡不成蚀把米，既十分羞愧，又有口难言，还对朝廷非常佩服。代宗时期，每到元旦、冬至、端午以及皇帝的生日，全国各地都在正轨的税收之外竞相向朝廷进贡，谁进贡得多，代宗就看好谁，各地武将、奸吏借机盘剥百姓，并从中渔利。建中元年四月十九日，是德宗三十九岁生日，德宗下诏一律不再接受各地的贡献；李正己和田悦各自向德宗进贡了三万匹丝绸，德宗下令将这批财物全部送入左藏，作为他们应缴的税赋。

一切似乎都有条不紊地进展着，在这短短的多半年里，德宗借国丧之际解除了郭子仪的兵权，将朔方军一分为三，除去了朝廷长期以来的一块心病，又提拔在平定李灵曜之乱中崭露头角的河阳镇遏使马燧为河东节度使，调回半割据状态的西川节度使崔宁，并趁吐蕃入侵西川之际以神策、范阳军入川，调荆南节度使张延赏为西川节度使，又重新控制了西川之地；在朝廷人事方面，德宗相继提拔崔祐甫、杨炎、乔琳为宰相，贬斥黎干、刘忠翼等人，革新政治，倡导节俭，改革税法，一改大历之政因循之风，令人刮目相看，然而，在此期间，也发生了一些不太和谐的事情，让人隐隐地感到了一丝不安。首先还是用人问题。如前所述，常衮和崔祐甫一日之内职位对调，就已经让全体朝臣大跌眼镜，此后又破格提拔杨炎、乔琳，不久，乔琳令德宗非常失望，他进而开始疏远举荐乔琳的张涉，又将二人贬斥，这些也都说明了德宗急躁、轻率的性格。乔琳罢相后，崔祐甫又体弱多病，经常请假在家，杨炎就成了唯一的宰相。杨炎虽然协助德宗出台了一系列好的措施，但是此人心胸狭隘，他是元载一党的核心人物，上台以来，刻意拉帮结派，排除异己，专门打压昔日的非元载系重臣，为以后长期持续的朋党之争开了一个很坏的头，也从一定程度上抵消了朝廷的向心力。过去，尚书左仆射刘晏曾经担任吏部尚书，杨炎时任吏部侍郎，二人关系不睦；代宗处死元载时，刘晏站在了代宗一边，等到德宗继位后，元载一党沉渣泛起，而刘晏长期负责朝廷财税，早已让众人眼红，就有人散布舆论，称转运使可以撤销了，还有人污蔑刘晏曾经秘密上书代宗拥立独孤贵妃为皇后。等到杨炎上台后，更是把刘晏视为眼中钉，要替元载报仇，一次，他趁面见德宗之际，哭着对德宗说："刘晏与黎干、刘忠翼是同案犯，臣身为宰相却不能清除此人，罪该万死啊！"崔祐甫反对道："此事真真假假，说不清楚，陛下既然已经颁布了大赦令，就不该再追究这些捕风捉影之事了。"杨炎还不死心，又建议道："尚书省是国家的政治中心，过去设置的转运等各使，分割了尚书省的权力，如今该恢复旧制。"德宗听从了，遂下诏命令天下赋税收入的钱和粮食分别归尚书省的金部和仓部管理，罢免了刘晏兼任的转运、租庸、青苗、盐铁等使。不久，德宗又听信杨炎的谗言，借口刘晏奏事不实，将其贬为忠州刺史。司农卿庾准，素无文学才能，但善会巴结人，昔日曾巴结王缙而成为元载王缙一党，被升为中书舍人，元载被杀后，庾准也受到牵连被贬为汝州刺史。杨炎素来与庾准私交很好，等到杨炎拜相后，就把庾准调回了朝廷，担任司农卿。杨炎想借庾准之手除掉刘晏，就改任庾准为江陵尹、兼御史中丞、荆南节度使，当上了刘晏的顶头上司。到建中元年七月，荆南节度使庾准就按照杨炎的意思，上书弹劾刘晏给京兆尹朱泚写信，请朱泚营救，信中多怨恨之词，杨炎又出面证实，德宗信以为真，秘密派遣宦官赶赴忠州，将刘晏勒死。刘晏死后，才指控刘晏企图招募补充州兵，意欲抗拒朝廷，向公众宣布将其赐死。刘晏不仅清廉勤勉，而且头脑灵活，眼光独到，是朝廷不可多得的理财能手，安史之乱后，天下凋敝，如果没有刘晏的苦心经营，开源节流，唐朝能否度过这一艰难时期真的很难说，他可以说为唐朝立下了汗马功劳，可是死于朝廷政争，不禁令人扼腕，史称“天下冤之”。杨炎撤销了度支、转运等使，税赋由金部、仓部管理，可由于这两个部门长期没有管理过，相关人员根本没有经验，效率低下，仅仅数月之后，德宗又不得不重新起用谏议大夫韩洄为户部侍郎、判度支，以金部郎中杜佑代理江淮水陆转运使，又恢复了旧制。杨炎的一意孤行，让朱泚、崔宁对其侧目而视，破坏了朝廷大臣之间的和谐氛围。杜佑，字君卿，万年人。其曾祖杜行敏曾任荆州益州都督府长史；祖父杜悫，为右司员外郎；父亲杜希望历任鸿胪卿、恒州刺史、西河太守。杜佑以门荫入仕，历任郏县县丞、润州司法参军、抚州刺史。杨炎拜相后，被征召入朝，历任工部、金部郎中、度支郎中、户部侍郎判度支。

在军镇同样也发生了一些不太和谐的事情。自从朔方邠宁节度使李怀光接替郭子仪之后，就开始了一系列的清除异己行动。邠州军府的一些老将，诸如史抗、温儒雅、庞仙鹤、张献明、李光逸等人，不论资格还是战功过去都在李怀光之上，对李怀光都不服气。李怀光命令部队前往长武（今陕西省长武县）防秋，这些老将往往拖延行事。监军翟文秀劝李怀光，上奏德宗令他们入京担任禁卫军将领，德宗遂下诏将其调回。等史抗等人离开军营之后，李怀光又派兵在半道上赶上，将他们全部逮捕，借口其他罪过，又称：“大历八年十月的黄萯原之败，全都是你们的责任！”遂将他们全部斩杀。李怀光诛杀史抗等一大批朔方老将事件，疑云重重。此事在当时非同小可，按照旧史的说法，把责任都推到了李怀光的身上，然而，当时德宗即位不久，用法严厉，百官震恐，李怀光如果不是秉承德宗的旨意，刚刚上任的他岂敢干出这等大事？况且，事后，德宗好像充耳不闻，李怀光也未受到任何惩处，显然，这一次大规模的诛杀事件，是德宗有计划地削弱郭子仪在朔方军中势力的行动。虽然消除了郭子仪功高震主、尾大不掉的危险，但这种血雨腥风的清洗，也让军中一些将士感到寒心，再加上杨炎的因素，结合在一起，也直接导致了一场突如其来的变故，令德宗刚刚即位的建中之初就蒙上一层阴影。

四三五　文喜之叛

杨炎除了公报私仇之外，还萧规曹随，把原来元载提出的种种建议重新拿了出来。

他建议德宗采纳元载曾经的建议，修筑原州城（今宁夏回族自治区固原市），将西线防御体系继续向西拓展；又打算调发两京、关内的农夫疏浚丰州的凌阳渠（今内蒙古自治区五原县），准备在那里进行屯田，巩固北线的防御。

德宗派宦官前往泾原征求节度使段秀实的意见。段秀实认为："如今我们的边防还十分空虚，不该再搞这些，以免招致敌人的入侵。"段秀实的话传到杨炎的耳朵里，杨炎大怒，刚愎自用的他认为段秀实是在有意与自己作对，就建议德宗撤销了段秀实的职务，将其召回京师，给了一个司农卿的闲职，填补了庾准的空缺。段秀实被免职后，德宗又于建中元年二月十二日任命邠宁节度使李怀光兼任四镇、北庭行营、泾原节度使，命令他率领邠宁的朔方军和泾原军一起移镇原州，改任四镇、北庭行营留后刘文喜担任他的别驾。京兆尹严郢劝阻道："朔方丰安、定远、新昌、丰宁、保宁五城，原为肥沃之地，自从安史之乱以来，人力不足，土地已经荒芜，实际耕地不足过去的十分之一。如果人力可以开垦，就用不着修渠。如今，征调两京、关中的百姓赶赴丰州去修渠种地，算下来得不偿失，反而会引起关中百姓的不安而逃离关中，这样一来，不仅达不到增加军粮的目的，相反还会造成关中空虚的恶果。"德宗此时的策略是西和吐蕃，北防回纥，因此构筑北方防线就成为必然，严郢的奏疏德宗自然不会理会，但很快就证明疏浚凌阳渠完全不切实际，结果只好停工。严郢很有才能，代宗疏远元载期间，元载举荐过严郢，但代宗没有同意，御史大夫李栖筠也举荐严郢，代宗说："此人曾为元载所亲近，合适吗？"李栖筠回答："像严郢这样有才能的人，陛下自己不用，难道要留给奸人所用吗？"代宗即拜其为河南尹、水陆转运使，到大历末年又晋升为京兆尹。

在疏浚凌阳渠的同时，杨炎指使李怀光率领邠宁、泾原两镇军队在前方负责重修原州，以凤翔尹朱泚、朔方节度使崔宁各率一万人马随后进发，保证工程的顺利实施。德宗的诏书颁发之后，泾原镇的将士们一片哗然，大家群情激愤，纷纷说道："把我们当作国家的西部屏障，已经十几年了，起初，我们驻扎在邠州，耕田种地，刚刚安定下来，就把我们移往泾州，我们在泾州披荆斩棘，粗立军府，又刚过去十年多一点，生活也刚走上正轨，就又把我们投到塞外。我们这些人究竟犯了什么罪，竟然这样对待我们！"李怀光刚当上邠宁节度使，就诛杀了史抗等一大批老将，军令严峻。等到接任泾原镇节度使之后，泾原镇的将士们都非常害怕，唯恐史抗等人的遭遇也降临到自己头上，相互说道："史抗他们五个有什么罪过，竟然身首异处？"泾原留后刘文喜就利用众人愤怒情绪，占领泾州，拒不接受德宗的命令，上书请求让段秀实回来，要么就让朱泚担任泾原节度使。二月二十八日，德宗同意让朱泚兼任四镇、北庭行营、泾原节度使。命令下达之后，刘文喜依然不奉诏，他得寸进尺，想自己当节度使，事到如今，德宗就不再退让了。四月一日，刘文喜决心反叛，把儿子送到吐蕃人那里当人质，请求援军。德宗遂命令朱泚和李怀光各自率军前去讨伐，另派神策军使张巨济率领两千禁卫军增援。刘文喜虽然给吐蕃人送去了人质，但此时吐蕃与唐朝之间刚刚结束战争状态，双方之间的关系正在回暖，就在泾州围城战期间，德宗又任命韦伦为太常卿，再度出使吐蕃。韦伦请求德宗亲自写信，与吐蕃结盟，杨炎认为，德宗与吐蕃赞普地位不同，建议让郭子仪出面书写盟书，德宗签字即可，德宗答应了。在这种情况下，吐蕃是根本不会理睬刘文喜的请求的，唐军遂将泾州围了个水泄不通，切断了泾州与外界的一切联系，深沟高垒，不与泾州军交战，月余还未攻克。时值夏天，天气炎热干旱，征调的农夫转运粮草，民间一片骚动，朝臣们纷纷上书请求赦免刘文喜，以解民困，但德宗一概不听，他对大家说道："如此一个小丑尚且不能除去，朕将来何以号令天下！"裁撤御膳送给前方将士，至于城内守军需要春服的，照旧如数发给，于是，众人知道德宗的决心已定，无法改变了。刘文喜在外援不至的情况下，已预感到即将到来的覆灭的命运，情急之下，他派遣城内部将刘海滨出城，向德宗悔罪，刘海滨趁机进言道："臣系陛下为藩王时的部下，岂肯跟着刘文喜一起造反？我一定替陛下取刘文喜的人头。然而，刘文喜想要的不过是一个符节而已，希望陛下姑且答应下来，如此一来，他必然会懈怠，臣就可以从中行事了。”德宗一口拒绝，说道：“名分和官位，不可以随便给人。你如果能够立功固然很好，我的符节是不可以给他的！”命刘海滨回去告诉刘文喜，仍指示围城部队继续进攻。泾州以孤城应对一国，外无援军，时间一长，陷落是必然的。五月二十七日，刘海滨与众将合谋，一起杀死了刘文喜，将其人头献给了德宗。刘文喜之乱被平定。

叛乱虽然最终被平定，却给刚刚起步的德宗新政带来不利的影响：一是，刘文喜之乱发生在关中，给关中民生带来一定的负面影响。二是，刘文喜之乱发生后，杨炎原来修筑原州的计划也随之搁浅。三是，刘文喜虽然被杀，但泾原军将士对朝廷心灰意冷，他们感到朝廷对他们是不公平的，也为三年以后的朱泚之乱埋下了伏笔。四是，让河北藩镇以及李正己等人更加不安。德宗继位后，李正己等人就已经非常不安了，他们主动向朝廷靠近，试探德宗的心思。当刘文喜的人头送到朝廷时，正巧李正己派来的幕僚进京汇报工作，德宗专门把刘文喜的人头让那位使者看看，使者回去复命后，李正己更加恐惧，与朝廷更加离心离德；德宗即位时，魏博节度使田悦也刚刚上位，对朝廷非常恭敬，建中元年二月，德宗向全国派出十一名黜陟使巡视各地，河北黜陟使洪经纶不晓世务，听说田悦有七万军队，擅自决定裁撤四万。田悦假装从命，按照要求进行裁撤，不久，又激怒大家说：“你们长期在军中当兵，家中有父母妻子，如今一旦被黜陟使裁撤，将靠什么养活一家老小呢？”被裁撤的军人们都放声大哭，于是，田悦又拿出家财，赏赐给大家，让大家回到各自的岗位，这样，朝廷不仅没有裁撤一个人，而且军士们都感激田悦，怨恨朝廷了（此事很难说是洪经纶擅自做主的）。五是，德宗的自信心逐渐膨胀。初试牛刀，顺利平定了刘文喜，这让德宗增强了用武力平定河朔三镇以及李正己等人的信心，使得在即将到来的大战中过于自信，急于求成，多路出击，最终酿成大祸，这也正应了“兵犹火，不戢将自焚”这句话。

让朱泚兼任泾原节度使，并非朝廷的本意，也不符合分权制衡原则，让朱泚白白得到泾原军，这自然让德宗不甘心。平定刘文喜之后，德宗晋升朱泚为兼中书令，让他回到了凤翔，保留其原来卢龙、陇右节度使，而把泾原节度使拿了下来，也就是说，给他一个中书令的虚名，换下了泾原军这支武装力量；德宗又把自己的儿子李谟（德宗弟弟李邈的儿子，李邈死后，德宗收为养子）任命为四镇、北庭行营、泾原节度大使，而以泾州牙前兵马使姚令言担任泾原节度留后。

让德宗感到高兴的不仅仅是平定了刘文喜的叛乱，到了七月，湖南邵州叛乱将领王国良也投降了。王国良原本是湖南牙将，湖南观察使辛京杲命其驻守武冈（今湖南省武冈市），以防御向北扩张的西原蛮（唐在今广西壮族自治区大新县设置西原州）。辛京杲是原河东节度使辛云京的堂弟，二人都是武将出身，在平定安史之乱中屡立战功，但辛京杲当上湖南观察使之后，贪婪残暴，并不是一个合格的地方大员。王国良家很富有，辛京杲为了霸占王国良的家财，就诬陷王国良，打算把他杀掉。王国良被逼无奈，只好造反，他联络西原蛮，聚众一千余人，劫掠州县，湖南道沿边上千里范围都受到残害。德宗下诏荆南、黔中、洪州、桂州四道合兵进击，却一直未能平定。原衡州刺史、曹王李皋（唐太宗之子李明的玄孙）品行端正，政绩优异，也让辛京杲非常嫉妒，诬陷他犯了法，将他贬为潮州刺史。杨炎在道州当司马时对李皋的人品有所了解，等他拜相后，就又让李皋官复原职了。不久，辛京杲向张涉行贿的事也暴露了，张涉被放归乡里，辛京杲也被免去湖南观察使一职，杨炎就提拔李皋当上了湖南观察使。李皋接任后，认为："驱赶疲惫的军民，去围剿反叛的人们，这不是上策。"遂给王国良写信劝降，他在信中说道："将军原本不敢造反，本意只是为了活命罢了。我与将军都为辛京杲所陷害，我已经蒙朝廷昭雪，怎么忍心与将军兵戈相见？将军遇到了我，再不速速投降，等我离开湖南，你后悔都来不及了。"王国良看后，又高兴又害怕，一边派人请求投降，而内心还是半信半疑。李皋当天就率部前去受降。途中，有侦察骑兵报告说："王国良军中有变，称投降是诈降。"李皋说道："这不是你知道的。"于是，留下麾下亲兵，他自己假扮成一名使者，只带上一名随从，径直来到王国良的营寨，谎称使者进入王国良的营内。王国良召入李皋后，李皋在军中大声说道："军中有人认识曹王的吗？我就是！国良何不早早投降？"王国良全军见状，均大吃一惊，不敢乱动。正巧有人认识李皋，高喊这是曹王。王国良赶忙拜伏于地，请求赎罪。李皋握住他的双手，二人结为异姓兄弟，将攻城守城的装备全部焚毁，解散了王国良的部众，勒令他们各自回乡务农。德宗闻讯，非常高兴，下诏给王国良赐名王惟新。

四三六 德宗寻母

德宗即位后，一改其父结好回纥的政策，不仅重视北方边防，在京师明华夷之辨，还责令滞留在京师的回纥人全部回国。

代宗朝时，九姓胡人经常假冒回纥，杂居在京师，他们经商谋利，骄纵不法，与回纥人一起成为长安的一个毒瘤。德宗即位后，即责令回纥武义可汗的叔父突董把滞留在长安的回纥人全部带回国去。这群人离开长安，携带了大量财物，浩浩荡荡地一路北去，行至振武镇（今内蒙古自治区和林格尔县），他们又停留了数月，向当地官兵索要丰厚的供给，每天都耗费上千斤的肉，其他食物也与此相当。即便如此，他们还态度蛮横，砍柴放牧时随意践踏毁坏庄稼，令振武镇军民苦不堪言。振武镇留后张光晟（就是潼关之战中救过王思礼一命，后又帮助过辛云京的那位）奇怪这些回纥人携带的包裹数量惊人，就命馆驿的小吏偷偷用锥子刺探，才发现包裹里面都是私藏的从京城里诱拐出来的汉族女人，张光晟遂决定趁机杀掉这些回纥人，夺取他们的辎重财物，但又担心他们人多势众，不敢动手。就在这时，随同突董一起回国的九姓胡人听说武义可汗诛杀了他们的同族，很是害怕，就不敢回国了，遂向张光晟献计，杀掉回纥人。张光晟闻言大喜，遂上书德宗，称："回纥本部人马并不多，之所以强盛，就在于依附他们的九姓群胡。如今，臣听说他们之间已经发生了内讧，顿莫贺刚刚继位，前任可汗还有一个庶子以及前任国相、梅录（回纥将军称号）各自拥兵数千，相互攻击，国内大乱。回纥人如果没有了财物，就难以驾驭部众，陛下不趁此良机除掉他们，反而放归他们，让他们带回巨额财物，这正所谓的借给敌人资粮啊。请允许臣发兵将他们杀掉。"德宗当然希望张光晟这么做，但皇帝的身份不允许他明目张胆地答应，因此，张光晟接连上了三道奏折，德宗硬是没有批准，但也没有明确反对。张光晟心领神会，命自己的副将经过突董下榻馆驿的门前，故意趾高气扬，刺激突董，果然，突董大怒，下令把这位副将逮住，鞭打了数十下。张光晟借此发兵，将回纥人团团围住，连同突董一口气杀掉了一千多名回纥人，将人头堆积起来示众。只留下两名九姓胡人，放回回纥做证：“回纥人鞭打侮辱唐朝大将，又阴谋偷袭振武镇，所以唐军才将他们诛杀了。”德宗把张光晟召回京城，改任其为右金吾将军，又派宦官王嘉祥出使回纥善后，送去礼物和信函，以平息回纥人的怒火。回纥人要求唐朝把杀人凶手交给他们，由他们复仇，德宗当然不会答应，只是将张光晟贬为睦王傅以示惩罚，不久，又改任其为太仆卿，自此，张光晟自负才高，一直怏怏不乐。

张光晟杀掉突董等人之后，德宗想就此与回纥人决裂，遂让在途出使回纥的使者京兆少尹兼御史中丞源休暂时停在太原待命。源休是前京兆尹源光舆的儿子，曾任太子左庶子，其妻为吏部侍郎王翊之女。夫妻二人因故离婚，王翊家到御史台投诉，源休却没有按时答辩，因藐视法庭而被除名。杨炎执政后，因京兆尹严郢名气很大，又不依附自己，就想把严郢排挤掉。严郢是王翊的外甥女婿，在源休与王氏离婚时，杨炎风闻源休因此与严郢有矛盾，遂把源休破格提拔为京兆少尹，让他寻找严郢的过失。谁知源休和严郢相处时间长了，竟然冰释前嫌，和好如初，这让杨炎火冒三丈，就上奏德宗让他出使回纥。源休在太原逗留了很长一段时间，朝廷才命令其带上突董等四人的尸体继续北上。到回纥之后，武义可汗令宰相迎接，回纥宰相颉于思迦坐在大帐之内，让源休等人立在帐外雪地里，责问杀死突董等人的原委。源休回答：“突董等人与张光晟相斗而死，并非出自天子之命。”回纥人几次三番要杀了源休，但将他们滞留五十余日之后，还是放他们回国了。临行之前，武义可汗派人对源休说：“我国人都要杀掉你，唯独我不是这么认为的。你国已经杀了突董等人，要是我又杀了你，这是以血洗血，会更加污浊。我如今以水洗血，不是很好吗？你们还拖欠我马匹钱、价值一百八十万匹绢，该速速归还。”遂派康赤心等人随源休一起回国。后唐朝将康赤心等人送归，给其十万匹布帛、十万两金银，作为马匹的价钱。源休此行冒着杀头的危险，等回国时，卢杞已当上了宰相，此人也是个嫉贤妒能的家伙，唯恐源休回来会受到德宗的赏识，当源休行至太原时，卢杞就匆忙上奏晋升其为光禄卿。源休因朝廷赏赐太薄，也一直心存不满。后来，当朱泚叛乱时，张光晟和源休二人都投入了朱泚的怀抱。

大历之前，赋税收入、开支，官吏俸禄、赏赐都非常混乱，没有一定之规，再加之元载、王缙秉政，货贿公行，二十年间，朝廷一直不曾追究过贪官污吏。其间，只发生过一件事，就是江西观察使路嗣恭曾经弹劾虔州刺史源敷翰，最终朝廷将其流放了。德宗即位后，觉得宣歙观察使薛邕是位文雅老臣，值得信任，就将其征召入朝，晋升为尚书左丞。薛邕离开宣州之后，殿中侍御史员寓弹劾，经查证薛邕竟然贪污了上万财物。此事令德宗极为震动，直接改变了他对文臣集团的看法，他刚即位的时候，疏远宦官，亲近朝臣。可是，他最为信任的老师张涉牵连受贿被革职还乡，如今的薛邕又涉嫌贪污，身败名裂，而且，朝臣集团尔虞我诈，相互倾轧，往往盛名之下其实难副，建议迂腐难行。于是，宦官、武将们以此为借口，扬言道："南衙的文臣们动辄贪污上万，却还说我们这些人惑乱天下，难道这不是欺君吗？"德宗听了，觉得并非毫无道理，内心逐渐开始动摇，也不知自己该依靠何人了。

建中元年十一月，德宗下令除了每天跟在自己身边的待制官之外，又增加两名朝集使（地方朝廷赴京朝贡的特使）侍从在自己左右，以便随时询问地方上的政治得失，百姓疾苦。过去，根据唐朝的制度，凡是公主下嫁的，公公婆婆要向公主下拜，公主并不还礼。如今，唐朝皇室地位下降，再继续推行这一制度，已经不合时宜，很多人家不愿与皇室联姻了。从至德年间以来，天下大乱，很多公主、郡主、县主一直待嫁闺中，有的头发已白，虽然住在深宫，十余年间也从未见过天子。德宗一一召见各位宗室之女，长辈致敬，晚辈安抚，让她们都赶紧找人家嫁出去，他还下令负责礼仪的官员制定公主拜见公公婆婆以及婆家家人的礼仪，规定，公主下嫁时，公公婆婆坐在中堂、驸马家人站在东边，公主下拜叩头，像普通人家一样。一位县主下嫁的当天，德宗的一个堂妹去世了，德宗遂下令停止举行婚礼，有关部门建议说："准备工作已经就绪，况且，未成年人的丧事不妨碍其他吉庆之事。"德宗回答："你注重花费，我注重的是礼仪。"十一月十九、二十日两天，德宗下令将岳阳等十一名县主同时嫁了出去，所有的嫁妆，德宗都亲自一一过目。

建中元年十二月一日，韦伦第二次出使吐蕃后返回，吐蕃人更加高兴，派其国相论钦明思等人随韦伦一起朝贡，双方之间的关系逐步升温。

德宗即位之后，他已经做了很多事，除了上面说的之外，德宗还在大历十四年即位之初就册立皇子李诵为宣王、李谟为舒王、李谌为通王、李谅为虔王、李祥为肃王。立弟弟李迺为益王、李遂为蜀王。德宗一生一共有十一个儿子，分别是：长子李诵（嫔王氏所生）、次子舒王李谟（后改名李谊，原为德宗弟弟李邈之子、德宗收为养子）、第三子通王李谌、第四子虔王李谅、第五子肃王李祥（建中元年才三岁，次年去世）；此后，德宗又以长子李诵的儿子李源为第六子、第七子资王李谦、第八子代王李逦（早死、追封）、第九子昭王李诫、第十子钦王李谔、第十一子珍王李诚。大历十四年年底，德宗又册立李诵为皇太子，李诵就是后来在位时间很短的唐顺宗。史称，李诵为人宽和仁慈，喜欢文艺，擅长隶书，对师傅非常尊重，每次见到师傅都要先下拜。次年又封李诵的生母王氏为淑妃。

到建中元年，德宗还遥尊生母沈氏为皇太后，派遣弟弟、睦王李述为奉迎使，工部尚书乔琳为副使，以四个沈姓家族的人为判官，与宦官们一起前往各道寻访生母沈氏的下落；追赠沈太后父亲、祖父、兄弟官职，给沈氏子弟封官晋爵，任命状和土地证件共计一百二十七份，由宦官牵马驮到沈家。次年年初，就有人冒充沈太后了。高力士有个养女，在东京寡居，了解宫中很多旧事，女官李真一怀疑她就是德宗的生母沈太后，遂派使者向德宗禀报。德宗听说后，是又惊又喜，立即派遣宦官、女官前往东都查看，当时，沈家老人大多已经故去，没有人再认识沈氏，宦官、宫女也都不认识沈氏，觉得年龄相貌差不多，就向德宗汇报称是沈太后。高氏推辞说自己并非沈氏，可是查验的人听她这么一说，反倒更加怀疑，强行把她接进了长安的上阳宫。德宗派去一百多名宫女，带上太后乘坐的车马、穿戴的服饰前去侍奉，这些人在高氏耳边百般劝诱，高氏慢慢心动，才改口称自己就是沈太后。负责查验的人飞马向德宗道喜，德宗听后大喜。根据唐朝制度，皇帝一般只在单日上朝，但兴奋之余的德宗在建中二年二月二日当天，依然登上大殿，接受百官的朝贺，并下诏有关部门起草奉迎太后的礼仪。高氏的弟弟高承悦就在长安，他担心以后事发会牵连到自己，遂上言把事情的前后经过和盘托出。德宗就让高力士的养孙樊景超前去高氏居住的内殿查验，樊景超一眼就认出了高氏，可此时的高氏左右侍卫甚多，自己也以太后自居，不与樊景超相认。樊景超说道："姑姑何苦把自己置身于刀尖之上呢？"高氏身边的人喝令樊景超下殿，樊景超大声说道："皇上有诏：太后是假的，左右下殿！"闻听此言，左右侍卫纷纷下殿。高氏这才说道："我是被人强迫的，并非本意。"樊景超遂用牛车把姑姑送回了家。德宗担心以后无人再敢提此事，遂一概不予追究，他对大家说道："我宁愿受骗一百次，也许能找到母亲。"从此以后，各地上言是太后的有三四次，但经过查验都不是真的，而德宗的母亲沈氏就像人间蒸发了一样，再也不知道下落了。

四三七 剑拔弩张（一）

建中元年，根据统计，唐朝交税人有3 085 076户，在册兵力768 000余人，税收收入：钱10 898 000余串；谷米2 157 000余斛。这是唐朝的家当，也是德宗的底气。

建中二年（公元781年）一月九日，成德节度使李宝臣去世。李宝臣想把节度使一职传给儿子行军司马李惟岳，但又见其年少无能，担心无法控制局面，遂提前把难以驾驭的深州刺史张献诚等十余人同日一起处死。李宝臣又派人召见易州刺史张孝忠，张孝忠拒不接受命令，李宝臣又派张孝忠的弟弟张孝节再召。张孝忠命张孝节回复李宝臣说："众将有什么罪过，却接连被杀！我怕死，不敢前往，但也不会背叛，正如大人不敢入朝一样。"张孝节哭着说："如此一来，我一定会被杀的。"张孝忠说："我要和你一起回去的话，我们两个都会被杀，我在此，他也一定不敢杀你。"果然，张孝节回去后，李宝臣也没敢咋样。成德兵马使王武俊，出身卑微，却非常勇敢，深得李宝臣的喜爱，把自己的女儿嫁给王武俊的儿子王士真为妻，王士真又极力巴结李宝臣的侍从左右。所以，李宝臣死时，成德镇只有张孝忠和王武俊这两位大将得以幸存。

李宝臣去世后，孔目官胡震、家童王它奴劝李惟岳秘不发丧，伪造李宝臣的奏表，请求德宗以李惟岳为成德军留后，但德宗没有答应，并派遣给事中班宏前往成德镇（今河北省正定县），探查李宝臣的病情，并向其解释说明。李惟岳送给班宏大量财宝，企图拉拢班宏，但班宏拒不接受，向德宗复命。李惟岳这才发布了其父病死的消息，自称留后，指使部将联名向朝廷上书请求符节、印信，但德宗拒不答应，李惟岳就此与朝廷僵持下来了。

过去，李宝臣与李正己、田承嗣、梁崇义相互勾结，约定把各自的土地都传给子孙，建立国中之国，因此，田承嗣去世后，李宝臣就极力向朝廷请求，希望把魏博节度使一职给其侄儿田悦，当时基于种种考虑，代宗最终还是答应下来了。田悦任职时间不长，对朝廷很是恭敬，曾在德宗生日之时主动进贡，但河东节度使马燧坚称田悦一定会谋反，请求朝廷提前做好准备。至此，田悦屡屡上书替李惟岳说情，德宗要打破父死子继的所谓的河朔规矩，始终不从，这让田悦很没面子。有人劝德宗说："李惟岳既然已经继承了其父的基业，如果不顺势委任他，一定会发生叛乱的。"德宗态度强硬，回答道："叛匪原本没有作乱的资本，正是借用朝廷的土地和官职才得以聚众。昔日，朝廷顺从他们的意思加以任命的事太多了，可是天下的叛乱越来越多，这就说明，朝廷给予他们名号官位，不仅不能消灭叛乱，相反只会增加叛乱。如果李惟岳一定造反的话，任命他与否，结果都是一样的。"田悦和李正己深感德宗削藩的决心已下，唇亡齿寒，二人遂各自派人去见李惟岳，秘密备战，准备共同抵抗朝廷。

然而，他们内部意见并不统一。

魏博节度副使田庭玠是田承嗣的堂弟、田悦的叔父。田庭玠自幼儒雅，不喜军务，起家平舒县丞，历任乐寿、清池、束城、河间四县令，政绩良好；大历年间，被晋升为太府卿、沧州别驾、沧州刺史、兼御史中丞，充横海军使。在田承嗣与李正己、李宝臣交战中，田庭玠驻守沧州，连年受敌，城内易子而食，最终保全了沧州，田承嗣蚕食相州后，田庭玠又被任命为相州刺史。史称：他"守正字民，不以宗门回避而改节"。田悦将与朝廷作对后，担心田庭玠不从，就解除了他的刺史一职，将其召回。果然，当田庭玠得知田悦的计划后，就劝阻道："你凭借着伯父的基业，只需恭敬地侍奉朝廷，自然可以坐享富贵，为何要与恒州（李惟岳）和郓州（李正己）同流合污、当朝廷的叛臣呢？自从兵乱以来，凡是背叛国家的，历历可数，很少能最终保全宗族的。你如果主意已定，就先杀掉我，不要让我看到我们田家被灭族！"遂称病在家。田悦亲自到田庭玠家中探望，表示歉意，但田庭玠闭门不予理睬，到建中三年竟郁郁而终。宪宗朝时，其二儿子田兴继任魏博节度使，率领魏博镇归顺朝廷，宪宗赐名为田弘正，这是后话。

成德镇内部意见也不一致。成德军判官邵真听说李惟岳的阴谋后，哭着劝谏道："先公受国家厚恩，大人还在服丧期间就忙着要叛国，千万不可这么做。"他奉劝李惟岳把李正己的使者押送到京师，并上书请求替朝廷讨伐李正己，他又说："如此一来，朝廷嘉许大人的忠心，说不定就给大人节钺了。"李惟岳听了，觉得说得有道理，就让邵真起草奏表。邵真正在起草当中，长史毕华又对李惟岳说："先公与魏博、淄青二道结好二十余年，为何立刻就翻脸了呢？况且，虽然扣留了人家的使者，朝廷也未必相信咱们，假如李正己突然发兵袭击我们，我们孤军无援，将如何是好呢？"李惟岳听了，觉得毕华说得也有道理，又听从了。李惟岳的舅舅、前定州刺史谷从政有胆有识，又喜爱读书，素来为李宝臣、李惟岳、王武俊等人所忌惮。当谷从政得知李惟岳打算背叛朝廷之后，就前去晋见李惟岳，劝阻道："如今四海无事，从朝廷来的人都说天子聪明英武，意欲天下太平，要改变诸侯子孙割据一方的局面。你如今率先违背诏命，天子一定会征调各道军队前来讨伐。将士们接受赏赐之时都表示愿意替你卖命，一旦战败，各自顾惜性命，谁不离心！掌权的大将们就会寻找机会，夺取你的脑袋来邀功请赏。况且，你的父亲临死前杀掉的高级将领将近百人，他们的子孙谁不想复仇？再者，你父亲与幽州的朱滔有矛盾，朱滔兄弟对我们是切齿痛恨，如今，天子一定会以其为大将，朱滔与我们相距甚近，其禀命前来，如虎狼扑杀禽兽，如何能够抵挡？昔日，田承嗣追随安禄山和史思明谋反，身经百战，凶猛闻于天下，大历年间他抗命举兵，自以为天下无敌，可是，很快卢子期就被朝廷生擒，吴希光也投降了国家，田承嗣指天哭泣，无计可施，幸赖先公按兵不动，并替他求情，先帝宽和仁爱，赦免了他，不然姓田的岂能有今日！你从小生长于富贵之中，年龄尚小，不更世事，却相信身边之人的话，想要效仿田承嗣吗？我替你出个主意：不如谢绝众将的拥戴，命庶兄李惟诚暂时统领军府，你自己轻装入朝，请求担任皇家禁卫军官，趁机向皇上说暂时让李惟诚统领军府，交由皇上决定。皇上一定会赞赏你的忠义，即便当不上高官，你也定会不失尊荣俸禄，永无忧患，不然，等到大祸临头，后悔也来不及了。我也知道你素来疏远猜忌我，只是因为你我舅甥之亲，事情紧急，我这个当舅舅的不得不说啊！"李惟岳及其亲信根本不听，谷从政只好怏怏而归，继续闭门不出。李惟诚谦虚仁厚，喜欢读书，深得人心，他的同母妹妹李氏嫁给李正己的儿子。谷从政的话不仅没有起到劝阻李惟岳的作用，反倒是提醒了他，当天，他就派人把哥哥李惟诚赶出了成德镇，送到了李正己那里。李正己让李惟诚恢复张姓，张惟诚遂在淄青镇任职。李惟岳派遣亲信王它奴到谷从政家察看，谷从政喝药自杀，临死前，他说道："我并不怕死，只是痛惜你们张家要灭族了啊！"

刘文喜死后，李正己和田悦等人已经很不安了，等到刘晏死后，他们更加恐惧，相互说道：“我们的罪恶，岂是刘晏比得上的？”当时，正巧汴城（今河南省开封市）城垣太小，朝廷下令予以扩建，人们传言说：“皇上将要东封泰山，所以才扩建汴城。”李正己十分担心，遂发兵一万驻扎在曹州（今山东省菏泽市定陶区）以备不测。田悦也加紧战备，与襄阳的梁崇义、成德的李惟岳遥相呼应，大有山雨欲来之势，河南百姓一片骚动，惊恐万状。作为反应，朝廷方面也重新调整了临近边镇的设置：过去永平军下辖汴州（今河南省开封市）、宋州（今河南省商丘市）、滑州（今河南省滑县）、亳州（今安徽省亳州市）、陈州（今河南省淮阳县）、颍州（今安徽省阜阳市）、泗州（今江苏省淮安市盱眙县），为了便于指挥，建中二年一月十七日，德宗下令把宋州、亳州和颍州三州另行设置为宋亳节度使，由宋州刺史刘洽担任，不久又将该镇改为宣武军；把泗州划给淮南节度使统领；又任命东都留守路嗣恭为怀州（今河南省沁阳市）、郑州（今河南省郑州市）、汝州（今河南省汝州市）、陕州（今河南省陕县）以及河阳三城节度使；此后，德宗又下令以永平节度使李勉统领宋州节度使刘洽和怀郑节度使路嗣恭，并把郑州划给李勉直接指挥。与此同时，德宗又从军中挑选将领来担任这些州的刺史，为下一步的战争做好准备。（按：刘洽，后改名刘玄佐，滑州人。从小为人洒脱不羁，任本县捕盗吏，曾犯法差一点被打死，后从军；大历年间担任永平军衙将，李灵曜之变中，刘洽率军乘虚闯入宋州，遂把宋州占领了，德宗就把宋州划归了永平军。）

四三八 剑拔弩张（二）

前方剑拔弩张，朝中也是阴云密布。

杨炎杀害刘晏后，掀起了轩然大波，令朝野对其侧目而视，李正己揪住这一点不放，屡屡上书要求朝廷公布刘晏到底犯了什么罪，言辞讥讽朝廷。杨炎深感不安，派遣心腹赶赴各道解释说明，表面上是去安抚各道，暗中却指使这些人对节度使们说："刘晏昔日曾经依附奸臣，请先帝册立独孤皇后，是皇帝自己心怀怨恨才杀了他。"杨炎不仅不替皇帝分忧，出了事情之后，反而把责任一股脑地推给了皇帝。德宗得知后，不禁大怒，心里顿生杀机，只是暂时隐忍未发。

建中二年二月，德宗下诏提拔杨炎为中书侍郎，卢杞为门下侍郎，二人均为同平章事，不再让杨炎一人当宰相了。卢杞，字子良，是玄宗朝宰相卢怀慎（与姚崇并相，以自己才能不如姚崇而每事退让，时人称其为"伴食宰相"）的孙子。其父卢弈天宝末年为东台御史中丞，洛阳陷落后，为安禄山所杀。卢杞因门荫入仕任清道率府兵曹，后被朔方节度使仆固怀恩辟为掌书记，后历任殿中侍御史、膳部员外郎、忠州刺史、刑部员外郎、虢州刺史，德宗即位后，被晋升为御史中丞。卢杞长相丑陋，面色发蓝，形同鬼魅，然表面上却艰苦朴素，不讲究吃穿，又能言善辩，巧舌如簧。《国史补》称，其担任虢州刺史期间，曾上奏说本州有数千头官养的猪，成为当地百姓一害。德宗问："把它们送到沙苑咋样？"卢杞回答："沙苑所在的同州百姓难道不是陛下的子民？危害是一样的，臣以为不如让人吃了的好。"德宗叹息说："你治理虢州，却担忧同州的百姓，宰相之才啊！"遂对卢杞青眼有加，很快就步步高升。德宗因一言而用人，往往又后悔，很是轻率。卢杞当上御史中丞后，一次，尚父郭子仪生病了，朝廷百官前去探望时，郭子仪都没让众位美妾回避，唯独卢杞来的时候，郭子仪让美妾们都回避了，独自靠在茶几上静待卢杞。卢杞离开后，郭子仪的家人询问原委，郭子仪说："卢杞此人长相丑陋，内心险恶，我身边的妻妾们如果见了他，必定会不禁发笑，一旦如此，此人当权之后，我们家族就完蛋了！"卢杞拜相后，杨炎见其相貌丑陋，又没有学问，根本不把他放在眼里，经常借故不与卢杞同桌吃饭，这令卢杞怀恨在心。卢杞本来就嫉贤妒能，口蜜腹剑，对于那些稍微不顺从自己的人，必定要置之死地，想借此立威，以长期把持朝政。他将太常博士裴延龄纳为心腹，提拔为集贤殿直学士，作为自己的帮凶。

河北藩镇蠢蠢欲动，不容德宗把太多的注意力放在朝中，他又把目光转向了朝廷之外。

德宗一方面派遣殿中少监崔汉衡（博陵人，为人宽厚，非常善于与人交往）再度出使吐蕃，巩固与吐蕃之间的友好关系；另一方面，抽调京城以西的防秋兵一万两千人赶赴关东，增强对河北藩镇的军事压力。德宗驾临望春楼犒劳将士们，他对将士们说："呜呼！东鄙之警，事非获已。唯尔将校群士，各以忠节，勤于王家；南赴蜀门，西定泾垒，甲胄不解，疮痍未平；今载用尔分镇于周、郑之郊，敬听明命。夫王者之师，有征无战，稽诸理道，用正邦国。宜励乃戈甲，保固城池，以德和人，以义制事。将备其侵轶，不用越境攻取，戢而后动，可谓正矣！今外夷来庭，方春生植，品物资始，农桑是时。俾尔将士，暴露中野，我心痛悼，郁如焚灼。嗟尔有众，其悉予怀。"众人听后，大都流下感动的眼泪。此后，德宗设宴款待将士们，众将列坐，唯独神策军将士滴酒不沾，德宗觉得很是奇怪，就命人询问缘由，领兵大将阳惠元回答道："臣等从奉天出发之时，军帅张巨济告诫说：'此行将建下大功，凯旋之日，我们再相对开怀而饮。得胜之前，不要饮酒，以免误事。'所以不敢奉诏。"途中，沿途郡县在路边都安排了丰盛的酒食，只有阳惠元所部滴酒不沾。德宗听说后，非常感慨，专门下书褒奖。阳惠元，《资治通鉴》记作杨惠元，平州人，过去隶属于平卢节度使刘正臣，后与田神功、李忠臣等人相继渡海来到青州齐州，忠勇而又多谋略，被人视为名将，其后，所部又划归神策军，他本人也被任命为神策京西兵马使，镇守奉天。五月，因将要打仗，德宗下令将商人的税收从过去征收三十分之一，增加为征收十分之一。

德宗打击的重点是两河（黄河南北）的李惟岳、田悦和李正己三个藩镇，因此，对于盘踞在襄阳的梁崇义，德宗一开始是想采取拉拢的策略，稳住他。梁崇义虽然与李正己等人相互勾结，但他的地盘最小，兵力最弱，所以对朝廷也最恭顺。过去就曾有人劝他入朝，但他说："来瑱来大人为国家立下大功，上元中，受到宦官的陷害，一直拖延不敢入朝。等代宗即位后，来大人未等征召就入朝了，可是，仍然难免被灭族的命运。像我这样一直不听朝廷的人岂敢入朝！"淮宁（德宗即位后，将淮西改为淮宁军，以示恩宠）节度使李希烈曾多次上书请求讨伐梁崇义，梁崇义得知后，更是提心吊胆，加强战备。一个叫郭昔的流民向朝廷告发梁崇义要造反，梁崇义听说后，上书谢罪，德宗遂将郭昔杖打一顿，流放到了边地，并派遣金部员外郎李舟前往襄阳安抚。刘文喜之乱时，李舟就曾奉命前去说服刘文喜，刘文喜将他囚禁起来，不久就发生了刘文喜的部将杀掉刘文喜投降朝廷的事。事后，各地就风传李舟能破城杀将，因此，朝廷这一次又派李舟来到襄阳，梁崇义一见，顿生厌恶。李舟来到以后，又恳切地劝说梁崇义入朝，这让梁崇义更为不满。等到朝廷派遣使者到各地安抚慰问时，凑巧又派了李舟来襄阳，梁崇义拒绝李舟入境，理由是："军中怀疑恐惧，请朝廷换人来。"德宗想安抚梁崇义，就于建中二年四月，晋升其为同平章事，其妻子儿女均一一封赏，还赏赐给他铁券，另派遣御史张著携带德宗的亲笔书信征召其入朝；同时，为了瓦解梁崇义集团，还任命其部将蔺杲为邓州刺史。

张著来到襄阳之后，梁崇义更加恐惧，全军戒严，然后才予以接见。蔺杲接到德宗的诏书后，不敢擅自拆封，飞马向梁崇义汇报。梁崇义对着张著号啕痛哭，始终不肯奉诏入朝，张著只好回京复命，德宗遂决定同时讨伐梁崇义。建中二年六月六日，德宗下诏晋封李希烈为南平郡王，加汉南、汉北兵马招讨使，都督各道军队讨伐梁崇义。杨炎劝谏道："李希烈是董秦（李忠臣）的养子，董秦对其亲近无比，可最终他还是将董秦赶走，取而代之。李希烈为人残暴冷酷，没有战功尚且骄横不法，一旦他讨平了梁崇义，朝廷将如何约束住他！"德宗不从。杨炎一再劝谏，最终让德宗非常恼火。梁崇义盘踞在讨伐两河的唐军侧背，在两河战事打响之前，德宗提前除掉这颗毒瘤不是没有道理的，然而，任何战事都要分个主次，有攻有守。如果要先消灭梁崇义，那么，在两河战线上就要暂时采取守势，避免两个拳头同时打人，只有这样才能游刃有余，德宗的战略是正确的，但在战术运用上犯了致命的错误，这可能是他一开始就高估了朝廷的实力。

当时，全国各地都在调动军队，西从关中、巴蜀、汉中，南到江淮、闽越，北至太原，而李正己的军队则扼守徐州甬桥（今安徽省宿州市）、涡口（今安徽省怀远县），梁崇义驻军襄阳，朝廷从江淮运往关中的粮道被切断了，人心一片恐惧。从江淮北上的上千艘运粮船滞留在涡口，不敢继续前进。德宗任命和州刺史张万福为濠州刺史，处理此事。张万福火速赶往涡口，跨马立在岸边，下令运粮船起航，淄青镇的将士们站在对岸，眼睁睁看着船只，却不敢行动。张万福为官七十年，没生过一天病，曾担任过九个郡的刺史，把当地治理得都很好，后享年九十岁去世。

四三九 烽烟再起（一）

就在战云密布之时，建中二年六月十四日，一代中兴名将、汾阳忠武王郭子仪去世，享年八十五岁。

郭子仪在生前和死后都享有大名，他最大的特点是：对上忠诚，对下宽厚，隐忍为国，这确实很难做到。郭子仪在玄宗、肃宗、代宗、德宗四朝为官，玄宗时他还是个不起眼的小将，肃宗、代宗两朝，他逐渐成长为朝廷依靠的重臣，然而，作为帝王，肃宗、代宗、德宗对郭子仪等人都心存猜忌，期间，郭子仪忍辱负重，朝廷解除他的兵权，他总会当即应召入朝，同为中兴名将的李光弼尚且难以做到这一点，确实难能可贵。对下宽厚，对人重情，也是郭子仪一个突出的性格特点，正是因为这一性格，让他在他的下属甚至在外国人当中赢得了很高的声望，回纥叶护领兵协助唐军平叛时，途经郭子仪军营，叶护原本打算先打好仗再说，但郭子仪盛情款待，硬是强留回纥军，大吃大喝了三天，给回纥人留下了很深的印象，也与郭子仪个人建立了深厚感情，由此可以看出，郭子仪是个性情豪爽、重情重义的性情中人。实际上，在朝廷稍微安定下来以后，郭子仪就受到了来自皇帝和大臣们的排挤，这也是在所难免的，可贵的是他能够始终隐忍为国，即便是父亲的坟墓被人挖掘，也没有一怒冲天，做出出格的事情来，这也是他和他的家族享有盛名又能够在乱世中长期生存下来的原因之一。不过，人无完人。郭子仪不是没有短板，主要是：打仗并非他的强项。史称，其与李光弼齐名，但“威略不逮”，这也是实情；再者，郭子仪功成名就之后，与世沉浮，生活奢华，安于享受；最后，在他晚年，曾陷害判官户部郎中张昙，将其打死，史称“物议为薄”。

郭子仪去世后，德宗废朝五日以示哀悼，下诏追赠太师，陪葬建陵（肃宗之墓），赠其家绢三千匹、布三千端、米三千石。旧制一品官坟高一丈八尺，德宗下诏特意加高十尺。

显然，对于德宗来说，郭子仪的死仅仅是一个小小的插曲，他还牢牢地盯着瞬息万变的前线。按照德宗的计划，是在与两河藩镇大打之前，先解决位于唐军侧背的梁崇义，这是因为，一旦两河开战，江淮粮道势必被叛军切断，从长江中下游北上关中的粮食，就不得不像安史之乱中取道汉水、襄阳、汉中，襄阳的地位就非常重要了，这是其一。其二，梁崇义长期与两河藩镇相互勾结，已经成为一个利益共同体，一旦与两河藩镇大战，如果梁崇义从襄阳北上，就会威胁到平叛唐军的侧背；如果其领兵向西北而来，就会威胁到关中近畿。其三，与其他藩镇相比，梁崇义的实力最弱，柿子先拣软的捏，先打弱小之敌，这是应有之义。德宗对付梁崇义是先礼后兵，在梁崇义拒绝了高官厚禄的引诱之后，才不得不下令淮宁节度使李希烈前去讨伐，一切似乎都在掌控之中，然而，局势的进展越来越出乎德宗的意料……

首先是，两河战线不等解决朝廷梁崇义，就不得不提前开打了。战争，就是把敌人的行动纳入自己的步调当中，牵着敌人的鼻子走，这样才掌握了战争的主动权。自己处处主动，敌人事事被动，如果等德宗解决了梁崇义，再转过头来以倾国之力对付两河藩镇，两河藩镇自然难以招架，因此，田悦、李惟岳和李正己等人当然不肯按照德宗的步调行事，当他们决心谋反之后，就主动出击，以打乱朝廷的步调。田悦决定支持李惟岳后，即派遣兵马使孟祐率领五千步骑北上协助李惟岳，而后又决定先行拿下邢州和洺州。想当初，薛嵩去世后，经过一番较量，田承嗣最终夺得了昭义镇的洺州和相州，朝廷则得到了邢州（今河北省邢台市）和磁州（今河北省磁县）以及临洺县（今河北省邯郸市永年区）。田悦认为："邢州和磁州就像一双眼睛，处于我的心腹之内，不可不取。"遂于建中二年五月派遣兵马使康愔率领八千人包围了邢州，派遣别将杨朝光率领五千人马在邯郸西北构筑营栅，切断泽潞镇（今山西省长治市）的救兵，而田悦亲率数万人马包围了临洺县。邢州刺史李共和临洺守将张伾率众登城固守。田悦的贝州刺史邢曹俊是田承嗣时期的老将，足智多谋，田悦宠信牙官扈崿而疏远邢曹俊，等到田悦决定进攻临洺时，向邢曹俊问计，邢曹俊回答："兵法上说十围五攻，尚书以逆犯顺，形势更不好。如今顿兵坚城之下，粮尽士竭，这是自取灭亡之道。不如在崞口部署一万军队，阻遏唐军东进之路，则河北二十四州都将是尚书您的了。"田悦手下众将都觉得邢曹俊标新立异，一起反对，田悦遂没有采纳他的计策。在朝廷尚未解决梁崇义之时，田悦就已经主动发难，向邢州和临洺进攻，朝廷方面不可能袖手旁观，只能开打，被逼陷于两线作战的境地。

德宗第二个不愿看到的是，襄阳方面的战斗一直迟迟没有进展。李希烈的理由是：一直下雨。这显然不是一个充足的理由，连德宗听了，也不相信。卢杞趁机偷偷对德宗说："李希烈故意拖延，完全在于杨炎（显然杨炎的话已经传到了李希烈的耳中）。陛下何苦爱惜杨炎一日之名而坏了大事？不如暂且免去杨炎的宰相之职，让李希烈满意，等到平定叛乱之后，再起用他也不晚。"这话当然是忽悠人的，官场之中，人走茶凉，墙倒众人推，一旦下台，就不好那么全身而退了。建中二年七月三日，德宗将杨炎罢相，改任尚书左仆射，以前永平节度使张镒为中书侍郎、同平章事，以崔宁为尚书右仆射。果然，在杨炎罢相后仅仅两个多月，就遭受了灭顶之灾。杨炎当宰相时，因京兆尹严郢名气很大，又不依附自己，二人关系恶劣，先是指使御史张著弹劾严郢征发百姓疏浚凌阳渠不力，企图把民怨归于皇上，将严郢打入金吾大牢。长安百姓得知后，每天都有数千人来到皇宫门外替严郢喊冤，德宗就释放了严郢。后来，严郢又因天旱请求朝廷减免百姓的赋税，杨炎指使度支御史实地查看，御史上奏称严郢所奏不实，德宗遂将其贬为大理卿。卢杞当然知道严郢与杨炎有这么深的矛盾，等把杨炎排挤下台后，他就举荐严郢为御史大夫，欲把杨炎置于死地。杨炎当权期间，曾在曲江（长安城东南岸边）修建家庙，为了修建这座家庙，就托付时任河南尹的赵惠伯把东都的一座宅院卖掉换钱。赵惠伯拿出公款买了下来，当作河南尹的官衙，严郢认为这场交易肯定是有猫腻的，遂下令将赵惠伯拿下，严刑拷打，屈打成招。杨炎这座家庙就建在前太子太师萧嵩家庙的旧址之上，唐玄宗时期，曾以此地是百姓游乐之处，下令将萧嵩的家庙迁走，卢杞趁机向德宗进谗言说："此地有王者之气，所以玄宗才令萧嵩迁走，如今杨炎心怀异志，才把自家的家庙建在这里。"十月十日，德宗遂下令将杨炎贬为崖州司马，由中使押送，行至距离崖州不足百里之处，又将其勒死；将时任河中观察使的赵惠伯贬为费州多田县尉，不久也将其杀死。不过，卢杞内心也很妒忌严郢的才能，在借严郢之手除掉杨炎之后，借蔡廷玉案杀掉了御史郑詹，将严郢贬为费州刺史。严郢在途中遇到赵惠伯的灵柩，内心很是不安，精神失常，到了费州一年有余就死了，此是后话，暂且不提。

回过头来，再说当下。这时，又发生了一件令人意想不到的事：自从吐蕃攻陷河西、陇右之后，北庭和安西都护府与中原内地就断了联系，伊西、北庭（今新疆维吾尔自治区吉木萨尔县）节度使李元忠和四镇（今新疆维吾尔自治区库车县）留后郭昕困守孤城，苦苦支撑，屡屡派使者想与中央联络，但均在中途被截，迄今已有十余年音讯不通了。至此，一位使者从胡人境内又穿越回纥汗国，辗转回到了长安，德宗非常高兴。七月一日，德宗晋封李元忠为北庭大都护、赐爵宁塞郡王；晋封郭昕为安西大都护、四镇节度使，赐爵武威郡王；全体将士一律连升七级。李元忠，朝廷赐姓，本名曹令忠；郭昕，系郭子仪的侄儿。十九日，朝廷又追赠前伊州刺史袁光庭为工部尚书。天宝末年，吐蕃进攻伊州，袁光庭固守多年，吐蕃人百般劝诱，但他拒不投降，誓死与城池共存亡，最终，城内粮食吃尽、战士死完，在城池陷落前，他杀死妻子儿女，自焚而死。郭昕的使者回来后，朝廷才知道了这悲壮的一幕。虽然西镇和北庭的使者回到了朝廷，但如今，国内一团乱麻，朝廷又刚刚与吐蕃结好，德宗根本无暇顾及遥远的西域，除了给将士们封官晋爵之外，却对他们的处境无能为力，后来，葛逻禄部南下西域、回鹘（后来回纥改名）西进，与吐蕃一起争夺西域。最终，这一支孤军在坚守了西域将近半个世纪之后被消灭了，残部两千余人经过千辛万苦撤回了西州，唐朝也彻底失去了西域。

李希烈迟迟按兵不动，而两河方向却不得不开战。当时，田悦进攻临洺县已一个多月，但一直没有攻下。城内粮食将要吃尽，仓库里的物资也已用光，将士们死伤累累，形势万分危急。守将张伾把自己最心爱的女儿打扮一新，带出来朝各位将士一一下拜，边拜边说：“诸位守城太辛苦了，我张伾家再无其他东西了，请把此女卖掉，为将士们换来一天的吃喝费用。”众将都感动得痛哭失声，纷纷表示：“我等情愿战斗到死，不敢言赏。”城内的情况传到了城外李抱真的耳中，李抱真派人飞马向朝廷告急。德宗原本在两河战线先采取守势，想在李希烈解决了梁崇义之后，再集中兵力一举荡平河朔，因此，并没有下令主动向田悦等人发起进攻。然而，在接到了李抱真的告急文书之后，德宗被迫改变了原计划，下诏命令马燧率领两万步骑与李抱真一起讨伐田悦，又派遣李晟率领神策军增援，并下诏命令幽州留后朱滔南下讨伐李惟岳，德宗不愿看到的两线作战的局面还是形成了。

河东节度使马燧等军在穿越壶关天险之前，先派人去田悦那里，言辞温和，以麻痹田悦。田悦看后觉得唐军惧怕自己，就放松了警惕。马燧与昭义节度使李抱真合兵一处，集结了八万大军东出壶关，突然出现在邯郸近郊，先击破了田悦的小股部队。当时，田悦正集中兵力围攻临洺县，只分出五千李惟岳的军队去协防驻扎在邯郸近郊的杨朝光部，次日，马燧等军向杨朝光的营寨发起猛攻，田悦从临洺县率领一万余人赶来救援。马燧命令大将李自良等人在双冈（今河北省邯郸市西北）抵御，严令道："田悦越过了双冈，一定会斩杀你！"李自良等将率领阻击部队苦苦抵挡，田悦无法通过，只好退却。马燧下令用火车焚烧杨朝光的营寨，顿时烟焰张天，唐军一拥而上，临阵斩杀了杨朝光，斩杀敌人五千余人。五日之后——七月二十六日，马燧等军乘胜来到临洺县，田悦倾巢出动，与唐军一决胜负，双方大战一百余回合，田悦的叛军大败，被斩杀一万余级。田悦趁夜率残部撤围而去，邢州之围也随之解除了。李自良，泗水县（今山东省济宁市泗水县）人。他武艺超群，天宝年间，从军于兖郓节度使能元皓部，因功授右卫率，后参与讨伐袁晁叛乱，赴浙东薛兼训节度府任职。薛兼训调往太原任河东节度使，李自良从行，被授予河东军节度押衙，薛兼训去世，鲍防继任，当时，回纥侵犯边境，鲍防要派遣大将焦伯瑜等迎战，李自良曾阻止鲍防，但鲍防不听，结果兵败百井，鲍防被革职，李自良名声大震。马燧接替鲍防后，上书推荐李自良为人勤谨，智勇双全，李自良也因之被晋升为代州刺史、兼御史大夫，仍为军候，深得马燧的器重。

当时，平卢淄青节度使李正已已经去世，其子李纳秘不发丧，自行主持军政。田悦向李惟岳和李纳求救，李纳派遣大将卫俊率领一万人马前去救援，李惟岳也派了三千人相救。田悦搜集残兵败将，又组织起了两万人的军队，驻扎在洹水（流经河南省安阳市）；淄青军队驻扎在东面，成德军驻扎在西边，首尾相应。马燧率领三军进驻邺城（今河南省安阳市），并上书请求朝廷另派河阳三镇的军队赶来增援，德宗下诏命令河阳节度使李艽率军与他们会师。李艽，字茂初，赵郡人，入仕后，历任上邽主簿、监察御史、山南东道观察支使、长安县尉；李勉担任江西观察使，奏请其担任秘书郎、兼监察御史、判官，当时，宣州、饶州方清、陈庄二人叛乱，李艽建议在秋浦设置州，李勉采纳了他的建议，遂上奏朝廷，代宗以宣州的秋浦、青阳、饶州的至德三地设置了池州；李勉改任永平军节度使后，又奏请李艽为判官，李灵曜造反后，李勉以李艽兼任亳州防御使。德宗即位后，晋升其为检校太常少卿、兼御史中丞、河阳三城镇遏使。两河之战前，德宗下诏以神策军、汝州和陕州军队补充给李艽，李艽率军东进，收复了新乡（今河南省新乡市）、共城（今河南省辉县市），包围了卫州（今河南省卫辉市）。

四四〇 烽烟再起（二）

建中二年八月，当田悦军与朝廷军队已经开打月余之后，李纳才公布了父亲李正已去世的消息，上书请求继承父亲的职位，但德宗不答应。

当李希烈迟迟不进之时，梁崇义也采取了先发制人之策，发兵南下江陵，企图打通通往黔中和岭南的道路，在南方一带发展。然而，当他们刚出襄阳不远，行至四望山（今湖北省南漳县南三十里）时，就被打得大败而归，只好折返。李希烈原来在临汉（大约在今湖北省襄阳市近郊）驻扎了一千余人，梁崇义回师后，攻克该地，将这一千余人屠杀殆尽。

吴少诚，幽州人，其父曾为魏博都虞候，他曾去荆南，受到荆南节度使庾准的赏识，被拜为衙门将；庾准入朝时，他随从一起，经过襄阳，见梁崇义不遵法度，遂暗中谋划了一套讨伐梁崇义的计划，打算献给朝廷。当时，李希烈刚刚当上节度使，锐意建功，知道吴少诚的计划后即上报了朝廷，德宗大喜。李希烈受命讨伐梁崇义之后，即任命吴少诚为先锋。

不久，李希烈统领大军沿汉水北上，梁崇义命令部将翟晖、杜少诚率军在蛮水（源出湖北省保康县西南，曰深溪河，东流经南漳、宜城，又称鄢水）迎战，结果被李希烈所部打得大败。二将退至涑口（今地不详），又被击败，只好向李希烈投降。李希烈命令他们统领本部人马返回襄阳，招徕襄阳军民。梁崇义率领亲兵以及家眷躲进城内，但军心已经大乱，守门将士纷纷夺门而出，无法制止。同年八月，梁崇义和他的妻子投入井中自杀，人头被李希烈砍下后送到了京城。李希烈将梁崇义的亲戚全部杀死，又将参加过临汉之战的三千多襄阳士兵全部斩杀。德宗加封李希烈为同平章事。

当初李希烈请求讨伐梁崇义时，德宗对其大为叹赏，对群臣盛赞李希烈非常忠诚。黜陟使李承从淮西回到朝廷，对德宗说："李希烈此行一定会立下一点功劳，但臣恐怕其立功之后，会恃功傲慢，不听朝廷的命令，更需朝廷用兵啊！”但德宗不以为然。等到李希烈夺取襄阳之后，遂将襄阳据为己有，德宗这才回想起李承曾经的告诫。当时，李承担任河中尹，德宗遂任命其为山南东道节度使，去接管襄阳。德宗原打算派禁军将李承送至襄阳，李承却请求单枪匹马前去赴任。来到襄阳后，李希烈将他安置在馆驿，百般威胁，但李承誓死不屈，李希烈无奈，最后纵兵大肆劫掠一番后，才撤军而去。李承治理襄阳一年多，才令襄阳逐渐恢复了元气。李希烈临走前，在襄阳留下牙将看守那些抢来的钱财，又命部将姚憺驻守邓州，所以，其经常派使者来襄阳洽谈，而李承也经常派心腹臧叔雅去李希烈的据点许州（今河南省许昌市）和蔡州（今河南省汝南县），结交李希烈的心腹周曾等人，命他们暗中除掉李希烈。

回到两河战线。

成德方向：范阳节度使朱滔奉命讨伐成德的李惟岳，军队进驻莫州（今河北省任丘市北）。当时，成德的易州刺史张孝忠率领八千精兵驻守易州（今河北省易县），朱滔派遣判官蔡雄前去劝降，他对张孝忠说：“李惟岳不过是个乳臭未干的小儿，胆敢抗拒朝廷之命，如今，昭义镇和河东镇的军队已经击败了田悦，淮宁节度使李希烈已经攻克了襄阳，梁崇义投井而死，汉水之畔被斩杀了五千余人。计算下来，黄河以南各军不日就会北上，恒州和魏博的灭亡可指日而待。大人如果能以易州归顺朝廷，那么，您将立下击破李惟岳的首功，这才是转祸为福的上策啊！”张孝忠觉得有理，遂派遣牙官程华来到朱滔军中，并派遣录事参军董稹赶赴朝廷上表投降，朱滔又上书举荐。九月六日，德宗下诏任命张孝忠为成德节度使，命令李惟岳护送其父的灵柩回朝，但李惟岳不从。张孝忠及其弟弟张孝义的三个已经嫁人的女儿，都为李惟岳所杀。张孝忠对朱滔很是感激，替儿子张茂和娶了朱滔的女儿，二人结为儿女亲家。由于一开始李惟岳并没有主动采取行动，所以，朝廷军队起初只是集中兵力与田悦交手，分化瓦解成德镇。

淄青方向：徐州刺史李洧是李正己的堂兄。李纳发兵进攻宋州（今河南省商丘市），彭城县令白季庚（中唐大诗人白居易的父亲）劝说李洧投降朝廷，李洧答应了，遂派遣巡察副官崔程携带奏表入朝，并交代他向宰相建议：“徐州难以单独对抗李纳，请求任命李洧兼任徐州、海州（今江苏省连云港市）、沂州（今山东省临沂市）三州观察使，况且海州和沂州如今均为李纳所占，李洧已经与二州刺史王涉、马万通约定好了，只要有了朝廷诏书，就一定能成功。”崔程来到朝廷后，误以为朝中只有一个宰相，就只向中书侍郎张镒做了汇报，而后由张镒转告了门下侍郎卢杞。卢杞是个心胸狭窄之人，以为崔程没有先禀报自己，让自己很没面子，遂不同意李洧的请求。十月二十三日，朝廷只授予李洧御史大夫、兼任招谕使之职。

李洧投降的消息很快就传到了李纳的耳中，他立即派遣部将王温与魏博将领信都崇庆一起进攻徐州，李洧派遣牙官王智兴向朝廷告急。王智兴，字匡谏，温县人，其曾祖王靖官至左武卫将军，祖父王瑰官至右金吾卫将军，父亲王缙曾任太子詹事。王智兴年少骁勇，只是徐州的一名普通士兵，但他是一位神行太保，从徐州到长安近两千里，王智兴不到五天就赶到了。德宗下令调派五千朔方军由将领唐朝臣统领出关东下，会同宣武节度使刘洽、神策都知兵马使曲环、滑州刺史李澄一起救援徐州。李澄，辽东襄平人，是隋朝蒲山公李宽的后裔，骁勇善战，先充任江淮都统李峘的偏将，此后又追随永平节度使李勉，李勉上表推荐他为滑州刺史。唐朝臣生平不详。

信都崇庆和王温围攻徐州二十余日，也未能攻下，遂请求李纳增兵。李纳又派遣部将石隐金率领一万余人赶来增援，与唐朝援军在徐州西北的七里沟相持。当时，由于出发仓促，朔方军队的后勤供应没有跟上，将士们的衣着单薄，军队的军旗破烂，宣武镇的将士们看到后都嗤之以鼻，嘲讽道："这群叫花子还能打仗？"唐朝臣以此激怒将士们，并传令说："都统有令，先击破敌营的，营中的财物全部赏赐给他！"朔方军将士人人怒火中烧，攒了一股劲要奋勇杀敌。十一月七日天将日暮，刘洽率部稍稍向后退却，朔方军兵马使杨朝晟对唐朝臣说："大人率领步兵背山列阵，严阵以待，我率领骑兵埋伏在山谷，敌军发现你孤军无援，必定前来决战，我率领伏兵拦腰将其切断，一定能够击败他们。"唐朝臣同意了。杨朝晟，字叔明，夏州人。历任朔方军先锋、甘泉府果毅，曾随李怀光讨伐刘文喜，立下战功，升任朔方军右先锋兵马使。

信都崇庆等人果然率领两千骑兵越过河桥，向西追击唐军。杨朝晟的伏兵突起，拦腰将敌军分为两截，敌人狼狈东撤，唐军掉头追击。敌人依托河桥抵御唐军，但杨朝晟发现有些敌人因争相过桥不及，涉水渡河而去，就对大家说："敌人能涉水渡河，我们为何不能？"遂指挥全军涉水而渡，驻守桥头的敌人只好逃走，叛军四散溃逃。刘洽等军乘机追杀，斩首八千多级，敌人又落水淹死了一多半。朔方军缴获了敌军的全部辎重，军旗、军服焕然一新，将士们骄傲地对宣武军人们夸耀道：“叫花子们立下的战功，与你们相比谁的多？”宣武军人都十分羞愧。唐军各部乘胜追击，一直进抵徐州城下，魏博和淄青围城部队只好撤围而退，江淮的粮运才恢复通航。

十一月十五日，德宗下诏免去李惟岳的官爵；对于归降的李惟岳所部军人，不仅赦免了他们的罪过，还予以赏赐。三十日，淮南节度使陈少游派军进攻海州（今江苏省连云港市），海州刺史王涉以海州投降。十二月，李纳的密州（今山东省诸城市）刺史马万通投降，十三日，朝廷方面任命其为密州刺史。

四四一 烽烟再起（三）

在两河战线的北面（成德方向）和南面（淄青的徐州方向）取得进展的基础上，德宗决定中央开花，向位于中部的魏博镇的田悦发起总攻。

建中三年（公元782年）一月，河阳节度使李芃率部进逼卫州，田悦守将任履虚诈降，不久又背叛了。马燧等各路唐军驻扎在漳河沿岸一带。这时，田悦手里有李纳派来的一万军队和李惟岳派来的三千人马以及自己组织起来的两万人，共有近四万人马，在洹水沿岸构筑阵地，淄青军在东，田悦军在中间，恒冀军在西。田悦派遣部将王光进修筑半圆城堡，守卫长桥（今河南省临漳县东），唐军无法渡河。马燧下令用铁索把数百辆战车连起来，装满土袋，沉入长桥下游，等河水稍浅之后，各军涉水而过。当时，唐军军中缺粮，田悦等坚壁不战，马燧命令各军携带十天的口粮，进屯仓口（今河北省磁县北），与田悦的军队隔着洹水（安阳河）相持。李抱真和李芃问马燧："我军粮少却深入敌境，这是何故？"马燧回答："粮少则利于速战速决，如今三镇之兵坚壁不战，就是想拖得我们筋疲力尽。如今，我如果分兵进攻其左右两翼，一时之间未必能够取胜，而田悦一定会发兵救援，如此一来，我军腹背受敌，会处于不利地位。所以，我才决定直接进军，紧逼田悦，此所谓的攻其所必救。如果他出战的话，我一定为各位击破他！"遂在洹水上修筑三座浮桥，渡河挑战，但田悦拒不出战。恒冀军人数较少，担心被马燧吃掉，遂与田悦中军合二为一。田悦判断马燧明天还会出兵挑战，就预先埋伏了一万士兵，打算偷袭唐军。

谁知，马燧一计不成，又生了一条调虎离山之计。他命令各军深夜埋锅造饭，沿着洹水，秘密向东直奔田悦的根据地魏州（今河北省大名县）杀来，他传令军中："敌人如果追来，各军就停止前进，严阵以待。"大军去后，马燧在营垒里留下一百骑兵，给他们布置的任务是：照常击鼓吹号，烧火做饭，一直等到全军完全出发后，再离开营垒，藏匿在附近，等到田悦各军向东追击、全部过河之后，再烧毁河桥。果然，当唐军东去十余里时，田悦发现唐军已拔寨东去，奔袭魏州，立即率领淄青、成德四万步骑渡河追赶，打算掩袭唐军后面，他们来势汹汹，乘风纵火，呐喊着杀来。马燧见田悦出城追来，正中下怀，他不慌不忙，下马坐下，并下令各军按兵不动，将各自阵前一百步的杂草清除，开辟为战场，严阵以待，又招募了五千余名敢死队员排列在最前线。田悦的军队赶到唐军预设的战场后，火已熄灭，士气也衰竭了，马燧当即下令全军出击，田悦军大败。神策军、昭义军、河阳军稍稍败退，但见河东军已经取胜，又回头奋战，再次大破田悦军。田悦败军逃到河边时，三座浮桥已被焚毁，顿时大乱，投水溺死的数不胜数。此战，唐军共斩杀两万余级，斩杀敌将孙晋卿、安墨啜，生擒三千余人，李纳派来的那一万淄青军几乎被杀殆尽，尸体绵延三十余里。

洹水大捷，唐军本能一举荡平田悦，然而，由于马燧和李抱真二人关系不睦，战后，唐军一直滞留在平邑（今河南省南乐县东北）的佛寺内，迟迟不进，给了田悦以喘息的机会。马、李二人的过节由来已久，当初，李抱真担任泽潞节度使，马燧统领河阳三城驻军，李抱真想杀掉怀州刺史杨鉥，杨鉥投奔了马燧，马燧就把杨鉥收留了下来，并上奏朝廷称杨鉥无罪，这让李抱真大怒，从此结下仇怨。

洹水之战后，田悦仅仅率领一千余人逃回魏州，深夜他们一行来到魏州南门，守将李长春闭门不纳，以等待唐军的到来，然而，唐军一直没有追来，直到天将大亮，李长春才下令打开城门。入城后，田悦立即下令斩杀了李长春，登城固守。当时，魏州城内不满数千守军，洹水之战中阵亡将士们的家属哀悼死者，大街小巷到处都是哭声。田悦也非常害怕，遂手持佩刀，骑马站在府衙门前，集结全城军民，哭着对大家说："田悦我无能，承蒙淄青、成德二镇的举荐，继承了伯父的基业，如今，淄青、成德二镇节度使已经去世，其子不能继承父业，我田悦不敢忘记二镇的恩德，不自量力，抗拒朝廷之命，令士大夫们肝脑涂地，这都是我田悦的罪过啊。田悦上有老母，不敢自杀，愿诸位拿着这把刀砍断我的人头，提着出城投降马仆射，以取富贵，不要与我一起死！"遂从马上一头栽到地下。将士们争相抱住他，纷纷表示："尚书兴兵是为了大义，并非为一己之私。一胜一负，乃兵家常事。我等世代蒙受大人厚恩，岂能忍心干出这等事来！我们情愿拥护尚书您，决一死战，不胜之后再求一死！"田悦说道："各位没有因为大败而抛弃我，田悦就算是死，也不敢忘记各位的恩情！”遂与各位大将剪发盟誓，结为异姓兄弟，誓同生死，又拿出仓库中财物再加上从富人那里搜罗的财物，共计一百余万，全部赏赐给将士们，军心才逐渐稳定下来。又把受到排挤的贝州刺史邢曹俊召回，命其整顿军队，修缮城防，魏州守军士气逐渐恢复。洹水之战数日之后，李瑶的父亲李再春以博州（今山东省聊城市）归降了朝廷；田悦的堂兄田昂以洺州（今河北省邯郸市永年区东南）投降；王光进则献出长桥投降。

与此同时，驻军濮阳（今河南省濮阳市）的李纳，也受到黄河以南唐军的压迫，被迫退回濮州（今山东省鄄城县），并向田悦要求派回在洹水之战中生还的淄青士兵。田悦派遣军使符璘率领三百骑兵护送这些残兵败将过去，符璘的父亲符令奇对符璘说：“我已经老了，历观安史之乱那些叛乱的，如今还有几个活着？姓田的又能撑多久呢？你趁机弃暗投明，也是做了一件让你父亲扬名后世的好事啊！”遂咬破儿子的手臂，再三叮嘱而别，到前线后，符璘遂与副将李瑶率众归降了马璘。田悦逮捕了符璘全家，符令奇大骂而死。田悦进入魏州十余日之后，马燧等各军才来到魏州城下，向城内发起进攻，但没有攻克。

在中线激战的同时，北线幽州节度使朱滔和新被朝廷任命为成德节度使的张孝忠也加强了攻势，一月二十日，李惟岳派遣部将孟祐驻守束鹿（今河北省辛集市），朱滔和张孝忠所部将其攻克，并乘胜包围了深州（今河北省深州市）。朱滔、张孝忠已深入成德腹地，李惟岳深感担忧，而此时，成德内部意见再次出现分歧。掌书记邵真原本就倾向于朝廷，这时他趁机旧话重提，建议李惟岳上书朝廷，先派弟弟李惟简入朝，再诛杀那些不从命的大将，而后，亲自入朝，让岳父冀州刺史郑诜暂且知节度事，以待朝廷的诏命，李惟岳表示同意。可是，李惟简刚走不久，消息就传到了孟祐的耳中，他秘密派人向魏州的田悦报告，田悦一听顿时勃然大怒，派牙官扈岌来到成德镇（今河北省正定县），责备李惟岳道：“我们尚书举兵，只是替大人求朝廷的任命状而已，并非为了自己。如今，大人竟然听信了邵真之言，派遣弟弟入朝，将谋反的罪过都推给了我们尚书，只为自己清白，我们尚书有什么地方对不起你，你竟然把我们害到这步田地！如果你能斩杀邵真，我们将和好如初；如果做不到这一点，我们就一刀两断！”判官毕华是支持李惟岳割据的，就对李惟岳说：“田尚书因大人之故而身陷重围，大人一旦辜负了他，就太不义了。况且，魏博和淄青两镇足食足兵，足以对抗天下之兵，如今胜负难测，为何匆匆出此下策呢？”李惟岳素来就没有主见，逮捕邵真，当着扈岌的面把他给杀了，然后，又派遣一万人马与孟祐一起包围了束鹿。成德兵马使王武俊被李惟岳的亲信诬陷，李惟岳遂对其心怀猜忌，只是爱惜他的才能，所以一直忍着，没有杀掉他。一月二十二日，朱滔、张孝忠与李惟岳的军队在束鹿城下大战，李惟岳命王武俊担任先锋，王武俊心想："一旦我击破了朱滔，李惟岳兵势大振，战后，一定会杀了我。"遂作战不力，导致李惟岳军大败，烧毁营寨仓皇而撤。

束鹿之战后，朱滔打算乘胜进攻李惟岳的老巢恒州（今河北省正定县），然而，张孝忠率部退到了北面的义丰（今河北省安国市）。朱滔大惊，张孝忠的部将们也都迷惑不解，张孝忠说："恒州老将尚多，不可轻视。如果我们逼近城池，他们就会齐心协力与我死斗，如果稍稍延缓进攻，他们一定会发生内乱。你们诸位给我看着，我驻军义丰，坐等李惟岳灭亡。况且，朱司徒好说大话，见识却浅，可以与此人一起创业，却难以走到最后。"于是，朱滔也驻扎在束鹿，不敢前进。

四四二 烽烟再起（四）

束鹿之战后，李惟岳的部将康日知以赵州（今河北省赵县）归降了朝廷，李惟岳更加怀疑王武俊了。康日知祖上是粟特康国人，后迁至灵武，曾参与安史叛乱。

有人对李惟岳说：“先相公对王武俊十分信任，命他辅佐大人，你们两家又结为亲家。王武俊勇冠三军，现处于危难之际，如果再猜忌他，还有谁能替大人击退敌人呢？”李惟岳觉得有理，遂命步军使卫常宁与王武俊一起率军进攻赵州，又命王士真领兵住在府中护卫。

王武俊和卫常宁带兵包围了赵州。康日知命人对王武俊说：“李惟岳怯弱至极，怎能安危与共？我赵州城内军民同心，就算攻打一年也未必能够攻破，况且，李惟岳所依靠的不过田悦罢了，田悦之兵进攻邢州时，尚且不能攻破，何况我的城池？”又伪造了一道朝廷的诏命给王武俊看：“使者携带诏书招抚你，你为何要辜负天子，追随那个跳梁小儿呢？”王武俊早知李惟岳猜忌自己，内心非常害怕，这次能够带兵出外，已让他顿生再生之感，经康日知这么一说，正中他的下怀，他遂对卫常宁说：“我如今侥幸脱离虎口，不会再回去了！将北上投降张尚书（指张孝忠）。”卫常宁说：“大夫（指李惟岳）昏庸怯弱，信任左右，我看最终会为朱滔所灭。如今，天子有诏，能得大夫人头的，朝廷就授予他官爵。您素来为众人信服，与其出逃在外，不如倒戈，取了大夫的人头，转祸为福，如反掌一般容易。就算不成功，再投奔张尚书也不迟。”王武俊觉得有理。正巧李惟岳派侍从谢遵来到赵州传达命令，王武俊就令谢遵回去后见机行事，发动政变。谢遵回到恒州后，又说服了王士真。

闰一月二十一日，王武俊和卫常宁率军离开赵州返回恒州。谢遵、王士真谎称李惟岳之命，打开城门，让王武俊等人入城。黎明，王武俊率领数百骑兵冲入李惟岳军府，王士真在府内接应，杀了十余名卫士。王武俊下令："大夫叛逆，将士归顺，胆敢违抗者，灭族！"众人都不敢反抗，遂活捉了李惟岳、郑诜、毕华、王它奴等人，悉数斩杀。王武俊本想李惟岳是昔日的主子之子，打算把他活着送到京师，但卫常宁说："他见到天子，会把叛逆的罪过都推到你的身上。"遂将其勒死，将人头送到了京师。深州刺史杨荣国是李惟岳的姐夫，也投降了朱滔，朱滔命其官复原职。

建中三年二月，李惟岳任命的定州刺史杨政义投降。朝廷发力进攻河北之后，仅仅过去一个多月，成德镇就土崩瓦解，李惟岳及其死党被杀，而魏博的田悦困守魏州孤城，河南各路大军合力进攻濮州的李纳，李纳也日渐削弱，朝廷上下一派乐观气氛，以为平定河北之乱指日可待。在这种情况下，朝廷方面不愿河北旧人继续借这场平叛之战扩充实力，形成新的割据，遂采取分化瓦解的策略，于二月十一日，加朱滔为检校司徒；任命张孝忠为易州、定州、沧州三州节度使，以王武俊为检校秘书监、恒州刺史、恒州冀州都团练使，以康日知为赵州刺史、深州、赵州都团练使，而将尚在淄青镇控制之下的德州（今山东省陵县）和棣州（今山东省惠民县）划给了朱滔，命令朱滔自行夺取。朱滔协助朝廷讨伐李惟岳，劝降了张孝忠，打下了束鹿，迫降了深州，可是德宗没有给自己一点实地，反而让自己再去打德州和棣州，这让朱滔大为不满，他坚决请求朝廷把深州划给自己，但德宗执意不许，朱滔满腹牢骚，索性不从朝廷之命，赖在深州不走。王武俊素来轻视张孝忠，自以为诛除首犯李惟岳，功劳在康日知之上，而张孝忠却被朝廷晋升为节度使，自己和康日知只是一个都团练使，况且赵州和定州又被划了出去，也心怀不满。朝廷又下令成德镇将三千石粮食送给朱滔，五百匹战马送给马燧，以犒劳二位平叛有功之臣，但王武俊认为，朝廷不愿让降将担任节度使，一旦魏博镇被朝廷攻下，势必清算恒州、冀州，所以才先把成德镇的粮食马匹弄走，以削弱自己的实力，遂顿生疑虑，拒不奉诏。

历史仿佛回到了八年以前的大历十年，当时，田承嗣也是走入了绝境，但他采取拉拢李宝臣、促使李宝臣和朱滔火并之计，转危为安。

如今，田悦再一次嗅出了一个千载难逢的机会，他赶忙派遣判官王侑、许士则从小路赶往深州，劝说朱滔："司徒奉诏讨伐李惟岳，仅十天半月，就攻克束鹿，拿下深州，李惟岳日暮途穷，所以，王大夫才借司徒之势，得以拿下李惟岳的人头，这都是司徒您的功劳啊！天子曾经明确下诏说，凡是司徒夺得的李惟岳的城池，都归司徒，如今却将深州给了康日知，这是自食其言，言而无信。况且，皇上的目的是要扫清河朔，不愿藩镇世袭，将全部用文臣取代武将。魏博灭亡之后，接着就是燕（幽州）、赵（成德），如果魏博不灭，燕、赵就高枕无忧了。如果如今司徒能可怜魏博之危而伸出援手，不仅符合存亡继绝的大义，也给子孙万代带来莫大的好处啊！”并许诺把贝州割给朱滔。朱滔素来心怀异志，听说后不禁大喜，当即让王侑复命，令魏州城内将士知道有外援，坚定守城的信心。接着，朱滔又派遣判官王郅与许士则一起前往恒州，劝说王武俊：“大夫冒着万死一生的危险，诛杀了匪首，拔掉了乱根，康日知不出赵州，他的功劳岂能与大夫相提并论？而朝廷对你们二人的赏赐却不相上下，谁不替大夫扼腕愤恨！如今，又听说朝廷下诏将恒州的粮食马匹划给邻道，显然，朝廷的意思是：大夫英勇善战，恐怕成为后患，要提前削弱大夫的实力，等到平定魏博之后，命令马仆射（指马燧）率军北上，朱司徒（指朱滔）领兵南下，南北夹击，消灭你啊。朱司徒也不敢保证自己的安全，所以才让我等前来献上计策，打算与大夫一起解救田尚书；大夫留下粮食战马自用，朱司徒也不愿把深州让给康日知，宁愿送给大夫，请趁早定下刺史人选，守住深州。我们三个镇联合，就如同耳朵、眼睛、双手、双脚一样相互救援，以后再也不会有后患了啊！”王武俊听了，也很高兴，当即答应下来，派遣判官王巨源来到深州与朱滔见面，约定南下的日期，并由王巨源接管了深州。朱滔又派人联络张孝忠，但张孝忠不从。

宣武节度使刘洽进攻李纳驻守的濮州，攻克了外城。李纳在城墙上哭泣，请求改过自新，李勉又派人劝降。二月二十六日，李纳派判官房说带着他的同母弟李经和儿子李成务入朝。宦官宋凤朝对德宗说李纳已经走投无路了，不可接受，德宗遂把房说等人囚禁了起来，李纳得知后，就从濮州逃回郓州（今山东省东平县），与田悦等人联合，继续抵抗唐军。这时，朝廷才发现事态并非如宋凤朝说的那样，李纳的兵力还很强大。三月十三日，德宗才任命徐州刺史李洧兼任徐州、海州、沂州都团练观察使，但海州和沂州已被李纳夺回［此前不久，淮南节度使陈少游发兵夺取了海州和密州（今山东省诸城市），但李纳很快就又收复了两地］。

李纳刚造反时，其任命的德州刺史李西华守备很严，都虞候李士真有心归顺朝廷，就偷偷向李纳说李西华的坏话，李纳就把李西华召回军府，而以李士真担任了德州刺史。李士真又谎称有事商议，召来了棣州刺史李长卿，李长卿一到德州，就被李士真扣了下来，强迫他一同归顺朝廷。四月六日，朝廷分别任命李士真和李长卿为德州和棣州刺史。由于二州已被朝廷划归朱滔所有，所以，李士真向朱滔求援，此时朱滔已经心怀异志，就派遣大将李济时率领三千人马赶赴德州，谎称增援，并命李士真来深州商议军事。李士真万万没有想到螳螂捕蝉，黄雀在后，自己用在李长卿身上的计策，立马又被朱滔用到自己身上，他一到深州就被朱滔扣留了下来，而以李济时作为代理德州刺史。

四四三 急转直下（一）

马燧等将迟迟未能攻下魏州，这令德宗心急如焚，他下令调派卢龙（朱滔）、恒冀（王武俊）、易定（张孝忠）所部一万人赶赴魏州，协同河东、神策、河阳等军一起进攻田悦。但王武俊拒不奉诏，并将传达诏命的使者扣押下来，送给了深州的朱滔。

朱滔开始鼓动众将造反，他对大家说：“将士们有功的，我都向朝廷请功了，却都未获批准。如今，我打算与各位一起整装奔赴魏州，击破马燧以求温饱，你们看怎么样？”众人听后，不禁大惊失色，都不敢回答。朱滔接连问了三遍，大家这才七嘴八舌地说道：“我们幽州将士，自从跟着安史造反南下，没有一个人活着回到家里，幽州那些孤儿寡母伤心欲绝，痛入骨髓。况且，太尉（指朱泚）、司徒（指朱滔）你们二人都深受朝廷厚恩，将士们也都蒙受升赏，我们内心确实愿意维持现状，再也不敢有侥幸之心了。”听了众将的话，朱滔顿时无言以对，只好摆摆手，宣布散会，但其决心已下，会后，即下令诛杀了数十名大将，又给部下将士们赏赐了大量财物，以收买人心。康日知得知朱滔的阴谋之后，赶忙禀报给马燧，马燧向德宗作了汇报。此时，王武俊已经确定背叛，而魏州尚未攻下，朝廷再无余力与朱滔相抗，德宗只好采取安抚之策，于四月十日下诏晋封朱滔为通义郡王。朱滔深知箭在弦上不得不发的道理，就算朝廷此时给他个空名的郡王，又该如何呢？（回想不久前，如果德宗慷慨地答应把深州给朱滔，也没今天的被动了）所以，德宗的策略根本没有丝毫效果，朱滔依然加快了谋反的步伐，分兵驻扎在赵州威逼康日知，又把深州交给了王武俊派来的王巨源；王武俊以儿子王士真为恒州、冀州、深州三州留后，他则亲率大军包围了赵州。

听说朱滔背叛了朝廷，知幽州留后、涿州刺史刘怦写信劝谏他说：“现在你的老家昌平，被朝廷改为太尉乡和司徒里，这是大丈夫所建立的不朽功名啊，只要以忠诚顺从自励，什么事情都能办成。我私下考虑近期以来，妄自尊大、穷兵黩武、不顾成败、家破人亡的，安禄山和史思明就是例子。我是你的直系亲属，如果沉默不语，将有愧于心，希望司徒你三思，不要后悔啊！”刘怦是朱滔的姑表兄弟，其父刘贡，曾任广边大斗军使，刘怦的母亲就是朱滔的姑姑。刘怦因功被晋升为雄武军使，后晋升为涿州刺史。史称他在任期间“广屯田，节用，以办理称”。朱滔虽然不听他的话，但也知道他是为自己着想的，所以始终也没有对他猜忌。

朱滔将要起兵，却担心张孝忠会威胁到自己的后方，就派牙官蔡雄前去说服张孝忠。张孝忠说：“昔日司徒出兵幽州，派人对我说：‘李惟岳辜负朝廷厚恩，犯上作乱。’还称我如果归顺朝廷，就成了朝廷的忠臣。我性格直率，就遵从了司徒您的教诲。如今既然我已经成了忠臣，就不会再帮助反贼了。况且，我和王武俊都是蛮族（张孝忠是奚人，王武俊是契丹人），深知王武俊生性反复无常，您别忘了今日我提醒您的话，以后您一定会想起的！”蔡雄心有不甘，还说个不停，惹得张孝忠大怒，要把他押送京师，这才把蔡雄吓得逃了回去。得知张孝忠不从，朱滔遂命令刘怦率军驻守在要害之地，防备张孝忠，而张孝忠也整修城池，独立于群寇之中，始终心向朝廷。为了奖励张孝忠，德宗在定州设置义武军，提拔张孝忠为检校兵部尚书、义武军节度使，易州、定州、沧州等州观察使。

朱滔在部署了刘怦监视张孝忠之后，即率领两万五千人马从深州出发，向西南运动，准备与恒州南下的王武俊会师后，一起南下救援魏州。当天，部队行至束鹿，第二天一早，部队正要开拔，号角声还未落，就见军中一片喧哗，士兵们都不愿背弃朝廷，纷纷高喊：“天子令司徒返回幽州，司徒为何违反诏命要南下救援田悦！”朱滔闻言，唯恐军中哗变，吓得逃入驿马站的后院躲藏了起来。蔡雄和兵马使宗项等人出面安抚将士们，欺骗大家说：“你们不要吵闹，听候司徒的将令。”众人稍稍安定下来。蔡雄又煽动说：“司徒出兵幽州之前，朝廷曾经下令说只要夺取了李惟岳的州县，就归我们所有。司徒考虑到我们幽州缺乏棉花和生丝，所以与你们一起竭力死战才夺得了深州，目的就是拿下深州这个棉花生产基地，好减轻你们的赋税，可是，朝廷出尔反尔，言而无信，又把深州拱手送给了康日知。另外，朝廷以你们立下军功，每人赏赐十匹绢，可是，这些财物送到魏州西境时，全被马仆射（指马燧）他们夺去了。司徒就算留在幽州，也有享不完的荣华富贵，这次南下全都是为了你们，并无半点私心。你们不愿南下，完全可以自行北返，何必在此喧哗吵闹，违犯军纪！”这些普通士兵听了蔡雄这番话，又都不知该如何是好了，众人中就有人喊道：“中使为什么没有替我们看管好赏赐的财物？”遂一窝蜂地奔向敕使院，把几个中使剁成肉泥。而后，大家呼喊着：“虽然我们知道这都是司徒替我们着想，但还是不如奉诏返回幽州！”蔡雄谎称：“好好好。你们暂且返回本部，明天一早我们就返回深州，休息几天我们再回去。”如此一来，将士们总算安定了下来。朱滔不得不率军返回，途中，暗中命令各位将领调查领头闹事的，查出了两百多人，全部斩杀，其余将士都吓得不敢再动。然后，朱滔又命令掉头继续南下，全军遂不敢再有异议，行至宁晋（今河北省宁晋县），安营扎寨，等待王武俊到来。王武俊率领一万五千人马，先攻克了元氏（今河北省元氏县），遂东行与朱滔会师。

王武俊刚杀死李惟岳时，曾派判官孟华进京。德宗询问河朔地区的形势，孟华忠诚正直，又有才能，在德宗面前慷慨陈词，德宗非常欣赏，遂任命他为恒州冀州团练副使。得知王武俊和朱滔密谋反叛之后，德宗赶忙打发孟华回去，劝说王武俊。等孟华回到恒州时，王武俊已经起兵了，孟华劝谏道：“陛下对大人非常敬重，如果大人忠于朝廷，就不用担心官爵不高、土地不广，不久，天子一定会把康日知调往他处，深州和赵州都会交给大人您的，何苦匆匆参与叛乱呢？将来一旦失败，后悔就来不及了！”孟华过去一直在李宝臣的幕府，因他为人正直，早就被同僚嫉妒，如今他从京师回来又被朝廷晋升为副使，过去与他职位相同的人更是羡慕嫉妒恨，就在王武俊跟前说孟华的坏话：“孟华把军中的秘密都告诉了天子，并自请充当内应，所以才受到天子的破格提拔，此人将要倾覆大人的军队，大人不得不防啊。”王武俊因孟华是成德镇的老人，不忍将他杀掉，就剥夺了他的职务，令其回家闲居。

卢龙节度行军司马蔡廷玉与判官郑云逵关系不和，郑云逵是朱滔的女婿，而蔡廷玉则是朱泚身边的红人。朱泚还在幽州的时候，蔡廷玉建议朱泚把郑云逵贬为莫州参军，等到朱泚入京之后，朱滔又把郑云逵调回身边，让其当上了掌书记。郑云逵回到朱滔身边后，就开始在朱滔面前说蔡廷玉的坏话，而蔡廷玉和朱体微曾经劝说朱泚不要把幽州交给朱滔的话，也传到了朱滔的耳中，这让朱滔火冒三丈，屡屡给朱泚写信请求杀掉二人。朱泚入朝后，蔡廷玉和朱体微也陪同一起入朝，德宗当太子时，就耳闻蔡廷玉之名，等他继位后，以朱泚为泾原凤翔节度使，又任命蔡廷玉为大理少卿、司马，而以朱体微为检校大理少卿。朱泚也深恨朱滔吞并了自己的军队，因此，根本不听朱滔的话，另外，朱滔常常向朱泚提出一些非分之请，蔡廷玉总会根据规定当面驳回，朱泚、朱滔兄弟二人遂心存隔阂起来。朱滔击破田悦后，逐渐傲慢，目空一切，他就上书德宗称蔡廷玉和朱体微二人离间骨肉，要求朝廷将二人杀掉，等到朱滔谋反后，德宗为了取悦朱滔，就把蔡廷玉贬为柳州司户参军，把朱体微贬为南浦县尉。朱滔得知后，说："天子如果不杀了蔡廷玉，一定会贬谪，如果从东路走洛阳，我将会把他逮到麾下，大卸八块。"蔡廷玉临行前，德宗特意安慰他说："你暂且前去，为国受委屈了，今年就让你回来。"蔡廷玉行至蓝田，有人对左巡使郑詹说："商州道路艰险，不宜从那里走。"郑詹就命蔡廷玉一行从潼关东去。蔡廷玉以为郑詹要把自己送给朱滔，对儿子蔡少诚、蔡少良说："我为天子兵不血刃拿下幽州十一座城池，打算令其分裂，却功败垂成，难道上天将要帮助叛逆吗？如今，官吏让我从东都道南下，这都是出自朱滔之计，我不可以令朝廷屈辱。"行至灵宝，遂投河而死。德宗听说后，大吃一惊，卢杞遂借此对德宗说："恐怕朱泚会认为是朝廷之意，请求三法司审理郑詹，另外，御史所为是御史大夫之命，请一并审查严郢。"经过审理，德宗下令京兆尹将郑詹用棍棒打死，又把严郢贬出了京城。郑詹与中书侍郎张镒私交很好，卢杞借蔡廷玉一事，不仅除掉了郑詹，贬谪了严郢，又把矛头隐然对准了张镒。此事没有完，还涉及另外一个人——邵说。过去，不少人把邵说看作将来宰相的候选人，但金吾将军裴儆（开元宰相裴光庭的孙子）对谏议大夫柳载说："以小人看来，邵说不久就会大祸临头。邵说与史思明定君臣之分，曾在叛军中掌握兵权，前后百战，掠夺数十名良家子女当成自己的奴仆，作恶多端，此后力尽而降，朝廷免其一死。可是，他修建豪华宅邸，依附贵臣，不知羞耻，反而面露得意之色，你说这种人能长久吗？"邵说与严郢私交很深，严郢被卢杞陷害后，邵说就劝朱泚上表替严郢鸣冤，并亲自替朱泚写了奏疏，德宗得知后，就把邵说贬为归州刺史，邵说最后就死在了那里。

四四四 急转直下（二）

朱滔谋反之后，德宗除了贬谪蔡廷玉和朱体微之外，还采取了其他应对措施。

朱滔在蜡丸之内密藏书信，再把蜡丸放入发髻之中，派人送往凤翔，说服朱泚一起谋反。谁知这名使者在经过马燧防区时，被马燧的巡逻兵抓获，搜出了这封书信，马燧命人将使者和书信一起押送到了长安，而朱泚还被蒙在鼓里。德宗赶忙派使者赶赴凤翔，征召朱泚进京，朱泚来到后，德宗遂把使者和书信让朱泚看，朱泚吓得惶恐请罪。德宗安慰他说："你们相隔千里，并未同谋，爱卿并无罪过。"却免去了朱泚凤翔、陇右节度使一职，把他留在了长安家中，为了安抚他，德宗下令给其加实封一千户，给朱泚一个儿子正员官，又另行赏赐给他良田、金银、绸缎、花园，仍然保留他幽州、卢龙节度使、太尉、中书令的职务。

世事如棋。一着不慎，会满盘皆输。想必德宗如今非常后悔，当初如果不是草率地处置深州，朱滔就不会造反；朱滔不反，王武俊就算一肚子牢骚，也未必敢于谋反；朱滔、王武俊不反，田悦可能就已经投降了；田悦一降，李纳独木难支，也将随之而降，也许这场平叛战争就结束了。而如今，朱滔、王武俊谋反，不仅给前线带来巨大的压力，又牵扯到了朱泚，让后方也不得不采取一系列的防御措施。朱泚入朝是带了数千幽州兵的，如今，德宗不得不解除朱泚的兵权，对于朱泚来说，内心当然很不是滋味：原本自己在幽州好好的，为了效忠朝廷，率兵入关防秋，结果后方被弟弟朱滔给夺去，这已经让朱泚心里很不平衡了，如今朝廷又把自己仅有的兵权夺去，朱泚心里能好受吗？就算给再多的良田、金银，对于一个实力派而言都毫无意义，同时，那些普通的幽州士兵也不愿看到自己的主帅被免职，不愿接受他人的领导。

德宗也考虑到幽州兵的感情，就盘算着派一名重臣前往凤翔镇抚，这又恰巧给了卢杞一个打压朝中异己势力的机会。建中二年七月卢杞打压下杨炎之后，德宗起用张镒为中书侍郎、同平章事，卢杞、张镒二人同为宰相。张镒名气很大，又为人忠诚正直，一件事就可以说明这一点：卢杞嫉恨功臣大族，郭子仪在建中二年六月去世，去世不久，就发生郭家奴仆状告郭子仪女婿、太仆卿赵纵的事，赵纵被打入大牢，奴仆则留在了内侍省。张镒上言说："贞观时期，就曾有奴仆状告主人，太宗皇帝说：'谋反之事不可能一个人完成，肯定要与人商量，朝廷岂能只寄希望于奴仆来告密？'遂下令，以后凡是奴仆状告主人的，一律斩首。从此以后，卑贱的不可以冲撞尊贵的，下级不得欺凌上级，教化的基础稳固，祸乱就不可能发生了……如今，赵纵的事并非谋反，可是奴仆留在禁中，而赵纵被打入大牢，这很不合适。况且，郭子仪的功劳很大，坟墓上的泥土未干，他的两个女婿都已经获罪了，如今赵纵又获罪，没几个月，郭子仪的三个女婿都被朝廷斥退。就算赵纵真的犯了法，举报的不是奴仆，朝廷尚且需念及郭子仪的功劳，予以宽恕，何况这是被奴仆告发的呢？陛下正需要重用武将平叛，如今宠信这些武将，希望将来不要忘了他们啊！"德宗接受了张镒的意见，将赵纵贬为循州司马，将告发的奴仆棍棒打死。张镒把郭子仪家数百名奴仆召集在一起，将那名被杀的奴仆展示给他们看，以示警诫。张镒的做法显然是在保护郭家，这当然与卢杞的想法相悖，除此之外，卢杞还嫉妒张镒的名望，一直想把张镒排挤出去，自己好独揽朝权。如今，他主动请缨，对德宗说："朱泚名望、地位都很高，凤翔镇将士的职位也水涨船高，已经不低了，非宰相重臣难以镇抚，臣请求出任。"德宗听了低头不语。这当然不是卢杞的真心话，见德宗没有说话，他又赶忙说道："陛下一定觉得臣的相貌太丑陋了，不为三军将士所服，还请陛下定夺。"德宗遂转向张镒，说道："爱卿文武双全，名重内外，这非卿莫属了。"张镒心知中了卢杞的奸计，但皇帝说到这份儿上了，自己又无言推辞，只好跪地接受。建中三年四月二十六日，朝廷任命张镒为中书侍郎兼任凤翔、陇右节度使。卢杞排挤了张镒之后，独自担任宰相数月，他心知德宗肯定还会物色一个宰相，又怕换了别人会分了自己的相权，见吏部侍郎关播老实，就趁机推荐关播敦厚，以移风易俗，到了十月，德宗就以关播为中书侍郎、同平章事。如此一来，政务就全落入卢杞之手，关播等人不置可否。一次，德宗与宰相们议政，关播忍不住也想发表意见，刚想起身，就见卢杞冷冷地看着自己，吓得把嘴里的话又咽了回去。回到中书省，卢杞对关播说："因你端正少言，所以我才把你举荐到这高位，刚才你为何要开口说话啊？”从此以后，关播再也不敢说话了。

德宗刚即位时，以崔祐甫为宰相，宽大为政，当时，朝廷政治清明，举国上下都以为贞观之治将要重现于今日了。但是，好景不长，等卢杞当上宰相后，知道德宗内心猜忌，遂以一些似是而非、捕风捉影之事来离间德宗与群臣之间的关系，还劝说德宗对下严厉、苛察，从此，人人大失所望。卢杞是排挤他人的能手，凡是朝中名望高的能臣、直臣、老臣，他都视为有可能会取代自己的对手，是自己的眼中钉肉中刺，千方百计想置之死地。太子太师颜真卿一门忠烈，也被他看作心腹大患，想要把他排挤出京，先免去了颜真卿礼仪使之职。颜真卿得知后，前往中书省拜见卢杞，对他说道："真卿因性格执拗而为小人憎恨，多次被贬，如今已经年迈了，希望相公能庇护我。你父亲被安禄山杀死后，人头传送到平原，脸上的鲜血我不敢用衣服擦拭，是用舌头舔净的，如今，相公竟然狠心不相容吗？”卢杞听后，赶忙起身拜谢，却对颜真卿更加嫉恨。对颜真卿如此，对名气很大的李揆也是如此。李揆曾任前宰相，后受到元载的迫害，德宗即位后，又把李揆召回了京师，任命其为国子祭酒、礼部尚书。户部侍郎、判度支杜佑很受德宗的赏识，这也引起了卢杞的嫉妒，建中三年被卢杞陷害，也被贬为饶州刺史。

卢杞害人堪称能手，却治国无能。两河用兵以来，度支使杜佑计算每月军费需要一百多万钱，而京师国库内的钱财不够用几个月，再弄五百万钱，还可以支撑半年，也就差不多了。卢杞遂以户部侍郎赵赞判度支，赵赞也是无计可施，遂与太常博士韦都宾等人商议如何弄来钱，韦都宾等人认为，钱都集中到了富人家里，朝廷只有向富人借贷，别无他法。于是，韦都宾和陈京（南朝陈朝亲王陈叔明的五世孙）建议德宗，认为："天下的财物都集中在富商手里，朝廷应该核查富商们的家产，给每一家只保留一万钱，其余钱财都借给朝廷，供应军需。统计下来，只用向一两千家富商借贷，就足够朝廷使用几年了。”德宗答应了，约定罢兵之后，由朝廷再行偿还。建中三年四月十二日，德宗下诏向富商们借贷，命令度支开列富商名单和借款数额上奏。判度支杜佑、京兆少尹韦祯、长安尉薛苹奉命大肆搜刮长安城内富商们的家财，怀疑富商们隐匿财物，呈报不实，派人严刑拷打，有的商人忍受不了酷刑，甚至上吊自杀，长安城内混乱不堪，仿佛无故遭受了一场浩劫，闹得人心惶惶，民怨沸腾。一番折腾下来，总共才搜刮来八十八万钱。搜刮不来，他们又想了一个办法，把人们存在借贷商行里的钱、粮食、布帛也全部强行由朝廷借四分之一，并把存贮商行查封，以免人们转移财物。如此下来，加上从富商那里弄来的钱，朝廷一共搜刮了两百多万钱，而百姓已经无法维持生计了，纷纷关门罢市，成千上万的百姓结伴拦着宰相卢杞控诉。卢杞开始还好言安抚，却无法平息人们的怒火，最后吓得拍马从小路逃回了家。德宗见民心不可违，只好又下诏废除了这一办法。淮南节度使陈少游上奏要求把淮南道的应缴税款增加五分之一，五月，德宗下诏其他各道应缴税款均增加五分之一；食盐每斗原价一百一，德宗又下诏将每斗食盐增加到两百一。

然而，前线战事丝毫没有停下来的迹象，相反，随着朱滔和王武俊的造反，更有逐渐扩大的态势。到了次年即建中四年六月，朝廷的财政已近枯竭，为了弄钱，赵赞又建议向天下百姓征收房屋税和商业税。所谓的房屋税，当时叫作税间架，规定：凡是两根横梁之间叫一间，根据房屋质量分成三等：上等房屋一间要出两千钱，中等一千，下等五百。征收税的官吏手拿纸笔、算盘，挨家挨户实地查看；凡是隐瞒一间的，杖打六十棍，并赏给告密者五十文。所谓的商业税，当时称作除陌法，不论公家还是私人之间的买卖，原来一串钱收税二十，如今增加到五十；物物贸易的，将财务折算收税，由市场管理员随时登记。凡是隐瞒一百钱的，全部没收；隐瞒两千钱的，杖打六十棍，赏赐给告密者十串钱。这一法令执行之后，市场管理员往往从中舞弊，朝廷收上来的钱并不多，大多流入了这些人的私囊，而百姓却日益穷困，社会更加动荡不安了。

四四五 急转直下（三）

我们再把目光转向建中三年的两河前线。

建中三年一月，洹水之战和束鹿之战，朝廷连连取胜，易州刺史张孝忠、赵州刺史康日知、定州刺史杨政义相继归降，田悦和李纳接连战败。然而，到了二月，形势就发生了微妙的变化，王武俊和朱滔开始与田悦接触，密谋反叛，但由于王武俊和朱滔的部下并不一心，又顾及张孝忠的态度，王武俊和朱滔的计划并没有立即实施。在此期间，田悦退守魏州，李纳退守郓州，而朝廷方面的攻势却顿挫：马燧、李抱真、李晟、李艽之军齐聚魏州城下，而刘洽之军则在夺取濮州（今山东省鄄城县，李纳濮州守将杨令辉投降）、濮阳（今河南省濮阳市，李纳濮阳守将高彦昭于四月投降）之后，也没有大的进展，期间，李纳发兵南下收复了海州和沂州，而德州和棣州则归顺了朝廷，双方战事陷于胶着状态。

魏州方向之所以没有取得突破，主要是主帅马燧和李抱真不和，以致二人不再见面，各军相互观望，拖延不前，迟迟不能攻下魏州，这也给了田悦以宝贵的时间。德宗对前线的进展非常关切，尤其是在王武俊和朱韬起兵之后，更感焦虑，多次派人赶赴前线和解马燧和李抱真二人的关系。等到王武俊南下逼近赵州时，李抱真分出麾下两千人协防邢州，马燧听后，不禁勃然大怒，说道："残余的敌人还未铲除，应该齐心协力发起进攻，李抱真竟然分兵防守自己的土地，难道让我单打独斗吗！"当即打算率军西归。李晟劝说马燧道："李尚书因为邢州和赵州相邻，分兵把守，对大局并没有多少损害。如今大人突然率军西归，众人会怎么评价大人呢？"在李晟的百般劝说之下，马燧最终打消了西归的念头，转怒为喜，单人匹马亲自来到李抱真的营中，二人相互解释过去的误会，尽释前嫌。正巧洺州刺史田昂请求入朝，马燧就上奏将洺州划归李抱真，以李抱真的部下、昭义节度副使、磁州刺史卢玄卿担任洺州刺史，并兼任征讨军的副使。李晟的神策军原来隶属于李抱真，李晟请求也接受马燧的统领，以弥合二人之间的关系。德宗都一一接受了。

马燧和李抱真的关系刚刚改善，朱滔和王武俊就来了。为了增加前线的兵力，五月九日，德宗下诏命令朔方节度使李怀光率领朔方军和神策军共计一万五千步骑赶赴关东，增援马燧等部。朱滔行至宗城（今河北省威县），其女婿、掌书记郑云逵、参谋田景仙丢下朱滔，向朝廷投降。田悦自恃援军将至，派遣部将康愔率领一万余人出城，在魏州城西的御河（永济渠）上与马燧等军交战，结果被打得大败而还。

朱滔和王武俊联军进抵魏州，田悦送上美酒、牛肉慰问，魏州城内欢声雷动，同日，李怀光的军队也赶到了魏州城下，马燧也以盛大的军礼进行迎接。

朱滔驻军魏州城北的惬山，当他看到唐军整装出营，迎接李怀光，误以为是要袭击自己，就连忙整军出营，列阵以待。李怀光勇而无谋，见状，想趁朱滔营垒尚未构筑完毕，给他一个下马威。马燧反对，请李怀光暂且让长途赶来的将士们休息一下，再伺机而动，李怀光却说："敌人一旦构筑好营垒，必为后患，机不可失啊！"遂在惬山西边向朱滔军发起进攻，斩杀敌人一千多步兵，朱滔军狼狈而退。李怀光骑在马上，见状面露得意之色。朱滔的军队败退后，唐军将士冲入朱滔的营中，争相抢掠财物，王武俊见状，亲自率领两千骑兵从侧翼朝李怀光军杀来，将其军一分为二，朱滔军也掉头杀来，唐军顿时陷入混乱，相互践踏，被敌军逼入永济渠内淹死的数不胜数，尸体堆积如山，渠水为之不流。唐军大败之后，马燧等军各自退回营垒自守。对此，《邠志》有不同的记载，称：李怀光率领朔方军赶到前线后，一直杀入敌人大营，开始抢掠敌人的财物。这时，马燧见状，说道："我已围困此贼两年了，他们朔方军早晨赶来，晚上就击败了敌人，这让我的脸面往哪里放！"遂稍稍抽去了自己军队，田悦见状，说道："马太原妒忌朔方军的功劳了，可以袭破朔方军。"遂命令七百步兵手持长刀，趁朔方军军乱之际，把朔方军杀得大败。

当天晚上，朱滔等人阻塞永济渠，令渠水注入干涸的王莽河，以切断唐军的粮道和退路，第二天，王莽河内已水深三尺多了，唐军已成瓮中之鳖。马燧意识到问题的严重性，为了拔出全军，他派人前往朱滔军中，向朱滔道歉，请求与各位节度使率军返回各自的本镇，然后，一起向天子禀报，将整个河北事务都交给五郎（朱滔排行老五）全权处理。朱滔听后，就想答应下来，但王武俊表示反对，朱滔却没有采纳王武俊的建议，最终还是答应了马燧的请求。

七月，马燧与各镇唐军涉水而西，脱离了危险地带，退守魏县（今河北省大名县西南），然而，马燧并没有履行自己的诺言，而是在魏县继续与朱滔等叛军为敌。朱滔这才知道上当，不禁后悔起来，向王武俊道歉，因朱滔没有采纳王武俊的意见而丧失了全歼唐军的战机，王武俊非常不满，也开始对朱滔怀恨在心起来。数日后，朱滔也率领本军在魏县东南安营，与唐军隔河对峙。

朱滔、王武俊惬山大捷立刻就扭转了战局，李纳向朱滔等人求救，朱滔派遣魏博兵马使信都承庆率军增援。李纳转守为攻，向宋州进攻，但没有攻克，遂派遣兵马使李克信、李钦遥分别驻守濮阳、南华（今山东省东明县），以抵御刘洽。这场大捷的影响远不止此，也让一直心怀叵测的淮宁节度使李希烈蠢蠢欲动。按理说，朝廷待李希烈不薄：李希烈消灭梁崇义之后，德宗即晋升他为检校右仆射、同平章事，使他成为一名“使相”（节度使带宰相官衔），还赏赐五百户的实际食邑。然而，欲壑难平，对于割据一方的军阀来说，这点犒赏根本无法让他感到满足，而自己却是劣迹斑斑：是把李忠臣赶走才当上节度使的，这与“犯上作乱”而当上节度使的崔宁甚至是河朔四镇没有什么两样；灭掉梁崇义之后，他又想吞并襄阳，吞并不成之后，又大肆劫掠了一番，才怏怏而去。对于他这样一个出身不正、行为不端的节度使来说，如今朝廷是要用他，一旦天下太平，哪有好果子吃？来瑱、梁崇义、崔宁等人都是前车之鉴，李希烈不可能不清楚，与其帮助朝廷平叛，倒不如割据一方……因此，在消灭梁崇义之后，李希烈并没有立即率兵投入两河战线，而是一直隔岸观火。

如今，惬山惨败之后，两河战线吃紧，德宗不得不再给李希烈加官晋爵，促使他出兵帮助平叛。建中三年七月二十三日，德宗下诏晋升李希烈为检校司空，兼任淄青、兖郓、登莱、齐等州节度、支度、营田、新罗、渤海两蕃使，等于答应让李希烈去打李纳，打下了李纳，李希烈可以得到李纳的地盘；又以河东节度使马燧兼任魏博、檀相州节度使，意思也是一样，打下了田悦，田悦的地盘就给马燧；又晋升朔方、邠宁节度使李怀光为同平章事。除了给这几个人加官晋爵之外，德宗还晋升泾原留后姚令言为泾原节度使；以湖南（今湖南省衡阳市）观察使曹王李皋为江南西道（今江西省南昌市）节度使；加授淮南（今江苏省扬州市）节度使陈少游同平章事。曹王李皋兵不血刃平定王国良的叛乱，给德宗留下了深刻印象，建中二年，李皋的母亲去世，他停职带灵柩行至江陵，遇到梁崇义叛乱，德宗下诏夺情，晋升其为左卫大将军，命他返回湖南，不久，又加授他为散骑常侍。如今，李希烈态度暧昧，为防不测，德宗改任李皋为江南西道节度使、洪州刺史、兼御史大夫。来到洪州（今江西省南昌市）后，李皋把文武官员全部集中起来，下令："曾经立功而未受赏的，站出来排列一行；有谋略、有胆识能出谋划策的，另外再站一行。"像伊慎、李伯潜、刘旻等几个小将都站了出来，李皋观察他们的言谈举止，又考察过去他们的战功，全都破格提拔他们为大将；又将王锷提拔为中军大将，以马彝、许孟容为高级参谋。修缮武器，准备战舰，组织起一支两万多人的军队。伊慎，兖州人，善骑射，最初担任果毅。大历八年，曾经随江西节度使路嗣恭讨伐岭南哥舒晃叛乱，担任先锋，立下头功，累迁为江州别驾。讨伐梁崇义时，伊慎又率领江西兵追随李希烈，屡立战功，深受李希烈赏识，多次送给他良马拉拢，伊慎不从，设计逃了回来。等李皋上任后，李希烈担心李皋重用伊慎，就暗中派人给伊慎送去一件珍贵的七层铠甲，又伪造了一封伊慎的回信，遗落在边境上。德宗听说后，当即派遣宦官前去斩杀伊慎，李皋上表请求饶伊慎一命，令其戴罪立功。德宗还未回复，正巧有三千多名长江的水盗（应为李希烈叛军）入境，李皋勉励伊慎立功，并将自己的坐骑和铠甲送给了他，命他担任先锋，李皋则率领大军紧随其后，结果大破水盗，斩首数百级，伊慎才得以免死。王锷自称太原王氏，原为湖南团练营将，杨炎被贬为道州司马时，见过王锷，对其另眼相看。曹王李皋接任湖南观察使后，在招抚叛将王国良中，王锷立下军功，被授予邵州刺史。后来，李皋晋升江西节度使后，担心李希烈南下，就上表德宗命王锷率领三千精兵镇守浔阳（今江西省九江市）。

惬山之败后，如何打破僵局，是唐军讨叛将领们思考的一个问题。神策行营招讨使李晟把目光投向了敌占区，他上书德宗，请求率领本部神策军北上赵州，以解救被围的深赵都团练使康日知，并与北面的义武军节度使张孝忠取得联系，相机进攻朱滔的老巢范阳，把战火引向叛军的后方。德宗同意了李晟的建议，加授其为御史大夫，命令禁军将军莫仁擢、赵光铣、杜季泚所部均归李晟指挥。李晟率军北上，直扑赵州，王武俊之子王士真率部撤围而去。李晟在赵州停留三日，又继续北上，与张孝忠的军队会师，准备夺取王武俊的老巢恒州。

四四六 急转直下（四）

从建中二年消灭梁崇义一直到建中三年下半年，李希烈没有发兵参与平叛，而是心怀鬼胎，企图与河北藩镇同流合污。德宗对此也是心知肚明，一方面不断地给他加官晋爵，以高官厚禄相拉拢；另一方面，也不得不做出预防措施，其中，晋升淮南节度使陈少游、任命曹王李皋担任江南西道节度使都是这些措施的一部分。

除此之外，为了防止李希烈西进，德宗还四处选拔人才，将他们委任为东都以东州郡的刺史，李元平就是其中之一。李元平是李唐宗室子弟，原为湖南观察使萧复的判官，后为大理评事。此人志大才疏，好说大话，目空一切，以为天底下没有一个人能比过自己，与陶公达、张愻、刘承诫等人都是一群轻薄子弟，出入于宰相关播之门。关播是个老实人，却无知人之明，听了这群人漫无边际的谈论，关播认为他们都是将相之才。德宗考虑到汝州是屏护东都的要地，汝州（今河南省汝州市）刺史韦光裔软弱无能，就想挑选一个文武双全的人接替韦光裔。关播盛赞李元平才高八斗，德宗一见之下，拜为左补阙，数日后，又升任其为检校吏部郎中，兼任汝州别驾，知州事。

惬山大捷之后，田悦对朱滔感恩戴德，与王武俊一起尊奉朱滔为盟主，表示愿意臣服于他，但朱滔没有答应。朱滔说得也是冠冕堂皇："惬山大捷全靠王二哥（王武俊排行老二）相救，我岂敢独居尊位！"幽州判官李子千、恒冀判官郑濡等人一起商议："建议我们与郓州的李纳大夫一起号称四个国家，均称王而不改年号，如同春秋时期诸侯尊奉周朝的正朔一样。我们修筑高台，一起盟誓，谁不服从盟约，其他三家就一起讨伐他。如果不这样，岂能永远当个叛臣，茫然无主，师出无名，有功也没有官爵赏赐，手下将士无所依靠？"朱滔等人以为有理，于是，朱滔自称冀王，田悦自称魏王，王武俊自称赵王，请李纳自称齐王。

同日，朱滔等人在军中构筑高台，向上天禀报。朱滔仍然为盟主，称孤；王武俊、田悦、李纳自称寡人。他们所居住的宅院称殿，命令称令，下属的上书称笺，妻子称妃，长子称世子。该所辖州为府，设置留守兼任元帅，全权负责军政事务；又设置东西曹，视同朝廷的门下省和中书省；左右内史，如同朝廷中的侍中和中书令；其他官职也都效仿朝廷，只是改了名字。王武俊任命孟华为司礼尚书，孟华拒不接受，竟吐血而死；他又以兵马使卫常宁为内史监，全权负责军事，但常宁也心向朝廷，预谋刺杀王武俊，结果事情败露，王武俊将其腰斩。王武俊派遣其部将张终葵进攻赵州的康日知，又被康日知击杀。此时，朱滔等人已经与马燧、李抱真等人统率的唐军相持了数月之久，相对于朱滔等叛军来说，唐军后方补给充裕，各地的援兵又源源不断地赶赴前线，而朱滔与王武俊则远离老巢，全靠魏州田悦供给，逐渐难以为继。

就在朱滔等人逐渐进入颓势之时，经过一年彷徨的李希烈终于决定铤而走险，与河北藩镇联手，反叛朝廷。他亲自率领三万人马北上进驻许州（今河南省许昌市），派遣心腹秘密与李纳、朱滔等人接头，谋划袭击汴州的李勉。与此同时，他又派遣使者告知李勉，谎称自己已经被朝廷委任兼任淄青节度使，打算借道汴州前往淄青上任。李勉早已看出了李希烈的心思，他认为，李希烈东进应当会走陈留，一方面命令部下做好迎候李希烈的准备工作，整修道路桥梁，准备美酒佳肴，以免给其口实；另一方面，严加戒备，以防李希烈偷袭。李纳屡屡派遣小股部队西渡汴水，迎接李希烈的军队东进，但李希烈见自己的奸计被李勉识破，遂破口大骂，他盘算着如果偷袭汴州不成，自己的老巢势必陷于空虚，得不偿失，所以最终没有成行。由于李希烈的反叛，江淮的运粮船不敢再走汴渠，改由蔡水北上，进入黄河。

李希烈的反叛，让陷于困境的朱滔等人看到了希望，他们听说李希烈兵强马壮，四人商议后，就派遣使者给李希烈送信，表示愿意臣服于他，劝说李希烈称帝。建中三年十二月二十九日，李希烈遂自称天下都元帅、太尉、建兴王。

整个建中三年可以说是战局急转直下，令德宗忧心忡忡，好在虽然国内闹得沸反盈天，但唐朝与吐蕃之间的关系逐渐好转了起来。继建中元年德宗结好吐蕃之后，到建中二年两国就边界问题又多次进行谈判，殿中少监崔汉衡来到吐蕃后，吐蕃赞普见唐朝的诏书完全把吐蕃当成一个附属国来对待，把吐蕃送给唐朝的礼物记作进贡，把唐朝给吐蕃的礼物称作赏赐，另外，灵州以西应该以贺兰山作为两国的边界，要求唐朝予以更改，德宗均一一答应。建中三年二月，吐蕃人也把过去俘虏的八百名唐朝军民还给了唐朝。九月，崔汉衡返回长安，吐蕃赞普派遣大臣区颊赞随其一起来到唐朝，两国最终敲定了结盟的细节。当时，吐蕃首相尚结息残忍好杀，因曾在剑南失败，一直想洗刷此耻，不同意与唐朝讲和；次相尚结赞有才略，向赞普进言，建议与唐朝讲和，以安定边民。赞普采纳了尚结赞的意见，并让尚结赞取代尚结息当上了首相，约定十月十五日会盟。然而，等崔汉衡回国后，唐朝君臣就盟约内容一直没有定下来，超过了原定结盟的日期。十月，德宗又派遣都官员外郎樊泽出使吐蕃，另定下结盟的具体日期。到建中四年一月十日，陇右节度使张镒与吐蕃尚结赞在清水（今甘肃省清水县）结下盟约。双方各派两千人来到盟约之地，其中一千人手持武器，列队站在高台两百步之外，五百随从站立在高台下面，双方各派七名会盟官登高台盟誓。盟约约定："今唐朝的边界：泾州（今甘肃省泾川县）方向，西到弹筝峡（今甘肃省平凉市西北）；陇州方向，西到清水县（今甘肃省清水县）；凤州（今陕西省凤县）方向，西到同谷（今甘肃省康县）；剑南方向，以大渡河为界，以东为唐朝。吐蕃的边界：包括兰州（今甘肃省兰州市）、渭州（今甘肃省陇西县）、会州（今甘肃省会宁县）、原州（今宁夏回族自治区固原市），西到临洮（今甘肃省岷县），东到成州（今甘肃省成县），直到剑南西北的磨些等蛮族都属于吐蕃；剑南大渡河西南地区也属于吐蕃。黄河以北，从原新泉军（今甘肃省景泰县境内），一直向北至大碛（沙漠），转南至贺兰山骆驼岭为界，中间悉为闲田。盟文盟约记载的地方，吐蕃驻扎有军队的，归吐蕃所有；唐朝驻扎有军队的，归唐朝所有，不得越界。没有驻扎军队的，不得进驻、修筑城堡、耕种土地。"二月一日，德宗命令崔汉衡送区颊赞返回吐蕃复命。四月，德宗又命令宰相、尚书与吐蕃区颊赞在丰邑里盟誓，但区颊赞以清水之盟两国疆界还有争议的地区，没有同意，德宗遂命令崔汉衡再度出使吐蕃，由赞普决定，唐朝遂暂时留下了区颊赞。到六月，答蕃判官、监察御史于頔与吐蕃使者论剌没藏从青海湖返回长安，称两国的边界已经划清，请将区颊赞送回吐蕃。七月九日，德宗遂任命礼部尚书李揆为入蕃会盟使。十七日，德宗又下令命宰相李忠臣、卢杞、关播、右仆射崔宁、工部尚书乔琳、御史大夫于颀、太府卿张献恭、司农卿段秀实、少府监李昌夔、京兆尹王翃、左金吾卫将军浑瑊等与区颊赞在长安城西盟誓。李揆富有声望，卢杞对他很是猜忌，就建议德宗派他出使吐蕃。李揆对德宗说："臣当然不怕远行，只是担心会死在路上，无法完成使命。”德宗听后顿生恻隐之心，对卢杞说：“李揆是不是太老了？”卢杞回答：“出使远方外邦，必须一位深谙朝纲、礼仪的重臣前往才行，况且，如果这次派了李揆前去，以后再派比他年少的人，就不敢借故推辞了。”等到李揆来到吐蕃后，吐蕃人问：“听说唐朝有第一人叫李揆，是不是你？”李揆担心被吐蕃人扣留，就谎称道：“那个李揆岂能前来干这事？”经过此番颠簸，李揆返回后就死在了凤州，终年七十四岁。

四四七 急转直下（五）

回到国内。

李希烈自称天下都元帅后十余日，就发兵朝汝州扑来。

这位志大才疏的新任汝州别驾李元平，上任伊始信心满满，当即张榜招募百姓修筑城墙。李希烈得知后，心中窃喜，暗中派遣数百壮士，假扮成农夫前去，而李元平却丝毫没有察觉。建中四年一月十三日，李希烈派遣部将李克诚率领数百骑兵突然来到汝州城下，提前混进城内的数百叛军在城内响应，竟然将李元平生擒，轻松夺占了汝州。李元平身材矮小，没有胡须，见到李希烈后吓得魂不附体，大小便失禁，弄得满地都是粪便。李希烈见状，故意对李克诚说道："我命你去抓李元平，为何把李元平的儿子抓来了？"继而对李元平骂道："那个瞎了眼的宰相（指关播）让你这种人来与老子对垒，怎么如此瞧不起老子！"但仍然把李元平任命为御史中丞。消息传到朝廷，关播为了遮羞，仍然自欺欺人地对别人说："这下李生能建立大功了！"意思是李元平能从中倾覆李希烈。有识之士听了，都忍不住嗤之以鼻，由此，像陶公达等同样受到关播举荐的人才没能受到朝廷的重用。

李希烈轻松拿下汝州之后，任命判官周晃担任刺史，又派遣部将董待名等人四处劫掠，攻陷尉氏（今河南省尉氏县），包围了郑州（今河南省郑州市），当地唐军屡屡被叛军击败。李希烈的侦察骑兵一直向西前突到彭婆（今河南省伊川县东北），逼近洛阳。洛阳百姓人心惶惶，吓得逃出城外，藏匿在山谷避难。东都留守郑叔则率军退守西苑。

此时，德宗对李希烈尚存一丝希望。他向卢杞问计，卢杞回答："李希烈年轻气盛，自恃功劳，傲慢无礼，其部下不敢劝谏。如果朝廷派去一名儒雅重臣，携带陛下的诏书，前去安抚慰问，分析利害得失，李希烈必定会洗心革面，不必动用军队即可使其归顺。太子太师颜真卿为三朝老臣，忠诚正直，刚正不阿，名重四海，为天下人所信服，是最合适的人选！”早在李希烈主动请缨讨伐梁崇义时，杨炎就曾断言李希烈定成祸患，可是，当时德宗鬼迷心窍，充耳不闻，而卢杞更是见风使舵，借此把杨炎打压了下去。谁都知道卢杞是个成事不足败事有余的奸相，唯独德宗就像瞎了眼似的对他是言听计从，而卢杞出的那些个计策往往不是从帝国利益出发，而是掺杂着个人的目的。这一次也是如此，他建议派颜真卿安抚李希烈，无疑是把颜真卿送入虎穴，要把颜真卿置于死地的借刀杀人之计，而昏庸的德宗就像是吃了迷魂药似的看不透，立即点头答应。

建中四年一月十七日，也就是在李希烈袭占汝州四天之后，德宗下诏命令颜真卿赶赴许州说服李希烈。命令下来，满朝文武无不大惊失色，人人替颜真卿捏了一把汗。李勉听说后，以为此举将让朝廷失去一位元老，还会让朝廷蒙羞，秘密上表请求德宗留下颜真卿，又派使者在半道上截留颜真卿，但颜真卿接到诏书后，义无反顾，乘坐驿马车奔赴东都。东都留守郑叔则对颜真卿说：“此去凶多吉少，应该在这里稍作停留，等待朝廷下一步的指示。”颜真卿慷慨回答：“天子之命，岂能躲避！”遂继续前进。颜真卿来到许州后，还没等宣布诏书，李希烈就命上千养子手持白刃，把他团团围住，百般侮辱、谩骂，有人用刀刺向颜真卿的脖子，做出一副要砍死颜真卿的样子，但颜真卿大义凛然，不为所动。李希烈见没能吓住颜真卿，赶忙冲入人群，用身体挡住，挥手喝令众人退下，这才把颜真卿让入馆驿。李希烈本欲放颜真卿回去，正巧李元平在座，颜真卿怒目斥责，李元平满脸羞愧，起身而去，劝说李希烈扣下颜真卿。李希烈遂改变了主意，把颜真卿留了下来，并逼迫颜真卿给朝廷上书，要求朝廷洗刷自己的过错，表示愿意罢兵，又多次派遣颜真卿的侄儿颜岘和随从官吏入京，但德宗一概不予回复。颜真卿在给儿子们的信中绝口不提自己的安危，只是交代要看好家庙，照顾好家族中的孤儿们而已。

此时，朱滔、王武俊、田悦、李纳也在极力拉拢李希烈，四人纷纷派来使者，上表称臣，并请李希烈登基称帝。这些使者在李希烈面前行三跪九叩大礼，对李希烈说：“朝廷诛杀有功之臣，已经失信于天下了。都统功盖天下，英武超群，已经受到朝廷的猜忌，肯定会重蹈韩信、白起被杀的覆辙，希望都统早早称尊号，令四海臣民有所归依。”李希烈把颜真卿召来，对他说：“如今四王派来使者推举，他们没有商量却都是此意，太师，你看这情况，难道我不为朝廷所容，就没有容身之地了吗？”颜真卿回答：“他们岂是四王，不过是四凶罢了！相公不想着自保功业，当我大唐忠臣，却甘愿与乱臣贼子眉来眼去，想和他们一起覆灭吗？”李希烈听了，一脸不高兴，命人把颜真卿搀扶出去。又过了几天，李希烈设宴款待众人，命戏子们上演嘲弄朝政的节目，颜真卿怒道：“相公，您身为大臣，为何让这些人做出此等举止？”说完拂袖而起，李希烈一脸羞愧，连连喝令停止。当时，朱滔等人的四个使者也在场，四人看着颜真卿对李希烈说：“我们很早就听说过太师的大名，相公打算登基称帝，而太师恰巧也来到此处，岂非上天有意让相公赶紧正位？选任宰相，谁能比太师更合适呢？”颜真卿义正词严地怒斥道：“什么狗屁宰相！你们听说过颜杲卿吗？那是我的哥哥！安禄山造反，他第一个举起义旗，被杀害时，骂不绝口。如今，我年近八十岁了，官至太师，我将坚守我哥哥的气节，死而后已，岂能受你等的胁迫！”众人遂不敢再说了。李希烈见颜真卿不会屈服，就把他软禁在馆驿之内，派十名全副武装的士兵看守，并在馆驿的院内挖了一个大坑，放出话来要活埋颜真卿。颜真卿听后，神色安详，毫不介意。一次，他见到李希烈，说道：“死生有命，何必生出那么多花样？快点给我一把宝剑，你岂不是心满意足了？”李希烈赶忙道歉。

德宗派去颜真卿仅仅四天后，就不顾颜真卿的生死，改变了招抚李希烈的打算，决定以武力解决李希烈。显然，仅仅过去四天，德宗就意识到了招抚李希烈是不可能的，那么，究竟是什么情况让德宗意识到了这一点呢？仔细研究史料，我们发现，李希烈反叛之后，并没有在北线过度地刺激朝廷，一方面与朝廷虚与委蛇，企图进一步麻痹朝廷，换取宝贵的时间；另一方面，却一刻也没有闲着，而是将主力用于南方，其目的主要有三：一是为了扩大自己的统治区和战略纵深；二是切断江淮与长安之间的粮道，困死朝廷；三是夺取江南富庶之地。唐朝朝廷很快就识破了李希烈的诡计，与其被李希烈牵着鼻子走，不如趁其北线空虚，主动发起进攻。于是，德宗任命左龙武大将军哥舒曜为东都、汝州节度使，率领凤翔、邠宁、泾原、奉天、好畤行营一万余人讨伐李希烈，又下诏命令各道一起出兵。哥舒曜，字子明，他是哥舒翰的儿子。八岁时，唐玄宗在华清宫见到哥舒曜，授予其尚辇奉御，此后晋升为光禄卿。哥舒翰落入敌手后，哥舒曜号啕痛哭，其父的老部下裴冕、杜鸿渐等人见了，都为之叹息。等李光弼出兵河北时，哥舒曜自告奋勇，愿意出征，被拜为鸿胪卿，充任李光弼的副将。因功被拜为殿中监、东都镇守兵马使。德宗即位后，哥舒曜又被召为左龙武大将军。此次出征前，德宗召见哥舒曜，问道：“你治军与你父亲相比如何？”哥舒曜回答：“我岂能与亡父相比？但我愿意斩杀东方那群叛匪，然后戴罪家中。”德宗说道：“你父亲在开元时，朝廷无西顾之忧；如今朕用你，也不再担忧东方了。”临行时，德宗在通化门给其饯行，当日，唐军军旗旗杆突然折断。人们突然想起哥舒翰出征前也是如此，一种不祥之兆笼罩在群臣的心头，哥舒曜遂下令斩杀了掌旗官，而后誓师出征。他率领唐军行至郏城（今河南省郏县），遭遇李希烈的前锋陈利贞所部，一举将其击破，数日后，唐军又乘胜攻克了汝州，生擒李希烈的汝州刺史周晃，斩杀叛将二人。李希烈的声势稍稍受挫，退守许州。

李希烈反叛后，命令部将董待名、韩霜露、刘敬宗、陈质、翟晖等人四处劫掠，兵力过于分散，且将主力用于南方，所以在北线才招致失败。当时，李希烈派部将封有麟占领了邓州（今河南省邓州市），江淮地区与长安之间的南道（由襄阳而邓州而武关而关中）被完全切断，一月二十五日，德宗下诏命令陕虢观察使姚明敭开凿上津（今湖北省郧西县西北）道，设置驿马车站。

四四八 急转直下（六）

德宗决定以武力解决李希烈之后，又重新给平叛部队分配了任务：以河东（马燧）、泽潞（李抱真）、河阳（李芃）、朔方（李怀光）驻扎在魏县继续看住河北四镇，以神策军李晟所部与张孝忠义武军为奇兵牵制河北四镇；以神策军、永平、宣武、淮南、浙西、荆南、江泗、沔鄂、湖南、黔中、剑南、岭南各军包围了李希烈的淮宁四境。“擒贼先擒王”，当李希烈被“四王”推举为天下兵马都元帅的时候，其实也已经上了“四王”的当，朝廷就把主攻方向放在他的身上，从而减轻了“四王”的压力。

李希烈在南线的进展也步履维艰。当时，李希烈部将韩霜露等人进驻蔡山（今湖北省黄梅县西南），此地地势险要，易守难攻。江南西道节度使李皋对外宣称将要直取蔡山背后的蕲州（今湖北省蕲春县），遂率军沿江逆流而上。叛军得知后，留下老弱残兵驻守蔡山营寨，率领精兵沿江随唐军战舰和南岸步兵一起西进。当唐军行至距离蔡山三百多里的时候，李皋命令南岸步兵登上战舰，然后顺流东下，很快回到了蔡山，一鼓作气拿下了蔡山要塞。叛军匆匆东返，等到他们回到蔡山时，唐军已占领蔡山两天了。唐军以逸待劳，把奔波了数日的叛军打得大败，又乘胜拿下了蕲州，招降叛将李良，继而再夺黄州（今湖北省黄冈市），斩首一千余级。打破了李希烈南下江南的计划。李皋上书举荐有功将领伊慎为蕲州刺史，王锷为江州刺史。李皋对王锷推心置腹，有时家宴，妻女在座，也不避开王锷，而王锷也对李皋感恩戴德，知无不言，军府动向，事无大小都向李皋禀报。

战事失利，也影响到了李希烈的军心士气。此时，山南东道节度使李承数年前对李希烈所部做的工作就起了作用。淮宁都虞候周曾、镇遏兵马使王玢、押牙姚憺、韦清早已暗中与永平节度使李勉联络，愿意归顺朝廷。李希烈派遣周曾、吕从贲与十将康秀琳率领三万人马进攻哥舒曜，行至襄城（今河南省襄城县），周曾等人密谋回师偷袭李希烈，推举颜真卿为节度使，命王玢、姚憺、韦清从中接应。然而，事情败露，李希烈得知后，派遣别将李克诚率领三千骡军偷袭周曾所部，周曾等人猝不及防，被打得大败，周曾、王玢、姚憺等人全部被杀，三月十七日，德宗下诏追赠周曾等人官爵。在这场事变中，韦清幸免于难，但他恐怕终有一天会引火烧身，遂说服李希烈派自己北上向朱滔请求援军，李希烈同意后，韦清行至襄邑（今河南省睢县），就投奔了宣武节度使刘洽。

周曾之变把李希烈吓得不轻，他赶忙召回进攻尉氏、郑州的军队，关闭城门，不敢出城，并上书德宗，把自己叛乱的责任推到周曾等人的身上，表示愿意悔过归顺，而后率军退回了蔡州（今河南省汝南县），把颜真卿安置在龙兴寺内。消息传到河北，有人误传说李希烈已经被杀，马燧等四节度使军中欢声雷动。三月二十日，荆南节度使张伯义在安州（今湖北省安陆市）与叛军交战，结果全军覆没，张伯义侥幸逃脱。李希烈将张伯义的符节和唐军被割下的耳朵拿来让颜真卿看，颜真卿失声痛哭，昏倒在地，从此再也不开口说话了。颜真卿自知必死，提前写下遗书、墓志、祭文，经常指着寝室西墙下，说道："这就是我的入殓之地。"

显然，李希烈上书悔罪只是缓兵之计，其目的是等待朱滔等人的援兵。德宗当然不会上当，他不予理会，下诏称，能斩杀李希烈者，四品以上的，就地授予李希烈的官职（检校司空、淮宁、淄青节度使）；五品以下的，赏赐食邑四百户；是百姓的，免除三年劳役赋税。四月，德宗更是任命神策军使白志贞为京城招募使，招募禁军去讨伐李希烈。当时，尚父郭子仪的女婿、端王傅吴仲孺家财巨万，因国家有难，内心不安，遂上表愿意率领子弟、奴仆从军，德宗很是赞赏，破格提拔其为五品官。有了吴仲孺这个先例，白志贞就下令凡是当过节度使、观察使、团练使的，不管是否还活着，一律勒令这些人家的子弟、奴仆自备行装从军，并授予其家家长以五品官。这一措施，让那些豪门不良子弟看到了出头之日，而对于那些贫困人家不愿从军的人来说却是一场灾难，闹得人心惶惶。招募来的禁军全都交给白志贞统领，此后，这些人在战场上被杀伤殆尽，但白志贞隐瞒不上报，以京城内的市井商贩来填补缺额，而他们只是挂一个空名，仍然做各自的生意，京师其实已经处于极度的空虚之中了，可是德宗被蒙在鼓里，全然不知。

四月，德宗一方面加紧与吐蕃订立盟约；另一方面也焦急地注视着淮宁前线，恨不得赶快平定李希烈。十四日，他加授永平、宣武、河阳都统李勉为淮西招讨使，以东都、汝州节度使哥舒曜为副使；又以荆南节度使张伯义为淮西应援招讨使，以山南东道节度使贾耽、江西节度使曹王李皋为副使；又派遣神策军将领刘德信率领节度使、团练使、观察使的子弟进驻阳翟（今河南省禹州市），增援哥舒曜。贾耽，字敦诗，南皮人。历任临清县尉、正平县尉、太原少尹、北都副留守、汾州刺史等职。因政绩优异，被召为鸿胪卿，大历十四年被任命为检校左散骑常侍、兼梁州刺史、御史大夫、山南西道节度使，建中三年改任为山南东道节度使。

德宗命令哥舒曜修筑襄城，哥舒曜认为与其让士兵们修筑城池，弄得疲惫不堪，倒不如按兵不动，持重迎敌，但德宗不许，并督促哥舒曜出兵。哥舒曜无奈，只得出兵，行至颖桥（今河南省襄城县东北），天降大雨，雷电将军中七匹战马击死，哥舒曜心中恐惧，又退回了襄城。李希烈派遣部将李光辉率领一万余人进攻襄城，双方发生激战，叛军纵火焚烧唐军的营寨，将活人推入堑壕内向唐军营垒发起猛攻，哥舒曜拼死血战，才将敌人击退。

当河南各军与李希烈苦战之时，德宗及时调整了对“四王”的策略，采取以招抚为主、军事进攻为辅的策略，转攻为守、分化瓦解，以集中精力对付李希烈。在军事斗争方面，以河北马燧等人看住田悦，而以李晟与张孝忠两部骚扰敌人后方。自从李晟率领神策军离开魏县北上之后，即与张孝忠的军队会师，同心协力讨伐叛军。李晟计划夺取涿州（今河北省涿州市）和莫州（今河北省任丘市）两地，以切断幽州后方与魏州之间的联系。从建中四年一月开始，李晟与张孝忠的儿子张升云即率部将朱滔任命的易州刺史郑景济包围于清苑（今河北省保定市）城内，接连强攻数月，开挖河水灌城，却一直未能攻下。田悦、王武俊均派兵前来救援，唐军与叛军在白楼会战。叛军先击张孝忠的义武军，义武军稍稍退却，李晟见状，率领本部将敌军击退，激战中，李晟的坐骑连中数箭。又过了月余，清苑城内更加危急，朱滔、王武俊很是担忧，朱滔以其司武尚书马寔为留守，留下步骑一万驻守魏州，他则亲自率领一万五千步骑与王武俊一起北上救援清苑，又从外面包围了李晟。李晟对内包围清苑，对外还与朱滔等人的援军交战，每天苦战数次，战至五月，终因寡不敌众而大败，李晟率军退回易州（今河北省易县）。当时，李晟得了重病，数次人事不省，部下一起商议，决定撤回定州（今河北省定州市），遂把李晟放在马车上退回了定州。

击败李晟后，朱滔并没有返回魏州，而是滞留在瀛州（今河北省河间市），王武俊认为既然已经解了清苑之围，就该赶快南下，一起对抗唐军，遂派给事中宋端前往瀛州催促朱滔南下。宋端见到朱滔后，态度傲慢，言辞强硬，说得朱滔火冒三丈，遂说："我身体发烧，暂时未能南下，二哥你竟然说出这种话来。当初，我因解救魏博之故，轻易地背叛了君上，抛弃了兄长，如果你还怀疑我，那么你自己看着办吧！"宋端复命后，王武俊就找到马寔辩解，马寔派人对朱滔说："赵王得知宋端对大王无礼后，已经重重地责罚了他，确实没有别的意思。"王武俊也派遣承令官郑和随马寔的使者一起来见朱滔，向朱滔道歉，朱滔这才转怒为喜，和好如初，然而，王武俊内心更加怨恨朱滔了。

唐军及时捕捉到了这一情况。六月，李抱真派遣参谋贾林前往王武俊军中诈降。王武俊见到贾林后，贾林却说："贾林前来并非真的投降，而是奉天子之命而来。"王武俊顿时露出诧异之色，询问原委。贾林说道："天子知道大人一直忠于朝廷，大人登坛之时，还曾经摸着胸口对手下说：'我本一腔忠义，天子却不知。'众将也都曾一起上表替你辩护，表明大人的忠心。天子对使者说：'朕过去所为确实错了，非常后悔。朋友之间有了误会，尚且可以道歉，何况朕为四海之主，就不能允许朕道歉吗？'"王武俊回答："小人只是个胡人，当个将领尚且知道爱惜百姓，何况天子，岂能专门以杀人当正事？如今，山东连年交兵，尸骨遍野，就算你们打胜了，又与谁来守住这些土地！小人不怕归顺朝廷，只是已经与各镇结盟了，胡人性格直爽，不想做出对不起朋友之事，天子如果真的能下诏宣布赦免各镇的罪过，小人一定会率先归顺朝廷。各镇不从的，我也会奉命前去讨伐，如此一来，上对得起天子，下对得起各镇，不出五十日，河朔就平定了。"王武俊让贾林向李抱真复命，双方暗中定下了密约。

不论李抱真还是贾林，都是不敢杜撰德宗的话的，他传达给王武俊的应该是德宗的心声，也表明了德宗对"四王"态度的转变，同时，德宗还任命宣武节度使刘洽兼任淄青招讨使，也说明了这一点。

四四九 急转直下（七）

仗打了两年，不论反叛藩镇还是朝廷方面都已经是筋疲力尽了，在这种情况下，德宗不得不于六月五日下诏出台了令人诟病的税间架和除陌钱法，这一办法与不久前实施的命三使子弟从军法，让长安百姓苦不堪言，社会矛盾已经激化到一触即发的边缘……

明眼人对此心急如焚，唯恐再次引发新的内乱，此人就是陆贽。陆贽，字敬舆，苏州嘉兴人。父亲陆侃曾为溧阳县令。陆贽年少时父亲就去世了，他特立不群，博览群书，十八岁时就进士及第，被授予华州郑县县尉。后回家省亲，路过寿州，时任寿州刺史的张镒一见之下大为叹赏，二人结为忘年之交，此后，陆贽被晋升为监察御史。德宗当太子时就听说过陆贽的大名，即位后，遂提拔其为翰林学士，转祠部员外郎。陆贽感激德宗的知遇之恩，尽心报国，言无不尽，德宗对他也是更加亲近。如今，陆贽见两河用兵日久，兵员枯竭，百姓困苦，深感忧虑，遂上书劝谏德宗，他在奏表中写道："要想战胜敌人，最关键的是要选拔得力的将帅；驾驭将帅的良策，在于指挥得当。如果将帅指挥不了士兵，朝廷指挥不了将帅，这不只是浪费朝廷资财，更有甚者会引火烧身。两河、淮西叛乱的也就是那四五个人而已，其中恐怕还有误入歧途、不得不随波逐流的，何况那些普通将领、士兵，也都是被胁迫的，如果朝廷网开一面，大家岂肯继续为恶？"陆贽还说道："假如看不到眼前的隐患，也许会生出更大的灾难。人民是国家的根本，财富是人民心脏。心脏如果受伤，则根本就会受损，根本受损，则枝叶就会枯萎。如果人心不稳，恐怕会生出不测之变，所以，兵法称军事行动最宝贵的是速度，最忌讳的是拖延。如果不重视根本，只想着枝叶，那么在枝节上所下的功夫，恰恰会带来另外一场灾难。"他在论述目前的局势时说道："君王应当树立权威、展示品德，二者缺一不可；居重驭轻，如果相反就会出现变乱。京师一带，是全国的核心。太宗皇帝在京师近郊设置府兵，分别隶属于各禁卫军，全国有军府八百多所，而关中就多达五百所，就算有人集中全国的军队，也无法与中央抗衡，这就是居重驭轻的道理。太平日久，武备松弛，兵府虽有其名，而无其实，所以，安禄山才一举攻陷两京。幸赖西边有兵，各牧马场有马匹，各州都有存粮，所以肃宗才得以中兴。乾元之后，史思明称帝，军队全部用于东线平叛，边防空虚，吐蕃乘虚而入，代宗无力抵御，只好避难陕州，这均是内轻外重带来的灾祸。当时，函谷关已失去作用，而敌人已盘踞汧水、渭水之上，虽有四方勤王之师，也难以救一时之患啊！如今，朔方、太原之军远在山东，神策六军之兵也相继东出关外，一旦有贼臣引诱外族，乘虚而入，这是臣最为担忧的啊！不知陛下将如何应对？我还听说，平叛之初，议政大臣们都以为此行有征无战，易如反掌，军队无须多派，费用也花不了多少，既不用操劳，亦无须多虑。谁知竟然兵连祸结，发生了一连串难测的变故，日复一日、年复一年，与当初预计的大相径庭。昔日，为天下之患的，是李正己、李宝臣、梁崇义和田悦，朝廷最为信任、依靠他们讨伐叛军的是朱滔和李希烈。然而，李正己死后，李纳继位；李宝臣死后，李惟岳继位；梁崇义死后，李希烈反叛；李惟岳死后，朱滔再起。昔日朝廷忧虑的四人已去掉三个了，可是大祸依然在继续；昔日依靠的，如今又背叛了，剩下的谁敢担保他们一直忠于朝廷？由此可知，国家的安危在于大势，事业的成败在于用人。大局安定，就算是异族也会同心同德；大局不稳，就是一条船上的人也会反目成仇。陛下岂能不借鉴往事，改弦更张，恩威并施，安定国家？却殚精竭虑，一心想完成无法完成的任务？如今，关中地区能够征调的军队和粮食都已到了极限，皇宫警卫已十分薄弱，万一将帅之中再出一个朱滔和李希烈式的人物，要么占据边镇，引诱外族，要么突然在近郊发动兵变，后果不堪设想，不知陛下将如何应对！陛下如果采纳臣的建议，立即召回神策军李晟所部以及招募的三使子弟；下诏泾州、陇州、邠州、宁州严加戒备，不再征调他们参加平叛，让他们安居乐业；并下诏取消京城和近畿的间架等杂税，如此一来，也许会让已经缴纳的人少一些怨恨，让那些没有缴纳而受到惩处的人安下心来，只要人心安定下来，国家的根基自然就稳固了。”陆贽似乎未卜先知，然而，德宗并没有听从他的意见。

安州胜利给李希烈打了一剂强心针，八月二日，他亲率三万人马北上，将哥舒曜团团包围于襄城城内。德宗下诏命令汴州的李勉、驻扎在阳翟的神策军将领刘德信率部救援。十日，李希烈部将曹季昌以随州（今湖北省随州市）归顺朝廷，但不久，曹季昌就被部下康叔夜杀死。接到德宗的命令之后，李勉派遣唐汉臣率领一万人马前去救援，刘德信则率领三千三使子弟兵配合。李勉上书德宗认为："李希烈精兵均在襄城，许州空虚，如果直取许州，李希烈自然会解除襄城之围。"遂命令二将直扑许州。谁知，德宗看了李勉的奏表后，却大为震怒，不同意李勉"围魏救赵"的计划，下诏严厉斥责了李勉一通，并严令李勉召回二将。李勉只好奉命召回二将，唐军行至许州数十里时，接到了李勉的命令，二将狼狈而返，因情绪沮丧，也没有再派出侦察骑兵。九月十二日，李希烈的部将李克诚在沪涧水（流经河南省郏县以西）设下伏兵，将唐军打得大败，逃回汴州，刘德信逃往汝州。李希烈的侦察骑兵已推进到伊阙（洛阳南十里），李勉又从汴州派遣李坚率领四千人马协防东都，李希烈切断了李坚军队的归路，由此，汴州军队一蹶不振，而襄城也更加危急了。

德宗反思迟迟未能消灭李希烈的原因，就在于平叛各军各自为政，没有一个统帅，九月二十六日，他以次子——舒王李谟为荆襄等道行军都元帅，并给他改名为李谊。以户部尚书萧复为长史，右庶子孔巢父为左司马，谏议大夫樊泽为右司马，下余将佐挑选的均为被大家公认为最有才干的人。萧复，字履初，他是玄宗时期的宰相萧嵩的孙子，其父萧衡娶唐玄宗第十一女新昌公主，生下了他。萧复从小就好学不倦，与那些整日吃喝玩乐的堂兄弟不同，只与文人雅士来往；以公主的门荫而以宫门郎起家，后为太子仆。广德年间，连年灾害，萧复家贫，打算卖掉昭应的别墅。当时的宰相王缙听说后，想霸占这处别墅，就让弟弟王纮对萧复说："足下的才能自当在朝廷任职，如果你能把这处别墅送给我哥哥，我哥哥一定会让你担任要职的。"萧复拒绝道："我因家贫才想卖掉这处别墅，为的是让老弱免于饥寒，如果以之换来美差，却令家中忍饥挨饿，这可不是我的本意。"王缙怀恨在心，就罢免了萧复的官；元载、王缙失势后，萧复才被朝廷任命为潭州刺史、湖南观察使，后为兵部侍郎。孔巢父，字弱翁，为孔子的第三十七世孙。年少苦学，隐居于徂徕山中。李璘东下江南，曾派人征召他入幕府，他比李白更高一筹，没有答应，李璘兵败后，孔巢父也因此知名。广德中，李季卿安抚江南，举荐他任左卫兵曹参军，此后历任库部员外郎、泾原行军司马等职。原本他已经被德宗任命为湖南观察使了，还未成行，就改任他为李谊的行军司马。

除了任命李谊担任平叛统帅之外，德宗再次调发泾原等关中各镇剩余的军队加入平叛队伍中，这一次，德宗是与李希烈耗上了，这体现出德宗不顾一切、执拗于一点不及其余、知进而不知退的性格特点，此举与陆贽前不久的建议完全背道而驰。而恰恰是这一个性格缺陷，很快就让帝国陷入一场前所未有的危机，几乎面临一场灭国之灾……

四五〇 泾原兵变（一）

泸涧水惨败，完全是德宗瞎指挥的结果，此时的他就像一个丧失理智的赌徒，继续增兵前线，孤注一掷。

然而，此时的关中不论民心，还是士气，抑或后勤补给已近枯竭，帝国已经到了行将崩溃的边缘。建中四年十月二日，泾原节度使姚令言率领泾原镇五千官兵奉命东征，他们冒雨行军，来到了京师长安。东线战场上溃败的消息早已传到了他们的耳中，人人感到此行必死，因此士气低落；有人还带着年幼的弟弟，盼望着来到京师以后，能够得到朝廷的赏赐，好带回家去，养家糊口。天气异常寒冷，一路行来，将士们饥寒交迫，然而，等他们来到长安城外时，朝廷并没有像往常那样赏赐半点财物，将士们都非常失望。次日，队伍行至浐水，德宗下诏命令京兆尹王翃犒劳三军，然而，有关部门只准备了些粗茶淡饭。此时，已愤怒到极点的将士们纷纷踢翻饭菜，高声大喊道："我们即将战死沙场，却不让我们吃饱，怎能以我们的血肉之躯抵挡敌人的白刃！听说琼林和大盈两座仓库内金银珠宝堆积如山，不如我们自己去取来！"于是，全军将士穿上铠甲，高举战旗，擂响战鼓，掉头向京城杀来。

当时，姚令言正在宫中拜别德宗，消息传来，姚令言赶忙出宫，飞马狂奔到长乐阪（长安以东），与乱兵相遇。将士们看到姚令言，有人朝他射箭，姚令言低头抱着马鬃，冲入乱军当中，高声喊道："诸位！诸位！你们打错主意了啊！我们东征立功，还怕不会富贵？为何干出这种灭族的事啊！"然而，乱兵岂肯听他的劝阻？他们抽出佩刀，强迫姚令言与他们一起朝西杀来。德宗闻听也慌乱起来，赶忙派宦官传令赏赐一万匹布帛，每人两匹。宦官迎着乱兵传达皇帝的诏命，但众人一听，更加愤怒，弯弓朝宦官射来。德宗再派宦官赶来安抚，但此时军队已经行至长安东面最北第一门的通化门，宦官刚一出城，就被乱兵射死。

德宗又命人拉出二十车金银绸缎赏赐给大家，但此时乱兵已经闯入城内，浩浩荡荡，蜂拥而入，无人能挡。长安百姓惊慌失措，四散奔逃，乱兵们高喊："百姓不要害怕，以后再也没有人向你们强行借钱了！再也不向你们征收间架税、除陌钱了！"长安百姓听了，也不再害怕了。德宗命令普王李谊、翰林学士姜公辅出宫安抚，而乱兵已冲到丹凤门外，有上万长安百姓聚集在一旁看热闹。

德宗一面把李谊、姜公辅派出去安抚，一面传令集合禁军，可是，没有一名禁军前来！原来，堂堂的大唐皇帝竟然身边没有禁卫军保护！原因就在于，神策军使白志贞让长安的市井小民填补阵亡将士的空缺，禁军有其名而无其实，过去，司农卿段秀实就曾告诫德宗说："禁军不精，人数又少，一旦出现不测，将如何应对？"但德宗置若罔闻。如今的德宗竟然真的成了孤家寡人。乱兵根本不理会李谊和姜公辅，很快就砍开了宫门，冲进宫来，惊慌失措的德宗带上王贵妃、韦淑妃、太子、诸王、唐安公主从皇宫北门仓皇出逃，王贵妃把传国玉玺绑在内衣里带了出来。后宫内十之七八的诸王、公主都没有跟着逃走。《杜阳杂编》记载：德宗离开时，手持一把两年前大林国上贡的火精剑，叹息道："千万年的社稷，难道就让鼠辈窃取了吗？"随手砍向栏杆上的铁狻猊，顿时打碎，左右山呼万岁。德宗说道："如果灭小寇如斩这个狻猊一般就好了！"途中，夜里，人们看到火精剑发出数尺光明。

自从代宗诛杀鱼朝恩之后，宦官就不再掌握禁军了，德宗当太子时，宦官窦文场和霍仙鸣就在东宫服侍，如今，二人率领一百多名宦官保护着德宗一行，普王李谊在前探路，太子李诵断后。十四五年来，宦官被排除于权力核心之外，然而，如今，在危难关头，德宗猛然觉得还是这些贴身的家奴最忠诚！郭子仪的儿子、司农卿郭曙（郭暧之弟）与手下数十人正在苑中打猎，听到回避的喊声后，跪在路边拜谒，遂加入了护驾行列。右龙武军使令狐建正在军中训练射箭，听说皇上出逃的消息后，立即率领部下四百人赶上了队伍，德宗遂命其断后。令狐建是前滑亳节度使令狐彰的儿子，其妻原为成德节度使李宝臣之女，令狐建为了与成德断绝关系，打算休掉妻子，遂诬陷门客郭士伦与妻子私通，杖杀郭士伦，休掉了李氏。郭士伦之母因之气死，李宝臣上书请求彻查，朝廷经过调查并无郭士伦与李氏私通的证据，皇帝亲自拿出御膳钱五十万埋葬了郭氏母子，令狐建犯法，不久遇到大赦而免罪。

姜公辅拉住德宗的马，说道："朱泚曾经当过泾原镇的主帅，因其弟朱滔之故，罢职在家，内心一直快快不乐。臣曾经建议陛下如果不能推心置腹对待此人，就该将其杀掉，以免后患。如今，乱兵如果推举此人为主，后果不堪设想。请派人召其前来同行！”早已六神无主的德宗只想赶快逃得越远越好，哪里还有心思听姜公辅的话，只是连连说道：“顾不上了！”遂拍马而去。傍晚，德宗一行来到咸阳，他还是感到不安全，只吃了几汤匙饭就赶忙上路。当时，事发突然，满朝文武都不知道德宗逃到哪里了，卢杞和关播从中书省翻墙，夺路出城；白志贞、王翃、御史大夫于颀、御史中丞刘从一、户部侍郎赵赞、翰林学士陆贽、吴通微等人直到咸阳，才追上了德宗。《奉天录》称：德宗行至宜禄（今陕西省长武县），对侍臣说道：“朕此行，莫非与永嘉年间相似？”说罢，泫然泪下。有人上前说道：“《易经》称：‘先号咷而后笑。’这是至理名言。昔日肃宗出幸灵武，代宗幸陕郡，孔夫子遭遇匡地的灾难而弦歌不辍。所以说：‘面对大难而毫无忧惧，这才是圣人之勇啊！’”

多年来，泾原军为朝廷立下汗马功劳，而朝廷却对他们另眼相看，让泾原军将士很是不满。泾原军前任节度使马璘，至德初年率领三千甲士千里迢迢从北庭、安西返回中原勤王，屡立奇功，就连一向自视甚高的李光弼都不由得赞叹说：“我用兵三十年，从未见过像马将军这样能够以少击众的猛将！”代宗初年，吐蕃犯阙，代宗仓皇东逃，马璘从河右转斗而前，赶来救驾。此后，又从邠宁移镇泾州，一直处于与吐蕃交锋的最前线。然而，代宗即位后，出于压制勋臣的考虑，将马璘豪华的中堂与“罪人”刘忠翼的宅邸等同，一起毁掉，并把马璘的园林予以没收。大历十二年马璘去世，副使段秀实接任，两年后，德宗即位，杨炎即旧话重提，打算将泾原军继续西迁到原州，惹恼了泾原军将士们，但朝廷一意孤行，将段秀实免职而以李怀光兼任泾原节度使，由此激起了刘文喜之变，其间从二月到八月中，朱泚短暂地兼任过泾原节度使，此后，改由舒王李谟为大使，以姚令言为留后。马璘的遭遇让泾原将士们寒心，每每将泾原军置于最边远最危险的境地，让泾原军将士们愤怒，因刘文喜之乱而将泾原军视为异类更让泾原军将士们感到绝望。因此，可以说，朝廷与泾原军将士们之间的矛盾由来已久，这次政变不过是一次总爆发罢了。

乱兵登上含元殿，大喊大叫道：“天子已经逃跑了！现在正是我们发财的好机会！”于是，欢呼鼓噪，争相进入仓库，搬运金银财宝，直到搬不动为止；长安百姓也趁机入宫盗取仓库中的财物，出来进去，通宵不止。还有一些人专门在半路上抢劫，长安各坊的居民纷纷组织起来，抵御乱兵和暴民。当晚，姚令言对乱兵们说："如今没有领头的，不能持久，朱太尉闲居在家，请大家一起推举他。"朱泚节制过泾原军，大家都知道他如今被废在家，心情郁闷，又觉得朱泚为人宽和，就请姚令言率领数百骑兵赶往朱泚所住的晋昌里迎接。朱泚一开始不知底细，有些迟疑，先请姚令言等人吃饭，暗中观察众人的真实用意，不一会儿，军中的中下级军官也都全部到来了，朱泚这才点头答应。当天半夜，朱泚骑马从家中进入皇宫，一路上，两边将士列队高举火把，前面卫士吆喝开道。进入皇宫后，朱泚就住在了含元殿里，设置警卫，自称暂时代理全国武装部队司令。

十月四日一早，朱泚移居白华殿，并颁布文告，宣称："泾原军将士们长期驻守边关，不懂朝廷礼仪，擅自闯入皇宫，以至于惊动了天子，西去巡幸。太尉已经暂时接管军队，所有神策军将士以及文武百官，凡是吃朝廷俸禄的，一律赶赴天子那里报到。不能前往的，则赶到单位报到。三天之后，凡是两边均未报到的，一律斩首！"此时，文武百官都不知道天子的下落，谁敢保证自己三天之内能找到天子？于是，大家纷纷出来拜见朱泚。有人劝说朱泚派人迎回德宗，朱泚一脸不悦之色，众人也都看出了朱泚的用心，开始逐渐逃离长安。

大浪淘沙，当然也有备受卢杞打击的失意官僚主动为朱泚卖命，源休就是其中之一。源休本人很有才能，德宗对他也很赏识，他出使回纥后，原本指望着能够加官晋爵，甚至爬上宰相的高位。可是，遭到卢杞的打压，只赏给他一个光禄卿的闲职，让他牢骚满腹。等到源休来见时，屏退左右，单独与朱泚深谈了很长时间，向朱泚分析成败利害，还引用谶语，劝说他登基称帝。朱泚听后，喜不自胜，遂将源休当作心腹和核心幕僚。然而，篡位毕竟是一件非同小可之事，朱泚仍然犹豫不决。当时，禁卫各军纷纷高举白旗在宫门外列队投降，人数非常之多。朱泚效仿董卓进京时玩过的把戏，命令泾原军每天深夜从苑门出城，白天再从通化门入城，络绎不绝，弯弓搭箭，拔出长刀，以此来展示军事实力，恐吓长安军民。

四五一 泾原兵变（二）

早在德宗登基的第一年，建中元年六月，一位叫桑道茂的神秘术士就曾预言："陛下不出数年，有暂时离开皇宫的灾难。臣望奉天（今陕西省乾县）有天子气，应该增修奉天的城墙，以防不测。"《旧唐书》称：桑道茂，不知何许人，擅长太乙遁甲和五行灾异之说。代宗大历年间来到京师，预测非常准确，代宗将他召入宫中，待诏翰林。建中初年，神策军重修奉天城墙时，桑道茂劝说加高城墙，但德宗不知其间的原因，也就是说当时桑道茂并没有点破。

来到咸阳后，德宗突然想起桑道茂说过的话，立刻起驾从咸阳逃到了奉天。当时，奉天县令杜正元正巧去府上汇报工作，奉天官吏听说皇上突然驾临，都吓得魂飞魄散，打算逃往山谷躲避，主簿苏弁出面拦阻，他说："主上避难，臣下当以死报效。昔日肃宗驾临灵武，新平、安定太守躲避，肃宗下令将二人斩首示众，你们知道吗？"于是，众人才安定下来。十月五日，左金吾大将军浑瑊率领家人子弟来到奉天，浑瑊素有威望，他的到来让大家才稍稍安下心来。苏弁是武曌时期文昌左相、同凤阁鸾台三品苏良嗣的侄儿。字元容，进士及第，授秘书省正字，调任奉天县主簿。德宗来到奉天后，提拔他为试大理司直。如前所述，浑瑊是铁勒九姓中浑部人，其父浑释之广德中在灵武与吐蕃作战中战死。浑瑊十几岁就非常勇猛，在唐军进攻石堡城之战中勇冠三军，后又随节度使安思顺率领偏师，深入葛逻禄部，大破阿布思部；安史之乱后，浑瑊临阵斩杀安禄山骁将李立节，此后，追随郭子仪收复两京，追随仆固怀恩消灭史朝义，立下了赫赫战功。仆固怀恩背叛后，浑瑊率领所部归降郭子仪；吐蕃入侵后，浑瑊在漠谷大破敌人；华州刺史周智光谋反，浑瑊率军攻下同州；大历七年，吐蕃再次入侵，浑瑊与马璘一起在黄菩原大破敌人，此后，浑瑊被任命邠州刺史；郭子仪入朝后，朝廷将郭子仪的辖区一分为三，以浑瑊为单于大都护，不久，又将其调回京师，而以崔宁为朔方节度使。可以说，德宗即位以来，浑瑊作为郭子仪的亲信，是靠边站的，就在泾原兵变前不久，李希烈曾经派间谍伪造了一封浑瑊写给自己的信，想利用德宗猜忌心理离间君臣关系，但浑瑊及时向德宗汇报。这一次，德宗没再怀疑，还特意赏赐给浑瑊一匹良马、两百匹绸缎；德宗任命普王李谊担任讨伐李希烈的元帅后，又任命浑瑊为检校户部尚书、御史大夫，任中军都虞候，但因泾原兵变而中止。浑瑊来到奉天后，被德宗任命为行在都虞候、检校兵部尚书、京畿渭北节度观察使。与浑瑊同时任命的还有行在都虞候白志贞改任为都知兵马使，令狐建为中军鼓角使，神策军都虞候侯仲庄为左卫将军兼奉天防城使。侯仲庄，蔚州人，原为李光弼部下，授予忠武将军，以生擒安太清被晋升为冠军将军。仆固怀恩谋反后，侯仲庄为都将，训兵自守，仆固怀恩谋反失败后，他投靠郭子仪，被郭子仪引为心腹，后为神策军京西将。另有贾隐林，本为滑州牙将，建中初年为滑州兵马使，率领本军入京作为禁卫军。朱泚叛乱后，各军尚未到来，贾隐林率领本部扈从。史称，他“性质朴，在奉天，贼急攻城，隐林与侯仲庄逐急救应，难险备至”。《杜阳杂编》称：德宗西行之前，有一个懂得星象的人说：“逢林即住。”德宗疑惑道：“岂能让朕处于山林间呢？”姜公辅回答：“不是啊。地名也是可以的。”等到德宗来到奉天后，奉天县尉贾隐林拜谒德宗，德宗见其器宇轩昂，又出自忠烈之家[①]，名字又暗合星象家之语，就将他引入卧室，询问应对之策，也是想试探一下他的能力。贾隐林用手板在地上比画，献上战守之策，德宗听了，对其是刮目相看。贾隐林趁机说道：“昨晚我梦见太阳落到了地上，臣用头把太阳顶回了天上。”德宗说道：“太阳就是朕，难道此事是先天注定的！”遂拜贾隐林为侍御史，又晋升为左常侍。

十月六日，源休建议朱泚严查长安十门，禁止朝廷官员出城，于是，很多朝臣假扮成奴仆，偷偷逃出城外。源休又建议朱泚拉拢朝廷中有名望的大臣，朱泚也一一采纳。检校司空、同平章事李忠臣，自十四年前被侄儿李希烈赶出淮西后，虽然还是过去检校司空、同平章事的官位，却在京师只是奉朝请而已，并无任何实权；德宗即位后，一次，德宗对他说：“你的耳朵很大啊，真是贵人啊！”李忠臣回答：“臣听说驴的耳朵很大，龙的耳朵很小，臣的耳朵虽大，只

① 贾隐林是贾循的侄儿，贾循原任平卢节度副使，安禄山反叛后，以其为范阳留后，贾循阴谋归顺朝廷，但事情败露为部下所杀，已见前述。

是个驴耳罢了。”说得德宗很是高兴。李忠臣不识字，也不喜欢儒生，在斗争激烈的朝中，只能像个弄臣一样取悦皇帝，虽然官位很高，也只是个虚名，一直郁郁不得志。太仆卿张光晟同样是一个失意官僚。我们还记得哥舒翰潼关兵败后，只是一名普通骑兵的张光晟把战马交给大将王思礼，不告姓名而去的义举，还记得他为了搭救代州刺史辛云京面见王思礼的往事，也还记起身为振武军使的他诛杀回纥突董等人、夺回大批财物的壮举。然而，为了安抚回纥，德宗只能舍车保帅，牺牲张光晟，张光晟也当了德宗的替罪羊，被罢去兵权，当了一个可有可无的太仆卿。都官员外郎彭偃也是如此。彭偃从小就锐意进取，立志要出人头地，他自视甚高，以为自己的文采可以负责朝廷文告，进入核心决策层，然而，过犹不及，朝廷舆论普遍觉得他在仕途上太冒进，一直受到压制。其他还有工部侍郎蒋镇。蒋镇清廉俭朴，在当时非常有名，他的妹夫源溥是源休的弟弟，因这一层关系，二人私交很好。泾原兵变后，蒋镇逃出京城，深夜一路狂奔，行至鄠县西，马失前蹄，摔在山沟之中，蒋镇也扭伤了脚，不能前行。当时蒋镇的哥哥蒋錬已经投靠了朱泚，蒋镇的仆人回来说了这一情况，朱泚知道蒋镇名气很大，立刻派出两百名骑兵赶往鄠县，把蒋镇接回了长安。这些人，像源休很有才能，张光晟则以气节仗义闻名，蒋镇以清廉俭朴出名，彭偃以文学知名，还有太常卿敬钊则以有勇有谋闻名，如今都被朱泚笼络到自己手下。

让朱泚高兴的还不止这些。凤翔、泾原将领张廷芝、段诚谏率领数千人救援潼关，已先期行至潼关，听说泾原兵变、朱泚占据长安之后，二人一商议，拥兵诛杀了领兵大将陇右兵马使戴兰，率众逃回了长安。这一切都让朱泚觉得自己是天命所归，人心所向，更加坚定了谋反的信心，遂任命源休为京兆尹、判度支，以李忠臣为皇城使。他虽然尚未称帝，但已经以皇帝自居，百官供给，六军警卫，与皇帝无异。

当然，也有忠于朝廷的人。朱泚以为司农卿段秀实也像自己一样被朝廷削去了兵权，肯定会心生不满，就派几十名骑兵到段秀实家中征召。段秀实紧闭家门，拒不接见，骑兵们翻墙而入，抽刀强迫段秀实前去。段秀实自知无法幸免，就对家人们说：“国家有难，我岂能躲避？当以死报效国家，你们各自求生吧。”遂去拜见朱泚。朱泚见到段秀实后，大喜，说道：“段大人来了，一切都好办了！”请段秀实坐下问计。段秀实说：“大人本来以忠义闻名天下，如今，泾原军因犒劳赏赐不公而发动兵变，致使皇上出逃。赏赐不公，这是有关部门的过错，天子怎么能知道呢？大人应该以此来开导将士们，告之以成败祸福，迎回圣驾，这才是天大的功劳啊！”朱泚听后，默不作声，很不高兴。不过，朱泚仍然觉得段秀实和自己同病相怜，都是朝廷摒弃之人，遂对段秀实推心置腹，没有戒心。段秀实长期在泾原军中任职，左骁卫将军刘海宾、泾原都虞候何明礼、孔目官岐灵岳都是段秀实的心腹，段秀实与三人密谋，诛杀朱泚，迎回德宗。

德宗一到奉天，就下诏命令各道兵马赶来勤王。此时，长安城内情况不明，朱泚野心尚未完全暴露，德宗还对他存有幻想。有人上言说：“朱泚已经被乱兵拥立，即将前来攻城，要早做应对准备。”卢杞却顿时发火，咬牙切齿地断言：“朱泚忠贞，群臣谁都比不过，为何要诬陷人家参与了叛乱，伤害大臣之心？臣以全家的性命为朱泚担保其必定不会反。”德宗也同意这种看法。不久，德宗又听说朱泚已经派出军队前来迎驾，就下诏命令前来的勤王之师暂且在奉天城外三十里地扎营待命。姜公辅劝谏道：“如今宿卫军队很少，不可不慎之又慎，如果朱泚是真心迎驾，也不用担心宿卫军队人多；如果不是，有备无患。”德宗这才又下令让援军统统入城。卢杞和白志贞在德宗跟前说：“臣观察朱泚的心迹，判断其必定不会作乱，请求陛下派出大臣回京安抚，实地观察。”德宗询问群臣谁愿意前往，众人都觉得那是自投虎口，均默然不应。金吾大将军吴溆自告奋勇，愿意走一趟，德宗很是高兴。吴溆是代宗的舅舅，德宗的舅爷，是与代宗一起诛杀元载的吴凑的哥哥。他虽然贵为国舅，却为人谦和恭顺，受人敬重。吴溆退下后，对家人说：“人臣享用君主的俸禄，就该为君主分忧解难，危难关头只顾自己，这不是忠臣。我身为皇亲，如今投身于敌，自知必死，然而，满朝文武无一人挺身而出，岂不是令主上失望吗？”即日携带诏书前去面见朱泚。当时朱泚已经决意谋反，表面上虽然从命，却把吴溆留在馆驿，不久就把他杀了。

就在德宗满心希望朱泚会安定长安乱军的同时，朱泚已命令泾原兵马使韩旻率领三千精兵西进，对外谎称要迎接圣驾，其实是要偷袭奉天。身在长安的段秀实听说后，内心焦虑万分，他情知奉天守备薄弱，一旦韩旻的军队进抵奉天，德宗凶多吉少，他赶忙派人吩咐岐灵岳，对他说道：“情况危急了啊！”命他偷出姚令言的兵符，命令韩旻暂且返回，与大军一起西进。仓促之间，岐灵岳没有窃得姚令言的兵符，心急如焚的段秀实遂把自己掌握的司农大印颠倒过来盖在兵符上面，召来一个健步如飞之人去追赶韩旻的军队。韩旻行至骆驿（在奉天东南），被此人追上，拿到兵符后，军人们也看不出上面写的什么，不辨真假，遂仓皇而返。段秀实对刘海宾等人说道：“韩旻回来后，我们没人能活下来。我将直接袭杀朱泚，如果不成功，不过一死，无论如何，我也不会当乱臣贼子的臣属！”遂与刘海宾约定，紧急时刻，刘海宾等人伸出援手，何明礼在外面接应。韩旻回来后，朱泚、姚令言大吃一惊，岐灵岳站起身来，一人承担，没有供出段秀实等人，遂被朱泚杀害。

四五二 朱泚称帝

十月七日，也就是岐灵岳被杀的当天，朱泚召来李忠臣、源休、姚令言、李子平、段秀实等人一起商议。

段秀实一身军服，与朱泚促膝而坐。众人说着说着，就说到了朱泚称帝之事，段秀实突然站起身来，夺下源休拿着的朝笏，冲到朱泚跟前，朝朱泚脸上吐一口唾沫，破口大骂道："狂贼！我恨不能把你碎尸万段！我岂能跟着你一起谋反！"他边骂边用朝笏向朱泚打来。朱泚本能地用手遮挡，但前额已被击中，顿时血流满地。朱泚与段秀实扭打在一起，事发突然，周围的人都愣在了那里，不知所措。刘海宾原本在靴子内藏有一把匕首，却被人发现，未能接近朱泚，此时，他见场面混乱，吓得不敢出手，竟然趁乱溜走了。李忠臣上前帮助朱泚，朱泚这才跪地爬着脱身。段秀实知道事情已经失败，遂高声对周围的人说道："我不与你等谋反，何不速速杀我！"这时，那些卫士才从错愕中醒过神来，争相举刀朝段秀实砍来。朱泚一只手捂着伤口，一只手制止众人，连连说道："义士啊！别杀！别……"可是，段秀实已被众人乱刀砍死。朱泚对着段秀实的尸体，哭得死去活来，以三品礼仪将其安葬。刘海宾身穿丧服，逃出京城，两天后被抓获，杀死。刘海宾也没有供出何明礼，后来，等到朱泚进攻奉天时，何明礼再次密谋刺杀朱泚，事情败露后被杀。段秀实的义举传到奉天，德宗非常后悔没能重用这样一位忠臣，掩面哭泣了很久。德宗朝以后，李唐朝廷凡是褒奖忠烈义士的诏书，均将段秀实作为义士之首。

德宗确知朱泚已经谋反后，就感到奉天城过于狭隘，打算移驻凤翔。户部尚书萧复听说后，连忙来见德宗，劝阻道："陛下此举太错了！凤翔将士都是朱泚过去的老部下，其中一定有与其同心的。臣正忧虑凤翔节度使张镒会朝不保夕，陛下岂能跳进虎口啊！"德宗回答："我主意已定，暂且为爱卿再多停留一天吧！”第二天，就传来了凤翔也发生兵变、张镒被杀的消息。

原来，凤翔节度使、同平章事张镒是个典型的文士，本来就是个居于庙堂之上的宰相，却受到卢杞的排挤，当上了凤翔节度使。张镒不懂军事，性格柔弱，举止舒缓，非常讲究衣着，与行伍出身的人格格不入。听说德宗逃往奉天后，张镒就赶忙准备车马、器具、金银等各项用度，要把德宗迎接到凤翔。后营将领李楚琳为人强悍，军中都对他很是害怕，朱泚担任凤翔节度使时，对李楚琳很好，因此，李楚琳对朱泚是忠心耿耿。行军司马齐映与同僚齐抗一起劝说张镒道：“不调离李楚琳，此人必定会作乱！”张镒遂下令派李楚琳驻防陇州（今陕西省陇县）。李楚琳知道了齐映等人的目的，就借口有事要处理，拖着没有出发。张镒一心一意操心着迎接德宗一事，唯恐出现什么闪失，以为李楚琳已经离去了，也没有再查证落实。十月八日深夜，李楚琳与其同党王汾、李卓、牛僧伽等人一起作乱。张镒从城墙用绳子缒下逃走，逃出凤翔三十里，又被乱兵追上，他本人和两个儿子均为李楚琳所杀；齐映从城门下水道逃出城，齐抗假扮成奴仆，背着东西逃出城外，二人都幸免于难。判官王沼、张元度、柳遇、李溆均为乱兵所杀。齐映、齐抗逃到奉天，德宗以齐映为御史中丞，以齐抗为侍御史。李楚琳作乱后，自称节度使，向朱泚投降。陇州刺史郝通也投奔了李楚琳。泾原兵变也波及了商州，商州的团练兵诛杀了刺史谢良辅。

十月八日，朱泚从白华殿入居宣政殿，自称大秦皇帝，改元应天，下诏称自己“幽囚之中。神器自至，岂朕薄德所能经营”。次日，朱泚任命姚令言为侍中、关内元帅，李忠臣为司空兼侍中，源休为中书侍郎、同平章事、判度支，蒋镇为吏部尚书，樊系为礼部侍郎、礼仪使，许季常为京兆尹，彭偃为中书舍人，张光晟为节度使兼同平章事，洪经纶为太常少卿，裴揆、崔幼贞为给事中，崔莫为御史中丞，仇敬忠、敬釭、张宝、何望之、段诚谏、张庭芝、杜如江为节度使等。以侄儿朱遂为太子，遥封弟弟朱滔为冀王、太尉、尚书令，不久又遥立朱滔为皇太弟。姚令言和源休共同掌握朝廷大权，朱泚所有的计划、人事安排、军事行动、粮草供应，全都要通报源休。源休建议杀掉留在京师的宗室子弟，好让百姓对唐朝失去希望，朱泚采纳了源休的建议，将滞留在长安城内的李唐宗室子弟七十七人全部杀害。不久，又以蒋镇为门下侍郎，李子平为谏议大夫，均为同平章事。蒋镇深感不安，经常怀揣匕首，打算自杀，又想逃出长安，但由于他非常怯弱，一直不敢行动。源休劝说朱泚宣布凡是藏匿起来的朝臣，一旦搜出一律处死，想以此来威胁那些试图逃亡或者藏匿的人，蒋镇多方营救，救出了很多人。樊系替朱泚起草登基文告之后，即喝药自杀。大理卿蒋沇在逃往奉天的途中，被朱泚的军队抓获，逼迫他当伪官，他称病绝食，最后顺利逃脱。

此时，前线的哥舒曜所部粮食吃尽，丢掉襄城逃往洛阳，李希烈遂重新夺回了襄城。

右龙武将军李观原为李勉的部下，曾平定过岭南冯崇道和朱济时的叛乱，李勉调任永平节度使后，李观也从岭南返回中原，后被召回朝廷，晋升为右龙武将军。泾原兵变时，正值李观值班，遂率领一千多名卫兵扈从德宗来到奉天——李观是令狐建的上级，李观应当是在接到令狐建的通知之后率领所部赶来的。德宗命令李观训练奉天禁卫士兵，两三天之内，李观就另行招募来了两千余人，使得奉天守军增至五千余人，排列在大街两侧，旗鼓严整，城内军民这才稍稍安定下来。姚令言奉诏率军东征时，以泾原兵马使冯河清担任泾原镇留后，以判官、殿中侍御史姚况知泾州事。冯河清，京兆人，原属朔方节度使郭子仪，以战功升任左卫大将军同正，后隶属泾原节度使马璘，屡立战功，升任泾原兵马使。二人听说泾原兵变、德宗蒙尘的消息后，召集军镇下余的将士们，失声痛哭，激励将士们忠于朝廷，当即调派一百多辆车，满载铠甲、武器，日夜兼程运往奉天。当时，奉天城内缺乏的就是武器装备，泾州的武器装备适时运到，城内士气大振。德宗也非常高兴，当即下诏晋升冯河清为四镇北庭行军泾原节度使、兼御史大夫；姚况兼御史中丞、行军司马，不久，又加授冯河清为检校工部尚书。

德宗来到奉天数日后，尚书右仆射、同平章事崔宁也从京师逃了出来，德宗大喜，对崔宁安抚有加。崔宁退下后，私下对心腹说道："圣上聪明英武，从善如流，可惜被卢杞蒙蔽才招致此祸啊！"遂潸然泪下。卢杞听说后，就与京兆尹王翃阴谋陷害崔宁。泾原兵变时，崔宁与王翃、于颀一起逃出延平门，途中，崔宁几次下马撒尿拉屎，每次都耽误很长时间。王翃等人催促崔宁，崔宁不敢继续前进，王翃担心追兵赶上，只好大声说道："已经到了此地，就别再犹豫了！"此时，王翃遂向德宗汇报，称崔宁心存观望。当时，朱泚下诏任命柳浑为宰相，以崔宁为中书令。柳浑，字夷旷，襄州人，天宝进士，后为监察御史。柳浑性格疏放，不受上司待见，请求到地方上任职，宰相惜其才，奏为左补阙；大历初年，魏少游担任江西观察使，柳浑被任命为判官。当时，开元寺的和尚们夜里喝酒，酒醉失火，把责任推到看门的哑巴身上，魏少游信以为真。人人都知道那位哑巴是被冤枉的，但和尚打点了上下，没人肯说出实情。柳浑和崔祐甫知道后，赶忙禀报魏少游，才避免了一桩冤案。后柳浑晋升为袁州刺史。崔祐甫入相后，柳浑也被晋升为谏议大夫、浙江东西黜陟使、尚书左丞。泾原兵变后，柳浑徒步逃出京城，藏匿在终南山中，经过十余日才来到奉天。朱泚此时任命柳浑和崔宁也不过是一招反间计，是想利用德宗的猜忌心理，尽可能造成德宗君臣内部的混乱。果然，朱泚这一招被卢杞和王翃利用上了，崔宁朔方掌书记康湛时任盩厔县尉，王翃逼迫康湛伪造了一封崔宁写给朱泚的书信，而后献给了德宗，使崔宁有口难辩，卢杞趁机上奏道："崔宁原本就没有忠诚之心，听说其在城内与朱泚曾经结下盟约，所以才后于群臣赶到奉天。如今，真相已经大白了，假如等到凶徒外逼，奸臣内乱，则大事去矣！"又跪地唉声叹气，说道："臣身为宰相，国家危亡却无能为力，罪该万死，我甘愿接受死刑！"德宗命左右将他搀扶起来。十月十一日，德宗命宦官将崔宁召至朝堂，谎称命其到江淮宣慰，不久又命翰林学士陆贽起草诛杀崔宁的文告，陆贽索要崔宁与朱泚的书信，打算以此替崔宁求情，但有关人员称书信找不到了。德宗遂命人将崔宁勒死，崔宁死时六十一岁。崔宁之死反映了李唐朝廷对那些所谓的"以下犯上"人员的偏见，不管你是被冤枉而以下犯上的，也不论你是否有能力，是否立下了功劳，在他们的眼里始终就是异类，你以下犯上的同时已经触及了他们的底线，最终要除之而后快。德宗诛杀崔宁其实是非常不明智的，崔宁被杀后，群臣都认为崔宁是冤枉的，德宗听说后，不得不赦免其家，没有没收崔宁家的家财。

四五三　围攻奉天（一）

朱泚称帝后，给朱滔写信："三秦之地，指日可定，大河以北，令弟扫定，我将与弟在洛阳会师。"朱滔接到朱泚的信，面向西方叩拜，向部下夸耀。

德宗逃到奉天之后，立即向河北前线的将领发出勤王的诏书，在魏县的马燧等众将接到诏书，相对失声痛哭。李怀光当即率领本部人马拔寨西去勤王，马燧和李艽各自率军回到本镇，李抱真则率军退回临洺（今河北省邯郸市永年区）。

十月十三日，德宗任命户部尚书萧复为吏部尚书，吏部郎中刘从一为刑部侍郎，翰林学士姜公辅为谏议大夫，三人均为同平章事。此前，只有两个宰相：卢杞和关播。在德宗下令杀死崔宁仅仅过去一天，就匆忙增加了三位宰相，也许，这一次调整与崔宁的死有一定关系。崔宁身为使相，过去曾经立下大功，国难当头，却仅仅因为晚来几天就受到卢杞、王翃等人的陷害而被杀，显然已经激起众怒。此时，德宗一行人刚刚逃到奉天十一天，凤翔镇也已叛乱，泾原镇内部也是风云变幻，朔方军李怀光还在返程途中，关中局势危若累卵，德宗在这种情况下却诛杀了崔宁，实在是非常不明智的。在众人的一致反对下，也许德宗也开始重新审视现任的两个宰相及其同党，卢杞主导的税赋令民怨沸腾；关播举荐的李元平投降了李希烈；白志贞统领下的神策军缺额很多；京兆尹王翃对泾原军另眼相看，导致兵变，如此等等，不一而足。据《杜阳杂编》记载：等德宗听说段秀实壮烈而死后，他握住姜公辅的双手，说道："姜公！姜公！你的先见之明可以说神了！卢杞，朕从郡守把他提拔到宰相，自称以一家百口担保朱泚，为何要如此误导我呢？"另称：德宗刚即位时，对宰相很是倚重。每次任命宰相时，总是先令学士们起草诏书，等到稿子送到德宗那里后，德宗常常反复修改，他还说："朕把你们提拔到高位，还用美词褒奖你们，为的就是想让你们与朕齐心协力，实现国家太平。"任用崔祐甫时，把国事全都交给他处理，而崔祐甫却事无巨细都会自觉向德宗禀报，德宗对他说：“朕与你心心相印，一些小事卿自行处置即可，不用多心！”但等到德宗任用杨炎和卢杞以后，二人却公报私仇，弄得朝纲紊乱。也就是说，德宗虽然是用人不疑，但在识人方面还很欠缺。就算到了如今，卢杞、关播等人并没有完全失去德宗的信任，并且，时局艰难，卢杞等人的势力还很大，还不宜立刻拿下他们，为了平衡朝局，德宗才将这三个人补充到宰相行列里。姜公辅，籍贯不详，进士及第，担任校书郎。参加制策科考试，取得高分，被授予左拾遗，召为翰林学士。姜公辅才高有见识，每次受到德宗召见，他的建议往往会被德宗采纳。将姜公辅破格提拔为宰相，可能源于德宗对姜公辅曾建议自己带上朱泚、以免其借乱兵发动叛乱印象深刻。刘从一是武德和贞观初年的中书侍郎刘林甫的玄孙，刘从一家族还出现过高宗、武曌时期的宰相刘祥道（刘林甫之子）、刘齐贤（刘景先）父子，刘祥道就是刘从一的曾伯祖。刘从一进士出身，后受到宰相常衮的赏识，被提拔为监察御史。卢杞拜相后，又受到他的举荐，被提拔为侍御史。德宗对刘从一寄予厚望，但刘从一是个官场的老油子，“以容身远罪而已，不能有所匡辅”。不过，有什么样的领导，就会有什么样的下属，德宗自己的性格缺陷使得他很难听进尖锐的不同意见，往往在一些无关大局的事情上感情用事，萧复和姜公辅后来就是因为一些小事触怒了德宗，招致德宗的不满而被贬官。从这一点来说，刘从一全身避祸也不失为上策。

各地勤王之师还未赶到，朱泚的乱兵就来了。

朱泚没有给德宗太多的时间，就亲自率领大军逼近了奉天。他任命姚令言为元帅，张光晟为副元帅，以李忠臣为京兆尹、皇城留守，仇敬忠为同州、华州等州节度使、拓东王，以抵御从关东赶回的唐军，又以李日月为西道先锋经略使，浩浩荡荡地朝奉天杀来。

邠宁（今陕西省彬县）留后韩游瑰，河西灵武人，历任偏将、裨将。当他听说德宗逃往奉天后，立即与庆州刺史论惟明、监军翟文秀一起率领三千人马勤王，他们奉命经过乾陵（今陕西省乾县以北）以北奔赴便桥（今陕西省咸阳市西南）抵御叛军。行至醴泉（今陕西省礼泉县），就有人从京城来说朱泚的军队再过一夜就开到奉天（今陕西省乾县）了。韩游瑰的军队已经在醴泉与敌人遭遇，韩游瑰打算返回奉天，翟文秀说：“如果我们返回奉天，敌人也会随后赶到，这是把敌人引向天子。不如在此构筑营垒，敌人一定不敢越过我们去进攻奉天，如果他们胆敢不顾我们直扑奉天的话，我们就与奉天守军前后夹攻。”翟文秀的话看似也有道理，但韩游瑰审时度势，反对道：“敌强我弱，如果敌人分出一部分军队看住我们，大部队直扑奉天，奉天兵力单薄，哪有夹攻的道理！我们如今立即返回奉天，就是去保卫天子的，况且，我们的士兵又急又饿，而敌人却有很多资财，一旦敌人用财物来引诱我们，我无法保证我们的士兵不被收买啊。”于是，他率领这支部队迅速折返奉天。途中，德宗召回他们的命令也到了，韩游瑰之军刚进入城外的营垒，朱泚的叛军就到了。韩游瑰率军在奉天城外与叛军交手，却被叛军击败，只好退入城内。奉天东壅门城门来不及关闭，叛军尾随冲入城门，浑瑊和韩游瑰率领军队在城门边苦苦搏杀，双方在狭窄的城门打了一整天。千钧一发之际，浑瑊命令虞候高固率领重甲将士手持长刀，猛砍冲进来的敌人，无不以一当百，所向披靡。城门内有数辆装着干草的车子，把敌人稍稍击退后，城内将士赶忙将车子推到门口，纵火焚烧，唐军乘着火势，鼓噪杀敌，一直到日暮，才终于将敌人击退。高固是唐贞观时期名将、安东都护高侃的玄孙，是著名诗人高适的孙子辈。高固年幼卑贱，被叔父卖给浑瑊当家奴，号称黄岑。高固聪慧，有臂力，善骑射，好读《左氏春秋》，浑瑊对他非常喜爱，视同己出，将乳母之女嫁给他为妻，并以春秋时期在齐晋鞌之战中只身闯入晋军的齐国大夫高固作为他的名字。战后，因此功，德宗加封高固为渤海郡王。

当晚，朱泚在奉天城东三里安营扎寨，敲打木梆巡夜，点燃火堆，布满原野，又下令西明寺僧人法坚修造攻城器械，拆毁佛寺的木材，制成攻城的木梯和冲车。韩游瑰说：“寺庙里的木材都很干燥，我们只需准备火攻即可。”从次日开始，朱泚的叛军就开始了对奉天城连续月余的进攻，浑瑊、韩游瑰等将昼夜苦战。前去救援襄城的幽州兵听说朱泚称帝的消息后，即突入潼关，加入了进攻奉天的行列，而驻扎在普润（今陕西省凤翔县以北）的陇右兵团的军队也归顺了朱泚，此时，朱泚已拥有数万之众。

而各地的勤王之师也逐渐赶来。汝州、郑州应援使刘德信听说德宗蒙尘的消息后，当即率领三使子弟兵从汝州西返，与朱泚的军队在长安西南的见子陵遭遇，击破了叛军。因东渭桥（今陕西省西安市高陵区南）囤积有转运而来的粮食，刘德信遂于十月十九日转兵北上，移驻东渭桥。陇右刺史郝通投奔朱泚后，在陇州（今陕西省陇县）还有朱泚派来镇守的五百幽州兵，领头的是朱泚的部将牛云光，另有被朱泚任命为陇右留后的陇右营田判官韦皋。韦皋，字城武，京兆人。大历初年，以建陵（肃宗陵墓）挽郎[①]补为华州参军，后晋升为监察御史。张镒担任凤翔节度使时，推荐他为营田判官。郝通逃走以后，牛云光假装生病，打算利用韦皋探病之机，将其抓获，再响应朱泚。不料，韦皋的部将翟晔知道了此事，告知韦皋早做准备，牛云光知道事情败露，只好率众仓皇东逃。行至汧阳（今陕西省千阳县），正好遇见朱泚派来的宦官苏玉，带着朱泚任命韦皋为御史中丞的诏书。苏玉对牛云光说："韦皋不过是一介书生，你不如与我一起返回陇州，如果韦皋接受诏命，那他就是我们的人了；如果他拒不受命，你就率军将其诛杀，这还不像杀一头猪一样容易！"牛云光听了，觉得有理，就随苏玉一起返回了陇州。韦皋在城上对牛云光说："你不辞而别，如今又回来，这是何故？"牛云光说："原来是我不知道大人的内心，如今大人有了新的任命，所以我才又返回了，希望我们能推心置腹相待。"韦皋先让苏玉一人入城，接受了朱泚的诏书，而后对牛云光说："你如果没有二心，就请你们把武器全部交出来，好令城内军民放心，这样你们才可入城。"牛云光见苏玉已经进去了，又觉得韦皋就是个儒生，根本不把他放在眼里，遂上缴了全部武器，进入城中。第二天，韦皋在州府衙门内设宴款待苏玉和牛云光等人，提前设下伏兵，将他们一网打尽。而后，他设坛与将士们盟誓："李楚琳残杀了本镇节度使张镒，其不能忠于上级，岂能体恤下级？我们应当同心协力讨伐他！"遂派遣哥哥韦平、韦弇前往奉天，又派人奔赴吐蕃，向吐蕃求援。德宗下诏以陇州为奉义军，提拔韦皋为节度使；朱泚又派遣宦官刘海广等三人去劝降韦皋，答应任命韦皋为凤翔节度使，韦皋将刘海广和另外一人杀掉，放回一人让其给朱泚报信。

① 出殡时牵引灵柩、唱挽歌的人。

四五四 围攻奉天（二）

朱泚加紧围攻奉天，叛军趁夜从东西南三面向奉天发起猛攻。

十月二十日，浑瑊率众苦战，终于将敌人击退，激战中，左龙武大将军吕希倩战死。次日，朱泚卷土重来，将军高重捷与叛军猛将李日月在奉天北面梁山山下大战，唐军一举将叛军击破，并乘胜追击。高重捷身先士卒，一马当先，追在最前面，谁知叛军早已设下伏兵，将高重捷生擒。高重捷的数十名亲兵奋不顾身，拼命追赶，想抢回主将，敌人眼看抵挡不住，只好砍下高重捷的人头，逃命而去。唐军将士将高重捷的尸体抢回城内，德宗抚摸着尸体，失声痛哭，命人用蒲草结成一颗人头，予以安葬，追赠其为司空。李日月也在此战中被杀，朱泚将其尸体送回长安，予以厚葬。李日月的母亲却不哭，反而骂道：“你这个奚人奴才！国家有哪点对不起你！你却要造反？你早该死了！”等朱泚失败后，其同党悉数被满门抄斩，唯独李日月的母亲没有受到牵连。

灵武留后杜希全、盐州（今宁夏回族自治区盐池县）刺史戴休颜、夏州（今陕西省靖边县）刺史时常春、鄜坊（今陕西省富县）节度使李建徽也相继率部赶来。杜希全是京兆醴泉人。年少从军，曾经担任郭子仪的裨将，因功逐渐晋升为朔方军节度使；史称，他“军令严肃，士卒皆悦服”。戴休颜，夏州人。在军中以胆略闻名。大历中，为郭子仪部将，以战功一步一步升迁至盐州刺史。史称：“奉天之难，倍道以所部蕃汉三千人号泣赴难；德宗嘉之，赐实封两百户。”时常春、李建徽，史书无传，生平不详。

四人兵合一处，大约有一万人马，将至奉天，德宗召集文武群臣商议，令他们从哪条道路赶来。关播和浑瑊说：“漠谷（在今陕西省乾县北一公里处）道路狭窄，恐怕会被敌人伏击，不如从乾陵（乾县西北两公里）以北而来，紧靠柏城（陵墓种满柏树，号称柏城）前进，在城东北的鸡子堆扎营，与城内成掎角之势，又能吸引一部分敌人，减轻正面压力。”可是，成事不足败事有余的卢杞说：“漠谷路近，就算受到敌人的截击，我们从城内出兵接应即可，假如从乾陵而来，恐怕惊动了皇陵。”浑瑊说道：“自从朱泚围城以来，不分昼夜砍伐乾陵的松柏，如果说到惊扰，那可就太多了。如今城内危急，各道援军尚未赶到，只有杜希全他们来了，关系重大，如果令他们占据要地，就可以大败朱泚。”卢杞巧言如簧，反驳道：“陛下行军打仗，岂能与盗贼相提并论！假如让杜希全他们从乾陵那边经过，那可是我们自己惊扰了先帝的陵寝！”白志贞也表示赞同。在卢杞面前，德宗的智商就等于零，听了卢杞的话，德宗遂下令杜希全等军从漠谷南下。

十一月三日，杜希全等部来到漠谷。果然，叛军早已在山谷之上设下伏兵，他们居高临下，用强弩、巨石朝山谷下的唐军打来，唐军死伤惨重。德宗下令城内守军出城接应，但受到叛军的阻击，被打回城内。当晚，杜希全等四支军队溃败，只好退守邠州（今陕西省彬县）。朱泚将缴获的唐军战利品陈列在奉天城下，奉天城内百官见状，无不相顾失色。胡三省在此处禁不住批注到：自从德宗外逃以来，卢杞所作建议无一不是祸国殃民，可德宗对其信任不衰，可谓是昏庸至极！击退四军之后，朱泚加紧了对奉天的围攻，他下令叛军在奉天城外开挖壕沟，企图将城内守军困死饿死。十余日之内，叛军又集中进攻奉天城东北角，巨石、弓弩不分昼夜，如雨滴从天而降，城内守军死伤甚众。在重重围困中，内外消息断绝，城内粮草已经吃尽，城内守军经常趁着叛军攻击间歇，出城捡拾粮食呈给德宗。朱泚又将中军大帐移到乾陵之上，在那里可以俯瞰奉天城内，城内的一举一动尽收眼底；他身穿黄衣，前呼后拥，以为奉天城指日可破，不时派人在城外喊话，招降城内军民，嘲笑城内军民不识天命。城内士气低落，奉天危若累卵，德宗恐惧之余，与浑瑊相对而泣。

城内的德宗也在反思。他与翰林学士陆贽谈及此次事变，只是一味地责备自己，然而，陆贽一语惊人，他说道：“造成今日事变的原因，都是群臣的罪过。”德宗说道：“这也是上天的意思，不完全是人的原因。”陆贽觉得用言语无法把这事的来龙去脉说清楚，退下后，他专门写了一篇奏疏上呈给德宗，他在奏疏中说：“陛下立志统一天下，出征逆贼，首恶未死，叛逆继起，兵连祸结，将近三年，出征的军队越来越多，百姓的负担越来越重，从京师到边陲，出征的将士有性命之忧，在家的百姓有被勒索的困扰，正是因为这个原因，叛乱才接连发生，民怨仇恨也越来越深，全天下的人都时刻担心会发生不测，只有陛下一人在深宫之内，毫无觉察，以致乱兵白昼横行，冲入皇宫，这难道不是他们利用了我们的疏漏才酿成的吗？陛下有心腹大臣，有负责耳目的官员，有负责规劝的干部，还有负责警卫的部门，看到危机而不能尽忠，遇到灾难却不能效命，臣所说的今日之难，是群臣之罪，怎能没有根据？陛下又认为国家兴亡，全由天命。臣听说，上天看到和听到的，全由百姓。所以，商朝的大臣祖伊责备商纣王不该说：'我生有天命。'周武王也称商纣王的罪过：'还说自己有天命，对做过的错事从不后悔。'不顾人事而把所有的结果都推给天命，这是这一做法不可取的又一例证。《易经》说：'实践真理，是吉祥的。'又说：'吉凶，是人事得失的外在表现。'由此可知，天命在于人，所以，圣人贤哲的本意，《六经》的通理，说的都是祸福在人，从来不曾说过盛衰在于天命。这是因为，人事处置适当，而天命却非要降祸的，从来没有这种情况；人事处理不当，而天命却要其兴盛的，也是从未有过的啊！前段时期，征讨太多，刑罚稍严，物力虚耗，人心不定，就如同居于大风大浪之中，无法平静。上自朝廷群臣，下到平民百姓，家家户户亲朋好友经常聚集在一起，都担心会出现变故，果然如众人所料，泾原乱兵就起来了。京师百姓有成千上万，他们并不是人人都会术数，有未卜先知之能，由此可见，引起这次灾祸的缘由，未必在于天命。臣听说，太平盛世久了，也会发生动乱；发生了动乱，也可能成为长治久安的契机；有时候会因国家长期太平而突然灭亡，有时候也会因多难而兴邦。如今，该发生的灾祸已经发生，既往不咎，要想以此为契机兴邦，那就在于陛下自己加以勉励，谨慎行事了。何必担心乱党？何必畏惧厄运？勤勉、砥砺，自强不息，足以令天下太平，岂止扫清叛军、光复京师呢？"德宗把一切灾祸归咎于上天，其实是拒绝反思自己，陆贽及时加以提醒，为的是促使德宗进行反省，但在当时，陆贽还不能也不敢谈得更深，这只能等德宗自己悟到那一步了，才能说透。

杜希全等人被朱泚打败后，所幸的是李晟、陕虢观察使姚明敭、李怀光、尚可孤、马燧行军司马王权等部也相继赶来了。神策军河北行营节度使李晟在建中四年五月因病从清苑（今河北省保定市）撤至易州（今河北省易县），再从易州撤至定州（今河北省定州市），数月之后，李晟病愈，打算再次北上，而就在这时，泾原兵变的消息传来，德宗下诏李晟入关勤王。李晟接到诏书后，泪流满面，当天即要奔赴关中。义武军节度使张孝忠处于朱滔和王武俊之间，依靠李晟牵制朱、王，不愿李晟前去。李晟对将士们说："天子流落在外，臣子当奋不顾身，死而后已。张义武想阻挠我西去，我将以爱子作为人质，选良马予以安慰。"遂留下儿子李凭，娶张孝忠的女儿为妻。义武军中有位大将前来拜谒李晟，李晟解下玉带赠给他，说道："我打算西去，以此留作纪念。"遂说明西去勤王的理由，接受玉带的那位大将果然十分感动，劝谏张孝忠不要阻挠李晟，还派遣大将杨荣国率领六百精锐士兵随李晟一起西行。李晟得以率军翻越飞狐（今河北省涞源县），进驻代州（今山西省代县）。十一月四日，德宗加授李晟为神策行营节度使。李晟一路南下，边走边招募军队，起初只有四千人，李晟善于统御，与士卒同甘共苦，一月之间就增至一万多人。李晟从蒲津（今山西省永济市）渡过了黄河，进驻东渭桥（今陕西省西安市高陵区南），陕虢观察使姚明敭听说德宗出逃奉天后，将军务交给都防御副使张劝，自己率部赶赴奉天。张劝招募了数万人马，十一月十一日，德宗授予张劝陕虢节度使。李怀光得知德宗出逃奉天后，粮料使崔纵劝他入关勤王，李怀光同意了。他率部倍道兼行，一路赶到河中（今山西省永济市），士兵们已经筋疲力尽，在河中，李怀光下令休整三天。河中尹李齐运竭尽全力犒赏李怀光部，但士兵们还想再歇一歇。崔纵命人先将军中财物运过黄河，然后对大家说："渡过河以后，全部赏赐给大家。"于是，朔方军这才纷纷渡河，进驻蒲城（今陕西省蒲城县），有五万之众。神策兵马使尚可孤为鲜卑宇文部人，天宝末年归顺唐朝，隶属于范阳节度使安禄山。安史之乱中，尚可孤追随安禄山和史思明作战，安史之乱平定后，归顺朝廷，历任右威卫大将军、神策军大将。鱼朝恩统领禁军时，非常喜爱尚可孤，将他收为养子，改名鱼智德，命其率领神策军驻守扶风和武功。尚可孤驻守两地时，军纪严明，很得民心。鱼朝恩被杀后，朝廷将其赐名为李嘉勋。李希烈叛乱后，尚可孤恢复原名，被朝廷任命为荆襄应援淮西使，率领三千人马进驻襄阳，讨伐李希烈。听说德宗出逃奉天后，尚可孤立即率部从武关进入关中，进驻七盘（今陕西省蓝田县东南），击败叛军将领仇敬，收复了蓝田。马燧返回太原后，听说朝廷有人议论："马燧当初如果趁着洹水之捷，继续进攻，魏州城内败兵不足两三千人，都身负重伤，旦夕将降，可是马燧与李抱真不和，拖延进攻，以至于田悦和朱滔、王武俊三人结成一党，至今与朝廷为敌，这完全是马燧的责任。"为了将功补过，马燧也派遣行军司马王权率领五千人马入关救援，进驻中渭桥（今陕西省咸阳市东），还命他的儿子马汇与军中大将们的儿子一起随军。在晋阳，马燧认为，这里是唐朝帝业的发祥地，东面地势平坦，容易受到敌人的攻击，为了防患于未然，他下令将晋水注入城东，形成一个大水池；另将汾水引到城四周，形成一道天然的屏障。

四五五 围攻奉天（三）

如今，关中已经有七八股援军：1.邠州杜希全等部；2.东渭桥李晟部；3.中渭桥王权部；4.蒲城李怀光部；5.蓝田尚可孤部；6.陇州韦皋部；7.潼关骆元光部等。

骆元光，本姓安，是安息（今伊朗）人。从小被宦官骆奉先收为养子，改名骆元光。他是个美髯公，有勇有谋，后任太子詹事，李怀让担任同华节度使时，举荐骆元光担任副使。骆元光镇守潼关十年，深得将士之心。朱泚称帝后，即派遣部将何望之偷袭华州，华州刺史董晋弃城逃走；何望之拿下华州之后，将要以此为据点，切断关东通往关中的道路。骆元光率领潼关守军径直赶到华州，又夺回了华州，把何望之赶回了长安。骆元光遂驻军华州，招募士兵，数日之间就招募了上万人马，士气大振。朱泚屡屡派兵前来进攻，但均被骆元光击退，叛军无法东进。德宗提拔骆元光为镇国军节度使，骆元光率领两千人马进驻昭应（今陕西省西安市临潼区）。

朱泚的叛军仅仅盘踞在长安而已，援军的侦察骑兵时常会突进到长安以东的望春楼下。驻守长安的李忠臣等人屡屡出兵，但均被唐军击败，只好向奉天的朱泚求救，而朱泚从奉天郊区抽调的援军，又害怕白天行军被民间义军截击，只能昼伏夜行，赶赴长安。朱泚非常担心后方长安的安全，在他看来，只要拼尽全力迅速攻克奉天，抓获或者杀死德宗，唐军各路援军群龙无首，很快就会瓦解，因此，他加紧了对奉天城的进攻，奉天保卫战也进入最为艰难的阶段。朱泚命令法坚和尚制造云梯，宽高各数丈，用熟牛皮包裹，下面安装巨大的轮子，上面则可以容纳五百名壮士，城内见到后，都非常害怕。德宗向群臣询问对策，浑瑊和侯仲庄建议道："臣见云梯非常笨重，笨重的话就容易陷入土中，臣建议在云梯经过的地下开挖地道，在地道内储存干柴、火种以应对。"神武军使韩澄信心十足地回答："云梯不过是雕虫小技，陛下不必多虑，臣请对付它。"他判断敌人的进攻方向是城的东北角，就提前在那里清理出三十步开外的空地，堆积了大量膏油、松脂、木柴。十一月十四日，朱泚率军鼓噪着朝南城发起了进攻，韩游瑰却说："这是疑兵之计，是想分散我们的注意力。"仍然率军赶赴城东北角，严密防守那里。

十一月十五日，突然刮起了猛烈的北风，朱泚果然命令叛军集中兵力向城东北角发起了猛攻。他命出动云梯，云梯上面用水浸过的毛毯包裹得严严实实，以防守军火攻，上面还悬挂了很多水囊，将士们就站在云梯之上；云梯的两翼是辒辒车，辒辒车主要是用于运土填埋城墙外面的壕沟的，上面是装甲，下面是士兵，士兵们背负土袋填埋壕沟，城上的巨石、弓箭、火炬无法伤害到下面的士兵。城下的叛军还向城内射箭，投掷巨石，顿时矢石如雨，城内守军死伤不计其数。已经有少数敌人登上了城墙，与城内守军展开肉搏，消息传来，德宗与浑瑊相对哭泣，群臣也都无计可施，只能跪地祈祷。德宗将上千份上自三品的御史大夫，下到实封五百户食邑的空白委任状，统统交给浑瑊，命他以此招募敢死队员，拼死抵抗；又把御笔交给浑瑊，命其根据将士们军功大小自行书写官名，如果空白委任状不够用，就写在将士们的身上。德宗还悲凉地浑瑊说："今日就此与君诀别，不用再来晋见，就算军情紧急，朕已派马承倩到你身边，只用令其回来上奏即可。"浑瑊跪地哭泣，德宗抚摸着他的脊背，也长吁短叹，不能自已。十四日，浑瑊和侯仲庄已经提前在云梯的来路上开挖了地道，深一丈多，上面又堆积了五六尺厚的马粪，而后点燃起了大火。当时，敌人正推着云梯进至城下，三千余人相继朝城墙攀缘而上。城内守军缺衣少食，又没有足够的铠甲，浑瑊以忠义相勉励，激励将士们奋勇杀敌，建功立业。在他的激励下，守城将士个个奋不顾身，浴血死战，激战中，浑瑊身中流箭，他拔掉箭杆，顿时血流如注，但他早已把生死置之度外，完全忘记了伤痛，身先士卒，与敌人苦苦搏杀。敌人的云梯行至地道上面，云梯的一个轮子陷入地道中，无法继续前进。不一会儿，狂风突然转向，火焰烧向云梯，城上守军向云梯投掷火炬、松脂、膏油，喊杀声震天动地。瞬间，云梯和云梯上的叛军化为灰烬，尸体发出的臭气熏天，数里之外都能闻到，敌人只好撤退。见到叛军败退，城内守军打开三个城门，同时出军追杀，皇太子李诵亲自督战，敌人大败，被杀数千人。将士们受伤的，皇太子亲自为他们包扎伤口。当天夜里，贼心不死的朱泚卷土重来，企图打唐军一个措手不及，流箭一直射到德宗脚前三步，德宗大惊失色。

朱泚又下令制造了一架云桥，周围全是铁片包裹，企图对奉天发起最后致命的一击，而奉天城内再也经不起一次猛烈的进攻了，就在这千钧一发的生死关头，李怀光率领数万援军从蒲城直奔泾阳（今陕西省泾阳县）而来，而后沿着北山一路向西挺进。他先派兵马使张韶身穿平民衣服，将奏表藏在蜡丸之内，赶赴奉天报信。张韶来到奉天城外时，正遇上叛军攻城，叛军见张韶这副打扮，就让他与其他百姓一起运土填埋壕沟。张韶瞅准机会，越过壕沟，直奔城下，朝城上守军大喊道："我是朔方军的使者！"城内守军把绳子放到城下，将他拉上城墙。城下叛军纷纷朝张韶射箭，等张韶被人拉到城上，身上已中了数十支箭，好在都没有射中要害部位，张韶从衣服中摸索出奏表呈给了德宗。德宗见表大喜，命人抬着张韶让守军观看，城上守军得知朔方军已经赶到的消息，顿时欢声雷动，士气大增。

十一月二十日，李怀光率领朔方军在醴泉（今陕西省礼泉县）对抗叛军。朱泚听说李怀光已经逼近，十分担心，最终决定放弃奉天，率军逃回了长安。人们都认为，假如李怀光再过三天没有赶到的话，奉天凶多吉少，很可能就失陷了。

可以说，从建中十月初到如今，是唐德宗一生最为凶险的一个半月，让他终生难忘，也给了他极大的刺激，对其后来的执政理念、人生态度等产生了巨大的影响。叛军撤退后，奉天城内群臣纷纷道贺，唯独汴滑行营兵马使贾隐林进言说："朱泚逃走，臣下庆贺，这确实是社稷之福啊！然而，陛下性格太急躁，又不能容忍不同意见，如果这一个性再不改变的话，就算朱泚败亡了，灾难未必会结束。"此刻，德宗也不好说什么，只是连连称赞，对贾隐林的直言表示赞赏。侍御史万俟著负责开辟金州（今陕西省安康市）、商州（今陕西省商洛市商州区）的粮道，等到朱泚撤围后，各地上贡的物资也相继运到奉天，朝廷的经费才开始宽裕起来。

朱泚回到长安后，已无心进取，只想着守住长安城，时不时地派人从城外回来，在城内四处游走，高呼："奉天已经被攻破了！"以此来欺骗长安军民。朱泚占有了朝廷的国库之后，不惜厚赏将士，以维系人心，在奉天的朝廷群臣家眷也都每月能够领到朱泚如数发放的俸禄；追随德宗以及哥舒曜和李晟的神策军和禁卫六军将士家属，朱泚也照样发给口粮，再加上修缮武器装备，花费了很多金钱。等到唐军收复长安时，仓库内还剩余有钱财，见到的人们都痛恨当初负责财政的官员们太横征暴敛了。

有人建议朱泚说："陛下既然已经登基称帝，那么唐朝的陵庙就该予以焚毁。"朱泚却摇头反对道："朕曾经是唐朝的臣下，岂能忍心干出这种事情？"又有人提议："百官有很多缺额，建议陛下命令士兵们强迫士人递补。"朱泚回答："强迫别人当官，会闹得人人自危。想来当官的就给他官做，哪有挨家挨户敲门给人官做的道理！"给朱泚卖命的只有范阳和神策团练兵，至于最初把他推上皇帝宝座的泾原乱兵，反而自恃功高，骄横跋扈，不为他所用，这些乱兵只操心自己趁乱劫掠来的财物，根本不肯出城打仗。他们还一度密谋刺杀朱泚，只因没有机会才作罢。

四五六 陆贽建言

朱泚退去后，德宗开始考虑下一步该如何应对稍稍和缓的乱局。

他询问陆贽该如何收拾残局。陆贽认为，导致当今之乱的根源在于上情不下达，下情不上达，劝说德宗更多地接触群臣，了解下情，采纳谏言，他上书称："臣认为当今最为紧迫的在于了解群臣之情，众人最希望的事情，陛下提前施行；最厌恶的事情，陛下提前废去。与全天下的百姓爱恨相同，而天下不归心的，从古迄今，还从来不曾有过。治理动乱的根本在于人心的向背，何况如今正值危急存亡之秋，人心犹疑动摇之际，人心归附的一方就能够立于不败之地，人心背离的一方就会土崩瓦解，陛下岂能不了解众人的心，与大家同爱同恨，让万千百姓有所归附，令国家恢复安定呢？这实在是当今最为紧迫的事情啊！"又说："近来，我搜集了大量意见，对群情颇有了解，地方上在于朝廷与他们观点不一，朝廷上在于君臣相互隔阂。地方上的意图，朝廷不知；朝廷群臣的忠诚，又无法令陛下知道。陛下的恩典无法传达到地方，地方上的诉求又无由让陛下了解。事情的真实情况，朝廷未必知道；朝廷知道的所谓的实情，又未必就是实情。上下相互不了解，真伪又掺杂其间，以至于怨声载道，众口嚣嚣，想要上下沟通顺畅，这可能吗……集中全天下人的智慧，顺应全天下人的人心，以发布政令，君臣同心同德，谁会不服从？远近归心，又有谁去追随乱党呢……有些话听起来很是迂腐，却近乎正道；有些事看似迂阔，却是处理事务的关键。"

奏章递上去之后，德宗好些天没有反应。陆贽又上书说道："臣听说立国的根本就在于得到人民的拥护，得到人民的拥护，就在于把握人民的愿望。因此，孔夫子就说过，民情就是君王赖以生存、需要在其上辛勤耕作的土地，说的就是：治理国家的正道就在于民情……《易经》说：乾卦在下，坤卦在上，是泰卦；坤卦在下，乾卦在上，是否卦；把上面的减少一点，变为下面的，就是益卦；增加上面的，减少下面的，就是损卦。本来，上天在上，大地在下，可是，上天在下，大地在上，反而称之为泰，这是因为，上下之间有着良好的沟通。君王在上，臣子在下，这看起来是正常的，但为什么称之为否卦呢？这是因为，上位的高高在上，上下隔阂啊！君王约束自己，而厚待人民，必定会得到人民的拥护，这岂不是有益的吗？君王轻视人民，随心所欲，人民一定会背叛，这难道不是有损吗……船就是君王，人心如同河水。船顺应水流就行驶，违背水性就会沉没；君王体察民情，政权就稳固；失去人心，国家就危亡。所以，古代的圣王虽然居于高位，但一定会顺应天下人心，而不敢违背人心，让百姓去服从他个人的欲望。”陆贽又说：“陛下看不惯社会风气败坏，违背正道，乾纲独断，志在削平天下，明察秋毫，以威严统御天下，严肃法纪，然而流弊太久，措施太急，令远方之人深感不安，为了活命而违抗皇命，发动叛乱；也让近处的人战战兢兢，担心犯错而得过且过。君臣之间沟通不畅，上下之间想法各异，陛下志在整顿朝纲，臣下却唯恐受到波及而被诛杀；臣下满心要尽忠于陛下，却又担心陛下怀疑他的意见荒诞，涉嫌欺瞒，所以，陛下的睿智和诚意不能让群臣了解，而群臣的真心也未能上达陛下。臣在往年曾任御史，获准参加朝会，在短短的半年时间里，每次朝会，陛下总是高坐在御座之上，表情严肃，神情深邃，从未向我提出问题，群臣也都是谨小慎微，惶恐不安，也都不敢提出问题，当面上奏。在陛下面前尚且不能坦然说出各自的意见，天下之大，其他臣民又怎能表达自己的意愿！虽然陛下也曾经对各地派来的使臣一一询问，还曾在其他场合与宰相们讨论政务，但是这些高官的想法和立场和百姓是不同的，他们所说的话与百姓的心声也是不一样的。另外，对于那些尚未执行的措施，陛下会特意嘱咐涉及朝廷机密，不得外泄；对于那些已经执行的呢，陛下又会对他们说，过去的事已经过去了，也不必再劝谏了。这样一来，君臣之间逐渐生出隔阂，大家都觉得劝谏陛下会被认为是居心叵测，人人都把内心真实的想法隐藏起来，在陛下面前三缄其口，等到变乱将起之时，普天之下都非常忧虑，唯独陛下浑然不觉，还自以为天下即将太平了。拿今日您目睹之事，反思昔日所听来的汇报，哪个是真实的情况，哪个是虚假的，有什么得，又有什么失误，一目了然，而谁是奸臣，谁是忠臣，也都知道了啊！”

德宗这才派遣宦官向陆贽传达口谕，称：“朕本性喜欢以诚待人，也能接受劝谏。自以为君臣是一体的，全然不会提防，正是因为对人毫无猜疑，才被奸人欺骗耍弄。如今发生如此大的变故，朕思来想去，并没有其他原因，主要还在于朕对人太真诚了。另外，谏官在论事时，往往夸大其词，很不谨慎，喜欢把罪过推到朕的身上，自己博取美名。朕自从即位以来，见过很多当面上奏论事的臣子，内容大多大同小异，道听途说，朕进一步盘问下去，往往理屈词穷，如果真的遇到有真才实学的奇才异人，朕岂能爱惜官爵、不破格提拔呢？朕有以往这种经验，见他们不过如此，所以近期才很少接见他们，与他们当面讨论政务，这并非朕怠于政事，卿要理解这一点。”

陆贽认为，君主对待下属，应该以诚信为本，就算谏官言辞不妥，也该予以包容，以期广开言路，如果以君王之威予以压制，以口舌之辩予以打压，臣下谁还敢再提意见，遂又上书说：“天子之道，与天道相仿。上天不会因为大地上生长了丑恶的林木，就不再令万物生长；天子也不会因为出现一两个小人，而拒不接纳谏言……只有诚信，一旦失去，想再挽回就不可能了。一旦不以诚待人，就难保再会获取忠心；一旦失信于人，也就无人再言听计从了。陛下说的是因为自己太诚信，而导致了这场灾祸，臣以为并非如此。”陆贽又说：“用智力来驾驭臣下，臣下就会逐渐诈伪；对人心存猜疑，他人就会逐渐苟且懈怠。在上位的如此行事，下属就会效仿；君主这样对人，臣下也会用同样的方式对待君主。如果自己对他人不能做到全心全意，但要求他人对自己尽忠竭诚，众人肯定会感到厌倦，是做不到的。开始对人没有诚心，此后又说自己诚心了，众人肯定是不会相信的，由此可知，诚信之道，一刻也不能丢掉，希望陛下谨慎地坚持这一原则，并不断予以强化、实践，这绝不是令陛下后悔的原因……臣还听说仲虺在赞美成汤的时候，并没有说成汤从来不曾犯错误，而是说他知错能改；尹吉甫在歌颂周宣王的时候，也并没有说过周宣王是完美的，而是说他善于改正错误，由此可见，圣人的意思非常明白，并不是以不犯错误为可贵，而只把知错能改当成最可贵的。这是因为，一个人生活在世上，一定会犯错，不论上等智慧的人还是下等的人，都在所难免，只是智慧的人能够改正错误，选择善行，而愚蠢的人则以犯错为耻辱，明知不对，还文过饰非。选择了善行，此人的德行就会日益提升；坚持谬误，最终会恶贯满盈……谏官弹劾事情时，漏洞百出，又自吹自擂，虽然人品谈不上忠厚，但对于陛下的德行并无损害。陛下如果包容采纳，传播出去只能增加陛下的圣德，可是如果陛下拒不接受，陛下这种态度，又岂能杜绝人们传播出去、不让人们知道呢……那些并无实效的无稽之谈，不必采用；那些合情合理的质朴之言，就不要不听。那些不善言辞而提出的建议有实效的人，并非是愚蠢的；那些花言巧语而利欲熏心的人，也不是什么智者。总之，都要根据实际情况予以核实，重视最终的结果，没有别的标准，只在于一个善字……陛下又说：‘当面上奏论事的臣子很多了，内容大多大同小异，道听途说’，臣以为，众口一词的事情，更能说明人心所向。其间一定有可行之处，也说明事情的严重性，恐怕不应该一概置之不理。陛下又说：‘朕进一步盘问下去，往往理屈词穷’，臣却认为，陛下虽然令其人哑口无言，但未必没有道理可言；虽然封住了他的嘴巴，但未必会让人心服口服。”陆贽又说：“身为臣子的，没有不愿意尽忠的；身为君王，也都想治理好国家。然而，臣下往往觉得君王没能把国家治理好，而君王则经常抱怨臣下不忠。这是什么原因呢？就在于君臣之情沟通不畅啊。臣子的心情无不想让君王知道，君王的心情也总想让臣子理解，然而，又为什么会存在上下隔阂这种情况呢？这就在于存在九种弊端。这九种弊端，君王有六种，臣子有三种。君王容易存在的六种缺点是：一、好占上风，总想高人一等；二、听到别人指出自己犯错，就感到很没面子；三、喜欢把人驳得体无完肤，以显示自己高明；四、喜欢卖弄自己的聪明；五、经常对人非常严肃，显示自己的威严；六、恣意妄为，刚愎自用。臣下身上容易存在的三种缺点是：一、阿谀奉迎，对君王非常谄媚；二、患得患失；三、畏惧怯懦。君王争强好胜，就会喜欢听溜须拍马的话；君王觉得被人指出自己犯错是一种耻辱，就不会听取臣子的谏言，那么那些谄媚的臣子就会顺着君王的意思说话，君王就再也听不到忠言和实话了；君王喜欢逞口舌之快，反驳臣下之言，君王卖弄自己的聪明一定会揣测臣下怀有诈伪之心，那么那些首鼠两端、患得患失的臣子就再也不会把想说的话和盘托出了；君王对人非常威严，就不可能和颜悦色地待人接物，君王恣意妄为也不能接受规劝、承认错误，那么那些怯懦的臣子就会远远躲开，不会再提一些合理化建议了。以天下之大，百姓之多，宫阙之深，地位高低悬殊之大，从底层老百姓算起，能够见到陛下的，千万人中不能有一人；见到陛下又能给陛下建言献策的，又千万人中不能有一人；就算见到陛下，能够建言献策，君臣之间又存在这九种弊端，上下之情能够保持通畅，可谓是太困难了。上情不达于下，百姓就会迷惑；下情不达于上，则君王疑虑。君王疑虑就不会觉得臣民忠诚，而臣民迷惑就不会遵从君王的命令。臣民的忠诚不被君王接受，臣民就会变得悖逆；君王的命令不被臣民遵从，君王就会严刑峻法。臣民悖逆而君王加刑，朝廷怎能不败坏？这就是自古以来，乱世多而治世少的原因。”他又说：“过去，晋国的赵武不善辞令，却是赵国贤明的大夫；绛侯周勃寡言，却成为西汉的佐命功臣。由此可知，那些能言善辩的人提出的建议也许并不可信，而那些被陛下问得无话可说的人，他们的谏言未必就没有道理。彻底了解一个人是非常困难的，昔日的圣王尧舜都觉得为难，岂能仅凭一个人的一言一行就自以为已把人看透呢？按照这种方法来体察天下民情，肯定很多都与事实不符，以此来考察天下士人，肯定会遗漏很多英才。”陆贽最后说：“劝谏陛下的人越多，越说明陛下的德行高尚；谏官的言辞越是直接恳切，也越说明陛下有容人之量；提意见的人的狂妄，更说明陛下的宽恕；提的意见越是不妥，越是体现陛下能够做到集思广益。陛下能够做到其中一点，就已经是十分高贵的品德了，这让提意见的人与陛下都能获益。提意见的人能够获得官爵的赏赐，而陛下则得到治国理政的好处；提意见的人获得劝谏的美名，而陛下也得到了虚心纳谏的美名。实际上，提意见的人有时候所提的并不适当，但如此一来，君王不论如何都会获得美名。君王忧虑的应该只有一点，那就是：唯恐提意见的人所言不够恳切，唯恐全天下的人不知道自己的过错，那么，君王就真的成就了虚心纳谏的高贵品德啊！”

四五七 吉凶难测

就在朱泚逃回长安前后，关东局势又发生了重大变化。

唐军讨伐军各部纷纷西撤之后，唯独李抱真还驻守在临洺。田悦派人劝说王武俊，让其与朱滔的部将马寔一起进攻李抱真。然而，实际上，在本年六月，李抱真早已通过贾林向王武俊传达了德宗的旨意，王武俊已暗地里与李抱真结好了，此时，李抱真再次派贾林对王武俊说：“临洺兵精而有备，不可小视。如今，即便战胜夺得了临洺，其地也归于魏博；如果不胜，则受损的是您恒州和冀州的军队。易州、定州、沧州、赵州，都是大人过去的土地，不如先去夺取这些地方。”王武俊就谢绝了田悦，与马寔一起率军北撤了。田悦将王武俊送至馆陶（今山东省馆陶县），紧握双手，洒泪而别，赠送了王武俊、马寔的将士们很多东西。

当初王武俊曾经引诱回纥出兵，要他们南下切断李怀光等唐军的粮道，李怀光等军西撤后，回纥的亲王（达干）率领一千回纥人和两千其他胡人刚行至幽州以北。朱滔遂说服他们与幽州军一起南下，夺取东都洛阳，配合关中的朱泚的攻势，并答应将黄河以南的人民和财物送给回纥人。朱滔还把回纥女子娶为侧室，回纥人称其为朱郎，又贪图财富，就答应了朱滔的请求。朱滔一心打算南下，但王武俊不是这样想的。王武俊北撤后，贾林又劝说王武俊道：“自古国家出现灾祸，未尝不因祸而中兴，何况主上是大唐第八代天子，聪明英武，天下人谁肯舍弃而追随朱泚呢？朱滔自从当上盟主以来，轻视大家，河朔地区自古以来就没有什么冀国，冀州如今还是大人您的土地，而朱滔却自称冀王，又依仗关中他的哥哥，北面拉拢回纥人，他的最终目的就是吞并整个河朔地区，到时候，大人想要当他的臣子恐怕也不可能了。况且，大人勇猛善战，朱滔根本不是大人的对手，另外，您原本就是因为忠义诛杀了叛臣，只因当时宰相处置不当，又受到朱滔的诓骗，才落到如今这步田地，不如与昭义军联手，对付朱滔，一定能够成功。朱滔灭亡后，朱泚将随之灭亡，这才是最大的功劳，也是能够转祸为福的正道。如今，各路兵马前去讨伐朱泚，用不了多久，朱泚就会完蛋，等到天下平定之后，大人再后悔归顺朝廷，到那时候就晚了啊！”王武俊早就看不惯朱滔了，听了贾林的这番话，当即挽起袖子，吼道：“已立国两百年的天子，我尚且不当臣属，难道要我去当这个庄稼汉的臣下吗？”遂暗中与李抱真和马燧联络，结为兄弟。然而，王武俊毕竟老谋深算，他还在继续观察形势，表面上对朱滔还很恭敬，与田悦各自向驻扎在河间的朱滔派去使者，祝贺朱泚登基称帝，并请求马寔的军队一起进攻赵州的康日知。在接下来的数月里，王武俊和马寔一起进攻赵州，但一直未能攻克，到了十一月八日，马寔退还瀛州，王武俊送了他五里，赠送给他很多财物。王武俊也回到了恒州。

不久，德宗又向田悦、王武俊、李纳派去使者，赦免了三人的罪过，并答应晋封他们更高的官爵。田悦等人都暗中表示归顺朝廷，但都不敢明确与朱滔翻脸，各自还像以往那样称王。朱滔命令其虎牙将军王郅劝说田悦道：“过去，八郎（指田悦）有难，我朱滔和赵王奋不顾身，竭力救援，幸而解围。如今，太尉三哥（指朱泚）在关中登基，我打算与回纥军队前往增援，希望八郎整顿军队，与我一起南渡黄河，共取大梁。”田悦虽然内心一万个不愿意，但碍于情面，又不敢不答应。又派其内史舍人李琯面见田悦，确定田悦是否真心，田悦犹豫不决，偷偷召来扈嵱等人商议。司武侍郎许士则说：“朱滔过去是李怀仙的牙将，与其哥哥朱泚和朱希彩一起杀害了李怀仙，而拥立朱希彩为节度使；朱希彩对他们兄弟二人恩重如山，宠信有加，然而，朱滔又与判官李子瑗谋杀了朱希彩，拥立了朱泚。朱泚当上节度使后，朱滔又劝说他入朝，而自己当了留后，虽然表面上是劝他哥哥对国尽忠，而实际上是为了夺去他的权力。等到他当权之后，像李子瑗等一直与他共事同谋的这些人，又统统被他杀了，一下子就杀了二十多人。如今，他又与朱泚东西呼应，一旦朱滔成功，朱泚肯定不会为其所容，何况是我们这样的同盟呢？朱滔为人如此狠毒阴险，大王您又从何处了解了他的真心而听信于他呢？朱滔如果领来十万回纥兵到我们魏博近郊，大王一旦出城迎接，一定会被其生擒。此人囚禁了大王，再兼并了我们魏博之兵，渡河南下，与关中相互呼应，届时，天下谁抵挡得住他！到时候，大王再后悔就来不及了！我替大王打算，不如假装答应与其一起南下，而暗中做好准备，迎候犒劳都要丰厚，等他们来到后再找个借口，派部将分兵追随，如此，大王对外不失报德之名而又没有仓促之忧了。”扈崿等人也都觉得有理。

王武俊听说李瑲来到魏博的消息，赶忙派遣其司刑员外郎田秀赶往魏博，面见田悦说道：“昔日，王武俊因宰相处置失当，恐怕大祸临头，再加上八郎陷于重围，才与朱滔合兵来救。如今，天子正处于危难之际，以恩德安抚我，我等还有什么理由不改过自新、归顺朝廷呢？难道我们要舍弃八代天子而去侍奉朱泚和朱滔吗？况且，朱泚未称帝时，朱滔与我等是同等的大王，当时朱滔对我等已经非常轻视了，等到其平定了汴州洛阳，与朱泚联手，届时我等都将成为他的俘虏！八郎千万不要与其一起南下，只需闭城固守。我将瞅准机会，与昭义军联合，将其消灭，与八郎重整河朔，再当节度使，一起侍奉天子，这不是很好吗！”有了王武俊的支持，田悦这才下定了决心，欺骗朱滔说：“随你南下，过去的约定不变。”十二月二十四日，朱滔率领五万范阳步骑，自愿随从的军队又有一万余人，再加上三千回纥军，从河间南下，一路上浩浩荡荡，辎重绵延四十里。

虽然德宗顺利地说服了王武俊和田悦，但河南的李希烈趁着讨伐军纷纷西撤之际，加紧了攻势。哥舒曜逃回洛阳之后，李希烈一方面派出军队看住洛阳方向，转兵直扑汴州。在汴州城下，他驱赶百姓运送泥土、木材，填埋壕沟，修筑堡垒，对未能及时填平壕沟非常生气，将运送的百姓一起推入壕沟活埋，称之为湿柴。李勉固守汴州数月，外无援兵，对部将们说：“李希烈凶狠残暴，如果与其硬拼，一定会让更多无辜的人白白死去，我不忍啊！”遂率领一万余守军突围而去，南逃到宋州。十二月二十七日，李希烈攻陷大梁。滑州刺史李澄举城投降了李希烈，李希烈任命李澄为尚书令兼永平节度使。逃到宋州的李勉上书请罪，德宗对其使者说：“朕尚且丢掉了宗庙，李勉你不要多虑。”打下汴州后，李希烈又发兵南下，进攻襄邑（今河南省睢县）。当时，驻守襄邑的是刘洽的部将高翼率领的五千精兵，但李希烈的军队非常善战，一举又将襄邑攻克，高翼投水而死。接着，李希烈又攻克了宁陵，兵锋直指江淮。淮南节度使陈少游原本奉命讨伐李希烈，驻军盱眙（今江苏省淮安市盱眙县），听说朱泚叛乱后，又撤军回到了广陵（今江苏省扬州市）。在广陵，他下令整修城防，修缮武器，做固守之计。浙江东西节度使韩滉听说后，也实行戒严，关闭了边境的桥梁通道，严禁牛马出境，修筑石头城，开挖了近百口深井，修缮数十座馆驿，又从建业（今江苏省南京市）到京岘（今江苏省镇江市东）沿江构筑了很多堡垒，既为皇帝逃往江南做准备，又确保江南的安全。陈少游和韩滉分别调发三千水军在长江两岸巡航，以鼓舞士气。盐铁使包佶打算将八百万金银布帛运到京师，但陈少游认为，长安如今在朱泚之手，不知道何时才能收复，这些财物北运之后，一旦落入敌手，等于资敌，而他自己也贪图这批财物，打算强行扣留下来，但包佶不从。陈少游大怒，想趁机杀了包佶，包佶见状，只好把妻子藏在档案堆中，匆匆逃出了广陵，逃到了江南。陈少游遂夺取了全部财帛，并把包佶的三千押送士兵也据为己有。包佶与数十名随从逃到上元（今江苏省南京市），结果也被韩滉扣留。当时，南方的藩镇都闭境自守，唯独曹王李皋屡屡派使者开路进贡，李希烈兵临郑州、汴州后，江淮北上的粮道被切断，江南各地朝贡都从宣州、饶州、荆州、襄州，经武关进入关中。李皋派人整修沿途道路，设置驿站，因此，这条道路一直畅通无阻。

当陈少游听说李希烈包围宁陵之后，非常害怕，赶忙派遣参谋温述向李希烈投诚，称："濠州（今安徽省凤阳县）、寿州（今安徽省寿县）、舒州（今安徽省潜山县）、庐州（今安徽省合肥市），我已经命令解除了武装，随时听候您的调遣。"又派巡官赵诜赶赴郓州，结好李纳。

四五八 罪己之诏

就在关东形势变得更加复杂之时，奉天朝廷内部的斗争也日趋激烈。

李怀光是个武将，又是靺鞨人，他性格直爽，口无遮拦，在他赶赴关中勤王期间，一路上多次与其他人谈及卢杞、赵赞、白志贞三人是奸臣，还说：“天下大乱，全是这三人所为，等我见到皇上后，一定请求皇上杀了他们。”等到他解了奉天之围后，又觉得自己立下了不世之功，德宗一定会非常感激，用很高的礼仪来接待自己。在这当儿，有人对王翃和赵赞说：“李怀光一路上都是牢骚满腹，认为宰相举措失当，度支部门赋税繁重，京兆尹对泾原军犒赏太薄，以至于皇上流落在外，这都是这三个臣子的罪过。如今，李怀光刚刚立下大功，皇上一定会披肝沥胆，开诚布公，征求他的意见，假如皇上听信了他的话，你们岂不是性命堪忧吗？”王翃和赵赞听了，惊出一身冷汗，赶忙跑去告诉了卢杞。卢杞一听也非常担心，就装作一副随意的样子对德宗说：“李怀光功劳很大，社稷赖其复存，敌人已经胆战心惊，无坚守之心，如果趁机命其乘胜收复长安，则一举可以击破敌人，这是破竹之势啊。如果听任他入朝的话，一定会赐宴招待，要耽误数日，等到敌人进入京城后，就能从容安排防御，恐怕就难以得手了。”德宗听了，觉得卢杞说得有理，遂下诏命令李怀光率军进驻便桥，与李建徽、李晟以及神策兵马使阳惠元一起收复长安。李怀光觉得自己不远千里赶来勤王，击破朱泚，解了奉天之围，而近在咫尺却连天子的面都见不到，内心非常失望，他恨恨说道：“今天，我已经受到奸臣的排挤了，这事太明显了！”遂率军而去，行至鲁店（今陕西省乾县东南），故意停留两天才继续前进。

离开奉天之后，李怀光并没有按照德宗的旨意，立即进攻长安，而是屡屡上书指斥卢杞等人的罪恶，一时间，奉天朝中议论纷纷，都把矛头对准了卢杞等人。真相大白后，德宗才恍然大悟，觉得自己真的是上了卢杞的当，遂于十二月十九日，下诏将卢杞贬为新州司马，白志贞贬为恩州司马，赵赞贬为播州司马；德宗信任的宦官翟文秀，也受到李怀光的攻击，德宗只好一咬牙，下令把他杀了。二十二日，德宗任命翰林学士、祠部员外郎陆贽为考功郎中，金部员外郎吴通微为职方郎中。陆贽推辞道："我刚到奉天时，扈从将吏按照惯例都晋升两级，如今只有翰林学士升了官。执行刑罚，最好是先惩处亲近和尊贵的，再惩处疏远和卑微的人，这样人们都不敢轻易犯法了；进行赏赐，最好是先赏赐卑微和疏远的人，再赏赐亲近和尊贵的，这样就不会遗漏有功人员了。希望陛下先晋升立下大功的，再遍及群臣，如此臣就不敢单独推辞了。"但德宗不从。卢杞等人被贬后，关播却仍然主持政务，中外一片哗然，都以为不可，不久德宗只好又下诏将关播贬为刑部尚书。但群臣仍然不满意，韦伦等人对着德宗哭泣说："宰相不能辅佐好陛下，致使出现今日之变，却仍然当尚书，这实在令人痛心啊！"但德宗不从，此时的朝廷也的确再经不起继续内讧了。

陆贽对德宗上书说："如今盗贼布满天下，圣驾流亡在外，陛下应该深刻检讨，以感动人心。昔日成汤因把罪过引向自己而很快兴盛，楚昭王也以良言而得以复国。陛下如果真能做到真心改过，发言向天下人谢罪，发出去的诏书无所避讳，臣虽然愚蠢，在起草诏书时也一定能体会陛下的意图，或许能让那些反叛之人洗心革面。"德宗采纳了陆贽的建议，所以也才令王武俊、田悦等人深受感动，暗中脱离了朱滔阵营。

有位术士对德宗说："国家遭遇灾祸，应该有所改变，以顺应这种变数。"群臣就请求德宗在尊号上增加一两个字。德宗征求陆贽的意见，陆贽表示反对，他说道："尊号一说原本不是古代的制度，即便是太平之日，增加尊号也有损于君王的谦虚之德，更何况是在大乱之时，更有伤大政……秦朝德行衰败，才兼用皇和帝，合起来称为皇帝。到了后世，那些昏君才有了圣刘（指刘欣）和天元（宇文赟）之号，由此可知，君王尊贵与否，不在于名称是什么。如果必须有所改变的话，与其增加尊号，不如减少几个字。"德宗采纳了他的话，决定只改变一下年号。德宗把中书舍人起草的改元诏书拿给陆贽看，陆贽认为："用语言去感动人，本来力量已很弱了，如果言辞又不恳切，谁能在意？如今，诏书中陛下所言，悔过之意不能不深，引咎之词也不能不尽意，洗刷错误，令人畅快，使得人人都满意，谁还不服从？我认为，知错不难，改过最难；说好话不难，做好事才难。如果诏书修改后写得非常精当，也只是知错和说好话的层面，我希望陛下把心思放在更难的事情上。”德宗表示同意，于是，到了新年，就出现了一篇非常有名的《罪己诏》。

公元784年一月一日，德宗下诏大赦天下，改元为兴元。他在诏书中深刻地检讨自己，说道：“治理国家，教化天下，对人一定要诚心诚意，公而忘私，救济他人，勇于改过。朕登基以来，君临万邦，却丢掉了宗庙，流亡在外。朕不能以身作则，已后悔不及；我时刻反思自己的过错，把希望寄托于将来。现在，我坦率地说出我的心声，昭告天下臣民。

“我一直担心自己无德无能，不能肩负起帝国的重任，也一直不敢懈怠，然而，由于自己长期生长在深宫，不懂治国之道，积习已久，居安忘危，不知稼穑之艰难，不体恤征战之劳苦，皇恩未达下层，下情未达我这里，上下隔阂，人心疑惑。然而，我没有予以反思，反而兴师动众，征调四方之师，千里转运军粮，征调车马，弄得远近一片骚动，出征的人携带行囊而行，在家的亲人含泪相送，全国军民非常劳累。前线的将士有时一天接连作战，有时整年不解铠甲；祖先的祭祀无人主持，家中的老弱失去依靠，死者生者都流落四方，怨气日积月累，征调层出不穷，致使农田都抛荒了。严酷的法令横征暴敛，织布机上空无一物，疲惫的百姓辗转死在沟壑，离开本乡本土，城镇化为废墟，四处不见人烟。上天降下惩罚而朕却没有看到，百姓满腹仇恨而朕却不知道，以致酿成大乱，京城兵变，社会失去秩序，宗庙震惊，上拖累了祖宗，下有负于万民，沉痛羞愧，罪过全在我一人，永远感到惭愧，仿佛落入了万丈深渊。从今往后，凡是上书的，不得再称圣神文武之号了。

“李希烈、田悦、王武俊、李纳等人，都是有功的旧臣，各自守卫着藩镇，是朕统御无方，致使都心生疑惧，这都是因为在上位的不遵正道而令下位的受到伤害，朕确实不是一个合格的君主，你们又有什么罪过呢？现在，包括你们所属的将士们，朕对待你们全部像过去一样。朱滔虽然因为朱泚受到牵连，但相隔遥远，并不同谋，念及其过去的功劳，自当予以宽恕，如果能归顺朝廷，也既往不咎。至于朱泚，颠倒伦常，盗窃神器，侵犯陵寝，每当想到这里，内心痛苦，不忍付诸言辞，朕不敢赦免。至于那些胁从的军民，只要官军未到京师之前，能够脱离叛党，归顺朝廷，返回本县、本军的，一律予以赦免。

“各军、各道派到奉天勤王以及收复京城的将士，一律赐名奉天定难功臣。他们所负担的陌钱、间架钱、竹税、木税、茶税、漆税、盐铁税等，一律免除。”

大赦令颁发后，天下军民大喜。等到德宗后来回到长安，李抱真入朝庆贺时，说道：“关东宣布诏书时，将士们都感动得流下了眼泪，臣见人心这样，就知道一定能够消灭叛贼！”王武俊、李纳、田悦看到诏书后，都去掉了王号，上表谢罪。唯独李希烈自恃兵强财富，反而加紧了称帝的步伐，他派人向颜真卿询问称帝的礼仪，颜真卿说：“老夫曾担任过礼官，脑子里记下的只有诸侯朝拜天子的礼仪！”拒绝与李希烈合作。李希烈也管不了那么多了，遂自立为帝，国号大楚，改元武成。设置百官，以其同党郑贲为侍中，孙广为中书令，李缓、李元平同平章事，以汴州为大梁府，以李清虚为大梁尹，将其境内设置了四个节度使。李希烈派遣部将辛景臻对颜真卿说：“如果你不能屈节，就得自焚而死！”在颜真卿的住所堆积干柴，浇灌膏油，燃起大火。颜真卿毫无惧色，索性朝大火奔去，辛景臻赶忙制止。

新年到来，朱泚也把国号由秦改为汉，自称汉元天皇，改元为天皇，至此，从建中三年十一月朱滔、王武俊、田悦、李纳四人称王，到建中四年十一月朱泚称帝和如今的李希烈称帝，包括此前从建中二年（公元781年）德宗开始讨伐李惟岳等人，并一直持续到三年后的贞元二年（公元786年）李希烈被部下毒死，这场持续了六年之久的大乱在历史上被称为“四王二帝事件”或者“四王二帝之乱”。

四五九　一王二帝

自从李希烈举兵以来，攻克汝州，生擒李元平；击败刘德信、唐汉臣等人，又在襄城击败哥舒曜，接连攻克郑州、汴州等地，又登基称帝。

李希烈又派遣部将杨丰（一作杨峰）携带赦免文书，送给淮南节度使陈少游和寿州刺史张建封。张建封，字本立，兖州人。其父张玠豪爽侠义，安禄山造反后，命部将李庭伟率兵招降鲁郡，鲁郡太守韩择木（韩愈的叔父）怯懦，出城投降；叛军进城后，张玠与同乡豪强打算杀掉张庭伟等人，但韩择木吓得魂不附体，唯独员外司兵张孚赞成，遂将叛军杀死。韩择木因人成事，与张孚均受到朝廷的赏赐，而张玠却到江南游历，不言其功。张建封深受其父的影响，从小喜欢谈论，慷慨激昂，以天下为己任。宝应中，李光弼镇守河南，江南大乱，代宗派遣宦官马日新与李光弼一起率军南下征讨。张建封拜见马日新，请求只身深入虎穴，说服乱民，在他的说服下，数千乱民归降。大历初年，道州刺史裴虬向观察使韦之晋举荐张建封，张建封不喜吏职而去；滑亳节度使令狐彰也征辟他担任下属，但张建封见令狐彰一直不曾入朝觐见，遂拜谒转运使刘晏，自述不愿当令狐彰下属的原因，刘晏上奏推荐他担任大理评事、勾当军务，张建封当了一年多，又辞职不干了。张建封素来与马燧关系很好，大历十年，马燧被任命为河阳三城防遏使，马燧征辟他为判官。李灵曜叛乱后，马燧奉命讨伐，军务大多与张建封商量。建中初年，在马燧的推荐下，杨炎打算任用他为度支郎中，但卢杞不喜欢他，就把他外任为岳州刺史。后来，李希烈灭掉梁崇义后，逐渐跋扈，寿州刺史崔昭多次与其书信往来，淮南节度使陈少游上奏后，德宗为防不测，赶忙召见宰相命另选一位。卢杞原本厌恶张建封，当天仓皇之际，就推荐用张建封镇守寿阳。

歪打正着，这一次，卢杞算是挑对了人。当杨丰来到寿阳后，张建封下令将其捆绑起来，拉到军中示众；当时德宗派来的中使和完成使命从江南北返的使者正巧都在寿阳，张建封齐聚众人，将张丰在街市上腰斩，把李希烈送来的书信交给中使送到奉天。张建封此举令远近震动，陈少游又气又怕，张建封遂将陈少游与李希烈勾结的情况一五一十地禀报了德宗，德宗大喜，遂晋升张建封为濠州、寿州、庐州三州都团练使。

得知张丰被杀的消息，李希烈大怒，遂任命猛将杜少诚为淮南节度使，率领一万余人南下，打算先夺取寿州，而后再接管江都。张建封派遣部将贺兰元均、邵怡率军驻守霍邱（今安徽省霍邱县）以北的秋栅，李希烈的军队竟无法通过，只得转兵西南进攻蕲（今湖北省蕲春县）、黄（今湖北省武汉市新洲区），以切断江淮地区与朝廷之间的水路通道。当时，包佶督运着江淮财赋沿长江逆流而上，刚刚行至蕲口（今湖北省蕲春县蕲水入江口），杜少诚的叛军就来了。曹王李皋派遣蕲州刺史伊慎率领七千人马抵御，伊慎在永安戍（今湖北省武汉市新洲区以北）构筑三座营栅，各自相距数里之遥，全都是偃旗息鼓。叛军疑惑之间，突然中间的一座营栅鼓声大作，三座营栅同时营门大开，唐军悉数出击，叛军顿时大乱，被打得抱头鼠窜。杜少诚只身逃走，唐军斩杀上万人，包佶的运粮船才得以继续西去。后来，包佶入朝，向朝廷详细汇报了陈少游抢夺财赋的事情，陈少游担心朝廷降罪，只好向下属军民增加税赋，把原来的补偿出来。

李希烈认为夏口（今湖北省武汉市）是长江上游的要害之地，如果能控制夏口，就切断了蜀地、关中、荆襄与江淮、江南的联系，遂派遣猛将董侍率领七千敢死队员偷袭鄂州（今湖北省武汉市）。鄂州刺史李兼偃旗息鼓，闭城不战。董侍命令部队拆去房屋的木材，打算焚烧城门，突然，城门大开，李兼率领守军突出城外，把叛军杀得大败，德宗晋升李兼为鄂州、岳州、沔州都团练使。自此，李希烈在长江中游一带，东畏惧曹王李皋，西害怕李兼，不敢再有南下夺取江淮的企图了。

李希烈率领五万大军继续包围着宁陵。负责防卫这一方向的就是宣武节度使刘洽，兴元元年一月二十六日，德宗晋封刘洽为汴州、滑州、宋州、亳州都统副使，知都统事，从汴州逃到此地的李勉把部队全部交给他指挥。二月，李希烈命令他的部队掘开河水灌城，濮州刺史刘昌率领三千人马驻守着宁陵。见李希烈的主力都在宁陵城下，已投降李希烈一个多月的原滑州刺史李澄（被李希烈任命为中书令兼永平节度使）暗中派人赶赴奉天，向朝廷请降，德宗答应让李澄当汴滑节度使。李澄不敢公开背叛李希烈，但已引起了李希烈的怀疑，遂派六百名养子进驻白马（今河南省滑县，滑州治所在），勒令李澄一起南下进攻宁陵。李澄不得已，只好率军南下，行至滑州以南的石柱，故意命自己的部下发生惊乱，遂烧毁军营而逃。李澄鼓动那六百养子到民间劫掠，然后，将他们全部诛杀，又向李希烈禀报了来龙去脉，让李希烈有口难言，无可奈何。

驻守宁陵的濮州刺史刘昌，就是曾在李灵曜之乱中，说服汴州刺史李僧惠，一起归顺朝廷的那位。等李忠臣平定汴州后，嫉妒李僧惠的战功，还想杀掉刘昌，刘昌只好潜逃了。等到刘洽当上宋州刺史后，又让刘昌官复原职，刘洽晋升为宋亳颍宣武军节度使，刘洽也晋升为左厢兵马使。李纳背叛后，刘昌率部收复了考城（今河南省兰考县），次年，刘洽包围濮州，以刘昌为代理濮州刺史。此后，李希烈背叛，中原形势急转直下，汴州失守，李勉逃走；襄邑沦陷，高翼自杀，如今，刘昌以三千弱旅对抗李希烈的五万大军，苦苦死守宁陵四十五天，不曾解下铠甲。他命人开挖深沟，以切断城外敌人向城内挖的地道，令李希烈无计可施。当时，浙西节度使韩滉也派遣部将王栖曜、李长荣、柏良器率军救援刘洽，王栖曜率领数千江南强弩手趁夜泅渡汴水，秘密进入宁陵城内，次日，用强弩射击叛军，弩箭一直落到李希烈的大帐之内，李希烈见状，大惊失色，说道："江南弩手入城了啊！"遂撤围而去。王栖曜是濮阳人。安禄山叛乱时，尚衡起义兵，以其为衙将，攻下兖州、郓州等地，敌将邢超然驻扎在曹州，王栖曜率军进攻，当时邢超然正在城头上部署防守，王栖曜见状，弯弓搭箭，一箭将邢超然射死，城内守军群龙无主，曹州遂被攻破。此后，王栖曜随尚衡入朝，被朝廷任命为试金吾卫将军，上元元年，王屿担任浙东节度使时，请王栖曜担任马军兵马使；广德年间，袁晁在台州叛乱，御史中丞袁傪奉命讨伐，以王栖曜和李长为偏将，生擒袁晁，平定了叛乱，王栖曜也因功被晋升为常州别驾、浙西都知兵马使。内常侍马日新率领五千汴滑军镇守江南，马日新贪婪残暴，萧庭兰趁民怨将其赶走，劫夺了军队。王栖曜也被裹挟着进攻苏州，在战阵中，他瞅准一个机会，脱身逃入城内，又率领城内守军出城进攻叛军，将叛军击败。李灵曜谋反后，浙西观察使李涵命令王栖曜率领四千人马北上平叛，他因功被加授御史中丞。王栖曜是个神箭手，据《南部新书》记载：一次，他与众文士到虎丘寺游玩，先向空中射出一箭，接着再射一箭，正中前一支箭。柏良器，字公亮，魏州人。其父柏造为安禄山所杀，柏良器遂苦学击剑，立志报仇，他父亲的朋友王奂评价他说："尔额文似临淮王（李光弼），面黑子似颜平原（颜真卿），殆能立功。"遂推荐给李光弼，因功晋升为左武卫中郎将。后参加过镇压袁晁、方清起义。李长荣生平不详。

兴元元年年初，因德宗的《罪己诏》，四王二帝其实成了一王二帝，即冀王朱滔和二帝汉帝朱泚、楚帝李希烈。

四六〇 朱滔南下

当李希烈围攻宁陵之际，朱滔也率军南下，相继进入了王武俊、田悦的地盘。

王武俊和田悦早已归顺了朝廷，二人也已定下了调虎离山之计，引诱朱滔南下的目的就是便于王武俊、李抱真消灭他。因此，王武俊和田悦表面上对朱滔还是非常恭敬，对朱滔的军队供应颇丰，兴元元年一月五日，朱滔的大军进抵永济（今河北省馆陶县北），朱滔派遣王郅面见田悦，约定一起渡河南下。直到这时，田悦才对王郅说：“我非常愿意随从五哥一起南下，昨天将要出师，将士们却不肯我出营，他们说：‘我们的军队刚刚被打败过，并且，我们已打了一年多仗，粮食储备也已枯竭。如今，将士们又冻又饿，为何又要率领全军出征？大王每天安抚尚且难以令将士们安定，如果丢下城池南去，早上离城，晚上就要发生兵变了。’我不敢有二心，可无奈将士们不从。我已经命令孟祐率领五千步骑，追随五哥效鞍马之劳。”并派遣司礼侍郎裴抗等人来到朱滔的军营道歉。朱滔听后，勃然大怒，说道：“田悦逆贼，昔日身陷重围，命悬一线，使我背叛天子，舍弃亲哥，发兵日夜兼程来救，万幸得以复存。答应把贝州给我，我推辞不要；尊我为天子，我推辞不受。如今却忘恩负义，误导我远来，又花言巧语拒不出兵！”当即命令马寔进攻宗城（今河北省威县）、经城（今河北省南宫市南），解除后顾之忧；又命令杨荣国进攻冠氏（今山东省冠县），全都攻下了。又放纵回纥军队劫掠馆陶驿马站的帷帐、器皿、车辆、耕牛而去。十日，朱滔送裴抗等人返还魏州，分兵防守平恩（今河北省曲周县东南）、永济。田悦闭城固守。

接着，朱滔命令马寔率领五千步骑驻扎在冠氏，以监视魏州的田悦，而他则亲自率领大军朝东北杀来，包围了贝州（今河北省清河县），决水灌城，田悦的贝州刺史邢曹俊固守。朱滔放纵范阳军队和回纥军队大肆劫掠各县，又相继攻克了武城（今山东省武城县），打通与德州（今山东省陵县）和棣州（今山东省惠民县）的通道，令其运送军粮。

一月十九日，德宗晋升王武俊为恒州、冀州、深州、赵州节度使；次日，加授李抱真、张孝忠为同平章事；二十四日，加授田悦为检校尚书右仆射。又以山南东道行军司马樊泽为本道节度使，前深州、赵州观察使康日知为同州刺史、奉诚军节度使，曹州刺史李纳为郓州刺史、平卢节度使。吐蕃宰相尚结赞答应出兵帮助唐朝收复京城，二十八日，德宗派遣秘书监崔汉衡出使吐蕃。二十九日，德宗下令在禁卫军六军中设置统军，品级为从三品，以尊崇功臣。二月七日，德宗下诏追赠段秀实为太尉，谥号忠烈；当时贾隐林也去世了，又追赠他为尚书左仆射，以表彰他能直言敢谏。

田悦不想束手就擒，他也屡屡出兵，但均被朱滔军击败，军队死伤累累，士气非常低落。德宗派遣给事中孔巢父为魏博宣慰使，来到魏州。孔巢父能言善辩，博古通今，他来到魏州以后，对田悦的将士们陈述顺逆祸福，田悦及其将士听了，都非常高兴。田承嗣的儿子、魏博兵马使田绪凶狠奸诈，屡屡犯错，田悦不忍杀他，曾将他杖打以后囚禁了起来，因此，田绪一直对他这个堂兄怀恨在心。等到田悦归顺朝廷以后，内外就解除了警戒。三月一日，田悦与孔巢父饮宴，田绪当着弟弟、侄儿口出怨言，侄儿制止，田绪大怒，一刀将其侄儿砍死了，其侄死后，田绪不禁后悔起来，说道："仆射肯定会杀了我！"当晚，田悦喝醉了，返回住所。田绪与亲信数十人偷偷挖开后墙，进入田悦府邸，杀了田悦及其母亲、妻子等十余人，又率领左右持刀站在中门夹道。黎明时分，田绪以田悦的名义召见行军司马扈崿、判官许士则、都虞候蒋济议事。田悦的府邸院落深邃，外面不知道内情，许士则和蒋济先到，被田绪召入，乱刀杀死。田绪担心天明之后事情败露，遂走出中门，正巧遇见田悦的心腹将领刘忠信在布置岗哨，田绪突然大喊道："刘忠信与扈崿谋反，昨夜已经刺杀了仆射！"众人听了，大惊失色，一片哗然。刘忠信还没反应过来，就被众人举刀砍死。扈崿到来后，行至大门，劝说乱哄哄的将士们，有三分之一的人安定下来，表示服从。田绪见状大惊，登上城墙，对着众人大喊道："我是先相公的儿子，你们都受先相公的恩德，如果能拥立我，兵马使赏钱两千，大将一千，下到普通士兵，每人赏钱一百，我承诺搜刮公私财物，五日内交清！"于是，贪图财物的将士们又回头杀死了扈崿，归顺了田绪，这场政变最终以田绪的胜利而告终，田绪报告孔巢父，孔巢父命令田绪暂时统率军府。过了几天，人们才知道事情的真相，虽然后悔、愤怒，但田绪的地位已经稳固，已无可奈何了。田绪又杀了田悦的亲信薛有伦等二十余人。

原本李抱真和王武俊已经率军准备救援贝州了，但听说魏州内乱、田悦已死的消息，都不敢再进，停军观望。朱滔听说田悦已死，大喜，说道："田悦背恩，上天借田绪之手结果了他！"即派遣他的执宪大夫郑景济等人率领五千步骑协助马寔，合兵一万两千进攻魏州；又派人入城劝说田绪归降，答应让他继续当本道的节度使。田绪刚刚夺位，内忧外患，即派遣随军（事务官）侯藏前往贝州，面见朱滔表示愿意投降。朱滔大喜，命侯藏复命，要求赶快择日盟誓。田绪即召集下属商议，当时，马寔的军队驻扎在王莽河一带，放纵骑兵和回纥兵四处劫掠，杀人放火。田绪的幕僚曾穆、卢南史对田绪说："用兵打仗虽说是崇尚武力，但也要基于仁义，然后才有可能取得成功。如今，范阳之兵大肆杀戮，令我魏州白骨遍野，就算先仆射背恩，其子民又有什么罪过！如今朱滔虽然强大，他这么做，其灭亡也是指日可待的，更何况，昭义军和恒州军正要进攻他，为何仅仅因当前的危急就追随叛贼呢？不如归顺朝廷，天子正蒙尘在外，听说我魏博使者到来，一定会非常高兴，您的官爵自然会唾手可得。"田绪听从了，遂派遣使者赶赴奉天，坚守城池，等待朝命。四月十日，德宗任命田绪为魏博节度使。

时间就这样一天天过去了。朱滔进攻贝州一百多天，一直没能攻下，而马寔进攻魏州也有四十余天，也迟迟没有进展。贾林又受李抱真的指派，前去劝说王武俊道："朱滔的目的就是吞并贝州、魏州，如今正值田悦被害，倘若再过十余日我们不去救援，那么整个魏博就会被朱滔占领了。一旦朱滔吞并了魏博，易州的张孝忠一定会向其称臣的。如此一来，朱滔纠集三道之兵，再加上回纥的支援，进逼常山，明公要想保有自己的宗族，可能吗？常山一旦陷落，李抱真的昭义军一定会退守西山，这样，河朔全都落入朱滔之手了。不如趁着贝州、魏州尚未被朱滔攻下，与昭义军一起救援，朱滔如果被击败，关中的叛军也就无望了，朱泚将很快被杀，天子返回京师，众将之功，又有谁能比明公的更大呢？"王武俊听了，很高兴，就同意下来。四月二十八日，王武俊率军进抵南宫县东南，李抱真则从临洺（今河北省邯郸市永年区）率军北上，与其会师，两军相距十里。毕竟两军不久前还是打得你死我活的对手，如今又联起手来对付朱滔，相互之间还心存猜疑，次日，李抱真打算率领数名骑兵（一说两百骑）赶赴王武俊的军营，消除双方之间的嫌疑。李抱真的部下纷纷劝阻，李抱真命令行军司马卢玄卿整顿军队，等待消息，他交代道：“我此行关乎天下安危，如果我回不来，统领军队听从朝廷就靠你了，激励将士替我报仇雪耻也靠你！”说完，就拍马而去。听说李抱真来到军门，王武俊严阵以待，引李抱真相见。见面后，李抱真谈及国家多年来遭受的灾难，天子蒙尘，说到动情处，他抱住王武俊失声痛哭，泪流满面，说得王武俊也悲不自胜，左右亲信无不掩面哭泣，不敢抬头。二人遂结为兄弟，发誓一起消灭叛贼。王武俊表态道：“相公十哥您名扬四海，过去蒙您的开导，我得以改邪归正，使我免受死罪，得享王公之荣。如今，您又没有因为我是个胡人而看不起我，与我结为兄弟，我将用什么来报答哥哥呢？朱滔依靠的无非是回纥人罢了，但回纥人也不足惧怕。交战之日，希望十哥只在马上观看，我一定替您将其击破！”酒后，李抱真退入王武俊的帐内，熟睡了很久。王武俊非常感激，对李抱真更加敬重、恭顺，他指着心口抬头望天，发誓道：“我王武俊这个身子已经答应给十哥您了，愿意为您赴汤蹈火、死而后已！”李抱真和王武俊这次会面后，两军遂联营前进。五月五日（一说四日），两军在距离贝州三十里处安营扎寨。

四六一 朱滔败退

朱滔听说王武俊和李抱真的军队将要到来，赶忙召回魏州城下的马寔，马寔接到命令后，昼夜兼程赶回了贝州。

有人劝说朱滔道："王武俊擅长野外作战，不可与其争锋，最好命令我军稍稍向前推进，逼近他们，再命令回纥骑兵切断他们的粮道。我军依托防御工事，能够吃上从德州和棣州运来的粮食，有利就出击，不利就退入堡垒防守，等到他们饥饿以后，就能消灭他们了。"朱滔狐疑不定，正巧马寔率军赶到了，朱滔顿时来了精神，决定明天出战。

马寔劝阻道："士兵们冒着酷暑行军，已非常疲惫了，请求休息几天以后再战。"这时，常侍杨布、将军蔡雄带着回纥达干来见朱滔，回纥达干对朱滔说："我们回纥与邻国作战，经常以五百骑兵就能击破邻国数千骑兵，如同秋风扫落叶一般。如今，我们接受大王赏赐的金帛、牛酒，数不胜数，一直想替大王立下战功，现在就是最好的时机。明天，希望大王立马高岗之上，看我们回纥骑兵是怎么干掉王武俊的，一定会消灭王武俊的骑兵，令其匹马不返！"杨布、蔡雄也是主战派，二人接着说道："大王英雄盖世，倾幽燕之军，将要横扫河南，肃清关中，如今遇到这么一点敌人就犹豫不战，将令远近失望，又凭借什么来完成霸业呢？达干说的是对的。"朱滔听了，不禁飘飘然起来，遂决意开战。

五月六日（一说五日），丙子日，一大早，王武俊派遣兵马使赵琳率领五百骑兵预先埋伏在桑树林内，王武俊率领骑兵列于阵前，李抱真率领步兵，组成方阵，居于阵后。两军一开战，朱滔命令大将马寔、卢南史率领回纥、契丹骑兵前来挑战，王武俊命令骑兵将领赵珍率领三百精锐骑兵抵挡，李抱真的部将王虔休犄角等待。回纥、契丹骑兵纵兵飞马冲了过来，王武俊和儿子王士清率领骑兵正面迎战，他命令下属骑兵控制好各自的战马，避开他们的冲击，闪开一条道路。

回纥人一直冲到王武俊的阵后，正准备拨马返回之时，王武俊这才下令纵兵出击，赵琳也率领伏兵从桑树林中横着杀了出来，回纥人顿时被杀得大败而逃，被生擒三百骑。王武俊立即命令骑兵追杀，朱滔的骑兵见状，也掉头就跑，又冲撞了自己阵后的步兵，步兵们也是一哄而散。兵败如山倒，朱滔无法制止，只好逃回大营。李抱真、王武俊合兵一处，奋力追杀。当时，朱滔率领三万人马出战，被杀一万余人，溃散逃脱的又有一万多人，只有数千人随朱滔逃回军营固守。这场大战打了一整天，直打到天黑，天降大雾，唐军无法继续推进，李抱真和王武俊这才停止追杀，李抱真率军进驻朱滔军营的西北面，王武俊驻扎在东北面。三十六计走为上计。当晚，朱滔见败局已定，焚烧军营，率领残兵败将从南门而逃，朝德州方向狼狈逃去，留下劫掠来的金银财帛、军粮辎重堆积如山。因大雾弥漫，两军无法追击，朱滔这才侥幸逃出一命。行至瀛州，朱滔下令杀死了杨布和蔡雄，因其率领的先锋最先战败；又杀了术士尹少伯，因其过去称兴兵一定能取胜。朱滔率领残兵向幽州撤去，内心又羞又愧，又担心幽州留守刘怦趁机对自己下手，一路上，一直是忐忑不安。不曾想，刘怦却将幽州留守军队全部拉出，备好仪仗队，夹道二十里欢迎他回来。朱滔回到府中，与刘怦相对而泣，悲喜交加，在人心难测的乱世，刘怦对朱滔这样就显得很是忠义，受到时人的赞赏。

当初，张孝忠归顺朝廷后，朝廷任命其为义武军节度使，把易州、定州、沧州划归他所有。沧州刺史李固烈是李惟岳的内兄，不愿归顺张孝忠，请求辞职回到恒州，张孝忠就派押牙程华前去接管沧州。程华是定州安喜人，其父程元皓是安禄山手下猛将，曾替安禄山攻下两京，史思明时期，被任命为定州刺史。程华年少就在军中，后成为张孝忠的牙将。李固烈即将离开沧州，把军府中的绫罗绸缎、金银财宝装了数十车，准备拉走。将士们见状，大呼说："刺史把军府中的财物都拿走了，以后我们大家将忍饥挨饿，如何是好？"将士们遂杀了李固烈，将其全家一并屠杀。程华见军中一片大乱，吓得躲入城墙水道里，逃出城外，却被乱兵找回，请其接管州务。程华不得已只好从命，张孝忠听说后，即授予程华沧州刺史。程华素来宽厚，对将士们推心置腹，沧州军府才得以安定。

不久，朱滔和王武俊就背叛了，他们派人招徕程华，但程华不从；又发兵进攻沧州，程华闭城固守。当时，张孝忠在定州，从沧州到定州，必须经过瀛州，而瀛州又是朱滔的辖区，两地遂被切断了联系。沧州录事参军李宇劝说程华，陈述利害关系，他对程华说："使君被围将近一年，张尚书却无力救援，我们论功报捷，都要先到中山，可谓是劳而无功。我愿意替大人去趟京师，请求朝廷让我们自为一个军镇。”程华接受了他的建议，就派他前往朝廷表达了这个意思。李宇来到京师后，盛赞程华身处两个叛贼之间，疲于杀敌的现状，德宗非常赞赏，当即下诏拜程华为御史中丞、沧州刺史，又把沧州划为横海军，由程华担任节度使。不久又晋升程华为沧州刺史、横海军副大使、知节度事（一说加授工部尚书、御史大夫），赐名程日华。为了安抚张孝忠，德宗又命程日华每年送给张孝忠的义武军粮饷数万（一说十二万钱），从此，张孝忠的义武军只管辖易州和定州两地了。后来，王武俊又派人劝说他归顺自己，当时，程日华的军中缺少马匹，他就对王武俊的使者说：“王大夫如果真的想让我归属于他，就该送来两百匹战马相助。”王武俊信以为真，就送来了两百匹战马，可是，程日华留下了战马，将王武俊派来的骑兵送了回去。王武俊非常气愤，但当时正与马燧、李抱真等军对垒，无暇东顾，程日华得以幸免。等到王武俊再次归顺朝廷以后，程日华派人前去谢罪，又偿还了马价，并另外送给王武俊一些钱财，王武俊又转怒为喜，二人又和好如初了。

王武俊击破朱滔后，就回到了恒州，他深知朝廷加授自己幽州、卢龙节度使，其实是想把朱滔的祸水引向自己，遂上书辞让，德宗同意了。

四六二　怀光谋反（一）

兴元元年上半年，关东局势朝着有利于朝廷的方向发展着：李希烈被限制于中原一带，朱滔则被李抱真和王武俊打回了幽州，而关中地区却波谲云诡，暗流涌动，令踌躇满志、一心想要尽快收复长安的德宗不得不离开奉天，再次南逃。

话说李怀光逼迫德宗驱逐了卢杞等人以后，他的内心也是非常不安，他深知德宗驱逐卢杞等人并非出于自愿，自己情急之下说出的话很不合时宜，自己故意拖延两天进兵，也犯了朝廷的大忌。然而覆水难收，越想越是后怕，兴元元年年初，李怀光已经产生了谋反之心。他唯恐李晟独当一面，立下大功，就上奏德宗请求与李晟兵合一处，德宗答应了。

德宗在行宫的走廊上将各道的进贡物品堆积起来，挂牌注明：琼林大盈仓库。陆贽认为立功将士尚未进行赏赐，就匆匆建立私人仓库，这将会令将士们心生怨恨，失去斗志，遂上书劝谏："天子与上天德行一样，以四海为家，何必不顾公义而聚敛私货呢？自降天子尊贵的身份而替有关部门干活，失去一个元首的尊严而像平民百姓一般计较钱财，不合法度，又会失去民心，滋生奸诈，招致怨恨，如此行事，岂不是不合时宜吗？"又说："前不久，六军刚刚来到此地，物资匮乏，将士们对外既要抵御强敌，对内又要保护圣驾，夜以继日，不得休息，已整整苦战了将近五十天，饥寒交迫，死伤累累，同心同德，万幸得以渡过难关。其中的原因就在于：陛下不贪图个人享受，不放纵自己的欲望，与士兵们同甘共苦，将美味让给有功的将士们。不需要严格的纪律而无人背叛，是因为大家内心受到了感动；不用丰厚的赏赐而无人埋怨，是因为仓库里根本就没有东西。如今，奉天之围已经解除，衣服食物也渐渐丰厚了，可是，谣言、牢骚逐渐抬头，军事行动也稍稍受挫，这难道不是因为武夫们贪图财物又自恃有功，陛下患难时与他们同忧，而享受的时候却未能与他们同乐？如果陛下不能减少物质上的追求，人家能不埋怨吗？陛下如果真能反思前不久被围时的忧虑，以往日太平时期随心所欲的生活为戒，凡是内廷两个仓库内的财物全部拿出来赏赐给有功将士，以后每当得到奇珍异宝，最先想到的就是赏赐给将士们。如此一来，大乱一定能够被平定，叛党一定会被消灭，陛下缓缓地乘坐六匹马拉的御车，返回京师，以天子之尊贵，还担心会过穷日子吗？这就是散去小钱而得到大钱、失去小利而得到大利的道理啊！”德宗赶忙命人撤去了匾额。

唐德宗的性格非常复杂，又易走极端，后人将他即位之初和以后截然相反的矛盾之处，大致归纳了四点：一是从开始信任宰辅，到后来猜忌大臣；二是从开始疏忌宦官到后来宠信宦官；三是从开始的提倡节俭到后来的贪恋财富；四是从开始的武力削藩到后来对藩镇的姑息纵容。这种看似矛盾的举动，其实都与这一次惊天动地的事变有着深刻的联系。德宗即位之初，非常信任大臣，但经过一段时间之后，他就发现大臣们也并非可信，主要是：一、他们往往有朋党之争，相互倾轧，内耗不已；二、很多人徒有虚名，并无治世安邦之能；三、在危急关头并不一定很忠诚，这次投靠朱泚的大臣就比比皆是。德宗一开始对宦官也非常警惕，但此次逃离长安时，其身边只有宦官护驾，这令他不禁感叹在关键时刻还是这些一直在自己身边的家奴可靠，从此，他就开始重用宦官，也为中晚唐宦官跋扈埋下了伏笔。此次事变，也让他意识到财富的重要性，此后，在对待财富方面，德宗也变得像大历年间的代宗一样了。另外，此次几乎灭国的灾祸，也着实吓住了德宗，以《罪己诏》为起点，德宗对跋扈藩镇再也不敢讨伐了，几乎完全走上了其父代宗时期得过且过的道路。萧复也曾经对德宗建议说：“事变以来，宦官常常担任监军，他们自恃皇恩，纵横不法，这些人只该掌握宫廷钥匙，不该将兵权国政交付他们。”德宗听后很不高兴。萧复又说：“陛下即位之初，圣德遍及天下，但自从重用杨炎、卢杞二人之后，政治混乱，以致有今日之难。陛下如果真能改弦更张，臣敢不尽心竭力。如果只想令臣见风使舵，臣实在是做不到！”一次，他与卢杞一起奏事，卢杞顺着德宗的意思说，萧复听了，一脸严肃，呵斥道：“卢杞说的不合正道！”德宗一脸惊愕，退下后，对身边的人说：“萧复轻视朕！”一月十六日，德宗下令任命萧复为山南东道、西道、荆湖、淮南、江西、鄂岳、浙江东道、西道、福建、岭南等宣慰、安抚使，其实是疏远他了。不久，刘从一和朝廷其他人纷纷上书挽留萧复，德宗对陆贽说：“朕考虑到自从离京以来，江淮远方，有些事情可能传闻失实，就想派遣一名重臣前去安抚，已与宰相和群臣商议都觉得很对，如今却又如此出尔反尔，令朕惆怅不乐几天了。我判断萧复不愿前去，是指使他们上书挽留的吗？爱卿了解萧复的为人吗？他不愿前去，有什么目的？”陆贽上书认为：“萧复刻苦砥砺，志向高洁，重用时间虽短，但其人品我敢担保！萧复肯定是不会如此轻率虚伪的！假如他真想继续留在朝廷，刘从一岂肯听他的！如今出现了矛盾情况，陛下就该明察。如果萧复真的有所请求，刘从一怎会替他隐瞒？如果刘从一有他自己的道理，陛下就不该怀疑萧复。陛下为何害怕查明真相而一直把此事闷在心里，闷闷不乐呢？真相大白了，就不会疑惑；让人分辩，也就不会出现冤情了。世间最大的迷惑就在于先入为主认为其人狡诈而不予以分辨，最大的痛苦莫过于受到猜疑而不让解释，这就造成了真假难辨，忠奸不分。这实在是君王统御下属应当把握的要点啊，希望陛下能够留意。”然而，德宗并没有让萧复和刘从一解释。

再来看前线。李晟与李怀光两支军队在咸阳以西的陈涛斜会师，两军刚刚到那里，还未构筑好防御阵地，朱泚的叛军就杀来了。李晟对李怀光说：“敌人如果固守长安，战事也许会拖很久，短时间内难以攻取。如今他们离开巢穴，胆敢与我们在野外作战，这是上天将敌人赐给大人啊，机不可失！”然而，李怀光已怀有二心，他说道：“我军刚到，马未吃草，人没吃饭，怎能作战！”李晟无奈，只好率军退入营垒。每次将要出战，李晟总是穿得与别人不同，穿着华丽的锦袍，头戴绣花的帽子，李怀光见了很不爽，就说：“身为大将，应该举止稳健，为何穿成这样？”李晟回答：“我曾经长期在泾原军任职，泾原将士对我很是畏惧，穿成这样就是想令他们心惊。”李晟率领神策军与李怀光一起出战，李怀光的士兵们常常抢掠百姓的牛马，唯独李晟所部秋毫无犯。小人耻独为小人。李怀光的士兵们见神策军与自己所为不同，就把抢来的东西分给李晟的神策军一半，但神策军的士兵们始终不敢接受。

李怀光驻扎咸阳近一个月，一直逗留不进。李怀光解除奉天之围后，德宗晋升他的儿子李璀为监察御史，对他很是优待。李璀偷偷对德宗说：“我父肯定会辜负陛下，希望陛下早做准备。臣听说君王和父亲是一样的，但今日的情势，陛下如果不杀臣的父亲，臣的父亲一定会危及陛下。陛下对臣恩重如山，臣是个胡人，性子很直率，所以才不能不说啊！”德宗大惊，说道：“我知道爱卿是你父的爱子，应该替朕从中消除误会，反而密奏你父！”李璀说道：“臣父亲不是不喜欢臣，臣也不是不爱臣父亲和宗族，只是臣就算竭力劝说，也无法让臣父亲回心转意啊！”德宗问道：“那么你自己又有什么办法脱难呢？”李璀回答：“臣向陛下进言，并非为了自己苟且偷生，假设臣的父亲失败了，臣一定会与他一起去死，还说什么脱难之策啊！如果臣出卖父亲而求生，陛下又怎么用这种人呢？”德宗说：“爱卿千万别死，替朕再去咸阳一趟，劝说你父，令父子俱全，岂不是很好吗？”李璀来到咸阳，又回来复命，说道：“没用。希望陛下做好准备，不要再信别人的话了。这次臣前去，百般劝说，臣父亲呵斥道：‘你这小子知道什么！主上不讲信用，我不是贪图富贵，只是怕死而已，你怎么要让我踏入死地呢？’”

德宗又屡屡派遣中使催促，李怀光推辞士兵疲惫，应当暂且休息，寻找机会。李怀光手下众将多次劝说他进攻长安，但李怀光就是不听，反而暗中与朱泚勾结，已露出蛛丝马迹。李晟多次上书德宗，担心李怀光一旦叛乱，会兼并自己的军队，请求德宗答应让自己的军队移驻东渭桥。德宗对李怀光还抱有幻想，希望他能洗心革面，继续为国效力，因此，一直没有答应李晟的请求。而就在这期间，李怀光想拖延进攻的日期，又想离间李晟与神策军将士以及神策军与其他各军的关系，就心生一条毒计，上奏称：“各军的赏赐、军粮都很少，唯独给神策军的多，厚薄不均，无法出战。”这给德宗出了个难题：如果对各军的供给都像神策军一样的话，朝廷根本拿不出来那么多东西；如果不给，又担心李怀光不高兴，更怕各军失望，遂派陆贽赶赴李怀光军营见机行事，解释说明，并召来李晟一起讨论。李怀光意欲李晟自己提出减少本军的待遇，令其失去本军将士的拥护，让他难以立功，就说：“将士们一同战斗，可是赏赐不同，如何才能同心协力！”陆贽没有开口，频频看李晟怎么表态。李晟也不是省油的灯，他说道：“大人身为元帅，有发号施令的权力，我统领一支军队，是受您的指挥而已。至于增减衣服粮食，全听大人的！”李晟又把皮球踢回给了李怀光，李怀光无言以对，只好装傻，他也不肯下令减少神策军待遇，此事就不了了之了。

四六三 怀光谋反（二）

兴元元年年初，吐蕃尚结赞答应出兵，帮助唐朝收复京城。德宗即派秘书监崔汉衡出使吐蕃，洽谈详情，但等崔汉衡来到吐蕃之后，尚结赞说：“根据我国法律规定，我们发兵，均要以对方领兵统帅签字为凭据。如今皇帝的诏书没有李怀光的署名，所以我们不敢出兵。”德宗命令陆贽传话给李怀光，李怀光坚决反对，理由是：“如果吐蕃人攻克了京城，一定会纵兵掳掠，到时候谁能制止？这是第一害。以前皇帝下有圣旨，曾表示凡是攻克京城的士兵，每人赏赐一百钱，吐蕃如果发兵五万，根据诏书索要赏赐，朝廷从哪里拿出这五百万钱呢？这是第二害。就算吐蕃人来援，一定不会打头阵，肯定会保存实力，观察我军的态势，看我军将获胜，他们就会赶来分享功劳；我们战败，他们就会一走了之。诡诈多端，不可相信，这是第三个害处。”始终不肯签字，尚结赞也没有发兵。

陆贽从咸阳回到奉天后，向德宗禀报说：“朱泚苟延残喘，守卫皇宫，外无援军，内无斗志，不过是在苟且偷生。李怀光统领讨伐军，趁战胜之余威，一鼓作气，将势如摧枯拉朽。然而，敌人败逃不追击，军力耗尽而不使用，诸将纷纷请战，李怀光每每不同意，以此观察，此事十分费解。陛下意在顾全大局，处处对其回护，但以我观察，此人毫无感恩之意。如果再不另做打算，慢慢加以控制，还是像过去那样一味地姑息迁就，恐怕最终会出现不测的变故，这确实是万分危急之时啊，千万不可等闲视之。如今，李晟请求移防，正巧臣奉命前去慰抚，李怀光偶然谈及此事，臣遂趁机问他怎么做更合适。李怀光回答：‘李晟既然想调到别处，我也不指望他。’臣尚担心他会后悔，就盛赞他的军队非常强大。李怀光听后，顿生骄傲之色，开始露出轻视李晟之色。臣又从容对其说：‘我回去之后，假如圣上问及此事，您的最终决定如何？’李怀光已经夸下了海口，不好意思改口了，就说：‘皇上如果答应他移防，也没什么不可以的。’我又反复叮咛他，并非我听不准确，而是想把他套牢，就算事后他后悔了，也不好意思开口。希望陛下立即拿出李晟的奏表，交付中书省，下诏准奏，另外再给李怀光写一道手诏，说明批准李晟移防的原因。手诏的大意这样说：‘昨天我接到李晟上奏，请求移防城东，以分散敌人，朕本来打算与爱卿商量，正巧陆贽回来上奏称，他见到爱卿已谈及此事，爱卿表示就算把李晟调走也无妨，朕遂下诏批准了李晟的请求。’这样行事，言辞委婉而直接，理由正当而明白，李怀光就算心怀二意也难以怨恨。”德宗答应了。

李晟接到命令之后，即率领本部神策军回到了东渭桥。当时，鄜坊节度使李建徽、神策行营节度使阳惠元还与李怀光的军队驻扎在一起，陆贽又上奏说：“李怀光所率人马足以单独对付敌人，其逗留不进，或许别有打算。我们担心的是他的军队太强，而不是没有援军。前不久，又派遣李晟、李建徽、阳惠元三节度使的军队驻扎在他的军队附近，这不但于事无补，反而会生出事端。为什么呢？四支军队驻在一起，各个统帅各有想法，论实力则高下悬殊，但若论官位，互不统属。李怀光轻视李晟等人官位地下、实力薄弱，却又不听从他的指挥；李晟等人则怀疑李怀光心怀不轨、阴谋通敌，埋怨他欺凌自己。平时相互提防飞短流长，战时又恐怕相互争功，矛盾不断，产生隔阂，再在一起，必定不会两全。强大的一方作恶太多，最终不免灭亡；弱小的实力薄弱，最先覆灭，这种情况很快就会发生！过去的叛贼还未剿灭，新的变故马上就要发生，情势的确令人心急如焚！最好的办法是防患于未然，其次是在祸患刚刚发生时予以补救，何况如今是先兆已经出现，祸乱即将发生，视而不见，将如何平定祸乱！李晟看到端倪，早做准备，提前申请移防，李晟走后，李建徽和阳惠元所部就成了孤军，被李怀光吞并在所难免，将来就算有什么良策，也难以自救了。今日正是将他们救出来的良机。如今趁着李晟移防，借口李晟兵力太少，担心受到朱泚的进攻，命令李建徽和阳惠元两军同行，并且，先向两军发出圣旨，命其暗中安排行装，等到诏书一到，即日出发，李怀光就算满心不愿意，也无可奈何。这就是所谓的先发制人、迅雷不及掩耳之势啊！劝架不能不将双方隔开一定距离，救火不能不动作迅速，我所表达的道理全在于此，请陛下裁夺。”德宗仍然不想过分地刺激李怀光，他答复道：“爱卿所料很对，然而，李晟移防，李怀光已难免失落了，如果再把李建徽和阳惠元调走，恐怕他更有借口了，反而更难驾驭，不如再等十来天再说。”

李晟认为："李怀光谋反之心已经非常明显了，朝廷应该早做应对准备，通往蜀地的道路一定要保持畅通，请求任命裨将赵光铣等人为洋州、利州、剑州三州刺史，各自率领五百人马以防不测。"德宗狐疑不定，打算亲自率领禁军赶赴咸阳，就地敦促李怀光出兵。有人对李怀光说："这是汉高祖借口到云梦泽巡游、擒拿韩信的故技啊！"李怀光听了，加紧了谋反的步伐。

德宗制定出发的日期将至，而李怀光的言辞却越来越傲慢，但德宗仍然怀疑中间有人在挑拨离间。二月二十三日，为了安抚李怀光，德宗加授其为太尉，增加食邑，赏赐铁券，派遣神策军右兵马使李卞等人前去宣旨。李怀光当着使者的面，把铁券扔到地上，狂妄地说道："圣人在怀疑我李怀光吗？人臣要谋反了，皇帝才赏赐铁券；我没有谋反，如今却赏赐我铁券，这是想逼我反吗！"朔方军左兵马使张明振站在军门前，高声大喊："太尉看着敌人不让我们打，对待天子使者不尊敬，难道真的要谋反吗？你功高过于泰山，却一旦丢掉，自取灭族，便宜了别人，有什么好处？我今天一定以死抗争！"李怀光听到后，说道："我不反，只因敌人正强，所以才需要养精蓄锐，等待时机罢了。"李怀光又宣称："天子居住的地方一定要有城池。"遂发兵增修咸阳城，修好之后，自己入城居住。张明振说："还说自己不反，如今把军队转移到这里，是什么道理？为什么不领兵攻下长安，杀掉朱泚，夺取富贵，率军返回邠州呢？"李怀光说："张明振，你已经疯了！"派人将其拉下，勒死。右武锋兵马使石演芬原本是西域的胡人，被李怀光收为养子。石演芬得知李怀光与朱泚勾结后，就暗中派门客郜成义赶赴奉天，向德宗告密，并请免去李怀光的都统一职。郜成义来到奉天后，却将此事告诉了李怀光的儿子李璀。李璀暗中告诉了李怀光，李怀光把石演芬召来，斥责道："我把你当成我的儿子，为何你要灭了我家？今日你辜负了我，还有什么话说？"石演芬回答："天子也以太尉你为手臂，太尉把我当成心腹，太尉既然辜负了天子，我岂能不辜负太尉？我虽然是个胡人，但知道不可有异心，只能侍奉一人。能免去叛徒的恶名，就算是死也心甘情愿！"李怀光下令将其千刀万剐，但众人都说："这是个义士啊！还是让他快点死吧！"遂砍断了他的咽喉而去。

李卞等人从李怀光那里回到奉天，禀报了李怀光种种傲慢无礼举止，奉天城这才加强了戒备，群臣开始秘密打点行装，随时准备离开此地。二月二十四日，德宗下令晋封李晟为河中、同州、绛州节度使，诏命下达后，德宗仍然感到官位太薄，次日，他又下诏加授李晟为同平章事。胡三省读《资治通鉴》到此处时，叹息地写道：德宗遇到患难之时，提拔人恨不得抱到膝盖上那么亲密；等到患难过去，排斥人又仿佛要把人打入深渊。德宗就是这么个没多大胸襟、志大才疏的帝王。

四六四　避难梁州（一）

德宗打算再逃到梁州。

山南西道节度使严震听说后，派使者赶往奉天迎接，又派遣大将张用诚率领五千人马赶往盩厔（今陕西省周至县）护驾。严震，字遐闻，梓州盐亭人。世代务农，是本乡的富豪，至德以来，天下大乱，严震屡屡拿出家财帮助朝廷，被授予本州的长史、王府咨议参军。东川节度判官韦收向节度使严武推荐严震，遂授予合州长史。等到严武改任西川节度使后，又被任命为押衙；严武以二人都姓严，将军府之事都委托给严震处理，此后，严震历任渝州刺史、凤州刺史等职，为政清严，兴利除害，远近称美。建中初年，严震因政绩突出，在年终考核时被评为山南西道第一，被朝廷封为郧国公。建中三年，严震取代贾耽为梁州刺史、兼御史大夫、山南西道节度观察等使。等到朱泚称帝后，曾派心腹穆庭光、宋瑗等人引诱严震，严震当众将穆庭光等人杀掉，表明自己不与朱泚同流合污的决心。

严震派出张用诚后，张用诚却受到李怀光的引诱，双方暗中联络，德宗听说后很是忧虑。正巧严震又派牙将马勋赶到奉天见驾，德宗将这一新情况告诉了马勋，马勋说道："请允许臣速速返回梁州，取来节度使召回张用诚的符节，如果张用诚抗命，臣将取其人头复命。"德宗高兴地说道："爱卿何时能再回来？"马勋定下复命的日期。马勋返回梁州，很快又得到了严震的命令，请求带上五名壮士与自己同行。张用诚还不知道自己的阴谋已经败露，率领数百骑兵前来迎接，马勋与他一起进入驿站，马勋左右戒备森严。当时，天气非常寒冷，马勋让人在驿站外面燃起了很多篝火，很多士兵都去篝火边取暖。马勋这才平静地从怀里取出军令，递给张用诚，说道："大夫召回大人。"张用诚听后愣了一下，然后起身就想往外走，马勋带来的壮士从背后反剪他的双手。张用诚的儿子站在马勋的背后，见状举刀要砍马勋，马勋的左右碰了一下他的手臂，刀只是砍伤了马勋的脑袋。壮士上前将张用诚的儿子杀死，一把将张用诚推倒在地，踩在张用诚的肚子上，用刀尖对着他的咽喉，低声喝道："敢出声就杀了你！"等马勋来到张用诚的军营，已经发现士兵们都身披铠甲，手持兵器了，他大声喊道："你们的妻子儿女都在汉中，如果丢下他们，追随张用诚谋反，有什么好处呢？只能让你们灭族！大人命我带回张用诚，不关你们的事，你们这是想干什么！"众人听后，都不敢违抗。马勋将张用诚带回汉中，严震命人用棍棒将其打死，以副将统领那五千人马。马勋简单包扎了头上的伤口，就赶忙赶回奉天复命，仅比预定的日子晚了半天。德宗见马勋赶回，转忧为喜，第二天即下令起驾离开奉天，赶赴梁州。

就在德宗即将逃往梁州之际，李怀光也加紧了叛乱的步伐。他以为韩游瑰是自己的部下，在奉天掌握着兵权，就给韩游瑰写信，约定发动兵变，韩游瑰秘密禀报给了德宗。次日，李怀光又派人催促韩游瑰，韩游瑰又上奏给了德宗。德宗对韩游瑰夸奖了一番，问他："有什么应对之策？"韩游瑰回答："李怀光统领各道之兵，所以才依仗人多势众敢于作乱。如今邠宁有张昕，灵武有宁景璇，渭北有窦觎，河中有吕鸣岳，振武有杜从政，潼关有唐朝臣，都是守土卫国的将领。陛下将他们各自统领的部众交给他们，晋升李怀光的官爵，削去其兵权，则行营众将都各自接受本军府的指挥，李怀光一个人岂能作乱！"德宗又问："削去李怀光的兵权，那怎么对付朱泚呢？"韩游瑰回答："陛下既然已经答应给予攻克京城的将士们特别优厚的奖赏，将士们奉天子之命去讨伐叛贼，夺取富贵，谁不愿意？邠州军府的士兵有数万人，假如令臣统领也足以消灭朱泚，更何况各道之中一定会有仗义之臣，不必担忧朱泚！"德宗觉得有理。二月二十六日，李怀光派遣部将赵升鸾来到奉天，约定当晚命令别将达奚小俊焚烧乾陵，制造混乱，以赵升鸾为内应，胁迫德宗。赵升鸾面见浑瑊自首，浑瑊赶忙向德宗禀报，并恳请德宗立即逃往奉天。因情况紧急，德宗让浑瑊下令立即戒严，浑瑊从德宗那里出来，还未部署完毕，早已惊慌失措的德宗就从城西逃走了，他命令盐州刺史戴休颜留下守卫奉天，朝廷群臣狼狈跟随。戴休颜在军中巡视，说道："李怀光已反！"遂登上城墙固守。与此同时，李怀光派兵趁夜偷袭李建徽和阳惠元的军队，将李建徽和阳惠元赶出了军营，李建徽侥幸逃脱，阳惠元将要逃奔奉天，李怀光派部将冉宗率领一百多名骑兵追到好畤县，终于赶上了阳惠元父子。阳惠元无计可施，父子三人一起投入百姓家的井中，被冉宗等人牵出杀害。李怀光又在自己的军中宣布："如今，我已经与朱泚联合，皇帝即将远远躲避！"

李怀光听说德宗南逃后，立即派遣部将孟保、惠静寿、孙福达三将率领精锐骑兵赶往山南，截杀德宗一行，在盩厔遇上了各军粮料使张增。三将说："李怀光想让我们当叛徒，我们就说没有追上，最多不让我们带兵罢了。"遂给张增使眼色，说："将士们都还没吃上早饭，如何是好？"张增心领神会，谎称："从这里往东走数里，有座佛寺，是我的存粮之所。"三将遂率领部众向东而去，放纵部众进行劫掠，因此，德宗一行才得以进入骆谷。三将向李怀光汇报说没有追上，李怀光将三人全部撤职。《旧唐书·浑瑊传》称，德宗刚进入骆谷，李怀光的追兵就赶到了，浑瑊命令部将侯仲庄率领后军将追兵击败。李怀光谋反后，河东将领王权和马汇率领本部人马返回了太原。

朱泚称帝时，兵部侍郎刘迺卧病在家，朱泚派人征召，刘迺不从。又让蒋镇亲自去劝说，一连去了几次，发现刘迺是软硬不吃，叹息道："我蒋镇位列群臣，却不能舍生取义，一至于此，岂能再用自己污秽的身体玷污了贤人！"遂唏嘘而返。刘迺听说德宗南逃到山南，捶胸大喊，一头栽到床上，绝食数天而死。太子少师乔琳本来跟着德宗一起南下，行至盩厔，借口马匹走不动，德宗以乔琳是个老臣，内心对他很是敬重，就将一匹御马送给了他，但他又自称年老体衰，走不了山路，德宗听后，怅然若失，把自己的马鞭送给他，说道："好自为之，与爱卿诀别了！"数日后，乔琳削发为僧，住在仙游寺内。朱泚听说后，派遣数十名骑兵将其迎回京师，拜为吏部尚书。自此，很多藏匿起来的朝臣也都出来接受了朱泚的官职。

德宗行至骆谷，一路上没有粮食储备，群臣又饿又累。这时，德宗突然想到李晟曾经建议确保通往蜀地道路的畅通，不禁叹息说："如果当初我听了李晟的建议，今日就可以轻松到达三蜀了！"又问浑瑊："渭桥在叛贼的腹地，兵势悬隔，李晟能成功吗？"浑瑊回答："李晟忠义不二，以臣估计，一定能够破贼。"德宗这才放下心来，遂命令李晟的大将张少弘、浑瑊部将上官望赶回东渭桥，传达德宗口谕，晋升李晟为尚书右仆射、同平章事。李晟在东渭桥接到任命后，感动得痛哭流涕，对部将们说："长安是宗庙所在，天下的根本，如果诸将都随陛下南下，谁将讨伐叛贼呢？"遂整修城池，修缮武器，为收复长安做准备。过去，朝廷在东渭桥存有十余万斛粮食，度支拨付给李怀光之军，几乎吃完了。当时，朱泚和李怀光勾结在一起，声势浩大，德宗南逃，关中人心浮动。李晟以孤军处于两个强大的敌人中间，内无粮食，外无援军，仅仅依靠忠义来激励将士们为国尽忠，所以，他的军队人数虽少，但士气高昂。李晟还给李怀光写信，言辞谦卑，态度恭顺，虽然对其非常谦卑，但又委婉地替他分析祸福，劝说他弃恶从善，改过自新。李怀光内心羞愧，也不忍进攻李晟军。李晟说："京畿之内虽然遭遇兵灾，但尚可向百姓征税，有军队不用，令叛贼日益坐大，那才是最大的灾祸啊！"遂命令判官张彧（李晟的女婿）代理京兆尹，挑选了四十余人分别授予官职，让他们前往渭北各县征收粮食，不出十天，就征收了充足的军粮。于是，李晟集合三军，流泪盟誓，他说："国家多难，叛乱再起，皇上避难，关中无主。我世代受国厚恩，临危致命，是臣子的本分，况且如今，如果不能消灭敌人，取得富贵，就不是人中豪杰！渭桥横跨大河，可以切断敌人的首尾，我与大家一起勤王，见机行事，兴复大业，建立不世之功，你们能追随我吗？"将士们无不落泪，纷纷表示："愿意听命于大人！"

四六五　避难梁州（二）

德宗逃出奉天时，韩游瑰率领本部人马八百多人回到了邠州。

李怀光见李晟的实力逐渐增强，打算率军从咸阳袭击东渭桥，但他的下属不愿随其谋反，他接连发出三道命令，但无人响应。部下交头接耳，说道："如果与我等一起讨伐朱泚，我们将竭尽全力；要让我们去谋反，我们就算去死，也不会听命！"李怀光见状，知道不能强迫大家，只好向幕僚们问计。节度巡官李景略说："打下长安，杀掉朱泚，将各道的军队送归各镇，单人匹马赶赴皇帝的行宫，如此，臣子的名节尚可保全，功名也能保有。"他跪下叩头，诚恳请求，以至于泪流满面，李怀光终于点头答应了。李景略是武曌时期契丹头领李楷固的侄儿，其父李承悦曾任檀州刺史、密云军使。李景略以门荫补幽州功曹，大历末年，寓居河中，闭门读书，李怀光担任朔方节度使后，将其召至幕府，后被晋升为大理司直、监察御史。

然而，都虞候阎晏等人劝说李怀光先回到河中（今山西省永济市），慢慢观察形势之后再做决定，李怀光采纳了他们的建议，对众将说："如今暂且进驻泾阳，派人到邠州接回家眷，等接来家眷后，再一起返回河中。等到置办好春装之后，再回来进攻长安也不迟。东面的各县都非常富有，动身之际，听任你们劫掠。"众将表示同意。李怀光遂对李景略说："你原来的建议，众人都不听从，你还是赶快回家避一避，要不会引火烧身的。"遂派几个骑兵将其送出军营。李景略走出军门时，失声痛哭说道："没有想到这支军队如今竟然陷于如此不忠不义之境！"

李怀光派遣使者赶往邠州，命令留后张昕率领邠州一万多军队以及行营的家眷全部赶往泾阳，与大军会合，又派遣部将刘礼等人率领三千骑兵监督执行。韩游瑰对张昕说道："李太尉功劳很高，却自找灾祸，陷于困境。大人今日可以自己取得富贵，我愿意率领麾下追随大人。”张昕却说：“我出身微贱，全靠太尉才到这地位，不忍背叛太尉啊！”韩游瑰遂称病不出，暗中与高固、杨怀宾等人联络。当时，崔汉衡已经带来吐蕃军队，驻扎在邠州以南，高固说：“如果听任张昕带着留守部队离开，邠州就成了一座空城。”遂伪造了一封浑瑊的书信，让吐蕃军队稍稍逼近城池，张昕等人见状，最终没敢出城。张昕等人打算杀死城内不愿东迁的将领，韩游瑰知道后，先与高固等人趁夜率领数十名骑兵袭杀了张昕，斩首示众，然后，派杨怀宾携带奏表向德宗禀报，又派人告知了崔汉衡。崔汉衡矫诏以韩游瑰为知军府事，军中大喜。等杨怀宾见到德宗后，德宗正式任命韩游瑰为邠宁节度使，以杨怀宾为兼御史中丞。李怀光的儿子李旻在邠州城内，韩游瑰派人将他送走，有人劝阻道：“不杀掉李旻，如何向朝廷证明你的忠心？”韩游瑰回答：“如果杀了李旻，李怀光在盛怒之下一定会进攻邠州，不如将其释放，好令其东去。”当时，杨怀宾的儿子杨朝晟在李怀光军中担任右厢兵马使，听说父亲与高固等人杀了张昕后，就主动对李怀光说：“父亲效忠朝廷，我这个当儿子的理当受到牵连被杀，不该再掌握兵权。”李怀光遂将其囚禁起来。

当时，韩游瑰驻扎在邠宁，戴休颜驻扎在奉天，骆元光驻扎在昭应，尚可孤驻扎在蓝田，均接受李晟的指挥，李晟军威大振。李怀光实力尚强的时候，朱泚害怕他，与李怀光写信时尊称他为兄长，时年朱泚四十三岁，李怀光五十六岁，二人约定平分关中，各自称帝，永为友邦。然而，等到李怀光决心谋反后，逼迫德宗南逃，李怀光的部下纷纷叛逃，实力开始转弱。朱泚也不再与其通信，改为给其颁布诏书，以臣下之礼对待他，还征调他的军队，这让李怀光又羞又怒，既担心部下发生哗变，又害怕受到李晟的进攻，遂烧毁营垒向东逃去，一路上劫掠泾阳等十二个县，弄得鸡犬不留。一路上，叛逃的将士比比皆是，行至富平（今陕西省富平县），大将孟涉、段威勇等人率领数千人投奔了李晟；回到河中，有人劝说河中守将吕鸣岳烧掉河桥，拒绝李怀光等人入城，但吕鸣岳觉得众寡不敌，遂开城接李怀光入城，河中尹李齐运弃城而逃。李怀光派遣部将赵贵先在同州（今陕西省大荔县）构筑防线，同州刺史李纡害怕，逃到德宗那里，从事裴向代理州务。当时，赵贵先胁迫县尉林宝征调农夫构筑工事，林宝未能在规定的期限内完工，赵贵先要杀死林宝等人，官民都吓得四散而逃。裴向赶往赵贵先的军营，以大义说服了赵贵先，赵贵先遂率众投降，裴向也因此出名。李纡，字仲舒，是礼部侍郎李希言的儿子。天宝末年，拜为秘书省校书郎，后历任左补阙、司封员外郎、知制诰、中书舍人；德宗在奉天时，任命他为同州刺史。裴向，字傃仁，是肃宗时宰相裴遵庆之子，年少以门荫被授予太子司仪郎，建中初年，李纾担任同州刺史，将他举荐为从事。李怀光又派遣部将符峤袭占了坊州（今陕西省黄陵县），渭北守将窦觎率领七百猎户将坊州团团围住，符峤只好投降。德宗下诏任命窦觎为渭北行军司马。三月十六日，德宗又下诏任命李晟兼任京畿、渭北、鄜州、坊州、丹州、延州节度使。

三月十九日，德宗来到城固（今陕西省城固县），在这里，德宗最疼爱的长女唐安公主去世了。唐安公主是王贵妃所生，与太子李诵是同母姐弟。她聪慧仁孝，深得德宗的喜爱，原本已答应下嫁秘书少监韦宥，因朱泚之乱而未能成礼。二十一日，德宗抵达梁州（今陕西省汉中市）。

安顿下来后，德宗就想给心爱的亡女修建一座佛塔，予以厚葬。谏议大夫、同平章事姜公辅劝阻说："山南非久居之地，不久将收复京城，公主还需要归葬，如今属于临时安葬，应该简单一些，省下来钱财好接济士兵们。"德宗听了，很是恼火，命人给陆贽传话说："唐安公主死在这里，朕并非想将她就地安葬，所以才下令暂时造座塔予以安置，所费很少，这本不该宰相拿出来议论。姜公辅却突然上书，毫无道理，不过是想指责朕的过失，来博取美名，朕将其提拔到高位，引为心腹，此人竟然如此辜负朕！"陆贽上书认为，姜公辅位居宰相，遇到事情上书劝谏，不该以此怪罪。他说："公辅与臣曾经都在翰林院供职，今日臣如果据理力争的话，就会让人觉得臣与他有结党营私之嫌；如果顺着陛下您的意思附和的话，又有违辅佐陛下的大义。有朋党之嫌，不过会给我个人带来祸患，而违背大义却会辜负陛下的恩典，顾及个人荣辱而忘记了君王，臣耻于这么做……只有昏君才是这样：下面已经是民怨沸腾了，可他还浑然不觉；自己的恶行已经达于上天了，而内心还执迷不悟，等到国家倾覆，还从不认为自己有错。"他又说："要讨论的是在不在理，而不要说事情的大小。《虞书》说：'兢兢业业，一日二日万机。'唐虞之际，君臣贤明，每天要处理上万件事情，说明再细微的事情都不可不重视，陛下怎么可以因为事情不大而忽略了呢？假如陛下觉得臣子劝谏就是在指责君主的过失，那么挖开臣子比干心脏的昏君就不该受到圣贤的责难；如果觉得臣子谏诤是为了博取美名，那么《易经》上就不会有臣子尽忠、并非为了自己的记载。"又说："假如真的有人借劝谏君王为自己博取美名，这有何妨？君主只要能够做到听到善言就有所改变，见到谏诤而不反感，那么如此一来恰恰能显示陛下您的宽宏大量，更能增加陛下的无穷福分，由此获得的利益将非常大。倘若因别人指出自己的缺点而发火，闻过不改，陛下就会受到厌恶直言的嘲讽；借口对方为了博取美名，而不予包容，陛下也将被认为是拒绝采纳逆耳之言。这样一来，陛下的所为是想掩饰自己的过错，结果过错却更加明显了，想要贬损他人的美名，反而令人家的名声更大了，如果真的这么做，陛下的损失就太大了啊！”然而，德宗心胸狭窄，根本听不进去，他余怒未消，像对待萧复那样听不进忠言，还是把姜公辅贬为太子左庶子了。

四六六 避难梁州（三）

从对待萧复和姜公辅上，就可以看出德宗的格局太小。

还是在逃往梁州途中，一些百姓给德宗献上瓜果，德宗想授予他们散官或者试官。就此，他征询陆贽的意见，陆贽上奏说：“君王对待爵位要始终谨慎、爱惜，不可轻易授予别人。起初也许发端于很小的一件事，但后果将非常严重。百姓献上瓜果，只可以赏赐给他们金钱布帛，绝不能赐给他们官位。”德宗不以为然，说道：“试官不过是个虚名，无关大局。”陆贽退下后，写奏表上奏说：“自从大乱以来，朝廷的财赋不足以赏赐军功，才用官爵来代替，四品以下的官有的竟然是杂役，甚至有些轿夫还当上了三品以上的高官。今天最大的弊端在于官爵太轻，想方设法让人瞧得起，尚嫌人们不看重，如果君王自己又不看重的话，将如何让别人看重呢？君王劝诱、驾驭别人，靠的就是名和利，名看似很虚，在教化方面却很重要；利看似实际，在道德层面却并不重要。只看重实利而不赏赐虚名，朝廷的物力就会耗尽；只给予虚名而不给予实利，就显得荒诞，人们也不会服从。所以，朝廷设计的官爵制度，就有实官、有散官、有勋官（战功散官）、有爵位，有实权而领取朝廷俸禄的则只有实官一种，这就是所谓的把实利纳入虚名中；至于散官、勋官、爵位，只是服装颜色和子弟门荫的不同而已，这就是所谓的借虚名而代替实利。如今的员外官、试官，大致与勋官、散官、爵位相同，虽然不费朝廷钱财，也没有名额限制，但一般都是授予那些冲锋陷阵、排忧解难的勇士，还有那些尽心竭力、劳苦功高的义士，如果献上一点瓜果就授予这种官爵，那些勇士和义士就会说：‘我们奋不顾身获得的官位，跟献瓜果的一样，朝廷把我们的身躯看作瓜果一般。’视人如草木，谁还肯替陛下卖命？如今，陛下既没有实利敦劝别人，又不重视虚名而随意赏赐，人们将无所依靠，以后再有立功的人，陛下将用什么来赏赐呢？”

陆贽为德宗所信任，他也是知无不言，言无不尽，在艰难中，虽然德宗身边有宰相们，但他最信任的还是陆贽，朝廷中事无大小，都要与陆贽商量，因此，当时的人们都把陆贽视为内相。在南逃途中，因道路艰险，德宗一度与陆贽走散，整晚也没见到陆贽赶上，德宗顿时惊慌失措，忧虑得甚至流下眼泪，下令谁能找到陆贽赏赐一千金。很久以后，陆贽才赶到，德宗大喜过望，太子李诵以下群臣都来祝贺。虽然德宗与陆贽二人看似君臣相得，陆贽是贤臣，但德宗不是明君，陆贽屡屡上书劝谏，言辞直接，已经让德宗感到很不自在了，而卢杞虽然被贬官了，但德宗从内心深处还是觉得卢杞对自己好，暗中予以庇护。陆贽则极力称卢杞奸佞邪恶，才导致了这场大乱，德宗虽然表面上不好说什么，但内心很不高兴。所以，像刘从一和姜公辅等人都是从低级官员被提拔到宰相高位，陆贽虽然受到德宗的礼遇，但一直未被拜相。

山南土地贫瘠，百姓贫困，自从安史之乱以来，盗贼纵横，朝廷掌握的户口减少了一多半，虽然下属有十五个州，但收上来的田赋不及中原几个县，等德宗一行来到以后，费用激增。德宗打算再去成都，严震劝谏道："山南土地紧邻京畿，李晟正在组织军队收复京师，正要借助陛下六军的声势；如果陛下前往西川，则李晟收复长安就遥遥无期了！"众人七嘴八舌，一直定不下来。正巧李晟送来了奏表，他在奏表中称："陛下驻扎在汉中，正可以维系千万百姓之心，形成消灭叛贼的有利局势。如果陛下舍弃大局，迁都成都，势必令百姓失望，虽然有猛将贤臣，也无用武之地了！"德宗这才决定留下来。严震千方百计筹措资粮，既不令百姓衣食无着，又确保了朝廷各方面的用度。严震的堂弟严砺担任牙将，具体负责转运事务，干得非常出色。

去年年底朱泚败归长安之后，凤翔的李楚琳也见风使舵，派人赶到奉天向德宗表示效忠，德宗不得已任命其为凤翔节度使，而内心对他非常厌恶。朝中大臣认为李楚琳反复无常，如果对其不严加防范，此人会探听到朝廷的虚实，恐怕会产生觊觎之心。于是，李楚琳此后又派来几批使者，德宗都没有接见，也不放他们回去。等到德宗来到汉中后，打算以浑瑊接替李楚琳镇守凤翔，陆贽上奏劝阻道："李楚琳杀害主帅，帮助朱泚，罪过固然很大，但因如今陛下尚未返回长安，罪魁祸首还在，勤王之师都在京畿附近，往来文书，需要争分夺秒，而从商州南下的道路既远又绕道，一旦骆谷再被敌人占领，那么只能通过褒斜道联络南北了，而褒斜道如果再被叛军控制的话，南北通道就完全被切断了。一旦出现这种情况，各镇勤王军会群龙无首，又介于两个叛贼之间，一定会人心惶惶，各怀异志。倘若李楚琳再突然发飙，公然发动叛乱，南下占领要塞，东面引导叛军，则我们的咽喉就被卡住而手足就被分割了。如今，李楚琳既然首鼠两端，这是上天引诱他改变了主意，令我道路畅通，完成复国大业。陛下正应该深思，对其厚加安抚，只要他能狐疑不定，我们就足以成功。陛下如果一定要追究过去的罪过，就等于向大家表明，就算改过也不足以折罪，自新也不被朝廷宽恕。如今您身边的将士们，难道人人都没有犯过错误？如此一来，人人都会反思，谁能不心生疑虑？另外，那些被朱泚、李怀光等人胁迫参加叛乱的，自知已经辜负了陛下，谁还敢归降呢？此事非同小可，必须当机立断。希望陛下能够学习英主们的胸怀大略，不要眼里忍不下一点小小的沙子而坏了中兴大业。”德宗看后，顿时醒悟，遂对李楚琳的使者非常厚待，颁布了一道措辞温和的诏书对其予以安抚。

来到梁州后，德宗又进行了一系列的安排部署：三月二十六日，他加封宣武节度使刘洽为同平章事；二十七日，任命行在都知兵马使浑瑊为检校尚书左仆射、同平章事兼任灵州都督、灵州盐州丰州夏州等州、定远西城天德军等节度使，朔方、邠宁、振武、永平、奉天行营兵马副元帅；德宗像汉高祖刘邦拜韩信为大将那样，举行隆重的仪式，亲自授予浑瑊节钺。二十八日，下诏历数李怀光的罪恶，但强调朔方军将士为国尽忠的功劳，仍然念及李怀光的旧功，予以宽恕，免去其兼任的副元帅、太尉、中书令、河中尹和朔方等各道节度使、观察使等职务，授予太子太保闲职；其所统领的兵马由本军将士推举一个功高望重之人统领，速速上奏，朝廷将正式予以任命，以满足大家的愿望。四月二日，德宗又正式任命韩游瑰为邠宁节度使；三日，以奉天行营兵马使戴休颜为奉天行营节度使；四日，加授李晟为鄜坊、京畿、渭北、商华副元帅。李晟全家和神策军的将士家属都在长安，朱泚对他们都很关照。李晟军中将士谈及家眷，李晟哭着说道：“天子又在何处？还敢提家啊！”朱泚又派小吏王无忌的女婿给李晟送信，说道：“大人全家安然无恙。”李晟怒道：“你竟敢替叛贼当间谍！”当即将其人斩首。李晟的将士们还没有领到春装，盛夏有的士兵还穿着棉袄，李晟与大家同甘共苦，经常以大义激励大家，将士们始终没有投降叛军之心。当时，京兆府司录李敬仲从京城逃到李晟军中，谏议大夫郑云逵从奉天也赶到，李晟遂以张彧为副使，以郑云逵为行军司马，李敬仲为节度判官，又请求以李怀光的旧将唐朝臣（一作唐良臣）为河中节度使，守卫潼关等，德宗都一一答应。正巧有数人从朱泚那里叛逃过来，称朱泚已是行将土崩瓦解之状，李晟手下将士们听后更加振奋。叛将姚令言、崔宣曾多次派间谍侦察李晟的军情，李晟抓获这些间谍后，又将他们放回，让他们带去话："回去告诉崔宣，好好替叛贼固守，你们也要好自为之，不要被叛叛贼了！"五日，德宗晋升陕虢防遏使唐朝臣为河中、同绛节度使；命前河中尹李齐运为京兆尹，负责给李晟军供应军粮。此时，关东的田悦已经被田绪刺杀，十日，德宗又正式任命田绪为魏博节度使。不久，因西川节度使张延赏后勤供应搞得好，德宗也晋封其为同平章事。

四六七 反攻长安（一）

德宗登坛拜将之后，主帅浑瑊就率领各军取道斜谷北上了。

崔汉衡劝说吐蕃人出兵相助，尚结赞说：“邠州的守军不出动，会偷袭我们的后方。”新任邠宁节度使的韩游瑰听说后，遂派遣部将曹子达率领三千人马与浑瑊会师，吐蕃这才派遣大将论莽罗依率领两万人马一起赶来；李楚琳也派遣部将石锽率领七百人赶到助战。唐军一举攻克了武功（今陕西省武功县）。

四月十日，朱泚派部将韩旻、张廷芝、宋归朝等人率军反攻武功，石锽率领本部人马投降了叛军。浑瑊领兵与叛军交战，结果战败，退至西原。正巧曹子达引导吐蕃人马赶到了战场，当即向叛军发起进攻，叛军万万没有想到吐蕃人会来，在武亭川（渭河支流漆水河）被打得落花流水，被斩首万余人，韩旻侥幸逃脱。浑瑊率军继续北上，进驻奉天，与李晟大军遥相呼应，威逼长安。不久，邠宁节度使韩游瑰也率军赶到奉天。其间，朱泚和姚令言多次派人引诱泾原节度使冯河清，冯河清把他们派来的使者全杀了。泾原镇大将田希鉴暗中与朱泚勾结，发动兵变，杀了冯河清，率领泾原镇投降了朱泚。朱泚以其为泾原节度使。

四月十七日，德宗以前山南东道节度使贾耽为工部尚书，以行军司马樊泽节度使。贾耽原本派樊泽来见德宗，樊泽返回后，贾耽设宴款待，突然接到朝廷的紧急命令，征召其为工部尚书，而以樊泽接任节度使。贾耽神色不变，将命令放入怀中，与大家继续喝酒。喝完酒，他把樊泽召来，告诉了他朝廷的命令，并要求下属们都去拜谒樊泽。牙将张献甫发火道：“行军司马替尚书您去探问天子的起居，却胆敢趁机夺取了尚书的土地，自取节钺，对人不忠，众心不服，请您下令杀了他。”贾耽说道：“你说的这是什么话？既然有天子的命令，他就已经是节度使了！”当天就带着张献甫一起离开了襄阳，军府也由此安定下来了。张献甫是前幽州节度使张守珪的侄儿，与前山南西道节度使张献诚、张献恭是堂兄弟。樊泽，字安时，河中人。其父樊咏，开元中举，后为大理评事。樊泽曾担任相卫节度使薛嵩的磁州司仓，建中元年，举贤良对策，与杨炎交好，被授予补阙，历任都官员外郎。樊泽喜读兵书，朝廷以其有将帅之才，命其充任和蕃使，又随凤翔节度使张镒与吐蕃订下清水之盟，后为山南东道行军司马。樊泽有武艺，每次与众将射箭，经常能比过大家，众人心服口服，敌人也对他畏服。也许是德宗觉得要想对付日益猖獗的李希烈，在襄阳方向用文武双全的樊泽要比用文士贾耽更为合适吧。

德宗问陆贽："近来，有些从山北逃来的小官，都不是什么好东西，有个叫邢建的人，说起叛贼那里的情况，言辞非常夸张，此人似乎是负有侦察我们情况的使命，如今已经将其安置到一个地方了。像邢建这类人还有几个，如果不深入追查，恐怕会令他们的奸计得逞。爱卿思考一下，什么措施最为妥当？"陆贽上奏认为，如今乱党占据京城，只要有冒险前来投奔的，都要重重赏赐，岂能横加猜疑，予以囚禁？陆贽在奏表中提出："依靠个人的智慧想洞悉万千世界的变化，以一个人的警觉就想杜绝亿兆人的欺诈，用的心思越细密，离事情的真相就越远。项羽接受了二十万秦军的投降，但又担心秦军背叛，就将他们全部活埋，这种所谓的预防措施也太过分了！汉高祖豁达大度，天下之士前来投奔的，用之不疑，他所谓的预防措施可谓太疏忽了，然而，最终项羽灭亡了，而刘氏却建立了汉朝，对人心存猜疑与对人推心置腹，其效果可是完全两样啊！秦始皇威严猜忌，却无法阻止荆轲向他行刺；光武帝宽厚待人，马援向其效忠，这些例子难道不是说明了一个道理：虚怀待人就能够令人人归附，依靠权术驾驭他人，最终众人不会亲附。内心受到感动，就会真心爱戴，虽然曾经是仇敌也会化为朋友；内心不亲近，就会产生恐惧，即便是亲友也终会成为仇敌。"又说："陛下智慧高过群臣，有轻视群臣之心；您思虑周详，有独断专行之意；您谋略过人，产生过度谨慎的防备之心；您明察秋毫，凡事都能提前觉察；您严格刑罚，有以刑罚治理天下的想法；您威风八面，有用武力解决问题的打算。由于您这样行事，就造成了有才能之士因没有受到您的委任而牢骚满腹；忠心耿耿的臣子害怕受到您的猜疑；建功立业的功臣担心不被您包容，怀有二心的又害怕您的讨伐，最终导致众叛亲离，酿成大乱。天子的所作所为，都是天下人的榜样，小事尚且谨慎，何况这些都不是小事呢？希望陛下能够接受前车之鉴，这才是社稷之福啊！"

四五月的山南已十分炎热了，由于江南的丝绸尚未运到，将士们还没有春装，德宗也没有穿上单衣，而是身穿夹衣，以示与大家同甘共苦。到了五月，盐铁判官王绍押运的江淮丝绸终于运到了。德宗命令先给将士们缝制春装，然后自己才脱下夹衣，换上了单衣。韩滉打算派遣使者给德宗送去四十担上好的丝绸，幕僚何士干愿意前往。韩滉说道："你如果要去，就请今日出发。"等何士干回家道别时，韩滉已经命人把米面、木柴等慰问品都送到了何士干家中；等何士干上了船，路途中的各种必需品也都已经安排妥当，甚至于拉屎用的搗屎棍，韩滉都亲自一一书写，予以安排。韩滉又给渭北的李晟军送去了一百艘粮食，他亲自背起米袋装到船上，将士们见状争相装船，一会儿就装船完毕了。韩滉还在每艘船上安排了五个强弩手，一旦遇到海盗，相互敲打船舷报警，瞬间五百张弓箭同时上弦。等到这批船来到渭桥，敌人也不敢接近。当时关中兵荒马乱，一斗米值五百钱，等到韩滉这批米运到后，米价下跌了五分之四。韩滉为人严肃刚毅，非常俭朴，他的夫人经常穿着粗丝织成的裙子，直到穿破了才换新的。

吐蕃人与浑瑊取得武亭川大捷之后，就大肆劫掠一番，带着战利品回去了。朱泚命其泾原节度使田希鉴送给吐蕃人很多财物，予以拉拢，吐蕃人也笑纳了。韩游瑰将这一情况报告给了德宗，不久，浑瑊也上报说："尚结赞屡屡派人约定日期，会攻长安，却一直不来。我听说他们国内今年春天出现大范围的传染病，如今已经回国了。"德宗认为李晟和浑瑊的兵力薄弱，原本想依靠吐蕃的帮助收复长安，结果出现了这种情况，令他始料不及，也深感忧虑，遂征询陆贽的意见。陆贽认为，吐蕃人贪婪狡猾，向他们借兵有害无益，如今正好他们回国了，实在是值得庆贺的事，于是上书称："吐蕃首鼠两端，深入京畿，暗中受敌人指使，会令前线将帅们进退都有隐忧：独自前进吧，担心吐蕃人趁机偷袭后方；和他们一起进攻吧，又恐怕他们失信拖延。有了吐蕃人前来，前线的将帅们怀疑陛下不信任他们，又担心吐蕃人夺了他们的战功；士兵们担心陛下忘记了他们昔日的功劳，又唯恐吐蕃人单独受到重赏；叛贼害怕吐蕃人取胜之后，他们不死，也会被掳掠；百姓则畏惧吐蕃人前来，他们的家产会被抢得一干二净。这样一来，我们这一方军民内心不会不懈怠，而陷于叛贼那里的军民却会抵抗到底。"又说："如今，李怀光退守河中，吐蕃人回到国内，讨伐军再无后顾之忧，浑瑊和李晟得以施展才华了。但愿陛下谨慎地接待安抚将士们，不断给他们以鼓励，中兴大业，十天半月即可实现，不该再留恋那些如同狗羊之类的吐蕃人，以令将士们失望啊！"德宗回复道："爱卿所言吐蕃的形势很对，然而对于浑瑊和李晟两军下一步的行动，要作出明确的指示，朕打算派使者前往军中安抚，爱卿仔细研究一下，分条列出上奏。”陆贽认为不该在后方限制前方将帅们的行动，他上书称：“贤明的君主挑选将帅，委以重任，只求结果，所以将帅们才能成功。何况关中与梁州相距千里，兵势无常，从这里发出命令，未必合适。将帅们违抗陛下的命令，陛下就丧失君主的威严，很没面子，而顺从您的命令，又会导致军事失利，进退都受到制约，就难以成功。不如给他们便宜行事的权力，给他们异乎寻常的赏赐，这样将帅们就会非常感动，才智和勇敢才能充分发挥……两军在旷野里厮杀，而决策却在深宫之中，战机瞬息万变，而决定却在千里之外，不论服从还是不服从，都会招致灾难。君主会遭受掣肘前方将士的嘲讽，将士们如卖命的木偶，再无死战之心了。另外，传到后方的消息与前方的真实情况不同，事前的预计又与发生的情况有差异，假如其中有的将领抗命不遵，陛下能不能在此时以违诏之罪将其斩杀呢？如果不能，就造成了违抗诏命的人不受惩罚，顺从命令的也未必适当，只是白白浪费些言辞，增加皇上的忧虑，不但无益，反而有害。君主的权势与臣下的不同，君主只有自己不出主意，才能集合众人的智慧。”

四六八 反攻长安（二）

在河北的王武俊和李抱真把朱滔打回幽州的同时，关中的唐军也发起了对朱泚的最后一击。

五月二十日（《旧唐书·李晟传》称五月三日），李晟举行盛大的阅兵仪式，公开宣布即将收复长安。接着，他率领大军来到长安通化门外，耀武扬威一番后扬长而去，朱泚守军龟缩在城内，不敢出战。

第二天一早，李晟集合众将，询问大家下一步从哪个方向入手攻城，众将纷纷建议："先攻克外城，占领坊市之后，再向北进攻扫清宫室。"李晟说道："如果先夺取坊市，街巷狭窄，加上住着居民，如果敌人埋下伏兵进行巷战，百姓又惊扰不安，这对我们十分不利。如今，敌人在皇家园林内聚集了重兵，如果我们从皇家园林以北发起进攻，直捣敌人的腹心，敌人一定会溃败，如此一来，皇宫不会受到破坏，坊市也不会受到骚扰，这是上策。"众将纷纷表示同意，于是，李晟给浑瑊和镇国节度使骆元光、商州节度使尚可孤送去书信，约定一起在长安城下会师。

五月二十五日夜，李晟率军从东渭桥推进到长安光泰门外的米仓村（今陕西省西安市东北），进逼京城。李晟登上高岗，指挥部队构筑工事，不一会儿，叛军就从城中杀出，叛军猛将张廷芝和李希倩（已称帝的李希烈的弟弟）逼近唐军营栅寻战。李晟对众将说道："我正担心敌人拒不出战，如今他们竟然冒死前来，这是上天在帮助我啊！"当即命令副元帅兵马使吴诜、康英俊、史万顷、孟涉等将纵兵杀出。当时，华州的军队在北面，势单力薄，叛军集中兵力向那里发起猛攻。李晟派遣部将李演、孟华率领精锐士兵赶往救援。李晟的中军摇旗呐喊，喊杀声震天动地，李演奋力死战，大破叛军。叛军败退，李演率部乘胜追杀，闯入光泰门内，再次与叛军交手，又将敌人击败，只杀得死尸遍地，血流成河，叛军残兵败将退入白华门内，深夜，叛军军中传来阵阵痛哭之声。

五月二十七日，李晟再次出兵，众将请求等到浑瑊的西路军赶到之后再左右夹攻。李晟说：“敌人既然已经惨败，应当乘胜将其消灭，如果再等些时日，他们做好了准备，对我们就不利了。如果等西路军赶到，恐怕会失去战机。”叛军再次出战，唐军又战胜了。骆元光在浐水以西也击败了叛军。

五月二十八日，李晟召集骆元光、尚可孤、兵马使吴诜、王佖、都虞候邢君牙、李演、史万顷、神策军将领孟涉、康英俊、华州将郭审金、权文成、商州将彭元俊等人，誓师完毕后，将军队排列在光泰门外，而后命令王佖、李演率领骑兵，史万顷率领步兵直抵皇家园林外面的神麢村。李晟提前已经派人趁夜把园林外墙挖开一条两百多步的口子，但等李演等人来到时，敌人已经用木头栅栏堵上了缺口，并从栅栏内朝唐军射箭，致使唐军攻势受阻。李晟见状，不禁大怒，呵斥众将道：“岂能如此放纵敌人，我将先斩杀你们！”史万顷害怕被杀，率领士兵们冒着叛军的箭雨，冲到栅栏外面，拔掉栅栏，强行冲杀了进去，王佖、李演率领骑兵随后杀入，敌人大败，当即四散奔逃，生擒敌将段诚谏，各路大军随后进入苑内，喊杀声震动天地。

姚令言、张廷芝和李希倩等人仍然负隅顽抗，李晟命令决胜军使唐朝臣、兵马使赵光诜、杨万荣、孟日华等将率领步骑，齐头并进，敌军刚刚列好阵势，就被唐军杀败，接连交手了十余回合，叛军屡战屡败，唐军乘胜一直追杀到白华门外。突然，有数千叛军骑兵从唐军背后杀出，李晟赶忙率领数百骑兵掉头迎战，李晟身边的亲信高呼：“宰相大人亲自杀来了！”叛军闻言，大惊失色，纷纷溃逃，唐军又斩杀了无数敌人。当初，朱泚派遣部将张光晟率领五千人马驻扎在九曲，距离东渭桥十余里，张光晟暗中与李晟联络，此时，朱泚手下尚有近万人，张光晟劝说朱泚逃出长安，朱泚遂命令姚令言等人率众西逃。张光晟把朱泚送出后，就率众投降了李晟。李晟派遣兵马使田子奇率领骑兵追赶朱泚。

李晟率军进驻含元殿前，自己则下榻在右金吾卫衙门，传令各军：“我不懂军事，上依靠皇上的谋略，下依靠将士们同心协力，幸而歼灭了叛党，肃清了宫阙，这都是你们努力的结果。长安百姓长期落入敌手，如果稍稍受到惊扰，则不符合我们出师‘吊民伐罪’的本意。李晟与你们大家都有家眷，已离别数年之久，如今已经成功了，与家人见面的时刻即将到来，五日之内不得擅自与家人通信，违抗命令的斩！”命令京兆尹李齐运、代理长安县令陈元众、代理万年县令韦上伋通告百姓，不得惊慌，军队将秋毫无犯。尚可孤的一个士兵擅自夺取了叛党的马匹，李晟的大将高明曜抢了一名叛军的女妓，司马伷取了叛军两匹战马，李晟当即下令将他们斩杀，军中将士无人敢流露出一丝不满。长安百姓无不心怀喜悦，长安城内住得稍远的百姓过了一夜才知道官军已经入城的消息。当天，浑瑊、戴休颜和韩游瑰等军也攻克了咸阳，击败三千叛军，听说朱泚率领叛军西逃，浑瑊分兵把守各个要道，截杀朱泚。

五月二十九日，李晟命令孟华率部驻扎在白华门，尚可孤驻扎在望仙门，骆元光驻扎在章敬寺，李晟自己则率领三千人马驻扎在安国寺，以镇守京城。当天，李晟下令将叛党李希倩、敬钉、彭偃等八人在长安街市上公开处决，斩首示众。六月四日，李晟命掌书记于公异撰写的公开告捷文书送到了德宗的手上，文书中称："臣已经肃清了宫阙，拜谒了皇家陵园，钟架依旧，宗庙如故。"德宗看后，流下眼泪，群臣也都纷纷落泪，并向德宗道贺，山呼万岁，盛赞李晟说："李晟忠诚地执行了陛下的指示，扫除了凶顽，古往今来，收复京师、立下大功的将帅也是有的，至于像李晟这样能够做到不惊动宗庙，不改变集市，令长安百姓不识干戈，安然无恙，三代以来是从未有过的啊！"德宗说道："上天生下李晟此人，是为了社稷万民，不是为了朕一人啊！"李晟驻军东渭桥时，火星出现在岁星旁边，过了很久才退去，幕僚们纷纷道贺，称："火星离开岁星，这是皇家之福啊！应该速速进兵。"李晟却不以为然，回答："天子尚且住在野外，身为臣子的只知道与敌人死战而已，至于天象神秘难测，谁能知道呢？"等到攻克长安后，李晟才对大家说："我过去并非不相信你们的话，我听说五大行星出没无常，万一火星再出现在岁星旁边的话，我军就会不战自溃了！"众人纷纷道歉："我们实在是没有料到这一点。"此后，李晟又下令斩杀了叛臣李忠臣、张光晟、蒋镇、乔琳、洪经纶、崔宣等人，又上表列出能够守住臣节的程镇之、刘迺、蒋沇、赵晔、薛岌等人。李晟原本爱惜张光晟之才，加之他又投诚，本想饶了他一命，宴会时也让他参加，一次，华州节度使骆元光见了，骂道："我不与反贼坐在一起吃饭！"当即拂袖而去，后来，德宗下诏称张光晟的所为不可原谅，李晟只好将其诛杀。乔琳当时已经七十多岁了，李晟心生恻隐，上表请求饶他一命，但德宗认为此人辜负了自己的信任，又听说他在敌人那里说了不少自己的坏话，决不可饶，遂命令杀了。乔琳临刑前叹息说："我乔琳七月七日出生，又以此日死，这难道不是天命吗！"朱泚失败后，李忠臣逃往樊川别墅，后李晟将其父子斩杀。

朱泚打算逃到吐蕃，其手下部众一路逃亡，行至泾州，身边只剩下一百多骑兵了。田希鉴关闭城门，不让朱泚入城，朱泚对他说："你的节钺是我授予的，危急关头为何背叛我？"命人焚烧城门。田希鉴从城上把符节扔到火中，说道："还给你！"朱泚的随从都深感绝望，失声痛哭。墙倒众人推。原是泾原镇的士兵家眷都还在城内，见田希鉴已经背叛了朱泚，只好杀掉姚令言，归降田希鉴，回到了泾原镇。朱泚只带着原来范阳的亲兵以及朱家亲朋、宾客向北而逃，直奔驿马关（今甘肃省庆阳市西南）而来；途经宁州（今甘肃省宁县），宁州刺史夏侯英拒绝他们入城；再到彭原西城屯（今甘肃省镇原县东）。这时，跟随朱泚的部将们就产生了杀掉朱泚、将功补过的打算，其部将梁庭芬一箭射中朱泚，朱泚顿时落入水坑之中，韩旻等人一拥而上，将其斩首，而后赶往泾州向田希鉴投降。源休和李子平二人西逃到凤翔，凤翔节度使李楚琳也将二人斩杀，将人头送给了德宗请功。《杜阳杂编》称，朱泚在败逃途中，迷失了道路，向一位农夫问路。农夫说："这不是朱太尉吗？"源休制止说："大汉皇帝。"农夫说："上天不助长凶恶，大地不生长恶物，蛇成不了龙，老鼠当不了老虎。天网恢恢，又能跑到哪里呢？"朱泚大怒，要杀了农夫，但农夫突然就不见了。距离泾州一百多里时，朱泚突然在马上叩头，高喊饶命，双手乱抓，摔下马来，很久才苏醒过来。人们把他扶上马，询问缘故，朱泚回答："见段司农和刘海宾手持长枪，与朕相斗，朕打不过。"后行至彭源县，朱泚被心腹卫士韩旻、薛纶、朱维孝摔下马来，他对韩旻说："你们都是我的心腹，如今失败了，怎能狠心杀我呢？"韩旻回答："我们确实是陛下您的心腹，但既然失败了，我们就不能跟着您一起灰飞烟灭，如今借陛下的人头，我们去换取富贵啊。"

四六九 返回长安

收复长安，让德宗非常兴奋，高兴之余，他突然想到从奉天逃到梁州以来，自己的头发一直没有好好打理过。

他让陆贽起草一道诏书送给浑瑊，让浑瑊派人寻访仓促之间在奉天失散的女梳洗师。陆贽见德宗在这种时候竟然要下如此荒唐的诏命，顿时感到哭笑不得，他赶忙上奏说："如今刚刚平定了大盗，疲惫的百姓，负伤的将士，尚未得到抚慰，而陛下却第一个想到的是要寻访一个妇人，这不符合百姓的愿望。开始的时候思虑完善，最终能够有个好的结果，也已经很少了；如果一开始就不做长远的打算，最终会出现什么结果呢？陛下要我起草的诏书，臣不敢起草。"德宗遂不让陆贽再写了，但还是派遣宦官前去寻访。六月六日，德宗下诏任命吏部侍郎班宏担任宣慰使，代表皇帝慰问将士，安抚百姓。十日，德宗晋封李晟为司徒、中书令，给骆元光和尚可孤等人也升了官，又正式任命田希鉴为泾原节度使；下诏改梁州为兴元府。十五日，德宗又晋封浑瑊为侍中，给韩游瑰、戴休颜也升了官。

六月十九日，德宗从汉中动身，开始返回长安。他询问陆贽："现在前往凤翔，迎驾的各军声势浩大，朕想趁机派人取代李楚琳，你看如何？"陆贽上书认为："这么做就如同胁迫，如果说是在削平叛乱，则胜之不武；如果是整顿纪律，则没有诚意。以此行事，以后再出巡，谁还敢接纳？出这个主意的人也许认为这才是权谋，臣私下认为这是他们没有明白权术的真正含义。权术的真正含义在于对同类事务进行权衡和比较，如今，陛下所过之地，先行胁迫，换掉一个将帅而失去君王的大义，得到一个地方而令天下怀疑，这是把该轻视的东西看重了，把该重视的东西轻视了，把这当作权宜之计，不是背道而驰吗？把违背大义的做法当作权宜之计，以玩弄权术为明智，君主这样做必然会失去众人，臣子这么做一定会身陷灾祸，历代之所以大乱不断，奸邪横行，大多来源于这种错误认识。不如陛下回到京师之后，再给他一个官职，他听到自己被朝廷赦免，高兴还来不及呢，怎敢抗拒朝命、再令朝廷讨伐呢？”

李晟在长安打点各部，等候朝廷百官回京后使用，又命令大将吴诜率领三千人马前往宝鸡清理道路，他自己也请求赶往凤翔接驾，德宗没有答应。内常侍尹元贞奉命出使同州、华州，却擅自来到河中招抚李怀光。李晟上奏道：“尹元贞矫诏擅自赦免李怀光，请求陛下将其治罪！”李怀光的判官高郢也屡屡劝说李怀光归降，李怀光最终派遣儿子李璀来见德宗谢罪，并请求单身返回朝廷。七月十一日，德宗命令给事中孔巢父携带原来发布任命李怀光为太子太保的诏书，前往河中安抚慰问，德宗在诏书中还同意将朔方军将士的官爵恢复原样。

七月十三日，德宗回到了长安。这是德宗阔别长安八个月来再次回来，这是惊心动魄的八个月，在这八个月里，他差一点成了亡国之君，大唐几乎在他的手上灭亡。当时，他也不敢奢望今天还能返回长安，他甚至想到了今日之天下竟如同西晋灭亡前的永嘉之乱。然而，今天他毕竟回来了。他的身后是声势浩大的护驾军队：他的元从禁军以及山南、陇州、凤翔的军队，还有浑瑊、韩游瑰、戴休颜率领本部人马一路护驾，李晟、骆元光、尚可孤也率领各自人马前往迎接，会师后，步骑十余万，旌旗数十里，长安满城百姓，夹道欢迎。李晟身穿军服，在长安城西二十里的三元迎接，德宗勒马安慰。李晟叩拜，先祝贺清除了叛贼，收复了京师，舞蹈哭泣，跪着说道：“臣担任爪牙之臣，不能早早肃清叛贼，以致陛下两次避难。军队就在长安脚下，却经过数月才消灭叛贼，这都是臣平庸怯懦不称职造成的，死罪死罪！”说完趴在道路一旁。德宗为之流下眼泪，命令给事中齐映传旨，让左右把李晟搀扶起来。回宫之后，德宗闲暇之日，总是设宴款待功臣们，赏赐给他们很多财物，李晟为功臣之首，浑瑊次之，其他众将又次。同月二十二日，德宗下诏大赦天下。追赠李晟的父亲李钦为太子太保，母亲王氏为代国夫人，将永崇里的宅邸以及泾阳上好的土地、延平门附近的园林都赏赐给了李晟，又赏给李晟八名女艺人。李晟搬家之日，德宗命令京兆府负责安排酒席，由皇家乐队奏乐开道，朝廷重臣都来相送。德宗还令太子李诵撰写、书写碑文，在东渭桥刻石立碑，以歌颂李晟的功绩。

在德宗下诏大赦天下的前几天，孔巢父来到了河中。四个月以前，孔巢父出使魏博，就发生了田悦被杀事件，李怀光听说这次来的又是孔巢父，就担心自己也会步田悦的后尘。孔巢父来到后，李怀光脱下官服，穿上平民衣服，等待钦差大臣的惩处，孔巢父既不安慰，又不制止。当时，李怀光的朔方军有数千铁勒浑部落的将士，他们素来骄横不法，见李怀光这样，朝廷方面又不安慰，都非常恼火，发着牢骚说道："太尉什么官都没有了啊！"孔巢父又当众宣布说："军中有谁可以代替太尉统率军队？"这句话无疑说得太过分了，顿时李怀光的部下纷纷发火，大呼小叫起来。孔巢父还未宣布完诏书，众将就一拥而上，把孔巢父和随行中使啖守盈给杀了。李怀光也不制止，重新部署军队，开始备战。

七月二十六日，德宗任命刚刚被召回来的杭州刺史李泌为左散骑常侍，以睦州刺史杜亚为刑部侍郎。如前所述，杜亚自视甚高，一直想当宰相，代宗时依附李栖筠，与元载作对；常衮拜相后，也不喜欢杜亚，将其贬出京师。德宗即位之初，励精图治，将杜亚召回京师。杜亚自以为进京之后必定会被拜为宰相，一路上谈论政事，以宰相自诩，德宗听说后，很不高兴，等他进京后，就把他改任为陕州观察使。杨炎拜相后，刘晏得罪，杜亚也受到牵连被贬。此次征召杜亚和李泌，是在德宗南逃兴元府的时候决定的，一则二位都是老臣，二则萧复和姜公辅得罪后，德宗身边亟须两位宰相人选。李泌与德宗的渊源要更深一些：肃宗在灵武即位后，当时的德宗年纪还小，被拜为奉节王，曾拜李泌为老师，学习文学；代宗时期，李泌居住在蓬莱书院，德宗时任太子，也经常与李泌在一起。因此，等李泌进京之后，德宗就命其每天在西省值班，随时征询他的意见和建议。

当李怀光再度反叛后，德宗问李泌："河中与京师咫尺之遥，朔方军素来非常精锐，像达奚小俊等人都有万夫不当之勇，朕日夜忧虑，该如何是好？"李泌回答："天下之事的确有值得忧虑的，如果仅仅一个河中，我看不足为虑。判断敌情的时候，仅考虑敌将，而无须考虑敌兵。李怀光是将领，而达奚小俊不过是兵，何足挂齿！李怀光已经解了奉天之围，朱泚一个行将灭亡的叛贼，他竟然搞不定，反而与之联合，令李晟因而成功。如今，陛下已经回到京师，李怀光还不只身赶赴朝廷谢罪，反而杀害使臣，在河中苟延残喘，这简直是个六神无主的梦游之人啊！我只担心此人不久就会为其下属所杀，不给众将一个下手的机会啊！"当初德宗请求吐蕃发兵援助时，曾许诺将安西、北庭四镇的土地送给吐蕃人，等到朱泚被杀后，吐蕃人前来索要西域的土地，德宗打算召回两镇节度使郭昕和李元忠，如约把土地送给吐蕃。李泌反对说："安西、北庭，民风彪悍，控制着西域五十七国和十姓突厥，又与中原犄角，牵制吐蕃兵力，令其不敢全力东进，为何白白送给他们？况且，两镇之人，困守边地，势单力薄，尽忠竭力，为国家已苦守了近二十年，他们的忠勇可叹可哀可怜！一旦将那里送给吐蕃，他们必定心生怨恨，将来跟着吐蕃人入侵，就如同报私仇一样。另外，当时，吐蕃人观望不进，首鼠两端，还大肆劫掠了武功，还拿了朱泚的贿赂，匆匆回国，他们又有什么功劳可言？”众人也都这么认为，德宗遂没有答应。

四七〇 讨伐怀光

其实，李泌等人的建议并不高明，在当时也是不明智的。

审时度势，到什么山唱什么歌，才是一切建议的出发点。自从安史之乱爆发后，唐帝国经历了三十年的内乱，国力消耗很大，尤其德宗即位的这五年来，他强力推行的削藩政策，更是激起了田悦、李纳、王武俊、朱滔河朔藩镇的叛乱，也相继引发了河南梁崇义、李希烈的叛乱；两河叛乱还未平定，关中又发生了泾原军兵变和朱泚称帝，德宗不得不避难奉天；朱泚还没被消灭，以李怀光为首的平叛主力的朔方军又发动叛乱，德宗只得再度避难梁州。这一系列重大事件，无不反映出各种社会矛盾已非常激化，下层军民早已不堪重负。如今，河北的王武俊和朱滔还在打仗，河南的李希烈还在四处出击，河中的李怀光仍然抗命，河朔藩镇虽然表面上服从中央，其实与三年前没有两样，根本不向朝廷纳贡，可以说，德宗即位以来削藩做出的一切努力，除了令自己颜面扫地、国库更加空虚之外，没有一点成果，而且，本年度，唐帝国又经历了一场前所未有的蝗灾，庄稼颗粒无收，军民饥寒交迫。在这种情况下，唐朝朝廷亟须的是平定李希烈、李怀光和朱滔的叛乱，与民休息，恢复生产，整顿秩序，对外则要继续处理好与吐蕃、回纥和南诏的关系，积蓄实力，而不应因两镇而得罪吐蕃，重开战端。诚然，将两镇拱手让人，对谁来说，从感情上都难以接受，但是，从当时的客观实际出发，安史之乱以来，近三十年间，唐朝内乱频仍，根本无暇顾及西域，两镇对于唐朝朝廷来说已变成一根鸡肋，食之无味，弃之可惜，与其早晚被别人夺去，不如果断丢掉，换取与吐蕃的和平。

李泌所言，两镇对中原起到掎角之用，看似有理，其实是似是而非之论：一则，两镇与中原悬隔数千，势不相接，貌似掎角，但其实没有多大用处，从代宗朝吐蕃攻进长安就可以知道这一点；二则，两镇守军兵力薄弱，介于西域诸国、十姓突厥、中亚大食帝国以及吐蕃、回纥之间，自守不暇，根本无力发动攻势，只具有象征意义，实际作用非常有限；三则，李泌所言犄角，就算有，也是在唐朝与吐蕃交恶时期才出现的，如果两国实现和平，也就无所谓犄角了。实际上，李泌之论之所以能够得到众多朝臣的赞同，主要还是基于感情上的因素：太宗、玄宗皇帝开疆拓土得到的土地，后世子孙却拱手让人，德宗及其朝臣无法承受这种政治责任和历史责任，于是，甘冒再度与吐蕃交恶的风险，也要拒绝他们的请求。

拒绝了吐蕃人的要求，仅仅在关中地区，唐朝朝廷就把自己搞得非常狼狈，一方面，不得不做好讨伐河中李怀光的准备，另一方面，还要做好西线的防御，以应对吐蕃随时可能发起的进攻。为此，德宗于八月四日，即进京不到一个月，就任命李晟兼任凤翔尹，凤翔、陇右节度使，仍然担任陇右、泾原节度，兼管辖区各道防秋军及四镇、北庭、泾原行营副元帅，晋爵西平王，负责整顿凤翔、泾原、陇右等关中西部军镇的军纪，彻底调查以往杀害主帅、抗拒朝命事件，劝课农桑，囤积军粮，以应对吐蕃的进攻。泾原镇自四年前刘文喜叛乱之后，到去年发生泾原军兵变，此后田希鉴又杀掉冯河清背叛了朝廷，而凤翔镇的李楚琳也是这样，残杀了使相、节度使张镒，投靠朱泚，犯下了滔天罪行，他们都是在看到朱泚即将败亡时才归顺的朝廷，都不是朝廷的纯臣，一旦边境有急，是根本指望不了他们的。当时，李楚琳已被迫入朝了，李晟请求带着李楚琳一起回到凤翔，在凤翔宣布他的罪行再予以斩杀，德宗考虑到刚刚收复长安，亟须安抚那些叛将之心，就没有答应。五日，德宗下诏改任李楚琳为左金吾大将军，将其留在了京师。李晟来到凤翔以后，追究诛杀张镒之罪，斩杀了王斌等十余人。整顿了凤翔之后，李晟上书称："近一个时期以来，中原兵连祸结，根本原因全在于泾州，况且，此地紧邻吐蕃，容易反复。田希鉴凶狠残忍，其部下将校也都骄横不法，如果不严加惩处，终将成为后患。"德宗批准了李晟的请求。李晟刚到凤翔时，田希鉴就派人赶来问候，李晟对其使者说："泾州接近吐蕃，万一吐蕃人入侵，仅仅依靠州兵能抵御吗？我打算派兵协防，但不知田尚书意下如何？"使者回去后，向田希鉴作了汇报，田希鉴果然请求李晟增派援军，李晟就派遣心腹部将彭令英等人率军先去了泾州。不久，李晟又宣称巡视边防，来到了泾州，田希鉴出城相迎，李晟与之并马入城，回忆往事，畅叙旧情。田希鉴的妻子李氏把李晟当作叔父一般侍奉，李晟也投桃报李，亲昵地称呼田希鉴为田郎。李晟对田希鉴交代只让他给自己的随行人员准备三天的吃喝，还说："我巡视以后，马上就返回凤翔。"田希鉴信以为真，遂放松了警惕。李晟在自己的军营里设宴款待田希鉴及其手下将领们，提前在外面埋下了伏兵。宴席开始后，吃喝正欢之际，突然彭令英率兵闯入堂上，将参加宴会的泾原镇众将全部拉下大堂。李晟对众人说道："我与你们很久没有见面了，你们各自报上姓名。"于是，查出曾经作乱的石奇等三十余人。李晟对他们说："你们屡屡发动叛乱，残害忠良，天地不容你等！"当即下令将这些人全部拉出去斩首。田希鉴尚在座，李晟回头对他说道："田郎也不能说没有错，看在你我是亲戚的情分上，我就给你留个全尸吧。"田希鉴早已吓得目瞪口呆，只好点头。李晟遂命人将他拉出，与其儿子田萼一起勒死。处死了田希鉴等一大批泾原将领后，李晟率军进入泾原军营，向士兵们传达了朝廷诛杀他们的理由，泾原守军都吓得浑身发抖，无人敢动。事后，德宗夸奖李晟道："泾州是祸乱的策源地，除了李晟没人能把它搞定。"李晟返回凤翔后，上书举荐右龙武将军李观担任泾原镇节度使，令吐蕃人非常畏惧。李晟经常说："河陇之地，并非吐蕃靠自己的力量攻下的，都是镇将贪婪残暴，少数民族部落逐渐生出异心，百姓无法耕种，辗转东迁，是我们自己丢弃的啊。况且，那里的土地贫瘠，百姓深受征役之苦，非常怀念我们大唐。"遂拿出家财赏赐给前来归降的人。李晟建议德宗将归降的少数民族酋长浪息囊封王，每次吐蕃使者来到，他总让浪息囊身穿华丽的衣服在座，吐蕃人指着浪息囊，都十分羡慕。

在派李晟西去整顿边镇、应对吐蕃的同时，德宗命令关中的浑瑊、骆元光等部由西向东向李怀光所部发起进攻；河东节度使马燧由东北而西南逼迫李怀光所部。两支部队一东一西，朝李怀光的河中发起攻击。

西线：浑瑊和骆元光向驻扎在同州（今陕西省大荔县）的李怀光守军发起进攻。李怀光派遣部将徐庭光率领六千精兵进驻长春宫（今陕西省大荔县朝邑镇），构筑工事抵抗。浑瑊、骆元光所部屡屡被叛军击败，攻势受挫。当时度支无法维持各项开支，朝廷群臣纷纷请求德宗赦免了李怀光，但德宗不答应。度支以李怀光所部数万将士与李怀光一起造反，不再分给他们冬装。德宗说道："朔方军将士世代忠义，如今不过是受到李怀光的压制，将士们又有什么罪过！"十月一日，德宗下诏："朔方军以及各路军在李怀光处的，冬装和赏钱全部照发，另行存放，等到道路恢复后，立即发放。"十八日，李怀光派遣部将阎晏进攻同州，唐军在沙苑将其击败。德宗下诏征调邠州驻军，韩游瑰立即率领所部六千甲士赶赴战场。

东线：李怀光派遣妹夫要廷珍驻守晋州（今山西省临汾市），牙将毛朝敭驻守隰州（今山西省隰县），郑抗驻守慈州（今山西省吉县），马燧派人前去劝降，三地守军全部投降。德宗遂任命浑瑊兼任河中、绛州节度使，充河中、同华、陕虢行营副元帅；加授马燧为奉诚军、晋州、慈州、隰州节度使，充辖区各军行营副元帅，与骆元光、唐朝臣一起进攻李怀光。当初，朝廷为了拉拢王武俊，令其与李抱真一起进攻朱滔，曾采纳了马燧的建议，将康日知驻守的赵州、深州还给王武俊，改任康日知为晋州、慈州、隰州节度使。康日知奉命撤出了赵州，还在赶赴晋州三地途中，这三地就投降了马燧，德宗遂让马燧兼任了这三州的节度使。马燧上书推辞，并称，哪个地方向谁投降，朝廷就把这个地方算成谁的，一旦形成惯例，以后的有功人员就会习以为常了。德宗对马燧此举非常赞赏，就同意了。马燧派人迎接康日知，等康日知到后，封好府库，登记造册，把三地完整地交到他的手上，康日知是又惊又喜，非常感动。九月十五日，马燧率领步骑三万向绛州（今山西省新绛县）发起进攻。分兵夺取夏县、稷山、龙门，招降叛将冯万兴、任象玉。到十月二十七日，马燧所部攻克了绛州，李怀光任命的刺史王克同以及猛将达奚小进（疑与达奚小俊为同一人）弃城而逃，叛军四千人投降，然后，马燧又派遣大将李自良、谷秀分兵夺取闻喜（今山西省闻喜县）、万泉（今山西省万荣县）、虞乡（今山西省永济市东北）、永乐（今山西省芮城县西南）、猗氏（今山西省临猗县）等县。谷秀因违犯军令，掳掠妇女，马燧下令将其斩首示众。

四七一 关东局势（一）

从兴元元年八月发起的讨伐李怀光之战，到这一年年底，唐军节节胜利，取得重大战果，尤其是马燧军已从东面逼近了河中。

就在河中战事如火如荼之际，河南讨伐李希烈、河北讨伐朱滔的战事也在同步进行着。

先说河南战场。取得永安戍大捷之后，因天子蒙尘于外，曹王李皋不敢入住城池，而是驻军于西塞山上游的大洲；等到德宗回到长安后，他就立即派遣部将伊慎、王锷向李希烈发起反攻，包围了安州（今湖北省安陆市）。安州城依托涢水，易守难攻，唐军围攻数月，一直未能攻下。李希烈又派遣外甥刘戒虚率领八千步骑增援，李皋得知后，命令部将李伯潜分兵于应山（今湖北省广水市）迎击，大破叛军，斩杀一千余人，生擒刘戒虚及其两员大将、二十名裨将。李皋命人将刘戒虚等人捆绑到安州城下，劝说守军投降，叛军说：“让你方大将及一两个将佐入城，以示诚信，我们才降。”李皋遂命令王锷、马彝入城，城内一片欢呼，开门投降。李皋又任命伊慎为安州刺史。李希烈又派部将康叔夜率部增援随州（今湖北省随州市），李皋命令伊慎率军于厉乡（今湖北省随州市北）截杀，又大破敌军，并乘胜收复了平静关、白雁关等。李希烈遂不敢在南线发动攻势了。

战场上接连失利已令李希烈非常恼火，等听到弟弟李希倩被杀的消息，更让他是火冒三丈。他把一腔怒火发泄到被囚禁的颜真卿身上，八月三日，派遣宦官和部将辛景臻等人来到蔡州，杀死颜真卿。他的宦官见到颜真卿后，说道：“有诏！”颜真卿误以为是朝廷来的使者，遂叩头下拜。宦官又说：“如今将其赐死。”颜真卿说：“老臣无能，罪该处死，只是不知使者是哪天从长安出发的？”宦官回答：“我是从大梁来的，不是长安。”颜真卿骂道：“那就是叛贼罢了，还说什么诏书！”遂被勒死，终年七十七岁。《唐语林》记载：颜真卿曾得到术士的长寿药，经常服用，虽然年老，但身体像三四十岁的壮年人那样强健。当他出使李希烈时已七十五岁了，临行之际，他对家人们说：“我一定会为逆贼所杀啊。元载和我得到的药方一模一样，但元载贪婪而死，一样是死，元载不如我啊。我将死于忠义吗？”于是，命人用席子裹住自己，挺身一跃而出。又让人将两把藤椅靠在一起，他手撑椅背，双脚离地，反复腾跃千百下。又以手撑住床的东南角，一下子跳到西北角，反复跳五六次。然后，他对大家说：“我这样健康的身体，疾病岂能让我死去？等我死去后，你们打开我的棺材，就会知道我死后与常人不同。”当李希烈派人来杀颜真卿时，颜真卿对使者说：“老夫学习道家符箓，服药，颇有效验。如果你们割断我的脖子，这是道家忌讳的。我送给你一条黄金带将我勒死，我死之后，你们只需随意划破我身上其他部位，流点血糊弄一下上级，我死而无恨。”后来，等到颜真卿的棺材送回长安后，家人打开棺材，尸体果然没有腐烂，还像活着一样。时人作诗为证：“杀身终不恨，归丧遂如生。”想当初，颜杲卿、颜真卿兄弟二人明知寡不敌众，却为大义所激，将身家性命置之度外，毅然起兵，打乱了安禄山迅速占领长安的计划，假如没有他们起兵，安禄山会更早地攻进长安，李唐局势将更加危险，后果更难预料。当颜杲卿被擒、送至洛阳时，他大义凛然，慷慨赴死。二十八年后，颜真卿也像他的哥哥那样，身陷死地，临危不惧，不辱使命，以死殉国，他们的壮举感天地，泣鬼神，也令我们后人扼腕叹息，泪如雨下。《旧唐书》的作者将颜真卿和另一位义士段秀实合为一传，在结尾评价时，饱含感情地把段秀实比作武将之英，颜真卿比作文臣之杰，对二人几乎相同的遭遇发出由衷的叹息：假如没有杨炎的排斥异己，段秀实一直担任泾原节度使，也不会发生朱泚之乱；假如没有卢杞的嫉贤妒能，以颜真卿为宰相，也不会有李希烈的叛乱。对德宗的昏庸提出严厉的批评，称他：“内信奸邪，外斥良善，几致危亡，宜哉！”赞叹二人守道杀身，为后世作出榜样，是稀有之士！

兴元元年上半年，李希烈强攻宁陵不下，又派遣部将翟崇晖（又记作翟晖）转攻陈州（今河南省淮阳县），但依然是久攻不下。李澄看到李希烈的大梁兵少，无力顾及自己，遂焚烧了李希烈授予的符节，誓师决心归降了朝廷。闰十月二十六日，德宗任命李澄为汴滑节度使。

宋亳节度使刘洽派遣马步都虞候刘昌与陇右、幽州行营节度使曲环等将率领三万人马驰援陈州，十一月六日，唐军与叛军在陈州城西激战，大破叛军，斩杀敌军三万五千级，生擒叛军主将翟崇晖。陈州大捷之后，唐军乘胜北上，直扑汴州，李希烈大为恐惧，留下部将田怀珍守城，自己率领大部人马弃城逃回了蔡州老巢。李澄也率军朝汴州杀来，推进至城北，不敢攻城。刘洽之军推进到汴州城东。二十一日，叛军守将田怀珍开城投降，刘洽之军率先进入城内，次日，李澄也率部入城。入城之后，两军将士相互争功，经常发生争斗。正巧李希烈的郑州守将孙液投降了李澄，李澄遂率军离开了汴州，进驻郑州。德宗下诏任命都统司马薛珏担任汴州刺史。薛珏，字温如，河中宝鼎人。以门荫为懿德太子庙令，后历任乾陵令、昭应令、楚州刺史。他不仅勤政，而且清廉，被拜为中散大夫，赐金紫，后担任刘洽的汴宋行军司马。

收复汴州后，李勉回到了长安，请求朝廷治罪。朝廷中很多人认为："李勉丢掉了大梁，不该再担任宰相了。"李泌对德宗说："李勉公道忠诚，文雅正直，而用兵并不是他的长项。大梁失守后，抛妻弃子追随他的士兵尚有两万多人，足见他深得人心。况且，刘洽是李勉的下属，李勉来到睢阳后，将这两万军队全部交给了他，最终刘洽能够平定大梁，也有李勉的一份功劳啊！"德宗遂让李勉官复原职。有人又说韩滉的坏话："韩滉听说皇上蒙尘后，将军队驻扎在石头城，心怀异志。"德宗又开始怀疑起来了，问李泌。李泌回答："韩滉忠诚清廉，俭朴正派，自从陛下蒙尘以来，一直贡献不断，况且，镇抚江东十五州，令那里社会安定，这都是韩滉的功劳啊。之所以要修筑石头城，是韩滉看到中原大乱，以为陛下将有永嘉南渡之行，提前做的护驾准备。这恰恰是忠臣忠诚可靠的作为，怎么反以为是罪过呢？韩滉个性刚强严肃，又不依附权贵，因此，有人会诬陷他，希望陛下明察，臣敢担保他决无二心。"德宗还是不放心，他说："外面议论纷纷，奏表接二连三，你难道没听说吗？"李泌回答："臣当然听说了。韩滉的儿子韩皋担任考功员外郎，如今不敢回江南省亲，就是因为物议沸腾啊。"德宗说："你看，他自己的儿子尚且如此害怕，你又为何要替他担保呢？"李泌回答："韩滉的内心，臣一清二楚。我愿意公开上书担保，请求交给中书省，让朝臣们都知道。"德宗说："朕就要重用你，担保一人又谈何容易！千万不要标新立异，到时候恐怕会连累你的。"李泌退下后，并没有听从德宗的劝说，当即写了一篇奏章，表示愿意以全家人的性命替韩滉担保。过了几天，德宗见到李泌，对他说："爱卿竟然还是上奏章了，朕已替你留在禁中了，虽然知道你与韩滉是好友，但也不能这样不爱惜自己的性命啊！”李泌回答：“臣岂敢对亲友存私情而辜负陛下！正是因为韩滉没有异心，臣才上书，为的是朝廷，并非为了自己啊。”德宗还不明白，追问道：“为朝廷？这怎么讲？”李泌回答：“今年，天下遭遇旱灾和蝗灾，关中一斗米一千钱，仓库空虚，而江东却是大丰收。希望陛下早早颁下臣的奏章，以解除群臣们的疑虑，当面指示韩皋让其回去探望其父，好让韩滉心生感激，不再存有疑虑，速速运来粮食，这难道不是为了朝廷吗？”德宗这才说道：“好！朕已深刻领会了。”当即颁下李泌的奏章，又召见韩皋，命其省亲，还赏赐给他绯衣（至少晋升了两级）。德宗叮嘱韩皋道：“近来，有人诽谤你的父亲，朕已知内情，不会相信的。关中缺粮，回去告诉你的父亲，速速送来粮食。”韩皋行至润州（今江苏省镇江市），韩滉感动喜悦得流下了眼泪，当日，他亲自来到江边，派船运送了一百万斛粮食，并让韩皋停留五天就还朝了。韩皋拜别母亲时，哭声传到了屋外。韩滉大怒，将韩皋叫出，责打一顿，亲自把他送到江边，不顾风大浪急，立即下令开船。陈少游听说韩滉进贡了粮食，也进贡了二十万斛。德宗对李泌说：“韩滉竟然感动了陈少游，他也进贡粮食了。”李泌回答：“岂止是陈少游，各道听说后，也会争相进贡的。”

四七二　关东局势（二）

兴元元年大唐持续混乱，朝廷高官也是换来换去。

据《唐将相大臣年表》记载，本年度，唐朝重臣分别为：

太尉：李怀光，二月谋反。

司徒：李晟。六月任命。

侍中：浑瑊。六月任命。

中书令：李晟兼任。六月任命。

同中书门下平章事：关播，一月贬为刑部尚书；萧复，一月出使东南宣慰，十一月回来后，贬为左庶子；刘从一；姜公辅，四月贬为左庶子；卢翰，一月由吏部侍郎晋升，兼任兵部尚书；李勉，检校司徒。卢翰是北魏都官尚书卢义僖的七世孙，而卢义僖则是三国初期讨伐张角的北中郎将卢植（公孙瓒和刘备的老师）的十一世孙。

招讨使：李勉，兵败回朝。

副元帅：李怀光，二月反；马燧，八月任命；李晟，八月任命；浑瑊，八月任命。

度支使：裴腆，二月，户部侍郎判度支；元琇，九月，户部侍郎判度支。

盐铁使：包佶。

监神策军左厢兵马使：窦文场（宦官）。

监神策军右厢兵马使：王希迁（宦官）。

由上表起码可以看出：一是，德宗朝三位名将李晟、马燧、浑瑊已脱颖而出。德宗将三人均晋升为副元帅，任务各有不同，李晟负责整顿陇右边镇；浑瑊和马燧则统领军队围剿李怀光。二是，朝中宰相地位下降。关播、姜公辅和萧复分别被罢相，关播是因为要与卢杞一起承担责任，而姜公辅和萧复则因直言犯了德宗的忌讳；剩下的刘从一和光同尘，与世沉浮；李勉败军之将，自身难保；卢翰资历甚浅，也没有多少发言权。相反，倒是深得德宗倚重的陆贽和李泌却也未被拜相，这是因为：陆贽是把德宗看得太透，话说得太直，经常让他无地自容；李泌则言语虚诞，在正统士大夫眼里不过是不入流的术士，难登大雅之堂，所以，二人还只是充当幕僚的角色。三是，宦官重新掌握了禁卫军。宦官权力膨胀始于玄宗时期，肃宗时期得到进一步加强，到代宗初期达到鼎盛，大历五年代宗诛杀鱼朝恩后，就不再令宦官掌握兵权了，迄今已有十五年之久。德宗即位之初，把禁卫军全部交给了白志贞，然而，朱泚之乱，证明白志贞无能，最初护驾的只有宦官，这令德宗受到极大的震撼，完全改变了对宦官的看法。白志贞随卢杞被贬后，德宗就以宦官窦文场掌管禁军，等到返回长安后，德宗猜忌那些手握重兵的老将，逐渐剥夺了他们的兵权，而让宦官完全控制了禁卫军。

吏部尚书、同平章事萧复从江南返回后，与宰相李勉、刘从一、卢翰一起面见德宗汇报工作。李勉等人退下后，萧复单独留下，对德宗说："陈少游位兼将相，却最先败坏臣节；韦皋只是个幕府的小官，却首建忠义，请求调任韦皋代替陈少游镇守淮南，好令善恶分明。"德宗觉得有理。不久，他就派中使马钦绪找到刘从一，附耳交代几句而去。众位宰相一同回到了办公室，刘从一对萧复说："马钦绪对我传达圣旨说，让我与大人一起讨论你早上对陛下说的那件事，可立即上奏施行，不要让卢翰和李勉知道。请问你对陛下说的是什么事？"萧复回答："上古时期对大臣的任免，朝廷重臣都要参与讨论，假设李勉和卢翰不称职，就该将二人罢免，既然人家还在相位，朝廷政事岂能不与二人一起讨论而唯独隐瞒此事呢？这种情况正是如今朝廷最大的弊端啊！早上，陛下已经这么交代我了，我当即就表态认为不合适，谁曾想陛下却依然这么做。我当然愿意与大人一起上奏执行此事，只是担心这种做法会成为惯例，所以，不敢将此事告诉你。"刘从一向德宗禀报，德宗更不高兴了，萧复遂上书请求退位，德宗顺势将其贬为左庶子。刘洽收复汴州后，得到了李希烈的起居注，上面记载着：某月某日，陈少游上表归顺。陈少游听说后，既羞愧又害怕，一病不起，于十二月八日去世。德宗下诏追赠其为太尉。淮南大将王韶想自己当留后，命将士们推举自己，还想趁机大肆劫掠民间财物。韩滉派人对他说："你如果胆敢叛乱，我当天即率军渡江杀了你。"王韶等人被吓着了，遂不敢发动。德宗听说后，非常高兴，对李泌说："韩滉不光是安定了江东，还稳定了淮南，真是大臣的气度，爱卿可谓知人啊！”十二月十三日，德宗晋封韩滉为平章事、江淮转运使。韩滉督运江淮的粮食、布帛，保证了朝廷的用度，德宗不断派人前去慰问，从此对韩滉的恩宠也日渐增加了。

转眼就是新年。新年伊始，德宗下诏改元为贞元元年，宣布大赦天下，历史也自公元785年开始步入了长达二十年的贞元年间。

大赦的消息传来，卢杞也由新州司马转为吉州司马。他对别人说：“我一定会再次入朝，重新受到重用的。”当天，德宗果然任命他为饶州刺史。给事中袁高当天值班，负责起草诏书，就拿着草稿来见宰相卢翰和刘从一，对二人说：“卢杞当了三年宰相，欺君罔上，陷害忠良。与其朋比为奸者，他咳嗽之间就会青云直上；与他有一定仇怨的，他顾盼之间就会被挤进沟壑。傲慢狠毒，背离道德，违反天常，致使主上蒙尘，天下大乱，这都是卢杞造成的。幸而免于被杀，只被贬谪，不久又稍稍迁到内地，如今又授予大郡，恐怕会令天下失望，只要相公们坚持，事情还有救。”卢翰和刘从一态度暧昧，听了袁高的话，很不高兴，就改命中书舍人起草。第二天，诏书颁布下令，袁高坚持认为：“卢杞当权，穷凶极恶。三军将士，人人都想吃了他的肉，朝廷百官，嫉恨他如同仇敌。”谏官赵需、裴佶、宇文炫、卢景亮、张荐等人纷纷上书，称：“吉州长史卢杞，表面虚伪，看似俭朴，而内藏奸诈，专权三年，朝廷混乱，憎恶正直，乱国害民，天地共愤，夷夏同弃。根据旧制，朝廷大事都要禀报皇帝，自从卢杞拜相以来，朝廷重臣动辄数月也不敢上奏，百官忐忑不安，经常担心大祸临头。等到京师沦陷，陛下蒙尘，您幡然醒悟，下诏称：‘忠诚之言被壅塞，君王听不到；朝野群臣为之侧目。’听到这些话，忠义之士深受感动，朝廷内外一片欢欣鼓舞。如今再起用他当饶州刺史，大家都深感失望，认为是不妥当的。臣听说君主治理百姓靠的是行政，百姓拥戴君主靠的是内心。如果宠信这个大奸臣，一定会失去万民之心，请求陛下收回成命。”德宗拒绝回复。谏官们再次上书反对。一月二十一日，给事中袁高又在朝堂上坚决反对，他说：“陛下用卢杞为宰相，前后三年，排挤忠良，欺上瞒下，令陛下蒙尘。汉朝时，天气不和，遭遇旱涝，宰相都要请罪，轻则免官，重则处死。卢杞罪该处死，陛下好生恶杀，免其一死，只贬为新州司马，不久又改任，现在又晋升为刺史，令天下失望。”德宗说：“卢杞有什么不当之处，那都是朕的过错。”袁高说：“卢杞奸臣，心怀诡诈，可不是不当。”德宗说：“卢杞已经经过两次大赦了。”袁高说：“经过大赦，只能赦免他的罪过，而不能让他担任刺史。不可让这个奸臣去祸害饶州百姓。希望陛下把常参官召来询问，并挑选忠厚的宦官们，征询他们的意见，如果大家的意见都与臣的不同，臣罪当万死。”补阙陈京等人也再次反对，称：“卢杞当宰相时，百官经常好像刀架在脖子上一样。如今再起用他，奸党们一定会摩拳擦掌，再度而起。”德宗大怒，身边的侍臣都吓得低头退下，谏官们也开始退缩。陈京对谏官们说：“赵需等人不要后退，这是国家大事，应当以死相争！”过了一会儿，德宗才稍稍平息了怒气，说道：“如果给他一个刺史太优待，那么给一个州的高级佐官如何？”袁高回答：“可以。”二十二日，德宗又对宰相们说：“给卢杞一个小州刺史，你们看如何？”李勉回答：“陛下如果真要给他，就算一个大州又有什么不可！问题是天下失望，将如何是好？”德宗说：“人们都说卢杞奸邪，朕为何不知？”李勉回答：“卢杞奸邪，天下尽人皆知；唯独陛下不知，这正是他奸邪的证据！”德宗沉默了良久。二十六日，德宗遂改任卢杞为澧州别驾，并命使者对袁高说：“朕静静思考卿的话，觉得非常有道理。”太子少保韦伦、太府卿张献恭等人说：“袁高所奏非常正确，他是陛下的忠臣，希望能得到陛下的重用。”德宗又对李泌说：“朕已经同意了袁高的请求，你看如何？”李泌回答：“这些天来，外面人人私下谈论，把陛下比作东汉的桓帝和灵帝；臣今日亲耳听到陛下的话，才知道尧舜也比不上陛下啊！”德宗听了，顿时眉开眼笑起来。后来，卢杞就死在了澧州。袁高，字公颐，是神龙政变功臣袁恕己的孙子。他从小仰慕节义之士，进士及第，历任给事中、御史中丞、京畿观察使等职。裴佶是开元宰相裴耀卿的孙子，进士及第，历任校书郎、蓝田县尉，德宗南逃汉中，裴佶赶赴行在，被授予补阙，李怀光背叛后，朝廷有人建议隐忍下来，裴佶坚决请求予以讨伐。卢景亮，幽州人，博览群书，大历年间进士及第，又考中博学宏词科，被授予校书郎，后任荆南节度使张延赏掌书记、枝江县尉，建中初年入朝为右补阙。张荐，深州人，是《朝野佥载》《游仙窟》等的作者张鷟的孙子，张鷟也是个奇人，他号称浮休子，高宗时期进士及第，下笔成章，被当时的人们惊呼为天下无双，曾参加八种科举考试，次次都是甲等。当时的文章高手员半千称赞他的文章如同成色上好的青铜钱，万选万中，因此，他又被人称为青钱学士。武曌时期，他被任命为御史，然而，他恃才傲物，又行为放荡，尤其令玄宗时期的宰相姚崇厌恶，被贬到岭南，后来虽然回朝，但仅仅当一个小小的司门员外郎，郁郁而终。张荐也擅长文辞，专门研究《周官》和《左氏春秋》，深受颜真卿的赞赏。大历年间，受到李涵的推荐被任命为史官，后来受到裴延龄的猜忌，曾三次出使回纥、吐蕃。

四七三　平定河中（一）

过了新年，德宗已经在位五年有余了，前面建中用了四年，兴元用了一年，其间天下大乱，并且动乱还在持续，德宗可谓是无功有过，好在，步入新年之后，这场空前的大乱似乎有了逐渐平息的迹象。

首先是河北的朱滔在王武俊的打击下，一蹶不振，他已经看出，自己如果再继续与朝廷为敌，将难逃覆灭的厄运，遂上表请罪，数月后，朱滔就病死了，朝廷以刘怦担任幽州留后。其次是唐军在与河中李怀光和河南李希烈的较量中也逐渐占据了上风。

先说对李怀光的作战。贞元元年（公元785年）年初，李怀光的都虞候吕鸣岳暗中与马燧联络，事情败露后，被李怀光杀害，其家也被灭门。此事牵连到朔方军的高级幕僚高郢和李鄘二人，李怀光召集将士们当众斥责二人，二人毫不屈服，慷慨陈词，说得有礼有节，令将士们都非常感动，李怀光理屈词穷，无奈只好将二人关押了起来。李鄘，字建侯，是前北海太守李邕的侄孙。大历进士，被李怀光召入幕府。李怀光谋反后，李鄘的母亲和妻子都身陷河中，他借口哥哥病重，请求李怀光允许母亲返回京师探视，李怀光虽然表示同意，却不让其妻子同行，李鄘最终还是让妻子陪同母亲离开了河中。李怀光知道后大怒，李鄘反驳道："我在军籍，不能陪同母亲，为何不让妻子陪同呢？"

马燧驻军宝鼎（今山西省万荣县西南），在陶城（今山西省永济市西北）大破李怀光军，斩首一万余人，而后，又分兵与河西的浑瑊、骆元光和韩游瑰等军会合，进逼河中。《国史补》称，马燧到宝鼎时，问所住的村子名，回答："埋怀村。"马燧大喜，说道："一定能擒获反贼！"四月十八日，马燧与浑瑊联军在长春宫以南再次击败李怀光部，遂开挖壕沟，围困了宫城。李怀光的部将们纷纷率部投降。德宗下诏以马燧和浑瑊兼任招讨使。韩游瑰和浑瑊一起率部攻克了朝邑（今陕西省大荔县境内），李怀光的部将阎晏打算夺回，其手下士兵们指着韩游瑰的军队，纷纷说道：“邠宁的军队不是我们的父兄，就是我们的子弟，为何要兵刃相向呢？”顿时一片喧嚣，阎晏只好率军退去。李怀光知道自己已经众叛亲离，遂对将士们谎称自己打算归顺朝廷，聚敛财物，准备车马，做出一副将要回朝的模样，并说一旦道路恢复畅通，就立马向朝廷进贡。在这种谎言的欺骗下，李怀光又拖延了一个多月。

从去年以来，关中地区遭遇严重的旱灾和蝗灾，国家仓库已近枯竭，朝廷中很多人再度建议赦免李怀光。《唐语林》称，马燧曾建议赦免李怀光。德宗一脸严肃，说道：“唯独你不该说这种话！”李晟的态度却与马燧相反，因此，二人从此产生了隔阂。《通鉴考异》认为，当时李怀光已将灭亡，马燧即将立下大功，不会如此。李晟的态度非常坚决，他上书德宗说：“坚决不能赦免李怀光，理由主要有以下五个：一是，河中距离长安仅三百里，同州首当其冲，朝廷如果在同州多驻兵，就不能显示对其信任；而少驻兵的话，又不足以提防他，万一东方发生事变，朝廷将如何控制局势！二是，如今如果赦免了李怀光，接下来一定要把晋州、隰州、绛州、慈州还给他，这样一来，浑瑊就无处安身，康日知又得迁至他处，将士不安，朝廷又能拿什么来奖励有功将士？三是，陛下下诏讨伐一年，要消灭这个小丑，我们实力尚强，却突然赦免了他反叛之罪，如今，吐蕃在西面，回纥在北方，李希烈在淮西，他们都在观察朝廷的强弱，如果赦免了李怀光，他们不会认为是陛下在施行德政，关爱黎民，反而会觉得陛下是打不过李怀光而退军的，都会生出觊觎之心。四是，如果赦免了李怀光，朔方军的将士们都该论功行赏，如今国库空虚，一旦赏赐不到位，势必更加怨恨。五是，如今的河中一斗米要卖到五百钱，野草粮食都已吃尽，到处都是饥饿的人群，况且，他军中的大将已被杀害殆尽，陛下只需命令众将继续包围十天半月，其内部必然发生内乱，何必赦免他养痈遗患呢？”又上书请求率领两万人马，自备干粮，单独去讨伐李怀光。七月一日，马燧从行营入朝，也对德宗说：“李怀光穷凶极恶，如果赦免了他，陛下将无法号令天下，希望再给我一个月的粮食，我一定替陛下消灭了他！”德宗答应了。

就在这时，陕虢都知兵马使达奚抱晖却毒死了节度使张劝，代理军务，并上书朝廷想自己继任节度使，又暗中请求李怀光部将达奚小俊前来增援。德宗对李泌说：“如果蒲州和陕州勾结在一起的话，一时半会就很难制服了。况且，达奚抱晖盘踞陕州的话，就切断了朝廷水陆粮道。不得不麻烦爱卿一趟。”七月八日，德宗任命李泌为陕虢都防御水陆运使。德宗想让神策军护送李泌前往，问他：“你需要带多少人？”李泌回答：“陕城三面都是悬崖峭壁，强攻起来恐怕一年半载也难以攻下，臣请求单枪匹马前往。”德宗说道：“你一人怎能入城？”李泌回答：“陕城军民，还不习惯叛乱，这只是达奚抱晖一人作恶而已。如果大军前去，他一定会闭城固守。臣今天一人到陕城近郊，他兴师动众，就显得很不值得；如果派小将来杀我，未必不会为我所用。况且，如今河东军全部驻扎在安邑（今山西省运城市），马燧正在朝廷，请求陛下让他与我同行，就算陕城军队想要杀我，也会害怕河东军会移兵转攻他们，这也算是一种造势之法吧。”德宗说：“话虽这么说，但朕即将重用你，宁可失去陕州，也不愿失去你，朕将另选他人前去。”李泌回答：“换了别人一定进不去。如今，刚刚发生事变，众心不定，所以才可以出其不意，打乱他的奸计，换成别人，一旦犹豫不定，他已计划好了，再想入城就难了。”德宗听了，就同意了。

接到任命后，李泌就把在京师中的陕州进奏官和将士们召集起来，对他们说：“主上因为虢州、陕州饥馑，所以没有授予我节度使而只让我兼任转运使，目的就是想让我督运江淮的粮食，赈济两地。陕州行营的将士们驻扎在夏县，如果达奚抱晖堪当重任的话，就让他统领行营。立下战功后，就可以晋升为节度使。”达奚抱晖的耳目听后，飞马赶回给其送信，达奚抱晖稍稍放下心来。李泌把自己的策略一一禀报给了德宗，说道：“我这样做，就是想让陕州的军民盼望得到粮食，达奚抱晖盼望得到官爵，如此一来，他们一定不会再加害我了。”德宗说：“很好！”又叮嘱李泌道：“朕之所以再三想保全李怀光，实在是出于怜惜他的孩子李璀啊。爱卿到了陕州，请替朕试着招降一下李怀光。”李泌回答：“陛下未逃往洋州、梁州之前，尚可招降李怀光。如今则不同了，岂有臣子逼迫君主还能再立于朝廷之上的呢？就算他厚颜无耻，陛下每次临朝看到他又会怎么想？臣入陕州之后，假如李怀光真的归降了，臣也不敢接受，更何况去劝说他呢？李璀本来就是一位贤人，肯定会与其父一起死掉，如果他不死的话，也没有什么可贵的了。”

七月十五日，马燧与李泌向德宗辞行，德宗将七十五个参与叛乱的陕州将领名单交给李泌，命其入城之后将他们全部诛杀。十七日，德宗加授李泌为陕虢观察使。李泌出了潼关，鄜坊节度使唐朝臣率领步骑三千排列在关外，说道：“奉皇帝密诏，送大人前往陕州。”李泌说道：“辞别陛下时，已接陛下密旨，允许我见机行事。这里如果有一个人随我前往，我必定入不了陕州。”因有德宗的密诏，唐朝臣不敢违抗，迟迟不去，李泌无奈，只好写下字条，留给唐朝臣当凭据，而后疾驰而去。达奚抱晖严禁将士们出迎，却不断派遣侦察兵察看李泌的行踪，李泌行至曲沃（今河南省三门峡市西南），陕州将士不顾达奚抱晖的命令纷纷赶来迎接，李泌笑道：“我成功了！”距城十五里，达奚抱晖也出城来见。李泌见到他后，对他夸奖一番，称赞他保护城池的功劳，并安慰他道：“军中的一些闲言碎语，你不必介意。你的职务保留不变。”达奚抱晖退下后，一阵窃喜。李泌入城办公后，陕州将佐们有人请求单独与李泌密谈，李泌推辞说：“军中变换主帅之际，肯定会出现一些流言蜚语，这很正常。我来后，一切都已走上正轨了，这些话我不愿再听。”如此一来，那些原本怀有异心的人也都安下心来。李泌只索取账簿，处理粮储等有关事宜。次日，李泌把达奚抱晖召到自己家里，对他说：“我不是偏爱你而没有杀你，只是恐怕将来哪个地方出现事变，朝廷任命的将帅都入不了城，所以才饶你一命。你替我准备酒菜、纸钱祭奠张劝，千万别入关，自己选一个住处落脚，再偷偷回来把家眷带走，我保你安然无恙。”达奚抱晖听命而去。李泌送走达奚抱晖后，到中午，朝廷派来的宣慰使也到了，李泌上奏：“我已经赶走了达奚抱晖，其余人等不值得追究。”德宗又派遣宦官来到陕州，要求李泌一定要杀了这些人。李泌不得已，只好将兵马使林滔等五人逮捕，押送到京师，当李泌仍然上书恳请赦免了他们。德宗下诏将五人贬谪到天德军（今内蒙古自治区乌拉特前旗东北），但一年多后，德宗仍然咽不下这口恶气，还是下令把他们杀了。达奚抱晖从此下落不明，达奚小俊领兵行至陕州境内，听说李泌已经入城，只好退回去了。

四七四　平定河中（二）

贞元元年的旱灾非常严重，长安附近的灞水和浐水都断流了，到八月，度支部门上奏称，国库的经费只能支持七十天了。八月二日，德宗下诏：“凡是不必需的费用和闲散的官员，一律裁撤。”

这时，朝廷与李怀光之间的较量都已经到了最后关头。马燧回到行营，与众将商议道：“攻不下长春宫，就无法消灭李怀光。叛军守将徐庭光率领六千人马固守长春宫，如果强攻势必旷日持久，我将只身前往劝说。”遂挺身来到长春宫城下，呼唤叛军守将徐庭光见面。徐庭光素来忌惮马燧的威名，见到马燧后，即率领将士们在城墙上朝马燧下拜。马燧断定徐庭光已经屈服，平静地对他说道：“我来自朝廷，你可面西受命。”徐庭光又面西拜了几拜。这时，马燧才对他们说道：“你等朔方军将士们，自从安禄山叛乱以来，为国立功三十余年，功劳最大，为何丢掉祖父的功劳，背弃皇上，干出这等灭族之事呢！听从我的话，非但能免去大祸，还能换来富贵。”守军将士鸦雀无声，一言不发。马燧又说：“你们如果认为我的话不实，如今相距只有数步，你们可以射杀我！”遂解开衣襟，露出胸怀。徐庭光深受感动，跪地拜伏而泣，将士们也都掩面而泣。马燧对大家说：“这都是李怀光所为，你们都没有罪，只用坚守不出。”众人都齐声答应。

八月十日，马燧与浑瑊、韩游瑰率军越过长春宫不击，继续向东，进逼河中，行至焦篱堡（今陕西省合阳县东）。守将尉珪率领七百名（一说两千名）守军投降。当晚，李怀光在河中点燃烽火，但朔方军各营都不响应。骆元光率部行至长春宫下，派人招降徐庭光。徐庭光素来轻视骆元光，派士兵谩骂，又命胡人小丑在城墙上做出很多戏弄动作，以侮辱骆元光，并说：“我只投降汉人将领！”骆元光派人禀报马燧，马燧又从焦篱堡返回，徐庭光开门投降。马燧仅带数名骑兵入城，令城内守军非常感动，大喊道：“我们又成为朝廷的人了！”此事后，浑瑊开始佩服马燧了，他私下对幕僚们说：“我曾经认为马大人用兵与我不相上下，却奇怪他屡屡败于田悦，如今看来，我不如马大人太远了啊！”德宗下诏任命徐庭光为代理殿中监兼御史大夫。

河中分为东西两城，黄河西岸的称为河西，东岸的称为河东，河中府治设在东城。八月十二日，马燧率领讨伐军进驻河西。当晚，太原堡守将吴炯弃堡垒而逃，部下全部投降。河东将士们一夜数惊，喊道：“河西军队已经穿上铠甲了！”一会儿又喊：“东城已经戒备！”不久，全军都改换旗号为“太平”二字。李怀光在这时已失去了对军队的控制力，他无计可施，只好上吊自杀。朔方军将领牛名俊割下李怀光的人头开城出降。李怀光死后，李璀果然先杀了自己的两个弟弟，然后自杀了。当时河中的军队尚有一万六千人，马燧斩杀了敌将阎晏、孟宝、张清、吴炯等七人，其余一概不予追究；将高郢和李鄘从狱中放出来，都召至自己的幕府。在讨伐李怀光的战斗中，韩游瓌部将杨怀宾作战非常勇敢，德宗下令特意赦免了他的儿子杨朝晟，韩游瓌上奏以杨朝晟为都虞候。马燧从辞别德宗之日到平定河中，仅用了二十七天。

骆元光见到韩游瓌，说：“徐庭光羞辱我的父祖，我想杀了他，马大人一定会发火的，大人能救我吗？”韩游瓌答应了。不久，骆元光在军门外见到了徐庭光，上前寒暄作揖后，突然变脸，斥责其罪，下令左右乱刀将其砍死，然后向马燧谢罪。马燧一听，勃然大怒，说道：“徐庭光已经归降，接受朝廷官爵，你不先禀报就擅自杀掉，这是目中没有统帅！”当即下令将骆元光推出斩首。韩游瓌上前劝阻说：“骆元光杀了一员裨将，大人尚且如此恼火，大人杀了一个节度使，根据法律该如何惩处？天子又会怎么想呢？”马燧听后沉默不语。浑瑊也从中请求，骆元光请求拿出一百万钱家财补充军用，换回一命，马燧这才答应。德宗担心有关部门追究骆元光专杀之罪，专门下诏要求不要再追究了。

德宗问陆贽：“河中已经平定了，还需要做什么事，一条一条上奏。”陆贽认为，河中平定之后，一定会有人说朝廷之军所向无敌，请求乘胜讨伐淮西的李希烈，而李希烈也一定会激怒和欺骗手下部众以及河北刚刚归附的李纳、王武俊、田绪、刘怦等人：“德宗奉天停战的圣旨，都是朝廷在危急时刻的权宜之计，等朝廷稍稍安定，一定会再度前来讨伐的。”如此一来，各地曾经叛乱的人就会心生疑窦，河朔、青齐将再次响应李希烈，兵连祸结，建中年间的情况会再度出现，于是，他上书称：“不可以希望屡屡能得到大福，侥幸的事也不是总能发生的。当初，陛下怀着深深悔过之心，颁布《罪己诏》，凡是听到的人，无不感动得涕泗横流，那些称王的叛贼纷纷削去王号，向朝廷谢罪；一些首鼠两端的武将也都开始忠顺，为朝廷尽力。昔日，讨伐他们反而叛乱的人越来越多，如今赦免他们而都来归顺；过去用百万之师，令天下筋疲力尽，如今以一纸诏书，而天下臣服。由此说明：圣王治理国家，臣服叛匪，靠的是德行而不是军队；节度使们不尽臣礼，抗拒朝廷军队，并非为了称王，仅仅是为了活命。所以，让别人生存，才是自己最好的生存之道；让别人安稳，才是最好的自安之术。把别人挤到死地而想自己永生，把对方挤到危险之处而想自己久安，从古到今都是没有的。那些曾经参与叛乱的将帅和士兵，被陛下盛德之言感动，洗心革面，重新向陛下称臣，然而，他们未必会深信陛下所说的话，一定会聚集起来商议，支起耳朵倾听，观察陛下的言行。如果陛下言行一致，他们向善之心会越来越牢固，一旦陛下言行不一，臣担心会再兴祸乱。朱泚灭亡、李怀光被杀，又征讨李希烈，一旦朝廷平定了李希烈，他们会感到大祸就要降临到他们头上，他们能不起疑心吗？如今，朝廷将要中兴，上天已后悔所降下的灾祸，朱泚、李怀光不到两年就相继灭亡，这确实是改弦更张之时。朝廷的威风已经显现，而恩德却尚未遍及天下，的确应该趁机施行德政，上符天恩，下和民意。臣不敢担保其归顺朝廷的，只有李希烈一人而已，我探究他的本心，他未必不愿归顺，也不会不后悔，只是因为自己已经做错，登基称帝了，虽蒙陛下宽恕，然而已再没有脸面活在天地之间了。就算他还没归顺，但已成为独夫民贼，对内已没有借口再起兵了，外面又失去了援助，他能做的也就是厚赏部众，过一天是一天罢了，内心虽然还想逞强，但形势已不允许他这样了。陛下只用命令各地守住边境，他必然黔驴技穷，士气衰竭，注定不被人暗算，就会受到鬼神的诛杀。古人所谓的不战而屈人之兵，就是这么办的。”

八月十七日，德宗下诏：“李怀光曾经立下战功，饶恕他一个男孩，使其延续李家后代，赏赐给其田宅，将李怀光的人头和尸体交其安葬。加封马燧兼侍中，浑瑊检校司空，下余众将各自论功行赏。与淮西相邻的各道，要各守边境，李希烈不入侵，就无须进攻。如果李希烈归降，将保证饶其一命，其余将士，一概不予追究。”浑瑊镇守河中，得到了李怀光的旧部，从此以后，朔方军就一分为二，一部分驻扎在邠州，由韩游瑰统领，另一部分驻扎在蒲州，归浑瑊指挥。

后人在评价德宗讨伐李怀光时，不少人觉得是一个失误。比如，王夫之在

《读通鉴论》中，说道："李怀光赴援奉天而朱泚遁，卢杞激之而始有叛心，虽叛而引兵归河东，犹曰'俟明春平贼'。据守一隅，未敢旁掠州县、僭称大号也。所恶于怀光者，杀孔巢父而已，抑巢父轻躁之自取也。德宗欲赦之，盖有自反恕物之心焉，李晟、马燧、李泌坚持以为不可，斯亦过矣。"他对比了李怀光和李希烈，认为应该讨伐的是李希烈而非李怀光，然而，李怀光占据河中，位于朝廷腹心，虽然没有李希烈那么凶顽，以当时的情形亦不可不除。

刘怦在朱滔死后，仅当了三个月的卢龙节度使，到了九月，也死了。德宗下诏以其子、行军司马刘济权且接管节度使事。刘济是刘怦的长子，史称，刘济出生时，其母难产，侍女们见刘济是条人黑蛇，都吓得魂飞魄散。等刘济长大后，异于常人。同月，中书侍郎、同平章事刘从一得了重病，屡屡上书辞职，德宗只好将其罢免，改任户部尚书，数日后，刘从一就去世了，终年四十四岁。十一月十一日，德宗再次下诏大赦天下。十二月，户部上奏称全年全国进贡的州一共只剩下150个。（按：太宗贞观十四年，唐朝全国有360个州府，1 557个县；玄宗开元二十八年，唐朝全国328个郡府，1 573个县；羁縻州郡，不在此数。户口有8 412 871个，48 143 609人，朝廷应授予百姓的土地为1 443 862顷零13亩。）

四七五 贞元二年（一）

德宗兴元元年平定了朱泚、贞元元年又平定了李怀光，大唐局势可谓是逐步向好，但是，到贞元二年，是喜忧参半，甚至是忧大于喜。

喜的是：贞元二年，李希烈被杀，朝廷终于彻底结束了持续六年之久的“四王二帝”之乱，而忧的则是：一是朝廷内部的政治斗争依然持续：韩滉与元琇争权夺利，致使崔造改革流产；司徒李晟与宰相人选张延赏势同水火；宰相刘滋、齐映无所作为。二是河朔、淮西藩镇依然故我；义成军险些发动叛乱；宣武军节度使刘洽（当时已改名为刘玄佐）也想效仿一些半独立藩镇节度使，不想入朝。三是吐蕃大举入侵。

我们先说一说朝廷内部的政治斗争。

贞元二年（公元786年）一月十一日，德宗提拔吏部侍郎刘滋为左散骑常侍，与给事中崔造、中书舍人齐映均为同平章事。与此同时，德宗罢免了原来仅存的两个宰相卢翰和李勉，以卢翰为太子宾客，以李勉加太子太保。李勉坦率俭朴，清廉好古，是宗室的楷模，在相位（包括使相）近二十年，所得俸禄都分给亲戚朋友，他礼贤下士，始终如一，只因他正直敢言，为德宗所不容，才屡屡上书要求辞职。刘滋，字公茂，是唐代著名史学家、左散骑常侍刘知几的孙子。刘滋以门荫授予太子正字，历任涟水县令、左补阙、太常卿，后累迁给事中。从德宗避难奉天，晋升太常少卿，改任吏部侍郎。当时关中大乱，各地举子无法进京应试，德宗遂以刘滋为江南典选，前往江南就地组织选举考试。刘滋拜相后，只是谦虚谨慎，退让避祸，尸位素餐而已。齐映，高阳人，原为令狐彰的掌书记，令狐彰去世前，齐映建议他上书请求朝廷派来继任者，为朝廷重新控制滑州立下了大功，此后，齐映被河阳三城使马燧征辟为判官。德宗即位后，卢杞推荐他为刑部员外郎，充任张镒的判官，出镇凤翔。李楚琳之乱，齐映、齐抗兄弟奔赴奉天，受到德宗的赞赏。德宗避难梁州时，每次经过山险，齐映都会亲自牵着御马，一次，御马受惊，狂跳不止，德宗命齐映丢掉缰绳，但齐映始终不丢。事后，德宗询问原因，齐映回答："马匹受惊，不过踢伤微臣，如果丢掉缰绳，一旦犯了圣驾，臣虽万死，岂能塞责？"德宗听了，深受感动。来到梁州，即拜其为给事中。齐映身材高大白皙，声音响亮，德宗回京之后，经常命其侍奉在身边，出行时就让他在前面宣旨，很受德宗的信任，同年即晋升为中书舍人。刘滋、齐映拜相后，刘滋端庄娴雅、沉默寡言，齐映谦和对下、平易近人，二人均无所是非，朝廷政务全都取决于崔造一人。崔造，字玄宰，年少时，与韩愈的哥哥韩会以及卢东美、张正则为友，四人均以宰辅自任，号称"四夔"。崔造与刘晏相善，刘晏被杀后，崔造也被贬为信州长史。朱泚之乱中，崔造时任建州（今福建省建瓯市）刺史，他传檄邻近各州，组织义军，德宗得知后，非常赞赏，收复京师后，德宗即下诏征调崔造入朝。因崔造的舅舅源休是叛党中的核心人物，崔造行至蓝田，上书请罪，德宗以其知礼，下诏予以安抚，拜为吏部郎中、给事中。德宗因崔造敢作敢为，破格将其提拔为宰相。

崔造长期在江南任职，对各转运使欺上瞒下、营私舞弊的种种弊端十分清楚，遂上奏废除各道水陆转运使以及度支、巡院、江淮转运使，由各道观察使、本州刺史挑选官吏负责组织、转运本地进贡的钱物；朝廷方面，宰相分管尚书六部，度支、盐铁事务，交给尚书省本部门负责管理，以户部侍郎元琇判诸道盐铁、榷酒等事；户部侍郎吉中孚判度支及诸道两税事；宰臣齐映判兵部承旨及杂事；宰臣李勉判刑部；宰臣刘滋判吏部、礼部；崔造自己判户部、工部。崔造这一措施与五年前杨炎的措施如出一辙，反映了纵向领导与横向地方长官之间的矛盾冲突，朝廷设置盐铁等使的目的就是要提高效率，限制地方官员的权力，把财政大权相对集中起来，然而，这种集中削弱了地方官员的权力，二者发生矛盾在所难免。当时关中连年旱灾，民间已非常饥荒，国库中也没有多少存粮，军民都饿得又黑又瘦，甚至有的禁军将士在街上大喊："把我拘禁在军中，又不给吃的，难道我犯法了吗！"德宗对当时的情况非常担忧。恰巧韩滉送来的三万斛大米运至陕州，李泌赶忙上奏。德宗听后大喜，匆匆忙忙跑到东宫，对太子李诵说道："大米已经运至陕州了！你我父子有救了！"当时，宫中已禁止用粮食酿酒了，德宗派人从市场上买来水酒以示庆祝，又派中使赶赴神策六军告知了这一消息，士兵们都高呼万岁。至此，长安集市上才出现了酒醉之人，时人竟以此当成一种祥瑞。人们长期挨饿，突然吃一顿饱饭，肠子断裂，五分之一的人都因此死了。数月之后，人们的肤色才逐渐恢复了常态。

崔造与元琇私交很好，所以让元琇负责盐铁，而德宗还依靠韩滉的江南粮食救急，就不愿过分得罪他，加之韩滉素有威名，就没有另外增派转运使，而是让其兼任江淮转运使，负责转运事务，而元琇却认为韩滉个性太强，难以共事，遂上书德宗令韩滉负责督运江南大米到扬子，全程仅十八里，而扬子以北都由自己负责，韩滉大怒。元琇又见京师钱币贵重，建议将江东的四十余万贯钱运至京师，韩滉已对元琇非常恼火了，他见又是元琇出的主意，立马反对，谎称："将一千钱运至京师，费用高达上万，得不偿失，于国有害。"德宗询问元琇，元琇回答："一千钱的重量大约与一斗米相当，从江南水路运至京师，一千钱的运费不过三百，哪有上万？"德宗听后，就派遣中使携带手诏命令韩滉运送，但韩滉坚决不从，并上书指斥元琇的罪过。德宗不得已只好解除元琇的职务，改任其为尚书右丞。贞元二年十一月，韩滉入朝。当时，刘玄佐（刘洽）把李希烈赶走后，就驻节汴州，也像其他各道节度使一样，长期没有入朝。韩滉途经汴州，刘玄佐敬重他的才能和声望，以下属官员的礼节晋见。韩滉与其约为异姓兄弟，请求拜见其母。刘母很是高兴，设宴款待韩滉，酒过三巡，韩滉问道："贤弟何时入朝啊？"刘玄佐说："我早就想入朝了，只是财力不足啊。"韩滉说道："我有这个能力，伯母头发斑白，不可令老母异日带着家里妇女沦落到宫中干苦力啊！"其母听了，不禁悲不自胜。韩滉遂送给刘玄佐二十万钱，替他准备行装。在韩滉留在汴州的三天里，拿出大量钱财、绸缎赏赐给宣武军队，引起全军轰动。刘玄佐对韩滉非常佩服，派去偷听韩滉的细作向刘玄佐汇报，称韩滉对孔目吏盘问得非常仔细，每天开支多少，用到何处都逐一落实。刘玄佐听了，笑道："我明白了。"十六日，刘玄佐和陈许节度使曲环一起动身入朝。

崔造改变了原有的钱粮转运之法，原来设置的各种特使，执行已久，都已成了习惯，很多事情完成不了。元琇被调任后，崔造又忧又惧，竟染上疾病，也不上朝了。等韩滉入朝后，同时带来了大批粮食、钱物，德宗非常高兴，称赞韩滉的功劳，朝议也认为，崔造所言虽然是旧例，但在如今施行起来效果不好。德宗遂于十二月二日，任命韩滉兼任度支、各道盐铁、转运等使，崔造实施半年多的改革也就全部被废止了。韩滉见自己得到德宗的宠信，遂开始公报私仇，屡屡在德宗面前说元琇的坏话，十二月五日，德宗将崔造罢相，贬为右庶子，将元琇贬为雷州司户，任命吏部侍郎班宏为户部侍郎、度支副使。崔造也于次年九月病死了。朝廷群臣都认为对元琇的处罚太重，尚书左丞董晋对宰相刘滋、齐映说："元左丞突然被贬，却不知犯了什么罪，用刑一滥，谁不畏惧？何不奏请三司审理？"刘滋、齐映只是自我检讨而已。给事中袁高上书替元琇辩护，韩滉污蔑袁高与元琇是朋党，袁高也因此获罪。

四七六　贞元二年（二）

说完了韩滉与崔造、元琇之间的争斗，我们再说一说李晟与张延赏之间的矛盾。

李晟和张延赏二人的过节发生在五年前。如前所述，当时德宗刚刚即位，吐蕃就向西川发起了进攻，德宗命令李晟率领神策军入川，取得大胜。李晟滞留成都期间，看中了一名叫高洪的军营伎女，等到奉命回京时，就私自将这名伎女带出了成都。张延赏听说后，不禁大怒，当即命令将吏把这名伎女追回。此事让李晟很没面子，怒形于色，但又无可奈何，二人遂产生矛盾。

张延赏个人还是颇有能力的。从天宝末年，杨国忠拜相后，就用兵南诏，蜀地百姓负担非常沉重，此后，玄宗又避难成都，再后来，郭英乂又奸淫崔宁的妻妾，发生了崔宁之乱，崔宁与杨子琳等人打仗，等到崔宁受到朝廷的认可后，又骄奢淫逸，因此，蜀地残破，法度荡然无存。德宗即位后，将张延赏从荆南调至西川，张延赏轻徭薄赋，一切按制度办事，数年来，蜀地百姓生产生活得以恢复，逐渐富庶。德宗在梁州避难期间，张延赏竭尽全力，供应了大批资财，为德宗顺利返京提供了充足的后勤支持，给德宗留下了深刻的印象。所以，去年九月刘从一病重后，德宗就下诏要任命剑南西川节度使张延赏为中书侍郎、同平章事。然而，李晟听说后，上书直斥张延赏的罪过，坚决反对。李晟刚刚立下大功，德宗不想违背他的意思，只好收回成命，改任张延赏为尚书左仆射。然而，李晟这一自私的冲动表现，不仅让德宗很没面子，开始对他有了看法，而且深深地刺伤了张延赏的心，让张延赏怀恨在心，也为以后张、李将相不和埋下了伏笔。调回张延赏后，德宗又提拔韦皋为西川节度使。

工部侍郎张彧是李晟的女婿。李晟在凤翔期间，又把另外一个女儿嫁给了幕僚崔枢，李晟非常看重崔枢这个新女婿，对他的礼遇超过了张彧，这让张彧很是不满，遂投入李晟的对头张延赏的怀抱。给事中郑云逵曾经担任李晟的行军司马，不得李晟的欢心，也投靠到了张延赏的门下。德宗对李晟也颇为忌惮，正巧，吐蕃已在贞元二年下半年向唐朝发起了进攻，吐蕃方面深知要想击败唐朝，就必须除掉李晟、浑瑊、马燧三位良将，遂使出离间之计，派人散布谣言，诽谤李晟。张延赏等人瞅准机会，一窝蜂地向德宗上书，诬陷李晟。李晟听说后，十分忧虑，昼夜哭泣，眼睛也哭肿了，他把身边的儿子、兄弟们全部送回京师，以消除德宗的疑心，又上书请求辞去一切官职，削发为僧。德宗下诏安慰，没有答应。贞元二年十二月十六日，李晟从前线回到长安，觐见德宗，自称患上脚病，恳请辞去节度使一职，但德宗没有同意。此时，韩滉正得德宗的欢心，又与李晟是好友，德宗就让韩滉和刘玄佐找到李晟，命李晟与张延赏释怨和好。李晟同意了，韩滉等人就带上张延赏一起来到李晟家中道歉，二人结为异姓兄弟，饮宴尽欢而去，接着，四人又分别来到韩滉和刘玄佐家中喝了两次。韩滉又让李晟上书推荐张延赏担任宰相。

贞元三年（公元787年）一月十七日，德宗以尚书左仆射张延赏为同平章事。李晟替儿子向张延赏的女儿求婚，但张延赏没有答应。遭到拒绝后，李晟十分感慨，他对人说："我们武夫性格直率果决，一场酒下来就能忘掉昔日的仇怨，不再放在胸中了，不像那些文人那么难缠，表面上虽然说和解了，却依然心存芥蒂，与往常一样，我岂能不担心？"其实，李晟也许只看到了问题的一个方面，在张延赏看来，就算是李晟推荐了自己，对他也不会感激的，这是因为，德宗原本就要让自己当宰相，是李晟从中插一杠子，才让自己晚当了一年，就算他不推荐，这个职位也是德宗内定好了的，因此，张延赏不会出于感激而与李晟结亲，这是其一。其二，李晟功高震主，以张延赏的眼光，自然能够觉察出德宗已经对李晟心存猜忌了，自己与李晟结亲，风险很大。其三，自古以来，君主与朝臣之间的关系就非常微妙，既不能让朝中重臣们结成铁板一块，威胁到皇权，又不能让他们相互倾轧得太厉害，过度内耗，影响朝廷稳定。国难当头，德宗让李晟与张延赏和好，就是为了维护朝廷内部的稳定，但德宗并没有让李晟与张延赏结亲，如果将相走得太近，势必引起德宗的恐慌，对李晟和张延赏两家都是不利的。从这一点来说，张延赏拒绝李晟，未必不是替双方着想，李晟虽然会打仗，但毕竟是个武臣，对帝王心术揣摩得还是不够。

贞元二年朝中的政争主要就是围绕着韩滉与崔造、元琇以及李晟与张延赏这两条主线进行的：前者，因朝廷依赖韩滉的江南粮食而以崔造罢相、元琇贬官、韩滉胜出告终，后者，因国难当头，李晟、张延赏暂时和解，李晟降低姿态，张延赏拜相而告一段落。

说完了朝中的局势，我们再说一说这一年国内发生的大事——那就是李希烈的覆灭。

贞元元年李希烈还发动一些攻势，但到贞元二年就显出颓势了。贞元元年三月，当朝廷集中精力讨伐李怀光时，李希烈乘虚派兵攻陷了邓州（今河南省邓州市）。四月，德宗以曹王李皋为荆南节度使，率军北上，李希烈部将李思登以随州投降。五月，刘治改名为刘玄佐，六月，德宗以其为兼汴州刺史。刘玄佐性格豪爽，轻财重义，对将士非常优厚，致使辖区百姓日益穷困，从李忠臣到刘玄佐，汴州士兵也逐渐骄横。刘玄佐又宠信小吏张士南和养子乐士朝，而乐士朝又与刘玄佐的爱妾私通。刘玄佐镇守汴州时，李纳的使者每次前来，刘玄佐总是以重金、美女进行拉拢，所以探听到李纳很多内情，能提前做出应对准备，李纳对他非常忌惮。

贞元元年八月，朝廷平定了李怀光之后，德宗听从陆贽的建议，对李希烈置之不理。到贞元二年年初，李希烈部将杜文朝率军进攻襄州，二月，山南东道节度使樊泽将其击败，生擒。三月，李希烈的部将进攻郑州，义成军节度使李澄将其击破。李希烈兵势渐弱，又染上疾病，到了四月七日，李希烈的大将陈仙奇指使大夫陈山甫将李希烈毒死，并趁机举兵将李希烈的妻子、兄弟全部杀死，率部投降。二十五日，朝廷任命陈仙奇为淮西节度使。至此，持续两年零四个月的李希烈之乱被平定。

然而，淮西长期脱离中央直接领导，淮西军民并无多少忠义之心，淮西兵马使吴少诚素来凶狠狡诈，是李希烈的心腹，为了替李希烈报仇，到了七月，吴少诚又杀了陈仙奇，自称淮西留后。德宗以儿子、虔王李谅为申州、光州、随州、蔡州节度大使，以吴少诚为淮西留后；又以陇右行营节度使曲环为陈许节度使。多年来，陈州和许州饱经战乱，百姓流离失所，曲环到任后，身先士卒，勤俭节约，政令宽和，赋税平均，数年之间，兵粮开始充足。

李希烈虽然死了，可是，其心腹吴少诚擅自诛杀了被朝廷承认的节度使陈仙奇，自己当上了淮西留后，淮西还是国中之国，换汤不换药。但朝廷毕竟收回了汴州、许州等地，淮西也在表面上接受了朝廷的领导，朝廷也只能承认现状。

淮西刚刚平定，叛降不定的滑州又出现了问题。

八月二十七日，义成军节度使李澄去世，其子李克宁也想按照河朔故事，父死子继，遂秘不发丧。九月四日，李克宁才发布其父去世的消息，杀了行军司马马铉，身穿丧服处理政务，增兵把守城门。刘玄佐率领宣武军进军境上，并派使者反复劝说，李克宁才不敢继位。十一日，德宗下令任命东都留守贾耽为义成军节度使。李克宁将府库中的财物劫掠一空，趁夜逃出了滑州，途中士兵们尾随抢劫，到天明，李克宁搜刮的财物几乎被抢光了。贾耽上任后，当时有数千淄青士兵途经滑州，有人对贾耽说："李纳虽然表面上服从朝廷，但内心怀有兼并我滑州之志，还是让他们住在城外吧。"贾耽回答："与人相邻，为何让人家的士兵住在野外呢？"遂让淄青军住在了城内。贾耽经常带着百余骑兵在李纳境内打猎，李纳听说后，大喜，对贾耽的度量非常佩服，也不敢生出二心。

贞元元年平定李怀光，贞元二年平定李希烈，从建中二年持续六年的"四王二帝之乱"终于被平定了。这场大乱，不啻第二次安史之乱，给予李唐王朝又一沉重打击，德宗也几乎成了亡国之君。大乱之后，各地虽然在表面上服从朝廷的领导，但淄青的李纳、魏博的田绪、恒州的王武俊、幽州的刘济、淮西的吴少诚依然故我，朝廷也已无力征讨了，只好听之任之。

四七七 吐蕃再犯

当皇帝的确不是个好活，当一个乱世中的皇帝更是如此。

贞元二年，当德宗刚从“四王二帝”这场大乱中缓过神来，吐蕃人就来了！

建中四年德宗回到长安拒绝了吐蕃的请求，吐蕃人经过近两年的准备，于贞元二年八月向唐朝发起了大举进攻。八月三十日，吐蕃次相尚结赞亲率大军，入侵泾州、陇州、邠州、宁州，抢掠人口牲畜，破坏庄稼，关中一片震动。德宗下诏命令浑瑊率领一万人马，骆元光率领八千人进驻咸阳。《旧唐书·吐蕃传》称：“左金吾将军张献甫与神策将李升昙、苏清沔等统兵屯于咸阳，召河中节度骆元光率众戍咸阳以援之。”关中局势再度吃紧，这也许就是德宗命令韩滉、刘玄佐、曲环进京的直接原因。

九月一日，德宗下诏禁卫军的十六军各自设置一个从二品的上将军，以安抚功臣们。又改神策左右厢为左右神策军，殿前射生左右厢，改为殿前左右射生军，各设两名正三品的大将军、两名从三品的将军。此时，吐蕃的侦察骑兵已进抵好畤（今陕西省永寿县西南）。九月十九日，京师戒严，德宗又派遣左金吾将军张献甫率部进驻咸阳。民间传言德宗要再次逃离长安避难，齐映对德宗说：“外面传闻陛下已经整装，准备出发，人心不稳。大福不可能再次来临，陛下为何不与我们商量商量呢？”遂跪地流泪，德宗也为之动容。德宗又下诏派遣左监门将军康成出使吐蕃。过去，吐蕃大相尚结赞屡屡派人请求与唐朝谈判双方疆界，康成行至上砦原，与尚结赞相见，尚结赞派使者论乞陀与康成一起来到长安。

李晟派遣部将王佖率领三千勇士埋伏在汧城（今陕西省千阳县）。他告诫王佖说：“敌人经过城下时，不要打他的先头部队；就算你打败了他们的先头部队，他们全军而来，你是抵挡不住的。不如等他们前军过去之后，见到他们军中的五色旗以及身穿虎豹军服的，那就是他们的中军，你再出其不意发起进攻，一定能取得大捷。”王佖依计而行，果然大破吐蕃军，副将石廷玉苦战阵亡。唐军将士不认识尚结赞，尚结赞才得以侥幸脱身。

尚结赞当然知道是李晟的手下打败了自己，后撤途中，他对部下们说：“大唐的良将只有李晟、马燧、浑瑊三人而已，我将设计将三人除掉。”他退入凤翔境内后，禁止部队抢掠，还派遣两万人马来到凤翔城下，对城上唐军说道：“李令公召我来此，为何不出城慰问我们？”住了一夜后才离去。十月七日，李晟派遣蕃落使（少数民族军队统领）野诗良辅与王佖率领五千步骑北上偷袭吐蕃后方的摧沙堡（今宁夏回族自治区固原市西北）。十六日，唐军在北上途中，与两万吐蕃军队遭遇，唐军奋勇冲杀，将这股敌人击败。唐军乘胜追击，一直杀到摧沙堡下，并一举将其攻克，斩杀吐蕃守将扈屈律悉蒙等七人，并焚烧了吐蕃储存在那里的辎重财物。尚结赞率领本部人马从宁州、庆州方向北撤，十七日，吐蕃人在合水（今甘肃省庆阳市东）安营扎寨。邠宁节度使韩游瓌派遣部将史履程趁夜劫营，杀死数百敌人后撤回。吐蕃人发兵追赶，韩游瓌在平川列阵迎战，暗中派人在西山擂鼓。吐蕃人大惊，误以为唐军已直插到其侧后方，慌忙丢掉抢来的财物逃去。

劫掠了关中腹地，尚结赞选择距离长安遥远、防守相对薄弱的盐州、夏州等地作为主攻方向。十一月十五日，吐蕃军队进攻盐州（今宁夏回族自治区盐池县），对刺史杜彦光说：“我只是想得到城池，听任你带领城内军民撤离。”杜彦光自知不敌，只好率众逃奔鄜州（今陕西省富县），吐蕃人遂占领了盐州。拿下盐州后，吐蕃军队继续杀向东北方向的夏州（今陕西省靖边县）。他们依然采取对付盐州的策略，命刺史拓跋乾晖率众而去。拓跋乾晖是党项人，他的孙子拓跋思恭在唐末成为定难军节度使，北宋中期，拓跋思恭的后裔李元昊又建立了西夏国。接着，吐蕃军队又北上进攻银州（今陕西省榆林市），银州素来没有戒备，也没有城墙，吐蕃人到来后，城内军民顿时崩溃，但吐蕃人也没有占领，转而又攻下了麟州（今陕西省神木市）。夺取四州后，尚结赞只在战略位置相对重要的盐州和夏州各留下一千守军，就率军退至鸣沙（今宁夏回族自治区中卫市东）了。

盐州盛产食盐，对唐朝具有很大的经济价值，韩游瓌上书德宗请求发兵夺回盐州，如果吐蕃援救，就从河东出兵袭击他的后背。十二月十一日，德宗命令华州潼关节度使骆元光和与曲环一起进京的陈许兵马使韩全义率领一万两千步骑，与邠宁军队会合，直扑盐州；又命令马燧率领河东军队西击吐蕃。马燧领兵进驻石州（今山西省吕梁市离石区），河曲六胡州的胡人纷纷投降，马燧将他们迁到云州（今山西省大同市）和朔州（今山西省朔州市）一带。

贞元三年（公元787年）春，德宗以检校左庶子、兼御史中丞崔澣为入吐蕃使出使吐蕃，不久，又派遣左庶子李铦前去谈判。尚结赞的这次进攻纯属试探性质，他没有料到会遭到唐军如此顽强的抵抗，只好避实击虚，攻克了边远的盐、夏等州，然而，从去年冬天到今年春上，死了大批羊马，军粮供应不上。尚结赞又听说马燧、浑瑊等将各自率军赶来，非常害怕，多次派使者求和，但德宗没有答应。尚结赞又派遣其大将论颊热携带丰厚的礼物来见马燧，请求重申四年前的清水之盟，并归还侵占的土地。马燧听信了他的话，就停在了石州，不再西渡黄河，并请求德宗答应尚结赞。李晟反对道："吐蕃人言而无信，不可答应。"韩游瑰也说："吐蕃力量弱小时，就来求盟，强大后就来进攻，如今，他们深入塞内而求盟，这一定有诈！"韩滉也支持李晟的意见，他说："如今两河无忧，如果我们整修原州（今宁夏回族自治区固原市）、鄯州（今青海省海东市乐都区）、洮州（今甘肃省临潭县）、渭州（今甘肃省陇西县），令李晟、刘玄佐等人率领十万人马驻守，那么，河湟二十余州就可收复。所需物资，臣请求负责筹措。"德宗征求刘玄佐的意见，刘玄佐表示同意。德宗听了，遂没有答应马燧的请求，下令各路人马速速进军。

马燧请求与吐蕃使者论颊热一起入朝讨论此事，恰巧就在这时，韩滉去世了。韩滉一死，反对与吐蕃和解的李晟就失去了一个强有力的支持者，而马燧、张延赏等人都与李晟不和，故意提出不同意见，争相称和解有利。德宗一直痛恨回纥人，也想与吐蕃和解，然后一起讨伐回纥，听了马燧和张延赏二人的意见，正合已意，于是改变了主意。为了打击李晟，张延赏屡屡在德宗面前说："李晟不适合长期统率军队，请求以郑云逵接替他的职务。"德宗也判断李晟是为了把持兵权才反对与吐蕃议和的，而这恰恰说中了德宗的心病，不过，他虽然对李晟心存猜忌，但也不愿把李晟得罪得太苦，就对张延赏说："应当让他自己挑选继任者。"而后，德宗召来李晟说："朕因百姓之故，已决定与吐蕃和解了。大臣（对李晟的尊称）既然已经与吐蕃有怨，就不宜再继续留在凤翔了，应该留在朝廷，时刻在朕身边辅佐，你可以自行选择一人镇守凤翔。"李晟就推荐了都虞候邢君牙。邢君牙是乐寿人。自幼从军幽州，以战功历任果毅、折冲郎将、平卢兵马使。在安史之乱中，他随平卢节度使侯希逸渡海来到青州。田神功讨伐刘展时，邢君牙作战有功，晋升为光禄卿。田神功成为兖郓节度使后，派邢君牙领防秋兵镇守好畤。唐代宗永泰元年吐蕃攻陷长安后，邢君牙率军护驾，被编入神策军，隶属于李晟，深得李晟的信任。李晟担任凤翔节度使后，以邢君牙为留后，他处理军府事务，得心应手，内外井井有条。贞元三年三月二十二日，德宗下诏任命邢君牙为凤翔尹兼任团练使。次日，德宗加授李晟为太尉、中书令，仅保留上柱国勋阶、西平王爵位，其余兼职全部罢免。德宗和张延赏罢去了李晟的兵权，令很多大将非常寒心，当初韩滉建议刘玄佐担任收复河湟之地的重任，刘玄佐也答应了，但等看到李晟受到排挤后，刘玄佐就打了退堂鼓，他上奏称："如今吐蕃正强，不可与之争锋。"张延赏见刘玄佐不为朝廷所用，就向德宗推荐了李抱真，但李抱真同样坚决推辞，再也不想替朝廷卖命了。

四七八 吐蕃劫盟（一）

李晟是个光明磊落之人，他对国家忠心耿耿，不以个人荣辱得失挂怀。

当初，还在凤翔时，他就曾对幕僚们说：“魏征喜欢直言劝谏，令太宗皇帝成为尧舜一样的圣王，真是一位忠臣啊！我内心对他非常仰慕。”行军司马李叔度说：“那都是儒生所为，不是像您这样的大功臣该做的。”李晟顿时严肃起来，说道：“司马，你可是失言了！《左传》说过：‘邦有道，危言危行。’如今，圣上圣明，我身兼宰相、大将，明知朝廷的得失却又不说出来，有什么资格当大臣！采纳与否，完全在皇上啊。”李叔度一脸惭愧而退。等到李晟留在朝廷后，每次德宗征询他的意见，他总是知无不言，言无不尽，然而，他又谨慎沉默，从来不曾把朝廷机密透露给他人。他明察秋毫，在军中时，即便是一个普通士兵有什么长处，他都记得清清楚楚，常常说，某人有什么功劳，某人会干什么事等。他还亲近良善，疾恶如仇，这完全出乎天性，尤其憎恨自己的部下被朋党陷害。通王府长史丁琼也受到张延赏的排挤，心生怨恨，遂求见李晟说：“太尉功业很大，尚且被罢去兵权，自古功高，没有善终的。一旦国家出现什么变故，我愿意追随在您的左右，狡兔三窟，还请大人早做准备。”李晟听后大怒，说道：“你岂敢口出如此不祥之言！”遂将丁琼抓起来，并禀报德宗。

崔澣见到尚结赞，责问他违背盟约、入侵夏州盐州的原因。尚结赞狡辩说：“我的本意是界碑倒了，担心两国会背弃盟约、相互侵扰，所以才来到境上，打算修复旧好。其次是，我们前年击败朱泚，还未获得赏赐，所以才来。等到我们来到泾州，节度使却闭城固守，不给我们传话，而后我们又来到凤翔，请求与李令公联系，又没有被接受。等到皇帝派来康成、王真，二人均不能完成大国的使命。我每天都盼望你们派来大臣接洽，可一直等不到，所以我才率军归国。至于盐州夏州之军，是这两个州害怕我们，主动请求要把城池交给我们，并非我们攻陷的。两国盟会日期和场所，都由你们决定。你回去上奏，你们决定盟约后，我一定归还盐州和夏州。”又说：“清水之盟时，一起盟誓的人数太少了，因此盟约不牢固。如今，我们决定宰相、大将一共二十一人前往，浑瑊侍中与他们共过事，一定知道他们都是忠诚可靠之人。灵州节度使杜希全性格和善，连我们都知道，请求令他主持盟约，另外，泾州节度使李观也来。”在鸣沙期间，崔澣贿赂吐蕃军中的杂役，获取了他们的军中的绝密情报：吐蕃军队只有五万九千余人、八万六千多匹马，真正能够作战的仅有三万人，其余将近一半的人都是童子军，仅仅充个人数罢了。

三月二十七日，马燧与吐蕃使者论颊热一起入朝，盛言吐蕃人靠得住，恳请德宗与之盟约，德宗遂同意了。马燧一入朝，各军都停止了行动，均闭垒不战，尚结赞得以从鸣沙逃回国内，吐蕃部众马匹死了很多，很多人没了马，只好徒步行军。四月十二日，崔澣回到长安。十七日，德宗又任命崔澣为鸿胪卿，再度出使吐蕃，对尚结赞说：“杜希全需要守丧，不能出境，李观已经改任他处，如今朝廷派遣浑瑊与你们结盟。”约定五月二十四日结盟，并要求吐蕃人先归还盐夏二州。（按：实际上，杜希全和李观并非如德宗所言，由此可知，德宗当时没有派杜希全和李观前往，也是做好了两手准备的。）

五月一日，浑瑊奉命从咸阳入朝，被德宗任命为清水会盟使。五日，德宗又以兵部尚书崔汉衡为副使，司封员外郎郑叔矩为判官，特进宋凤朝为都监，参加会盟。六日，浑瑊率领两万余人马赶赴会盟地点。浑瑊出发前，李晟告诫他，在会盟场所一定要严加戒备。张延赏向德宗禀报说：“李晟就是不想让会盟成功，所以才告诫浑瑊严加戒备。我方如果显出怀疑对方的姿态，对方就一定会反过来怀疑我们，会盟岂能成功？”德宗就把浑瑊召来，强调对待吐蕃人要推心置腹，千万不能心生猜疑，辜负了人家的诚意。

不久，尚结赞派论泣赞来称：“清水不是一个吉祥之地，请求在原州的土梨树会盟，结盟后就归还二州。”德宗全部答应。神策军将领马有麟上奏称：“土梨树地势险恶，恐怕吐蕃会有伏兵，不如平凉川（今甘肃省平凉市西北）平坦安全。”当时论泣赞已经返回，德宗命人快马追上告知。浑瑊上奏称吐蕃人定于闰五月十九日作为会盟日期，张延赏集合百官，宣称奉德宗之命将浑瑊的奏表公开展示，他对大家说：“李太尉断言与吐蕃的会盟肯定不会成功，这可是浑侍中的奏表，会盟的日期已经定下来了！”李晟听说后，哭着对亲信说：“我是在西部长大的，熟悉吐蕃人情，才提出自己的看法，只是为朝廷被吐蕃人欺辱而感到羞耻啊！”正如李晟所料，尚结赞提出的这次会盟完全就是一个圈套，他的计划是：利用会盟，劫持浑瑊、骆元光和李观这三个镇守关中的大将，而后长驱直入，一举攻克长安。

显然，唐德宗、浑瑊、马燧、张延赏等唐朝决策层都中了尚结赞的圈套，德宗只是命令骆元光驻扎在潘原（今甘肃省平凉市东），韩游瑰驻扎在洛口（今甘肃省庄浪县东南），以备不测。骆元光对浑瑊说道：“我本来奉诏在潘原堡接应侍中，但我私下盘算潘原距离平凉川六七十里，吐蕃人狡诈难测，大人一旦出现危急，我怎能知道！请求与大人一起前进！”浑瑊拿出德宗的诏书，坚决制止。骆元光不从，依然与浑瑊所部一起前进，浑瑊的部队驻扎在距会盟地二十里的地方，骆元光的部队距离会盟地三十余里。等到浑瑊出发前往会盟地后，骆元光即下令军队严阵以待，命令将士们构筑了坚固的工事，而浑瑊军却不以为意，他们开挖的壕沟、构筑的栅栏，人人都可以轻松跨越。骆元光在营寨西侧提前埋下伏兵，韩游瑰也派来五百骑兵增援，他吩咐道：“如果出现意外，你们就直扑柏泉（今甘肃省平凉市西北），以分散敌人。”

原本尚结赞和浑瑊的约定是：在会盟时，双方各自安排三千人分别置于会盟坛的东西两侧，另有四百人随从主盟人来到坛下，但等将要会盟时，尚结赞又提出双方各自再派数十名侦察骑兵到对方处进行侦察，以免对方心怀不轨，浑瑊也都答应下来了。吐蕃人在会盟坛的西侧埋伏了数万精锐骑兵，他们的侦察骑兵在唐军中穿行无阻，而唐军将领梁奉贞率领六十名骑兵刚一进入吐蕃军中，就被吐蕃人拿下，而浑瑊等人对此却一无所知。尚结赞又派人对浑瑊说：“请求侍中以下人员都身穿朝服待命。”其目的是引诱浑瑊等人下马，劫持他们。浑瑊与崔汉衡、监军特进宋凤朝等人相继进入大帐，毫无戒备，突然，尚结赞下令擂响战鼓，吐蕃大军呐喊着朝会盟地扑来。浑瑊顿时感到不妙，慌忙逃出大帐，见到帐外一匹战马，一跃上马，狼狈而逃。吐蕃人冲入大帐，一阵砍杀，将都监宋凤朝等人砍死。浑瑊把身子伏在马背上，抓住马鬃，一边狂奔，一边试图将马勒套到马嘴上，逃了十余里才套上，后面的追兵纷纷射箭，但流箭从他的身边擦过，竟然没有伤到他。浑瑊的侍卫亲兵不战而逃，唯独裨将辛荣组织起数百人，占据北面高坡与敌人接战，不久，吐蕃人将他们团团包围，辛荣见寡不敌众，只好投降。吐蕃人纵兵追击，浑瑊的判官韩弇也为乱兵所杀。崔汉衡、宦官刘延邕、俱文珍、李清朝以及崔汉衡的判官郑叔矩、路泌，掌书记袁同直，大将扶余准、马宁及神策、凤翔、河东大将孟日华、李至言、乐演明、范澄、马弇等六十余人均被吐蕃生擒。其余将士以及随行农夫被杀的有四五百人，被俘获的有一千余人，全部被吐蕃人剥去衣服。

浑瑊狼狈东逃，还没逃到自己的军营，守将李朝彩无法控制军队，手下将士一哄而散。等到浑瑊来到军营时，只见军营已经是空无一人了，地上遗弃了大批武器辎重。吐蕃追兵一路赶来，突然发现骆元光的伏兵出现在视线之内，顿时一阵错愕，这时，浑瑊已进入骆元光的营中，吐蕃骑兵又见韩游瑰的邠宁骑兵纷纷西去，唯恐后路被断，只好撤退。骆元光先命辎重先撤，然后与浑瑊一起整军而还。

四七九 吐蕃劫盟（二）

当天（闰五月十九日），在长安的德宗还对这次会盟寄予了厚望。

他兴致勃勃地主持朝会，对众位宰相说：“今日与吐蕃和好，真是社稷之福啊！”马燧回答：“是啊！今日会盟，百年内将不会再有吐蕃入侵了。”柳浑说道：“吐蕃人面兽心，不是盟誓所能约束的。今日之事，臣甚为担忧啊！”李晟也说道：“臣生在边地，深知吐蕃人心，今日之事，确实如柳浑所言。”德宗顿时沉下脸来，呵斥道：“柳浑一介书生，不懂边防，你作为大臣也口出此言吗？”众人见德宗发火了，都跪地叩头道歉，朝会不欢而散。当晚三更，韩游瑰的紧急军报送到了德宗的手上，军报上称：“吐蕃劫盟，军队覆没，已兵临我镇［邠州（今陕西省彬县）］！”德宗大惊失色，来不及找来宦官，当即令巡街御史把军报送给柳浑。第二天一清早，德宗对柳浑说：“爱卿虽然是书生，却能如此精准地判断敌情啊！”这一次，他又想逃出长安，幸赖群臣劝阻才作罢。柳浑过去叫柳载，朱泚之乱中，柳浑辗转逃到奉天，被任命为左散骑常侍，朱泚怀疑柳浑还在长安附近，就虚加他为宰相。等到朱泚败亡后，柳浑上书德宗称：“不久前我的名字受到逆贼的玷污，我也不愿再称旧名了，并且原名带‘戈’字旁，如今该偃武修文，请求改名为浑。”贞元二年，柳浑被拜为兵部侍郎，封宜城县伯，三年加同平章事，负责门下省。当时，德宗命工匠做一条玉带，在制作过程中，工匠不小心弄坏一块玉料，又从市面上买了一块补上，等到玉带做好后，德宗发现其中一块与其他不同，追问之下，工匠只好认罪。德宗下令将工匠处死，诏书下到中书省，柳浑反对道：“陛下当时杀了也就杀了，现在安排有关部门处理，就需要依法办事。”以误伤皇帝服饰、器玩判令杖打工匠六十棍，其余工匠予以释放，德宗最终同意了。柳浑又上奏称：“前尚书左丞田季羔公正忠诚，先朝旧臣，长安内从隋朝留下来的旧宅只剩田氏一家了。如今，他的堂侄上书要求把旧宅卖掉，换钱买马，协助朝廷讨伐吐蕃，一旦开了这个头，恐怕会滋长奸诈之事。讨伐敌人，朝廷自有办法，岂能依靠这些侥幸之徒？”德宗也表示同意。韩滉入朝后，朝廷对其非常看重，每次轮到他入宫奏事，德宗与他能交谈终日，别的宰相都被架空了，至于朝廷其他官员唯恐犯错受罚，更是不敢与韩滉对立。柳浑虽然是韩滉推荐的，却对他专权深感不满，曾严肃地埋怨道：“您的父亲当宰相时苛察，没当一年就罢相了，如今，您在办公场所竟然把下属活活打死，况且，那里也不是惩处人的处所，你为何要重蹈覆辙呢？只想自己作威作福，这怎是君臣之礼！”韩滉听后，深受震动，收敛了一些。李晟的大安园里种了很多竹子，有人散布谣言说：“李晟在大安亭埋下伏兵，想趁乱图谋不轨。”李晟听说后，赶忙命人把竹林砍光。

二十一日，德宗派遣宦官王子恒携带诏书送给尚结赞，但吐蕃边防军拒绝接纳，王子恒只好返回。浑瑊留住奉天。二十二日，尚结赞回到故原州（今宁夏回族自治区固原市）。当初，吐蕃乱兵大肆砍杀唐朝官兵时，崔汉衡的侍从吕温用自己的身体挡住崔汉衡，结果吕温被大刀砍伤，而崔汉衡幸免于难。崔汉衡用吐蕃话喊道：“我是汉使者崔尚书，尚结赞对我很好，如果你们杀我，尚结赞还会杀了你们。”吐蕃人遂将其拘禁起来，用三根绳子把他们捆绑在一根木棍上，再用绳子把他们的头发固定在这根木棍上。夜里，吐蕃人就把他们放到地上，把捆绑头发的那根绳子固定在地上，再用毛毯盖在他们身上，吐蕃人睡在毛毯上，以防他们逃脱。崔汉衡等人被送到原州，尚结赞坐在大帐内，召见他们，指出唐朝很多不对之处，说道：“武功之捷，都是我的功劳，当初你们答应把泾州和灵州送给我，但都自食其言。你们太对不起我们了，致使我们举国愤怒，这次劫盟本来就是要抓获浑瑊的，我将用金子装饰的枷锁把浑瑊锁住送给赞普。既然已经让他给逃了，才错误地抓住了你们，我将会把你们安全送回的。”尚结赞见吕温身负重伤，对吕温的忠义之举十分赞赏，赏赐给他很多财物。尚结赞又对马燧的侄儿马弇说：“我们胡人以马为命，我当时在河曲时，春草未生，马虚弱得抬不起腿，如果那时，马侍中西渡黄河掩杀，我们将全军覆没啊！这就是我们向你们求和的原因，我们求和成功，全靠马侍中的功劳啊！如今我们全军得以安全返回，为何还要囚禁马家的人呢？”遂下令把宦官俱文珍、浑瑊的部将马宁、马弇放归唐朝，但把崔汉衡、郑叔矩送往河州，将辛荣、扶余准等人送到过去的廓州、鄯州囚禁起来。德宗听了尚结赞的话，从此开始厌恶马燧起来。

当初，尚结赞说过："除掉李晟、马燧、浑瑊三人，就可以拿下唐朝的江山了！"于是，他采取离间计来对付李晟，成功地令愚蠢的德宗怀疑起李晟，夺去了李晟的兵权；对付浑瑊是来硬的，趁浑瑊会盟之际，一举拿下或者杀死他；对付马燧则使用的是连环计，先是用财物投其所好，令马燧支持议和，等议和失败后，马燧也得罪，然后乘势拿下长安。然而，由于浑瑊侥幸脱逃，骆元光和李观未能参会，尚结赞的奸计没有完全得逞，只好怏怏而退。不过，他的计策得手了一大半：一是，成功地麻痹了唐朝德宗、张延赏、马燧等人，顺利躲过了一场灭顶之灾；二是，成功劫盟，将参加会盟的部分唐军打得大败，并生擒了唐朝部分参会高官；三是，令朝廷文武群臣之间矛盾更深，成功地离间了德宗与李晟、马燧之间的关系。六月五日，德宗下诏解除了马燧的兵权，以其为司徒兼任侍中，罢免了副元帅、节度使职务。河东都虞候李自良随马燧一起入朝，德宗打算以其接任河东节度使。李自良坚决推辞说："臣一直侍奉马燧，不想取代他当河东统帅。"朝廷也都对李自良的举动非常赞赏，德宗遂以其为右龙武大将军。然而，由于河东肩负着看住两河藩镇、抵御回纥、屏护关中的重任，德宗想了一夜，也找不出一个合适的人选来。次日，当李自良入宫道谢时，德宗对他说道："爱卿对马燧很有感情，推辞当河东节度使，也确实符合礼仪。不过，驻守帝国北方门户的重任，却非爱卿不可啊！"当天，即拜其为检校工部尚书、兼御史大夫、太原尹、北都留守、河东节度支度营田观察使。此后，李自良镇守河东九年，勤俭节约，宽和爱民，深得河东军民的爱戴。

驻守在盐州和夏州的吐蕃守军，因粮运不继，很多士兵都染上了疾病，思念家乡。尚结赞派遣三千骑兵前去迎接，将当地百姓的房屋全部焚毁，捣毁了城池，而后将当地百姓裹挟而去。吐蕃人退去后，灵盐节度使杜希全派兵又接管了两地。到七月十三日，德宗下诏将振武镇的绥州（今陕西省绥德县）和银州（今陕西省榆林市）与夏州（今陕西省靖边县）合并，重组一个军镇，以右羽林将军韩潭担任夏州、绥州、银州节度使，由其率领五千神策军和三千朔方、河东军，镇守夏州。

会盟失败后，宰相张延赏也是又羞又惧，称病休假。当初，张延赏在西川时，与东川节度使李叔明不和。德宗南逃梁州、途经骆谷时，正值淫雨连绵，道路崎岖，很多卫士都逃归朱泚了，李叔明（鲜于叔明）的儿子李昇、郭子仪的儿子郭曙以及令狐彰的儿子令狐建等六人，担心坏人趁机刺杀德宗，相互咬破胳臂发誓，誓死保卫德宗，他们打上裹腿，脚蹬钉鞋，轮流牵着德宗的御马，一直走到梁州，使别人不得靠近。等德宗回京后，将六人都晋升为禁卫军将军，对他们非常宠信。郜国公主是肃宗最小的女儿，也是德宗的小姑，曾经下嫁裴徽，裴徽之母是杨贵妃的三姐虢国夫人，安史之乱爆发后，在西逃途中，虢国夫人杀了裴徽，然后自杀。此后，郜国公主又改嫁萧升。萧升是唐玄宗的女儿新昌公主与萧衡的儿子，萧升与郜国公主生下女儿萧氏，嫁给了德宗的皇太子李诵，萧升死后，郜国公主与彭州司马李万私通，而蜀州别驾萧鼎、澧阳县令及李昇也都往来于郜国公主之家，传出绯闻。张延赏、德宗、李昇经常出入郜国公主家，就偷偷禀报给了德宗。这立即引起了德宗的警觉，他怀疑郜国公主以通奸之名拉拢李昇等人，结成太子党，于是，就对李泌说："郜国公主已经年迈了，而李昇却很年轻，岂能有奸情？这其中必有缘故，卿应详细调查一番。"李泌回答："这一定是有人企图陷害太子，是谁给陛下说的？"德宗说："你就别问是谁说的，只管给朕调查。"李泌回答："一定是张延赏。"德宗很奇怪，就问："你是怎么知道的？"李泌就说出了张延赏与李叔明二人之间的过节，并说："李昇受到陛下的宠信，掌握着禁军，张延赏无从中伤，而郜国公主又是太子妃的母亲，所以想借此陷害李昇罢了。"德宗笑道："对呀！"李泌遂请求给李昇改任他职，别令他继续担任禁卫军军官，以避嫌。德宗就改任李昇为太子詹事。

四八〇 李泌拜相（一）

张延赏称病后，德宗即拜李泌为中书侍郎、同平章事。

贞元三年，德宗已四十五岁，在位也已八年。在这八年里，他一共用了几拨宰相：先是崔祐甫（大历十四年五月任命），而后是乔琳（大历十四年八月任命，十一月罢免）、杨炎（大历十四年八月任命）；次年六月崔祐甫去世，杨炎独相；建中二年二月卢杞拜相，与杨炎二人短暂共事，五个月后，杨炎罢相，张镒拜相，卢杞、张镒共事；建中三年四月，张镒被卢杞排挤出京，外任凤翔节度使，十月关播拜相，卢杞、关播共事，卢杞主导；建中四年十月，朱泚之乱，德宗逃奔奉天，萧复、刘从一、姜公辅拜相，进入五相时期，两个月后，卢杞被贬；兴元元年一月关播罢相，卢翰拜相，宰相有：刘从一、卢翰、萧复、姜公辅，但萧复被外派江淮宣慰，四月姜公辅即被贬为左庶子，到十月李勉入朝拜相，十一月萧复回朝罢相，到该年年底，宰相只剩下了刘从一、卢翰和李勉三人。贞元元年，刘从一去世，张延赏先拜相后因李晟反对又罢相，朝中只有卢翰、李勉两位宰相。次年一月，卢、李二人均被罢相，崔造、齐映、刘滋同时拜相，到十二月崔造罢相。到贞元三年一月，张延赏、柳浑同时拜相，而齐映、刘滋同时罢相，吐蕃劫盟之后，张延赏称病，到了七月就病死了，八月，德宗又罢免了柳浑，李泌独相。张延赏的资格比齐映要老得多，齐映还在东都参加进士考试时，张延赏就已经是河南尹、东都留守了，曾有恩于齐映。齐映当宰相时，张延赏因李晟之故被贬为尚书左仆射，曾多次给齐映出谋划策，但等张延赏替亲信们向齐映求官时，齐映毫不留情，很多时候都不给张延赏面子，这让张延赏非常恼火。因此，等他当上宰相时，就落井下石，称齐映不是当宰相的料，鼓动德宗把他贬为夔州刺史。张延赏担任宰相仅仅半年，除了陷害李晟、赞成与吐蕃结盟之外，还干了一件不合时宜的事。他建议德宗大力削减官员，他说：“为政之本，一定要先任命官员。官员人数多，费用大，致使地方破败。臣在荆南和剑南时，下辖州县官员缺额，数十年也不曾补充，只需用一个官员兼职，照样能把事情办好。以此而言，官员可以削减，这一点毫无疑问。请求削减官员编制，节约下来的俸禄，接济幕府人员和战士，让刘玄佐收复河湟之地，后勤就有保障了。”当浑瑊出发会盟时，朝廷颁发了削减员额的诏书，当时，新任命的官员有一千五百人，而应当削减的就有一千余人，大多数人还未上任就被免官，弄得怨声载道。马燧也上奏称减员人数太多，恐怕难以执行；太子少保韦伦等人各自上书称这一举措激化了社会矛盾，应该停止；浙西观察使白志贞也上书反对。

贞元三年六月二十一日，李泌刚刚拜相，与李晟、马燧、柳浑一起参见德宗。德宗对李泌说：“昔日爱卿在灵武时，就该担任这个官职，爱卿自己退让。朕今日用你，想和你约定，那就是你不要公报私仇，对你有恩的人，朕自然会替你酬谢的。”李泌回答：“臣平素信奉道教，从不跟人结仇。李辅国、元载都是想陷害臣的，已自行死了。和臣平素关系好的以及对臣有恩的，现在都已经显达了，也有已经去世的，臣也无从报答。”德宗又告诫说：“话虽如此，但就算是小恩小惠的，也应报答。”李泌说道：“臣今天也想与陛下做个约定，可以吗？”德宗说道：“有何不可？”李泌说：“希望陛下不要加害功臣。臣受陛下厚恩，自然毫无顾忌。李晟、马燧对国家都立下过大功，就算有人向陛下进谗言，陛下肯定是不会听的，但今天臣当着他们二位的面这样说，为的是让他们二位一点也不生疑惧。陛下万一加害他们，那么，宿卫之臣、方镇之臣，没有一个不痛恨惋惜而心生不满，恐怕中外变乱很快就会再度发生！臣子只要受到君王的宠爱和信任，就已经是莫大的幸福了，至于当什么官又有什么关系呢？臣在灵武之日，不是什么官，但宰相大将都受臣的领导；陛下以李怀光为太尉而李怀光却更加害怕，以致发动叛乱，这都是陛下亲眼所见啊。如今，李晟、马燧已经很富贵了，如果陛下坦然相待，使他们相信各自身家性命没有一丝危险，国家有事就带兵出征，没事就回到朝廷，参加朝会，这是多么轻松快乐的啊！所以，臣希望陛下千万不要因为二位臣子功劳太大而猜忌他们，二位也不要因为官高而自己心生疑虑，这样一来，天下就太平无事了！”德宗说道：“朕刚听卿的话，一时呆住，不知所云，等到听了卿的解释，才知道你说的是为了江山社稷最好的办法啊！朕应当写在衣带上，二位大臣也当牢记在心。”李晟、马燧都起身，哭着感谢。德宗又对李泌说：“从今往后，凡是军事行动和粮食问题，都交给卿负责。

吏部、礼部交给张延赏负责，刑法方面交给柳浑。”李泌回答：“这可不行。陛下不因臣无能，让臣当这个宰相。宰相的权力不可分割。这不同于给事中那样分为两班，也不像舍人一样分为六个部门，至于宰相，天下之事，事无大小都要负责处理。如果各有主管，那是各部门官员，不是宰相。”德宗笑道：“朕刚才失言了，你说得对。”李泌趁机把张延赏削减官员的事提出来，请求恢复旧制。德宗说：“设置官吏就是为了百姓，如今天下户口比太平的时候少了三分之二，可是官吏数量不减反增，这合适吗？”李泌回答：“户口虽然减少了，事务却比太平时期要多出十倍，官吏岂能不增加？况且，所削减的都是办事官员，而那些真正的冗官却并没有裁撤，这就是我认为的不当之处。至德年间以来设置的员外官，相当于正式官员的三分之一，如果计算他们的服务年限、资历然后让他们退休，那些候补官员则需要经过两次选拔，不再先经过担任员外官，而是直接委任为正式官员，这样不但大家不会埋怨，反而会高兴呢。”李泌又请求没有出阁的亲王不再征辟王府官吏，德宗均同意。七月四日，德宗下诏闰五月裁撤的官员一律官复原职。

四八一 李泌拜相（二）

贞元三年，除了吐蕃劫盟、李泌拜相之外，还发生了四件大事：第一件是年初淮西防秋兵叛乱；第二件是韦皋劝诱南诏；第三件是和亲回纥；最后一件是郜国公主事件。

先说第一件。去年四月，陈仙奇毒死李希烈之后，关中局势吃紧，德宗下令各地派兵防秋，陈仙奇就派遣都知兵马使苏浦率领五千人淮西精兵赶赴关中。淮西地区马匹很少，精兵都骑着骡子，号称骡军。李希烈叛乱时，在骑兵中挑选最精锐的成立左、右门枪、奉国四将，步兵中最精锐的为左、右克平十将。三个月后，吴少诚就杀害了陈仙奇，派人秘密通知门枪兵马使吴法超等人，命令他们从关中返回，而这一切都瞒着苏浦。吴法超等人率四千步骑从鄜州叛逃，浑瑊派遣部将白娑勒率军追赶，反被淮西军击败。德宗赶忙命令时任陕虢观察使的李泌发兵阻截，不让叛军南渡黄河，李泌赶忙派遣押牙唐英岸率军赶赴灵宝，但等他们来到灵宝时，淮西兵已经顺利地渡过了黄河，来到了黄河南岸。李泌遂下令灵宝地方朝廷给他们送去食物，淮西兵也不敢四处劫掠。次日，淮西兵进驻陕西七里。李泌不再命人送给他们食物，他调兵遣将，挑选了四百名勇士分成两队，埋伏在太原仓的小路上，命令道：“敌人十队经过，东面的伏兵就高声呐喊出击，西面也呐喊呼应，但不要挡住他们的去路，给他们让出一条道来，追着他们打。”又派遣虞候召集附近村落里的年轻人，各自手持弓箭、长刀、砖石瓦块，尾随着叛军，听到前方喊杀声也随之响应。又派遣唐英岸率领一千五百人趁夜从南门出城，在涧水北岸列下阵势。第二天四鼓，淮西兵开始出发，进入峡谷，李泌布下的两侧伏兵突然出现，叛军顿时大乱，边打边逃，被杀死了上千人。刚刚逃出峡谷，又碰上早已等候多时的唐英岸，唐军又是一阵砍杀，叛军大败，骡军兵马使张崇献被生擒。

李泌断定叛军一定会分兵从山路南逃。又派遣都将燕子楚率领四百人马从炭窦谷赶往长水截击。淮西兵两天没吃上一口饭，屡战屡败，士气全无，唐英岸率军一直追到永宁东，淮西兵全都逃到山谷之中。吴法超果然率领残余的大部朝长水逃来，燕子楚一阵追杀，临阵斩杀吴法超，将其率领的这部分士兵又杀了三分之二。

德宗原以为陕州兵少，调派了五千神策军前往帮助李泌，行至赤水，听说李泌已经击破了淮西兵，就返回了长安。德宗命令刘玄佐乘坐驿马车赶回汴州，沿途以诏书招诱淮西的散兵游勇，回到汴州，一共招到一百三十余人，全部斩杀。那些淮西溃兵一路上被村民们又杀死了很多，回到蔡州的仅剩下四十七人。吴少诚见人数太少，为了杀人灭口，又为了嫁祸于人，遂将这千辛万苦逃回来的四十七人全部斩杀，向朝廷请功，还假惺惺地派人给李泌送去钱财，感谢李泌击破了叛军。李泌将张崇献等六十余人押送到京师，德宗下令将他们全部送往鄜州，在营门外面腰斩，以令防秋之众。

吴少诚贼心不死，他整军备战，打算抗拒朝命。判官郑常、大将杨冀密谋将其赶走，伪造了德宗的手诏送给申州刺史张伯元等人。不幸的是，事情败露，吴少诚杀害了郑常、杨冀、张伯元等人，其大将宋旻、曹济逃奔了长安。

淮西的局势也引起了德宗的高度重视，他认为襄阳和邓州阻挡淮西军向荆襄地区发展，又屏护着关中东南方向，地理位置非常重要，遂晋升荆南节度使曹王皋为山南东道节度使，把襄、邓、复、郢、安、随、唐七州划归其管辖。

再说第二件事。我们知道，就在德宗即位的当年，南诏国王阁罗凤也去世了，其孙异牟寻继位。当时已任南诏第一国师的汉人郑回（已改名蛮利），曾担任异牟寻的父亲凤迦异、异牟寻本人以及其子梦凑三代人的老师，在南诏国拥有巨大的声望。郑回对异牟寻建议脱离吐蕃、重新归顺唐朝，异牟寻表示同意，但一直苦于没有门路，无法与唐朝接触，进行实质性的谈判。如前所述，韦皋原本是被推荐接任死去的淮南节度使陈少游的，但不知何故，朝廷改派了刑部侍郎杜亚接任，而于贞元元年将韦皋任命为剑南西川节度使。韦皋到任后，审时度势，他认为，南诏等西南蛮族投靠吐蕃，每次吐蕃入侵，总是以数十万西南蛮族军队为先锋，对唐朝的西南边疆构成了巨大的威胁，要想稳定西南，就必须先拉拢南诏等西南蛮族，劝诱他们脱离吐蕃，砍断吐蕃的臂膀。因此，上任以后，他对西南蛮族采取了怀柔政策，极力招抚边境上的苴乌星、虏望等各族少数民族，此后，他又风闻南诏异牟寻、郑回也有归顺之意，就上奏德宗称：“如今吐蕃背弃盟约，入侵盐州、夏州，我们应该趁着云南以及南方八国生羌有归顺之心，予以招抚，以分化瓦解吐蕃集团，分散他们的攻势。”德宗同意后，命韦皋先以个人名义给南诏国王下书，试探一下他们的真实用意。贞元三年闰五月七日，也就是在吐蕃劫盟前不久，韦皋再次给东蛮（今四川省西昌市一带）的勿邓部落首领和义王苴那时写信，要他密切注意南诏方面的动向，遇到机会，就居中搭建起南诏与唐朝之间沟通的桥梁。在苴那时的沟通下，事情进展很快，到六月十一日，韦皋亲自给南诏国王异牟寻写信，派遣判官崔佐时来到南诏国都咀咩城，敦促南诏尽快派遣使者觐见德宗，恢复两国关系。异牟寻欣然应允，请求与吐蕃断绝关系，派使者入朝。在韦皋的努力下，当年，南诏国王派遣附属国东蛮鬼王骠傍、苴梦衝、苴乌等人相继入朝。自从安史之乱前南诏背叛后，与唐朝为敌已将近二十余年，此后嶲州陷落，西南各蛮族部落也纷纷背弃唐朝，自此才又恢复了关系。

结好南诏等西南各蛮族，是唐朝朝廷面对吐蕃压力不得不作出的战略决策，与此相应的，就是结好回纥。长期以来，德宗对回纥非常痛恨，厌恶程度甚至远远超过了吐蕃，这主要源于当初回纥人讨伐史思明之前在陕州差一点杀了自己，另外，德宗也目睹了代宗一朝回纥人骄横跋扈之态以及父皇委曲求全的艰难，德宗即位之初，曾派宦官梁文秀出使回纥告丧，但当时的回纥可汗不仅傲慢无礼，反而想趁唐朝国丧期间大举入侵，这都令德宗非常愤恨，一直以来想结好吐蕃，打击回纥。然而，事与愿违，德宗即位以来，不仅没有平定河朔藩镇，反而引起天下大乱，差一点丢掉了江山社稷，如今又与吐蕃人反目成仇，这就不得不让有识之士重新考虑与回纥之间的关系了。

如前所述，现任回纥可汗合骨咄禄毗伽可汗顿莫贺是因与前任可汗移地健在是否趁唐朝国丧入侵问题上产生矛盾，发动政变，诛杀了移地健而继位的。按理说，顿莫贺应该是唐朝的功臣。实际上，顿莫贺继位后也是亲唐的，就算张光晟在大肆杀掉回纥高官突董等人、劫掠了回纥人财物之后，合骨咄禄毗伽可汗也并没有与唐朝翻脸，到贞元三年八月，合骨咄禄毗伽可汗还派遣首领墨啜达干、多览将军合阙达干等来进贡，并请求娶唐朝公主，与唐朝和亲，但一直感情用事的德宗并没有答应。李泌早就看出结好回纥势在必行，但他也深知德宗的内心，一直没有机会直言相劝，正巧，边将上奏称部队缺少马匹，李泌遂对德宗说：“陛下如果真的能采纳臣的意见，数年之后，马匹的价格将比现在降十倍！”德宗就问：“什么原因？”李泌回答：“希望陛下以最公道之心，委屈自己，为了江山社稷，臣才敢说。”德宗说道：“爱卿竟然这么多心！”李泌说：“臣建议陛下北面与回纥结好，南方与南诏联合，西面与大食、天竺结盟，如此一来，吐蕃将自困，马匹也自然容易得到了。”德宗说道：“其他三国倒是可以，至于回纥，就是不行！”李泌说道：“臣早就知道陛下不同意，所以才不敢早说。今日之策，反而应该以结好回纥为最优先考虑的问题，至于其他三国倒在其次。”德宗说道：“说到回纥，你就别往下说了！”李泌回答：“臣当这个宰相，事情是否可行在于陛下决断，何至于不让臣说话！”德宗说：“你的建议朕都采纳了，至于结好回纥，等朕死后再说，朕活一天，就是不可以！”李泌回答：“难道陛下是因为陕州所受的侮辱吗？”德宗回答：“正是。韦少华等人因朕而死，朕岂能忘记！只因国家多难，朕一直未能替他们报仇雪恨！与回纥和亲是绝对不行的。爱卿不要再提了！”李泌又说：“加害韦少华等人的是牟羽可汗，陛下即位，牟羽可汗兴兵南侵，还未出境，就为现任可汗所杀，现任可汗对陛下是有功的啊！本应受到赏赐，又有什么怨恨的呢？此后，张光晟杀了人家突董等九百余人，现任可汗不敢杀我们的使者，现任回纥可汗原本就没有什么罪过啊！”话说到此，德宗却依然固执己见，他反问李泌道：“你觉得与回纥和亲是对的，难道你认为朕的做法本来就是错误的吗？”李泌回答：“臣是替社稷着想，如果无原则地顺从陛下，臣死后又有什么脸面去见肃宗、代宗于天上！”德宗说道：“让朕再想想。”

四八二 李泌拜相（三）

此后，李泌只要奏事，总是提及和亲回纥一事，接连说了十五次，但德宗始终不答应。

最后，李泌说道："陛下既然不答应与回纥和亲，那么臣请求辞官。"德宗说："朕并非不接受建议，只是想与你把道理说清楚，何至于要匆匆离开朕？"李泌回答："陛下答应与臣讨论道理，这真是天下之福啊。"德宗说道："朕当然不惜委屈自己与之和亲，但朕无法辜负韦少华等人。"李泌回答："以臣的观点，是韦少华等人辜负了陛下，而不是陛下辜负了他们。"德宗问道："这是什么道理？"李泌接着说："昔日回纥叶护率兵帮助我们讨伐安庆绪，肃宗只让臣在元帅府设宴款待他们，先帝从未与其相见。叶护曾经强邀臣前去他的军营相见，肃宗尚且不答应，等大军出发之前，先帝才与其相见。之所以如此，就是夷狄就如同豺狼一般，他们率军进入中国腹地，我们不得不严加戒备啊。陛下在陕州时，非常年轻，而韦少华等人却没有深思熟虑，让您轻率地进入他们的军营，又没有提前约定好相见的礼仪，最终导致回纥人凶性大发，这难道不是韦少华等人辜负了陛下您吗？他们就算死了，也不足以抵偿他们的罪过啊！况且，香积寺大捷后，叶护当时就想率军进入长安，先帝亲自在叶护的马下叩拜予以制止，叶护遂不敢入城。当时，围观的军民有十余万人，都叹息说：'广平王乃真华夷之主啊！'然而，先帝损失的少，而国家得到的好处多啊。叶护就是牟羽可汗的叔父，牟羽身为可汗，亲率全国之兵来帮助我们平叛，所以他非常骄傲，才敢于让陛下向其施礼，而陛下天资神武，不愿屈节。当时，臣不敢再说其他，假如可汗强迫将陛下留在军营，就算是饮宴十天，全国岂不惊恐！而幸亏有上天护佑，回纥可汗之母听到消息后，送来貂皮大衣给陛下穿上，斥退左右，亲自送陛下离去。陛下把香积寺先帝之事拿来对比一下，您自己看到底是委屈自己一下对，还是不委屈对？是陛下屈服了牟羽可汗，还是牟羽可汗屈服了陛下呢？”

德宗听了，看了看李晟和马燧，说道：“好友最好别再重逢。朕素来痛恨回纥，如今听了香积寺之事，朕自感理屈。你们二位爱卿觉得如何？”李晟、马燧回答：“如果事情真的如李泌所言，我们也觉得回纥似乎是可以原谅的。”德宗有些撒娇，说道：“你们二位都不站在朕一边，朕又该咋办呢？”李泌说道：“臣以为回纥人并不可恨，倒是我们的前任宰相可恨。如今回纥可汗杀了牟羽可汗，回纥人又立下两次收复京城的大功，他们有什么罪？吐蕃人喜乱乐祸，攻克我们河州陇州等数千之地，又率军攻入我们的京师，令先帝蒙尘于陕州，这才是百代必须报的深仇啊，况且，他们的赞普还活着，我们的宰相不对陛下说这些，反而打算联合吐蕃进攻回纥，这真是可恨啊！”德宗回答：“我们与回纥结怨已久，如今他们又听说吐蕃劫盟，我们现在与他们和亲，他们会不会拒绝？这岂不是令夷狄耻笑吗？”李泌说道：“不会。臣昔日在彭原，现在的可汗当时是胡禄部的都督，与现在的宰相白婆帝一起随叶护来帮助我们平叛，臣对其很是友好，也与其结下了深厚的友谊，所以他们听说臣当了宰相，才派人前来求和，岂能拒绝我们？臣请求给他们写信，与他们约定：向我们大唐称臣，向陛下称子，每次派来的使者不得超过两百人，送来贸易的马匹不得超过一千匹，不得将中国人和来中国交易的外国商人裹挟出关。这五条如果他们答应下来，我们主上一定会同意和亲，如此一来，我们大唐的声威就会加于北方，震慑到吐蕃，也足以让陛下一吐胸中的块垒了。”德宗问道：“从至德以来，他们与其都是兄弟之国，现在让人家称臣、称子，人家岂能答应？”李泌回答：“他们想与我们和亲已经很久了，他们的可汗和宰相素来相信臣的话，如果他们不答应，不过是我们再送去一封书信罢了。”德宗最终答应了。

德宗答应后，李泌就照此办理，不久，回纥方面果然派人上书称臣称子，凡是李泌约定的五件事，全部答应。德宗大喜，对李泌说：“回纥人果然对爱卿如此畏服啊！”李泌回答：“这全是陛下的声威，臣哪有什么！”德宗又问：“回纥人既然已经臣服了，至于南诏、大食、天竺三国该咋办？”李泌回答：“回纥人臣服以后，吐蕃人就不敢再轻易入侵了，然后我们再招徕南诏，斩断吐蕃人的右臂。云南各蛮族从汉朝以来就一直臣服于我们，杨国忠无故骚扰人家，才导致人家背叛，臣服于吐蕃，正苦于吐蕃沉重的劳役，没有一天不想着重新回到我们的怀抱。大食是西方最强的国家，疆域从葱岭以西一直到西海，几乎拥有天下一半的土地，他们与天竺都仰慕中原文化，世代与吐蕃为敌，臣因此知道他们会站在我们一边。”

贞元三年九月十三日，德宗下令将回纥使者合阙将军送回国，答应将咸安公主嫁给回纥可汗，又偿还过去拖欠的回纥马价五万匹绢。咸安公主是唐德宗十一女中的第八女，母亲不详。

贞元三年闰五月发生吐蕃劫盟事件后，李泌拜相，张延赏称病请假，两个月后就死去了。张延赏死后，德宗对同为宰相又与张延赏不和的兵部侍郎、同平章事柳浑越来越看不顺眼了，当时，柳浑常常与张延赏意见相左，弄得张延赏非常不快，曾让亲信给柳浑传话说：“相公德高望重，只需在朝廷上少说话，就可长久地位居高位。”柳浑却不买账，回复道：“你替我去谢谢张大人，我柳浑的头可断，也不能不让我说话！”二人由此反目。至于说德宗厌恶柳浑的原因也许是出于让李泌独相的目的，但更重要的大约还是德宗本人的虚荣心在作怪。柳浑一开始就断定与吐蕃的会盟不成，虽然德宗在吐蕃劫盟之后曾经假惺惺地夸奖了柳浑一番，但柳浑为人直率简单，没有什么威仪，在德宗面前常常会说出些俚语粗话，而德宗却喜欢文雅之士，每当见到柳浑，总是感到浑身不自在。德宗打算将他贬为诸王的长史，李泌劝说道：“柳浑只是急躁直率而已，并无其他大错，按照惯例，遭到贬官的前任宰相没有当长史的。”德宗又打算将柳浑贬为诸王傅。李泌建议改为常侍。德宗说道：“只要能把他罢相，什么都行！”八月九日，德宗下诏将柳浑贬为左散骑常侍。

从李泌六月拜相，七月就发生了郜国公主事件，在李泌的劝解下，德宗暂时释然，但到了八月，又有人告发郜国公主与太子詹事李昪、蜀州别驾萧鼎、彭州司马李万、丰阳县令韦恪等人淫乱，并且暗中诅咒皇帝。德宗大怒，将郜国公主囚禁在皇宫内，又派人严厉斥责太子。太子李诵不知说什么才好，只好请求与萧妃离婚。不久，郜国公主就去世了，德宗担心萧氏心生怨恨，打算把萧氏杀掉，正巧，太子生病了，德宗遂下令将萧氏杀害，以禳灾。

德宗把李泌召来把这件事告诉他，并说：“舒王李谟已经长大了，孝顺友爱，温和宽仁。”李泌回答：“事情哪能到这个地步！陛下为何突然生疑，就要废掉儿子改立侄儿，这岂不是太草率了吗！”德宗勃然大怒，说道：“你为何要离间我们父子？谁跟你说过舒王是我的侄儿！”李泌回答：“是陛下自己说的。大历初年，陛下对臣说：‘今天我得到了几个儿子。’臣问缘故，陛下说：‘我二弟昭靖太子李邈的几个儿子，皇上让我抚养。’如今，陛下尚且猜忌自己的儿子，对侄儿又能好到哪里？舒王虽然孝顺，从今往后陛下应该自己努力，不要指望他的孝顺了。”德宗恶狠狠地说道：“你难道不爱惜你自己的家族吗？”李泌回答：“臣正是爱惜自己的家族，才不敢不言无不尽。如果臣畏惧陛下盛怒而曲意顺从的话，以后陛下明白了，一定会怨恨臣，说：‘我让你一个人当宰相，你却不极力劝谏，以至于此，我一定也再杀了你的儿子。’臣已经年老了，来日无多，如果陛下冤杀了臣的儿子，让臣的侄儿当臣的继嗣，臣不知道能不能享用到他的祭祀啊！”说完呜咽流泪。

德宗听了，也流下眼泪，说道：“事已至此，让朕该如何是好？”

四八三 李泌拜相（四）

李泌回答：“废立太子是件大事，希望陛下深思。臣原本以为陛下盛德，当令海外蛮夷都像爱戴父母一样爱戴您，可是，如今陛下对自己的儿子竟然如此猜疑！臣今日所言，不敢有所避讳。从古迄今，凡是父子相疑，没有一个不破国亡家的。陛下还记得昔日在彭原的时候，建宁王是因为什么而被诛杀的吗？”

德宗说道：“建宁王叔确实冤枉，肃宗脾气急躁，而陷害的人阴谋太深了啊！”李泌继续说道：“臣昔日因建宁王之故，坚决辞官，发誓不再待在天子身边。不幸今日臣又当了陛下的宰相，又让臣目睹此事。臣在彭原时，虽然受到肃宗的厚恩，但仍然不敢称建宁王之冤，等到辞别时才敢谈及，肃宗也心生懊悔，还流下了眼泪。自从建宁王被杀后，先帝（代宗）也经常心怀忧惧，臣也曾向肃宗背诵《黄台瓜辞》，以预防先帝受到奸人的陷害。”德宗回答：“这我都知道。”说到这里，德宗的脸色才稍稍和缓下来，随口问道：“贞观和开元时期，皇帝也都废掉过太子，为何国家没有灭亡呢？”李泌回答：“臣正要说到这一点。昔日，李承乾屡次监国，他的同党很多，东宫卫士也非常多，与宰相侯君集谋反，事情败露后，太宗皇帝让他的舅舅长孙无忌与数十名朝廷重臣一起审理，案件事实清楚，然后，召集百官集体讨论。即便如此，当时还有人反对道：‘希望陛下继续当好慈父，留下承乾一命。’太宗皇帝采纳了这一建议，还将魏王李泰一并废黜。陛下既然知道肃宗脾气急躁，也知道建宁王是冤枉的，臣深感庆幸！希望陛下牢记前车之鉴，平静地思考三天，把此事的来龙去脉想清楚，陛下一定会轻松下来，知道太子根本没有异心。如果真有确凿的证据，陛下就该召集二十名明白事理的大臣与臣一起调查太子身边的人，经过审讯如果真有此事，希望陛下遵循贞观时期的旧例，将舒王一并废黜而册立皇孙，那么，就算是百代之后，天下仍然是陛下子孙的天下啊。至于说到开元时期废黜太子之事，武惠妃陷害太子李瑛兄弟，玄宗将他们杀掉，天下百姓都以为是冤枉的，这是百世的教训，岂能效法！况且，陛下曾经让太子去蓬莱池与臣见面，臣看太子的仪表，并非如商臣那样长着蜂目豺声之相，臣还一直担心他过于仁弱了呢。太子从贞元以来就一直住在少阳院，就在陛下的寝宫旁边，未尝与外人接近，也不曾干预外面的事情，岂能有什么阴谋！那些陷害的人常常生出百端奸计，就算有西晋愍怀太子亲手写的信，像李瑛那样全副武装闯入皇宫，尚且不能全信，更何况仅仅因岳母有罪就要受到牵连呢？幸亏陛下把这事告诉了臣，臣敢以全家人的性命来担保太子一定不知道他们的计划。假如杨素、许敬宗、李林甫等人听了陛下此言，早就丧失立场，投靠舒王当定策功臣去了！”

德宗又说：“这是朕的家务事，与你有什么关系？竟然如此力争？”李泌回答：“天子以四海为家，现在，臣一个人当宰相，四海之内，一件事处理不当，就是臣的责任。况且，如果坐视太子蒙冤而闭口不言，臣的罪过就太大了啊！”德宗说道：“看在你的面子上，朕再等一等，明天再说。”李泌把笏板收起，叩头哭泣说道：“如此，臣可以预见陛下父子将和好如初了啊！不过，陛下回宫之后，应该自己深思，千万不要将想法透露给身边的人，一旦透露出去，这些人一定想在舒王那里邀功，那么太子就危险了。”德宗说道：“知道了。”

李泌回到家中，对子弟们说道：“我本来就不喜欢富贵，而命与愿望相违背，今天也连累你们了。”太子派人向李泌道谢，说道：“如果实在没办法，我情愿先喝药自杀，您看是否可行？”李泌说道：“绝对没有危险。希望太子依然孝敬如初，如果我被杀了，事情就不好说了。”隔了一天，德宗在延英殿单独召见李泌，泪流满面，抚摸着李泌的后背说道：“如果不是爱卿直言，朕今日后悔也来不及了！真相都像你说的那样，太子仁孝，确实没有其他想法。从今以后，军国大事以及朕的家务事，朕将都与爱卿商量。”李泌叩拜道贺，说道：“陛下圣明，明察太子无罪，臣报国之志也完成了。前天，臣因惊恐而失魂落魄，难以再当这个宰相，请求陛下允许臣辞官。”德宗说道：“朕父子因爱卿之故才得以两全，朕正要将子孙托付给爱卿，使爱卿代代富贵，以报答你的恩德，为何说出这种话来？”

八月十四日，德宗下诏以李万不避讳血亲淫乱，乱棍打死；李昇等人以及郜国公主的五个儿子全部被流放到岭南和偏远的州县。

与吐蕃交恶后，德宗从关东征调了大批防秋兵，朝廷不堪重负。李泌上奏称："自从两税法施行以来，各地藩镇、州县大多违法聚敛。朱泚之乱后，各地争相提高税率、加收税赋，增加军费，招兵自保。朱泚被平定后，他们自知违法，又极力隐瞒，不敢公开。请求陛下派遣使者前往各地，赦免他们的罪过，只要求他们予以改正，除了根据法律自留的之外，其余税赋一律送往京师。各地应收的欠款，能收上来的就收上来，百姓确实无力偿还的，就予以免除，以示宽大。胆敢侵吞的，宣布悬赏告发之令加以重处。"德宗高兴地说道："爱卿的对策很好，却太过宽大了，只恐收不上来多少啊。"李泌回答："此事臣已深思熟虑过了，政策宽大，收上来的欠税不但会多并且会快，政策严苛的话，反而收上来的欠税会少而慢。这是因为，政策宽大，百姓会因受到赦免而高兴，愿意上缴税赋；政策严苛的话，则相互隐瞒，不经审讯不能得到实情，收上来的财赋不仅不足以满足眼下的需求，反而都会流入奸吏的私囊。"德宗说："好！"遂任命度支员外郎元友直担任河南、江、淮南句勘两税钱帛使。

河州陇州被吐蕃占领之后，从天宝年间以来，安西、北庭来到长安的奏事官以及西域的商人，因归途断绝而滞留京师，吃喝都靠鸿胪寺供给，贵宾则由长安府、县供应吃喝，由度支报销。度支部门往往不能按时发放经费，致使长安市民深受其苦。很多胡人长期滞留在长安，有的已有四十余年，已买房买地，娶妻生子，以发放高利贷谋生，根本不愿再归国了，李泌知道后，即下令调查这些有田产的胡人，停止发放朝廷补贴。经过调查，一共有四千人之多，这些胡人拥到朝廷申诉。李泌回复他们说："这都是前任宰相们的过错，哪里有外国朝贡使者滞留在我们京城数十年不归国的道理呢？如今，我们将借道回纥或者从海路送归你们，不愿意归国的，要亲自到鸿胪寺说明情况，朝廷将任命你们为官，发给俸禄。人生苦短，要把握住机会，一展才华，岂能一辈子客死他乡呢？"听了李泌这么一说，这些胡人没有一个愿意回国的，李泌把他们全部分配到左右神策军中，那些身份较高的王子、使者就给一个挂名的兵马使或者押牙，其余人等全都充当士兵，由此神策军的实力大增。经过这次整顿，鸿胪寺负责招待的胡人使者仅剩下十余人，每年节省下五十万钱，长安百姓都非常高兴。

德宗又向李泌征求恢复唐初府兵制的意见。平定李怀光之乱前，德宗就询问过李泌对此的看法，当时，李泌说等平定了李怀光之乱后再商议，德宗一直念念不忘，如今，李泌拜相后，他又把这一想法提了出来。李泌回答："今年，朝廷征调了十七万关东防秋部队驻扎长安以西，一年下来要吃掉两百零四万斛粮食，现在的粮食价格每斗一百五十钱，计算下来就是三百零六万钱。国家刚刚遭受祸乱，经费不足，就算朝廷有钱，也买不来足够的粮食，因此，现在还不是讨论恢复府兵制的时候啊。”德宗追问道：“那么该如何是好？减少防秋兵的员额，把他们遣回本镇，你看如何？”李泌回答：“陛下如果真的能采纳臣的建议，可以不减少防秋兵，不增加百姓负担，保证军粮充足，粮价下降，还能恢复府兵。”德宗说道：“真能做到这一点，朕为何不采纳呢！”李泌又说：“这个办法要加紧实施，再过十天半月就来不及了。如今吐蕃军队一直滞留在原州（今宁夏回族自治区固原市）、会州（今甘肃省会宁县）之间，他们用牛运输粮食，粮食运完后，牛就失去了作用，请求陛下从左藏拨出一部分质量低劣的绸缎染色后，通过党项人买来这些牛，一头牛也不过两三匹丝绸，一共所费不过十八万匹，可以换回六万多头牛。再命令各个铸造厂制造农具，购买麦种，发放给边境的各个军镇，让他们招募士兵开垦荒地，约定到明年麦熟时让他们加倍偿还麦种，剩下的粮食再根据当时的市场价增加五分之一，由朝廷收购。小麦收割后所种的杂粮也照此办理。关中土地肥沃，长期撂荒，收成一定很好。戍守的士兵们能够获得实实在在的利益，垦荒的人就会越来越多。边境常住民原本就非常少，士兵们每月吃的都是朝廷分配的粮食，收获的粮食卖都没地方卖，价格肯定会低贱，以朝廷名义上加价收购，实际上会比今年的粮价还低。”德宗说道：“好！”遂命人执行。李泌又说：“边境之地的官员缺额甚多，请求陛下鼓励百姓缴纳粮食换取官位，也可应付今年之需。”德宗也采纳了，他又问李泌：“你刚才说也能恢复起府兵，又有什么办法？”李泌回答：“边防军士兵因垦荒而致富，就会安心住下，不想再回本镇了。根据过去的制度，戍卒三年一轮换，等到期限将满时，再下令凡是愿意留下的，朝廷就把他开垦的荒地作为他家永远的所有，家人愿意迁来的，由本乡发给特别通行证和盘缠，沿途各地供应伙食，送他们前去。愿意留下来的士兵人数通报本镇，从下次应派的防秋兵员额中扣除，这样一来，就算是河朔藩镇也免去了派遣防秋兵的麻烦，他们也会乐意的。如此不出几轮，那些戍卒都会在当地落地生根，再依照府兵制的办法予以治理，就会把贫瘠的关中变成富庶之地。”德宗高兴地说道：“如此，则天下就太平了！”李泌回答：“还不会。臣能不使用中国之兵就能让吐蕃自己陷于困顿。臣还不敢说。等到小麦之事有效果之后再说。”德宗接连发问，李泌就是不说。李泌的计划就是后来实施的联络回纥、大食、南诏对付吐蕃之法，但李泌深知德宗痛恨回纥，当时还不敢唐突提及，他唯恐德宗听后不高兴，连屯田之策也泡汤了，因此就是不说。实践证明，李泌的屯田之计还是取得了一定成效，屯田令颁布后，有十之五六的防秋兵都愿意留下来屯田。

四八四　李泌拜相（五）

吐蕃劫盟之后，唐朝朝中接连发生了李泌拜相、屯田之议、郜国公主案及和亲回纥等大事，其间，吐蕃军队又向唐朝发动了两次较大规模的进攻。

贞元三年八月十八日，吐蕃人率领羌族、浑族部众入侵陇州（今陕西省陇县），连营数十里，长安震恐。九月五日，德宗下令神策军将领石季章进驻武功，决胜军使唐良臣率部驻守百里城（今甘肃省灵台县西）。七日，吐蕃军队大肆劫掠汧阳（今陕西省千阳县）、吴山（今陕西省千阳县西南）、华亭（今甘肃省华亭县）三地，将年老体弱的全部杀死，有的甚至砍断双手、挖出眼睛，丢在路边，而把一万多青壮年全部驱赶到安化峡（今陕西省清水县东）以西，分配给羌族和浑族人当奴隶。他们对这些汉人说："允许你们面向东方哭拜自己的家乡和祖国。"众人顿时放声大哭，有上千人跳崖而死。不久，吐蕃军队再次前来，包围了陇州，陇州刺史韩清沔与神策军副将苏太平率军趁夜出战，将敌人击退。不久，吐蕃人又接连攻克了华亭和连云堡（今甘肃省泾川县西），九月二十四日，吐蕃人驱赶这两座堡垒的数千军民以及邠州、泾州上万居民和牲畜西撤，将他们安置在弹筝峡（今甘肃省平凉市西北）以西。连云堡是泾州军民的前哨站，自从吐蕃人攻下连云堡之后，泾州西城门就不敢再打开了，泾州城外就成了敌人可以随意出入的地盘，城内军民上山砍柴之路也被切断。每次到了收获季节，泾州百姓必须在唐军的严密保护下才敢出城收割，往往耽误了收割良机，泾州也经常出现断粮现象。

也正是在吐蕃的持续压力下，李泌才献上结好回纥之计，在他的极力劝说下，德宗最终消除了内心的疙瘩，答应了以咸安公主下嫁回纥可汗的请求，决心与回纥和亲。唐朝朝廷答应了回纥和亲的要求后，到了十月四日，吐蕃攻势不减，再次向丰义城（今甘肃省镇原县东）发起进攻，敌人前锋行至大回原（今地不详），被邠宁节度使韩游瑰击退。次日，敌人又进攻长武城（今陕西省长武县），又重修原州旧址（今宁夏回族自治区固原市），留驻军队。

当年冬天，非常严寒，吐蕃人停止了攻势，而唐军防秋兵的粮食供应不上，十一月，德宗下诏命令河中节度使浑瑊率部返回河中，镇海节度使李元谅（骆元光，德宗将其改名）率部返回华州，宣武马步都虞候刘昌率领所部五千人返回汴州，其余防秋兵则退守凤翔、京兆各县，就地解决吃饭问题。从兴元年间以来，贞元三年收成最好，各地粮价很低，稻米一斗一百五十钱，粟米一斗八十钱，德宗下诏各地朝廷向百姓议价收购。十二月一日，德宗在新店（今河南省三门峡市西）打猎，他来到百姓赵光奇家，问道："百姓高兴吗？"赵光奇回答："不高兴。"德宗很奇怪，就追问："今年收成很好，为何不高兴？"赵光奇回答："皇上的诏书不诚信。前次诏书说除了两税之外，其他税赋全免，而现在的情况是，两税之外而征收的却更重。后来，陛下的诏书又称由朝廷向百姓议价收购，可是到了地方上议价收购变成了强取，根本不给百姓一分钱。诏书上说议价收购的粮食，百姓只用送到路边即可，可是实际上让百姓一直运送到长安以西的行营里，动辄要送数百里，车辆毁坏，牛也累死在路边，百姓破产也无法办到，人人忧愁困苦到如此地步，还有什么高兴可言！每次陛下颁发体恤百姓的诏书，到地方上只成了空头公文而已！臣担心陛下住在深宫大内，对民间的实情恐怕一点都不知道啊！"德宗下令赦免了赵光奇一家的赋税。

这件事让《资治通鉴》的作者司马光大发感慨，他认为德宗实在是太愚蠢了，自古以来最怕的就是上情不下达，下情不上达，所幸的是德宗打猎来到了赵光奇家，又万幸遇到了一个敢于直言的普通百姓赵光奇，这真是千载难逢之事。德宗得知实情后，该做的是追究那些阳奉阴违、残害百姓的官吏，彻底革新政治，使得自己的政治主张在地方上得到切实的执行，可他仅仅免除了赵光奇一家的赋税，这简直是太可笑了！不过，司马光的评论多少有些偏激，赵光奇之事对德宗并非毫无触动，次年一月一日，德宗就宣布大赦天下，并下诏对于两税法的征收等级，从今以后，每三年进行一次调整，重新核定各家各户的交税等级。

在贞元三年十月，还发生了一桩妖僧李软奴密谋发动政变事件。李软奴自称李姓皇族，曾见过五岳四渎的神仙，都命其当皇帝，他私下结交殿前射生将领韩钦绪（邠宁节度使韩游瑰的儿子）等人阴谋作乱。十月六日，李软奴的同党向朝廷告密，德宗下令内侍省将李软奴等人逮捕审问。李晟听说后，吓得栽倒在地，哭着说道："我要被灭族了啊！"李泌听了，很是奇怪，就问原因。李晟回答："我刚刚受到别人的陷害，我家内外有上千人，如果有一个人是李软奴的同党，就算是哥哥您也救不了我啊！"李泌听后，就暗中给德宗上奏，说："一旦兴起一场大狱，受到牵连的人肯定会很多，如今外面人心惶惶，希望陛下把李软奴等人送到御史台审判。"德宗答应了。事发后，韩钦绪逃回邠州避难，当时，其父韩游瑰正率部驻扎在长武城，邠宁留后将韩钦绪逮捕押回了京师。十月十二日，德宗下诏将李软奴等八人腰斩，另有八百名牵扯到本案的北军将士被处死，而朝廷重臣没有一人受到牵连。韩游瑰听说后，丢下军队只身赶赴朝廷谢罪，德宗赶忙派人前去制止，对他仍然非常信任。韩游瑰又派人把韩钦绪的两个儿子押送到京师，德宗也赦免了二人。但到十二月，因吐蕃停止了进攻，韩游瑰为了表示自己的忠诚，还是从驻地返回了京师。韩游瑰入朝时，军中将士以为他这一入朝，朝廷肯定不会再把他放回来了，因此，临别饯行很是怠慢。等到韩游瑰见到德宗后，给德宗分析了对敌形势，盛称修筑丰义城（今甘肃省镇原县东）可以制约吐蕃，德宗听后非常高兴，就把他放归了本镇。听说韩游瑰又回来了，军中不少人都很害怕，韩游瑰猜忌都虞候范希朝既有功名，又得众心，就罗织罪名，要杀了范希朝。范希朝吓得逃归凤翔，德宗听说后，就把范希朝召回京师，安排在了左神策军中任职。韩游瑰率众修筑丰义城，刚修四尺高，部众就一哄而散，逃回了本镇。

李软奴未遂政变事件差一点又酿成一场大祸，李泌因北军中还有一些尚未暴露的参与者，才建议德宗下诏大赦天下，以安定大家，这才有了贞元四年元旦的大赦令。大赦令后，德宗调任宣武行营节度使刘昌为泾原节度使，又以镇国节度使李元谅为陇右节度使，二人到任后，身先士卒，贯彻德宗和李泌的屯田政策，刘昌又重新构筑了连云堡，李元谅重新构筑了良原旧城（今甘肃省崇信县），驻扎在那里，数年之后，边境军粮充足，泾原和陇右才稍稍安定下来了。到贞元七年二月，德宗又下诏命令刘昌修筑平凉故城（今甘肃省平凉市），扼守弹筝峡口（在平凉市西北），不久又命其修筑朝谷堡（在今平凉市东），命名为彰信堡。

四八五 李泌拜相（六）

其实，李泌担任宰相仅仅一年零八个多月，即从贞元三年六月到贞元五年三月，从现有史料来看，但在这短短的时间里，他做了很多事情，也产生了深远的影响。

首先是说服德宗审时度势，放弃了敌视回纥的政策，这一点非常重要。德宗答应回纥使者和亲的请求后，回纥人大喜，即派遣迎亲队伍前来，但好事多磨，唐朝与回纥之间的和亲立即引起包括吐蕃在内的其他势力的不快。贞元四年（公元788年），当回纥使团行至振武镇（今内蒙古自治区和林格尔县）时，奚人和室韦人（蒙古前身）即于七月十四日发兵进攻振武镇，时任节度使唐朝臣戒备松懈，结果德宗派来的两位中使也被奚人和室韦人抓住，劫掠大批居民牲畜而去。唐朝臣派遣七百骑兵与数百名迎亲的回纥人一起追赶，却被敌人击败，回纥使者也为奚人、室韦人所杀。回纥和骨咄禄可汗再派妹妹骨咄禄毗伽公主与五十六位大臣妻子、国相以及跌跌都督等一千多人组成盛大的迎亲队伍，送来两千匹马作为聘礼，前来奉迎咸安公主。在回纥可汗递交给唐朝的国书中，言辞非常恭敬，称："昔日我们是兄弟之国，如今我成为皇帝陛下的女婿，女婿就是半个儿子，如果吐蕃人胆敢再给大唐添乱，儿子理当替父皇除掉他们！"回纥可汗还派人辱骂吐蕃使者，与吐蕃人彻底绝交。德宗命回纥使团在朔州和太原留下七百人，剩下的回纥重臣来到长安，分别住在鸿胪寺和将作监。贞元四年十月十四日，回纥使团来到长安，德宗驾临延喜门接见，可汗上书请求改回纥为回鹘，德宗批准。此后，德宗又分别在宣政殿和麟德殿召见回纥公主和使者，分别予以赏赐。二十六日，德宗下诏宣布咸安公主婚事，并册命回鹘可汗为长寿天亲可汗。十一月，以殿中监、嗣滕王李湛然为咸安公主婚礼使，以刑部尚书关播为送咸安公主及册封回鹘可汗使。咸安公主嫁给回鹘可汗一年，长寿天亲可汗就去世了，其子忠贞可汗立；数月后，忠贞可汗的弟弟联络少可敦叶公主（仆固怀恩之女崇徽公主的女儿）杀害了忠贞可汗自立，不久，国人拥立忠贞可汗年幼的儿子为奉诚可汗；四年后，奉诚可汗死，回鹘人立宰相骨咄禄为怀信可汗，十年后，到了唐顺宗永贞元年（公元805年），怀信可汗去世，其子继位，是为腾里可汗，这几个可汗中的四个都按照回鹘的传统娶了咸安公主。三年后，到唐宪宗元和三年（公元808年），咸安公主和腾里可汗相继去世。《新唐书·回纥传》称："主历四可汗，居回鹘凡二十一岁。"虽然此时的回鹘已今非昔比，但李泌结好回鹘的政策在一定程度上起到了遏制吐蕃的效果，促使回鹘与吐蕃人为争夺北庭展开了一场大战，减轻了吐蕃对关中的压力。此后，李唐朝廷继承了结好回鹘的政策，到了唐宪宗时期，又下嫁太和公主，此后回鹘内乱，虽然有时与唐朝发生冲突，但总体上双方维持着和好关系。

李泌拜相后在外交关系方面做的第二件大事就是鼓励韦皋结好南诏和西南蛮族。韦皋从贞元三年开始与南诏接触，但南诏国王异牟寻不敢公开与吐蕃决裂，先派遣其附属国东蛮（今四川省越西县西北）鬼王骠旁、苴梦冲、苴乌星入朝觐见德宗。贞元四年五月八日，德宗在麟德殿接见三位酋长，加封骠旁为和义王、苴梦冲为怀化王、苴乌星为顺正王。贞元四年，吐蕃人继续向唐朝发动攻势，过去，他们往往趁秋冬入侵，到春天以后，由于水土不服军中常常暴发传染病，只好退兵，自从俘虏了大量汉人后，就把汉人的妻子扣为人质，让汉人担任将领，改为盛夏入侵。贞元四年五月，三万吐蕃军队突然进攻泾州、邠州、宁州、庆州和鄜州等地，各州猝不及防，纷纷固守，不敢出战，吐蕃人又掳掠了上万人口牲畜而去。邠宁节度使韩游瑰因吐蕃入侵，亲自驻守宁州（今甘肃省宁县），不久生病，请求辞职。七月，德宗加授浑瑊为邠宁副元帅，以左金吾将军张献甫为邠宁节度使，陈许兵马使韩全义为长武城行营节度使。如前所述，张献甫系张守珪的侄儿。韩全义，出身寒微，史书不详其先世，他以巴结宦官窦文场而被晋升，素来怯弱贪婪，治军无方。七月七日夜，张献甫还未到任，韩游瑰就悄悄离开军营，单骑返回了长安。裴满等士兵们都听说张献甫治军严整，次日，趁军中无主之际发动兵变，称："张大人不是我们军中出身的，我们一定要拒绝他入营！"大肆劫掠集市，遂包围了监军杨明义的家，命人奏请范希朝担任节度使。都虞候杨朝晟逃出城外，听说后，又进入城内，对大家说："你们的请求深合我心，我是来道贺的！"乱兵才稍稍安定下来。杨朝晟暗中与诸将商量后，清晨整顿军队，召来乱兵，对他们说道："你们的请求没有得到朝廷的批准，张大人已经到了邠州，你们作乱该杀，但又不能全部杀掉，你们自己指认谁是领头的。"遂斩杀了两百多人，率众迎接张献甫。德宗原来听说大家想推举范希朝，将改命他当节度使。范希朝推辞说："臣因畏惧韩游瑰才回朝，如今前去接替他，这不是防范叛乱、安定军镇的办法。"德宗听了很是高兴，就提拔他担任宁州刺史，辅佐张献甫。韩游瑰回到长安后，被德宗任命为右龙武将军。到了该年九月十六日，吐蕃将领尚志董星、论莽罗等人又率军入侵宁州，新任邠宁节度使张献甫将其击败，斩首数百人，吐蕃人遂转兵劫掠鄜州、坊州而去。

在北线发动攻势的同时，吐蕃人又在南线组织了十万大军进攻西川，也征调了云南军队加入。南诏王异牟寻虽然内心希望归顺唐朝，但表面上又不敢背叛吐蕃，也不得不派遣数万人马进驻泸北（今金沙江以北）。韦皋知道异牟寻心存犹豫，就写了一封送给他的书信，信中详细叙述了他归顺唐朝的诚意，装在银质的盒子里，让东蛮人转交给了吐蕃。吐蕃人接到这封书信后，遂开始怀疑云南王异牟寻，派遣了两万军队进驻会川（今四川省会理县），切断了南诏与剑南的通道。云南王异牟寻得知后勃然大怒，遂率军撤回国内，从此以后，南诏与吐蕃人开始相互猜忌，南诏归顺唐朝之心也更加坚定了，而吐蕃失去了南诏方面的帮助，兵势也开始衰弱。然而，吐蕃人已经发起了对西川的进攻，无论如何也不可能半途而废，遂分兵四万进攻两林（今四川省喜德县东）、骠旁（今四川省西昌市北）部落，三万进攻东蛮（今四川省越西县西北），七千人进攻清溪关（今四川省石棉县东南），五千人进攻铜山（今四川省汉源县西北）。韦皋派遣黎州刺史韦晋等人与东蛮人联合起来，在清溪关外将吐蕃人击败。吐蕃人失利后，再次以两万人马进攻清溪关，一万人进攻东蛮。韦皋命令韦晋进驻要冲城（今四川省汉源县东南），他亲率各军抵御。嶲州经略使刘朝彩等人率部出关迎敌，从十一月十一日到十九日，大战九天，大破吐蕃军队。

没了南诏的支持，吐蕃在前线接连遭到溃败，遂开始屡屡拉拢南诏，得知这一消息后，韦皋不敢怠慢，贞元五年（公元789年）二月十四日，他又给异牟寻写信，称："回鹘人屡屡请求帮助天下灭掉吐蕃，大王不早早下定决心，一旦被回鹘人抢在头里，则大王世代的功名就付之东流了啊。况且，云南长期受到吐蕃人的羞辱和压榨，如今不趁此时依附大国而报仇雪耻，后悔都来不及了！"此后，韦皋接连给异牟寻写信劝诱，但异牟寻一直没有明确态度，但吐蕃人每次征调云南军队，异牟寻派出的也越来越少了。

异牟寻的心态自然是可以理解的。大唐自从安史之乱以来，数十年来兵连祸结，而吐蕃兵威却一直很盛，夺占了唐朝大批土地，甚至一度攻陷唐朝都城长安，这在任何人心中都留下了深刻的印象，况且，南诏依附吐蕃数十年，让他们突然背弃吐蕃，重新投靠唐朝，又谈何容易！即便是如今，在吐蕃与唐朝之间的拉锯战中，唐朝也是防守有余而进攻不足，像南诏这样的小国，谁强大就依附谁，这是不变的道理，因此，指望他们在短时期内归顺唐朝，显然是不可能的，归根结底，还是得靠自己的实力说话。不过，李泌和韦皋的努力也没有白费，起码在吐蕃和南诏的联盟内部成功地打入一颗钉子，离间了二者的关系，从一定程度上削弱了吐蕃的进攻势头。

四八六　李泌拜相（七）

李泌担任宰相的短短一年多时间里，还是李唐朝廷政治氛围相对良好的时期。

李泌为人宽和，不嫉贤妒能，千方百计地维护朝廷的团结，保护朝廷重臣不受到德宗的猜忌。像贞元三年李软奴案件，如果换成李林甫、杨国忠、杨炎、卢杞、张延赏等人的话，肯定会落井下石，把李晟等朝廷大臣打入万劫不复的深渊，而李泌却巧妙地保护了一大批人。

李泌还善于借古讽今，讽谏德宗。自从奉天之难后，德宗一改即位之初不爱财的态度，变得非常贪婪。一次，他对李泌说：“每年各道进贡的财物，加起来只有五十万钱，今年才仅有三十万钱。朕作为皇帝，说到这事，实在是有失体统，但宫中确实不够花啊！”李泌回答：“古代的天子不求私人财物，如今，臣请求国库每年给宫中供应一百万钱花销，希望陛下别再接受各道私下的进贡，也别再派宦官们四处索要了。如果确实需要，就请陛下颁布诏书，允许百姓用赋税折抵，以免奸吏从中渔利。”德宗表示同意。然而，德宗嘴上答应，无心执行。贞元四年二月，元友直到江南一趟，弄回来二十万钱帛，李泌把这批财物全部送入德宗的小金库大盈库，可是，德宗依然故我，仍然不断派宦官到各地索要财物，还特意对各道节度使叮嘱别让宰相知道。李泌最终还是知道了此事，他摇头叹息，又无可奈何，只是心怀惆怅，又不敢当面戳穿。此后，元友直把纠察出来各道税外的财物都充入户部，这种做法逐渐成了一种惯例，每年都要在两税之外额外弄来一百多万钱，反而加重了百姓的负担，令百姓苦不堪言。各道纷纷上书反映这一情况，德宗终于醒悟，下诏说：“今年已经征收到官府的，就送交京师；没有征收的就算了。从今往后，全部免除。”东南百姓这才安定下来。李泌对德宗说：“江淮漕运，从淮河而汴水，甬桥（今安徽省宿州市）是其咽喉，这里属于徐州，与李纳相邻，而刺史高明应（兴元元年，徐州、海州、沂州、密州观察使高承宗去世，其子高明应继任）却年纪很轻，不太懂事。一旦李纳再有异心，夺占了徐州，国家就失去江淮了，朝廷的钱粮又从哪里弄呢？请求陛下把寿州、庐州、濠州都团练使张建封调往徐州，再把濠州和泗州划归他管辖。把寿州、庐州还给淮南，如此一来，李纳就不敢乱动了，漕运之路也可畅通无阻了。趁着高明应年少，朝廷还能派人接替他，将他征召为金吾将军，万一被别人占领，就没有办法了。”德宗听从了，遂以张建封为徐州、泗州、濠州节度使。张建封为政宽厚而又遵纪守法，下属对他无不畏惧敬爱。

贞元四年，一个咸阳人上书，自称：“臣见到白起了，让臣上奏说：‘请让我替国家镇守边防，正月，吐蕃人一定会入侵的，臣将替陛下击破他们，以此为验！’”果然，吐蕃人发起了进攻，被边将击败。德宗遂觉得真是白起显灵，打算在京城给白起立庙祭祀，追赠为司徒。李泌反对说：“臣听说过一句古话：‘国家将要兴盛，一定要重用人才。’如今，边将立下战功，可是陛下要褒奖一个古人白起，臣恐怕这样一来，边将们就要离心离德了啊！再说，如果在京城修建了一座白起庙，大肆祭祀，这传到各地，恐怕会助长各地的巫术之风。现在杜邮那里就有一座白起的旧庙，请求陛下下令当地朝廷予以修缮即可，这样就不至于会令远近惊骇了。况且，白起是战国时期的大将，追赠三公恐怕有点过了，追赠个兵部尚书就可以了。”德宗听了，不禁笑道：“爱卿对于一个古人白起尚且爱惜官爵吗？”李泌回答：“人和神是一样的，陛下如果不爱惜的话，神灵也就不以为荣了。”德宗最终还是听从了。

李泌自称年迈，自己一个人担任宰相，实在是力不从心，既然不让自己辞职，就请求德宗再任命一人当宰相。德宗说道：“朕确实知道你很辛苦，只是还没有找到合适的人选啊。”接着，他平静地回顾自己即位以来的历任宰相，说道：“卢杞忠诚、清廉、倔强、耿介，人人说他奸邪，朕确实不觉得如此。”李泌回答：“大家都说卢杞奸邪，而只有陛下不这样认为，这正是卢杞奸邪所在啊。如果陛下察觉了这一点，岂有建中之乱？卢杞因为个人恩怨杀了杨炎，把颜真卿送到了死地，激怒了李怀光发动叛乱，幸赖陛下圣明，将其驱逐贬谪，人人顿时心花怒放，上天也不再降下灾祸。如若不然，大乱将何时结束啊！”德宗依然替自己和卢杞辩护，他说道：“杨炎把朕看作一个无知顽童，每次讨论大事，朕同意他的意见，他就高兴，一旦和他反复讨论，辩论，他就发火，要辞官，朕看他的内心是认为朕根本不配和他讨论。他这个样子，实在是令朕忍无可忍，才把他杀了，不是由于卢杞的缘故。建中之乱，术士曾提前告知让朕增修奉天，这也说明是上天降下的灾难，并非卢杞能招致的啊！”李泌说道：“所谓的天命，其余人都可以这么说，唯独君王和宰相不能这么说。这是因为，君王和宰相正是给人间制造命运的人。如果把一切都推给天命，那么，礼仪、教育、刑罚、政治都没有什么用了！商纣王曾经说过：‘我的生命取决于上天！’这话正是他灭亡的根本原因啊！”德宗还是固执己见，他又说道：“朕就是喜欢与人辩论是非曲直：崔祐甫性格偏执急躁，朕往深处追问下去，他就会语无伦次，不知所云，朕也知道他这个短处，时常对他袒护。杨炎讨论事情时也有不少长处，然而，总是神情高傲，朕为难他一下子，他就会勃然大怒，没有了君臣之礼，所以，朕每次见到他，心里总是无名怒火直往上冲，其他宰相也都吓得不敢吱声了。卢杞小心谨慎，朕所言没有不听从的，此人又没有多少学问，不能与朕反复辩论，所以，让朕觉得还憋了好多话没有说完。”李泌回答：“卢杞对陛下言听计从，这难道就说明他是个忠臣吗？我说什么，他都不违背，这难道不是孔子说的那种‘一言丧邦’的人吗？”（《南楚新闻》称：德宗称卢杞小心，李泌回答：“小心乃奸臣之态。”）德宗又说：“只有你与他们三个不同。朕说得对，你会面露喜色；说得不对，常常露出忧愁之色。虽然时不时会说出一些逆耳之言，就像刚才说的商纣王和丧邦之类的话，但朕仔细思量下来，这都是事情发生前你提前说过的话，如此办理，国家就会安定，不然就会出现动乱。你的话虽然深刻直接，但气色和顺，不像杨炎那样趾高气扬的，朕与你反复辩论，你言辞、道理不屈服，但又没有争强好胜的态度，最终让朕的所有疑虑全部得以化解，从内心深处感到折服而不得不听从，这就是朕私下庆幸能够得到你这位宰相的原因啊。”李泌回答：“陛下任用的宰相还有很多，今天为何不提及他们呢？”德宗说道：“你说的都不是所谓的宰相。所谓宰相，就是皇帝交给他政务的人，就像玄宗时期的牛仙客和陈希烈，他们能算作宰相吗？像肃宗、代宗重用你，虽然没有宰相之名，你却是真正的宰相。如果一定要以同平章事这个官职来判断是不是宰相，那像王武俊之流也都是宰相了。”

贞元四年四月，德宗将殿前左右射生军改名为神威军，与左右羽林军、龙武军、神武军、神策军，号称十军。其中，神策军尤其强大，大多驻扎在长安以西，拱卫着京师。同月，福建发动兵变。福建观察使吴诜原系李晟部下，在讨伐朱泚之乱中因战功而被晋升为福建观察使，他上任以来，却从不把普通士兵们当人看待，随意驱使，不断令他们干苦力，最终导致了这场兵变，吴诜的数十名心腹为乱兵所杀。乱兵们逼迫吴诜委任大将郝诚溢担任留后。郝诚溢上书请罪，德宗派遣中使赶赴福建进行安抚。五月二十四日，朝廷任命太子宾客吴凑（德宗的舅爷）为福建观察使，将吴诜贬为涪州刺史。史称：吴凑“小心谨慎，智识周敏，特承顾问，偏见委信……凑于德宗为老舅，汉魏故事，多退居散地，才免罪戾而已。凑自贞元以来，特承恩顾，历中外显贵，虽圣奖隆深，亦由凑小心办事，奉职有方故也”。当年，横海（今河北省沧州市）节度使程日华去世，其子程怀直自称留后。次年二月，德宗承认了现状，任命程怀直为横海观察使。程怀直投桃报李，上书请求把下属的景城（今河北省沧州市西）和弓高（今河北省沧州市交河镇）分出，另行设立景州，并请朝廷派员担任刺史。德宗高兴地说道：“三十年来河朔藩镇从未有过此事！”遂以员外郎徐伸担任景州刺史。